中华人民共和国法律释义丛书

权威机构专家编写
法律释义标准版本

中华人民共和国
反洗钱法释义

许永安/主编

北京

图书在版编目（CIP）数据

中华人民共和国反洗钱法释义 / 许永安主编. —— 北京：法律出版社，2025. —— （中华人民共和国法律释义丛书）. —— ISBN 978-7-5197-9973-1

Ⅰ. D922.281.5

中国国家版本馆 CIP 数据核字第 2025V2Y534 号

中华人民共和国反洗钱法释义
ZHONGHUA RENMIN GONGHEGUO
FANXIQIANFA SHIYI

许永安 主编

责任编辑 翁潇潇 张红蕊
装帧设计 李 瞻

出版发行	法律出版社	开本	710 毫米×1000 毫米 1/16
编辑统筹	法规出版分社	印张	20.75　字数 338 千
责任校对	王 丰　郭艳萍	版本	2025 年 2 月第 1 版
责任印制	耿润瑜	印次	2025 年 2 月第 1 次印刷
经　　销	新华书店	印刷	北京盛通印刷股份有限公司

地址：北京市丰台区莲花池西里 7 号（100073）
网址：www.lawpress.com.cn　　　　　　　销售电话：010-83938349
投稿邮箱：info@lawpress.com.cn　　　　　客服电话：010-83938350
举报盗版邮箱：jbwq@lawpress.com.cn　　　咨询电话：010-63939796
版权所有·侵权必究

书号：ISBN 978-7-5197-9973-1　　　　　　定价：78.00 元

凡购买本社图书，如有印装错误，我社负责退换。电话：010-83938349

前　　言

2024年11月8日，十四届全国人大常委会第十二次会议高票通过修订后的反洗钱法。该法自2025年1月1日起施行。

2006年反洗钱法于2006年10月31日由十届全国人大常委会第二十四次会议审议通过，自2007年1月1日起施行。随着我国金融业的快速发展和反洗钱形势的不断变化，近年来反洗钱工作也反映出一些新情况和新问题，需要通过修改法律予以解决。

党中央高度重视金融重点领域立法。党的二十大报告提出，要加强和完善现代金融监管，守住不发生系统性风险底线，强化经济、金融等安全保障体系建设。习近平总书记指出，要及时推进金融重点领域和新兴领域立法，使所有资金流动都置于金融监管机构的监督视野之内。完善金融领域涉外法治，应不断适应金融发展实践需要。修订反洗钱法是贯彻落实党的二十大、二十届三中全会加强金融法治建设、完善涉外领域立法相关要求的具体举措，对于维护金融安全、健全国家金融风险防控体系、扩大金融高水平双向开放、提高参与国际金融治理能力具有重要意义。

反洗钱法是反洗钱工作的法律依据和基本遵循。新修订的反洗钱法，共7章65条，是对2006年反洗钱法的一次全面、系统的修订。新修订的反洗钱法明确反洗钱工作的基本原则和工作要求，完善反洗钱的定义，进一步加强反洗钱监督管理，细化反洗钱义务规定，完善反洗钱调查制度、反洗钱国际合作相关规定以及法律责任。为便于相关部门和广大群众及时了解、准确掌握新修订的反洗钱法的内容和精神，使本法在实践中得以严格贯彻落实，具体承担法律修订工作的全国人大常委会法制工作委员会刑法室的同志撰写了本书，对法律条文的内容和含义作了详细阐述和释解。

本书由全国人大常委会法制工作委员会刑法室副主任许永安同志担任主编，参与编写工作的有雷建斌、王宁、张义健、陈远鑫、黄星、伊繁伟、王瑞、马曼、骆程、张金勇、王雷、董晴、刘筱彤、纪文哲、张宇翔等同志。希望本书的出版对于有关部门和单位、社会公众学习、了解新修订的反洗钱法有所帮助。

书中难免有不妥之处，敬请广大读者批评指正。

编　者

2024 年 12 月

目 录

第一部分 释 义

第一章 总 则 ·· 003
第一条 【立法目的】 ··· 003
第二条 【反洗钱定义】 ··· 009
第三条 【反洗钱工作原则】 ··· 016
第四条 【反洗钱工作要求】 ··· 020
第五条 【监督管理体制】 ··· 026
第六条 【反洗钱义务主体及义务】 ································· 031
第七条 【反洗钱信息保护】 ··· 042
第八条 【履职行为受法律保护】 ····································· 045
第九条 【反洗钱宣传教育】 ··· 048
第十条 【单位和个人的义务】 ··· 051
第十一条 【举报和表彰奖励】 ··· 055
第十二条 【境外适用】 ··· 058

第二章 反洗钱监督管理 ··· 061
第十三条 【反洗钱行政主管部门职责】 ························· 061
第十四条 【有关金融管理部门职责】 ····························· 065
第十五条 【特定非金融机构主管部门职责】 ················· 068
第十六条 【反洗钱监测分析机构职责】 ························· 073
第十七条 【部门间信息交换】 ··· 076
第十八条 【海关信息通报机制】 ····································· 079
第十九条 【受益所有人信息管理】 ································· 082

第二十条　【线索和相关证据材料移送】 ·· 094
第二十一条　【监督管理职责】 ·· 098
第二十二条　【监督检查措施和程序】 ·· 101
第二十三条　【洗钱风险评估】 ·· 104
第二十四条　【洗钱高风险国家或者地区的应对措施】 ························ 110
第二十五条　【反洗钱行业自律】 ·· 113
第二十六条　【反洗钱行业服务机构】 ·· 115

第三章　反洗钱义务 ·· 118

第二十七条　【金融机构内部控制制度】 ······································· 118
第二十八条　【客户尽职调查制度】 ··· 122
第二十九条　【客户尽职调查的情形和内容】 ·································· 128
第三十条　【持续的客户尽职调查与洗钱风险管理措施】 ····················· 134
第三十一条　【识别代理人、识别并核实受益人】 ···························· 138
第三十二条　【依托第三方开展客户尽职调查】 ······························· 142
第三十三条　【相关部门支持客户尽职调查】 ·································· 146
第三十四条　【客户身份资料和交易记录保存制度】 ·························· 151
第三十五条　【大额交易报告和可疑交易报告制度】 ·························· 156
第三十六条　【新领域洗钱风险防范】 ·· 163
第三十七条　【总部、集团层面反洗钱工作】 ·································· 167
第三十八条　【配合客户尽职调查】 ··· 172
第三十九条　【洗钱风险管理措施的救济】 ····································· 176
第四十条　【反洗钱特别预防措施】 ··· 180
第四十一条　【金融机构落实反洗钱特别预防措施的义务】 ·················· 186
第四十二条　【特定非金融机构的反洗钱义务】 ······························· 189

第四章　反洗钱调查 ·· 196

第四十三条　【反洗钱调查的条件和程序】 ····································· 196
第四十四条　【反洗钱调查措施】 ·· 203
第四十五条　【线索移送、临时冻结】 ·· 209

第五章 反洗钱国际合作 ·· 215

第四十六条 【国际合作原则】 ·· 215

第四十七条 【各部门国际合作权限】 ·································· 220

第四十八条 【国际司法协助】 ·· 225

第四十九条 【境外金融机构配合调查】 ······························ 229

第五十条 【境外执法要求的处理】 ···································· 231

第六章 法律责任 ·· 235

第五十一条 【监管部门工作人员违法责任】 ······················· 235

第五十二条 【未落实内控制度的处罚】 ······························ 238

第五十三条 【未落实反洗钱核心制度的处罚】 ···················· 244

第五十四条 【其他违反反洗钱义务的处罚】 ······················· 248

第五十五条 【致使发生洗钱或恐怖融资后果的处罚】 ·········· 253

第五十六条 【对金融机构相关责任人员的处罚】 ················ 256

第五十七条 【违反阻却、境外配合调查要求的处罚】 ·········· 259

第五十八条 【对特定非金融机构的处罚】 ·························· 261

第五十九条 【违反反洗钱特别预防措施的处罚】 ················ 267

第六十条 【违反受益所有人信息管理规定的处罚】 ············· 270

第六十一条 【制定处罚裁量基准】 ···································· 273

第六十二条 【刑事责任的衔接】 ······································· 277

第七章 附 则 ·· 282

第六十三条 【履行金融机构反洗钱义务的范围】 ················ 282

第六十四条 【履行特定非金融机构反洗钱义务的范围】 ······· 289

第六十五条 【施行日期】 ·· 294

第二部分 附 录

中华人民共和国反洗钱法 ·· 301

关于《中华人民共和国反洗钱法(修订草案)》的说明 ··············· 315

全国人民代表大会宪法和法律委员会关于《中华人民共和国反洗钱法(修订草案)》修改情况的汇报 ………………………… 318

全国人民代表大会宪法和法律委员会关于《中华人民共和国反洗钱法(修订草案)》审议结果的报告 ……………………………… 321

第一部分　释　义

第一章 总 则

> **第一条** 为了预防洗钱活动,遏制洗钱以及相关犯罪,加强和规范反洗钱工作,维护金融秩序、社会公共利益和国家安全,根据宪法,制定本法。

【释义】 本条是关于反洗钱法的立法目的的规定。

2006年反洗钱法第一条规定:"为了预防洗钱活动,维护金融秩序,遏制洗钱犯罪及相关犯罪,制定本法。"2024年修订反洗钱法对该条作了以下修改。

一是,将"遏制洗钱犯罪及相关犯罪"的立法目的作前置处理,规定在"为了预防洗钱活动"之后,使其与"预防洗钱活动"的立法目的更为紧密。制定反洗钱法,首要的目的就是依法预防洗钱活动,遏制洗钱及其上游犯罪等其他犯罪;进而通过建立体制机制、实施并加强反洗钱相关举措,达到制定专门性法律的立法目的。

二是,增加"加强和规范反洗钱工作"的规定。这是对一段时期以来反洗钱工作的经验和成效的总结。自制定反洗钱法以来,我国反洗钱工作得到系统加强和提高,进入法治化轨道,为我国依法开展反洗钱工作提供了坚实的法律基础。反洗钱法的制定和不断完善为进一步加强和规范反洗钱工作提供更多的法律支持,既保障反洗钱工作于法有据,又强调反洗钱工作应依法进行。

三是,将"维护金融秩序"修改为"维护金融秩序、社会公共利益和国家安全"。随着反洗钱工作的不断深入开展,其工作的成效不仅关系金融秩序的维护,还与社会公共利益和国家安全息息相关。反洗钱工作是否在法律框架内实施,能否有效实现预防、遏制洗钱活动,防范恐怖主义融资活动,遏制其他相关犯罪,对金融秩序、社会公共利益和国家安全有许多具体的、现实的影响,因而2024年修订反洗钱法将维护"社会公共利益和国家安全"增加为反洗钱法的立法目的。

四是，增加"根据宪法"的规定，将宪法作为本法的立法根据。反洗钱法预防洗钱活动，遏制洗钱以及相关犯罪，规定反洗钱措施，规范权力行使，加强对个人和组织合法权益的保护等内容与宪法相关规定有密切联系，有必要明确宪法作为立法根据。

本条包含以下四层意思：

一、制定反洗钱法是为了预防洗钱活动，遏制洗钱以及相关犯罪

反洗钱工作涉及防范和惩治两个环节，反洗钱法律制度总体上相应地分为防范和惩治两个方面。我国对洗钱活动的惩治主要体现在刑事立法中，以刑法、刑事诉讼法的规定为依据，追究实施洗钱活动的行为人的刑事责任。对洗钱活动的防范，即预防和遏制洗钱活动等工作的法律依据，主要是以反洗钱法为核心的法律法规。

首先，制定反洗钱法是为预防洗钱活动提供法律依据。反洗钱重在预防。在反洗钱工作实践中，通过对洗钱犯罪的行为方式、活动规律、风险高发领域等的识别和梳理，在打击的同时注重系统治理、源头治理，不断总结经验和相关做法，逐步形成了发现、防范、化解洗钱风险，预防、预警洗钱活动的有效经验和具体工作举措。总结实践经验，为依法开展反洗钱工作，反洗钱法系统规定了反洗钱工作的体制机制，明确相关国家机关反洗钱职责，授权开展反洗钱监管和实施相应措施；要求反洗钱义务主体建立内部控制制度，履行客户尽职调查、保存客户身份资料和交易记录、报告大额交易、报告可疑交易等义务；确立权责明确的法律责任等。反洗钱法的这些规定，将行之有效的反洗钱措施以法律的形式固定下来，搭建起反洗钱法律制度的"四梁八柱"，为防范洗钱活动提供了基础性法律支撑。

其次，制定反洗钱法可以为遏制洗钱以及相关犯罪提供法律支持。洗钱活动意在将上游犯罪非法所得通过各种方式加以"洗白"，以保有犯罪收益，逃避司法追究。反洗钱则是通过资金监测、识别，交易信息保存，为及时发现犯罪资金往来，追究上游犯罪行为提供支持。另外，反洗钱制度体系有效发挥作用，也有助于及时监测发现并阻断恐怖主义融资活动。因此，加强反洗钱法律制度建设，制定反洗钱法，保证反洗钱制度体系有效发挥作用，不仅对于洗钱犯罪活动具有直接的预防和减少作用，而且也有利于对洗钱活动的上

游犯罪如贪污贿赂、走私以及恐怖主义融资等其他犯罪，发挥重要的遏制作用。为此，反洗钱法确立了反洗钱工作的机制和相关举措，这些都是根据洗钱活动的特征设计的有针对性的措施，并可以根据洗钱风险的变化及时作出调整。认真执行并合理实施相关举措可以有效识别、控制洗钱风险，防止洗钱风险持续或者扩大危害；通过有效衔接刑事程序，及时将涉嫌洗钱犯罪、洗钱犯罪的上游犯罪、恐怖主义活动融资等相关违法犯罪的线索和证据材料移送有管辖权的机关处理，帮助打击和惩治相关犯罪。

反洗钱法是预防和遏制特定犯罪的专门法律。该法的实施将发挥源头治理的重要作用，做到对洗钱活动早预警、早发现、早处置，切实降低洗钱风险和压缩洗钱活动的空间，并为及时惩处洗钱犯罪和其他犯罪提供证据线索和必要的支持。

二、制定反洗钱法是为了加强和规范反洗钱工作

首先，制定反洗钱法切实加强了反洗钱工作。反洗钱工作是实践性很强的工作，通过总结实践中好的经验和做法，将合适的反洗钱举措上升为法律，以法律规定的方式固定下来，是对反洗钱工作系统性提升的法制保障。此次新修订的反洗钱法为更好开展反洗钱工作提供了更为充分的法律依据，解决了实践中的问题和难点，比如，明确了反洗钱相关监管部门的信息交换机制、增设了受益所有人信息管理制度、授权反洗钱行政主管部门设区的市级以上派出机构开展反洗钱调查、确定了履行反洗钱义务的特定非金融机构的范围、在客户身份识别制度的基础上建立客户尽职调查制度等，使反洗钱工作于法有据，整体提升了反洗钱工作的能力和层次，成为法治国家建设的重要体现和治理能力现代化的客观反映。

其次，制定反洗钱法以严格规范反洗钱工作。反洗钱工作要在法律授权的范围内开展，要注意遵守法律规定的权限和范围，依法进行，充分维护单位和个人的合法权益。为了预防洗钱活动，遏制洗钱以及其他相关犯罪，开展反洗钱工作会在一定程度上对单位和个人的权益造成影响。通过法律的制度性安排对反洗钱工作作符合适当性和比例原则的规定和要求，可以合理确定权利和义务，有效依法行政，监督反洗钱义务主体采取适当的反洗钱措施，并保障单位和个人的合法权益不受侵害。

例如，为平衡与其他法律规定的关系，避免不必要的法律纠纷，2024年修订反洗钱法第八条明确规定："履行反洗钱义务的机构及其工作人员依法开展提交大额交易和可疑交易报告等工作,受法律保护。"相关行为限制在"依法开展",对于超出法律范围的行为,要追究法律责任。又如,2024年修订反洗钱法对履行反洗钱职责或者义务获得的客户身份资料和交易信息等,设置了一系列的保护性措施;对洗钱风险管理措施不得与洗钱风险状况明显不相匹配作了明确规定,并要求保障与客户依法享有的医疗、社会保障、公用事业服务等相关的基本的、必需的金融服务;明确单位和个人的权利救济渠道等都属于规范反洗钱工作的相关规定,需要根据法律的规定和精神严格执行。

三、制定反洗钱法是为了维护金融秩序、社会公共利益和国家安全

首先,维护金融秩序需要制定和完善反洗钱法。洗钱活动以及洗钱的上游犯罪等危害金融秩序和稳定,洗钱犯罪活动若不能得到有效防范,会造成触发系统性金融风险的风险。为了有效维护金融秩序,需要制定并不断完善反洗钱法律制度,依法积极预防、遏制洗钱活动,惩处洗钱犯罪及其上游犯罪和其他相关犯罪。

从世界各国开展反洗钱工作的经验看,通过对金融机构、特定非金融机构开展反洗钱监管,要求反洗钱义务主体履行反洗钱义务,能够有效遏制洗钱活动高发态势。制定专门的反洗钱法律以明确反洗钱体制机制、规范反洗钱工作、明晰相应的权利义务,成为世界主要经济体国家依法规范金融经济领域的法治经验和共同选择。

随着我国金融业等行业的快速发展和反洗钱形势的不断变化,反洗钱工作反映出一些新情况和新问题,包括反洗钱监管协作配合有待加强,反洗钱义务机构的反洗钱能力需要提升,对新型洗钱风险监测防控力度以及对"地下钱庄"等违法犯罪活动的防范打击力度有待加强,扩大金融高水平双向开放等,都需要作出新的回应。党的二十大报告提出,要加强和完善现代金融监管,守住不发生系统性风险底线,强化经济、金融等安全保障体系建设。为此,需要对反洗钱法作进一步修改和完善,为新出现的问题提供法治解决方案,以健全国家金融风险防控体系,切实维护好金融秩序。

其次,维护社会公共利益需要制定和完善反洗钱法。洗钱活动不仅危害正常金融活动,而且损害社会公共利益。洗钱活动所涉资金,是犯罪人通过

实施贪污贿赂、走私贩毒等上游犯罪所非法攫取的,这些上游犯罪本身严重危害全体社会成员共同利益,对于"洗白"这些犯罪所得的洗钱活动,如果不能有效防范,让犯罪人肆无忌惮保有、享受犯罪所得而不必担心为司法所追究,既不符合社会公平正义,也不利于遏制打击洗钱犯罪的上游犯罪,从而严重冲击和损害社会公共利益。通过制定并完善反洗钱法,为准确监测、发现掩饰、隐瞒犯罪所得以及收益的方式、路径提供证据和线索,从而为遏制洗钱犯罪以及其他相关犯罪,提高打击该类犯罪的能力和效率提供有力支撑,这是以法治手段维护社会公共利益的必然选择。

另外,预防洗钱活动、遏制洗钱犯罪是国家金融治理能力和水平的重要体现,对国家的营商环境有重大影响。制定并完善反洗钱法,系统性开展反洗钱工作,能够防范金融系统、特定非金融机构等被不法分子利用以实施洗钱活动、降低洗钱风险,保障我国金融业高质量发展和实现金融高水平双向开放。从这个意义上说,制定并完善反洗钱法就是为了保障金融高质量发展,推动我国稳步扩大制度型开放,维护社会公共利益。

还需要注意,开展反洗钱工作涉及众多的金融主体以及与人民群众生产生活息息相关的支付、结算等基础性经济金融活动,履行反洗钱义务的特定非金融机构还存在涉及行业、领域差异大等许多实际情况,需要统筹发展与安全,做好反洗钱工作,注意相关措施的合理性问题,实现依法行政,体现比例原则,确保反洗钱措施与洗钱风险相适应,保障正常金融服务和资金流转顺利进行。这些内容在新修订的反洗钱法中也作了规定,同样是维护社会公共利益的重要方面。

最后,维护国家安全需要制定和完善反洗钱法。洗钱活动以及黑社会性质的组织犯罪、恐怖活动犯罪、走私犯罪、破坏金融管理秩序犯罪等洗钱犯罪的上游犯罪,具有严重的社会危害性,涉及经济社会多个方面,也关系到国家安全。考虑到维护金融安全等是坚持总体国家安全观的重要组成部分,制定和完善反洗钱法对依法预防、遏制洗钱等相关犯罪有直接作用,是维护金融安全等国家安全的重要举措。

另外,我国是《制止向恐怖主义提供资助的国际公约》的缔约国,预防和遏制恐怖主义融资活动同样适用反洗钱措施,适用反洗钱法的相关规定。反洗钱法对及时识别恐怖主义融资活动和阻止恐怖主义活动,作了直接的法律安排,对维护该领域的国家安全作了专门的制度设计。

还需要注意的是,许多发生在境外的洗钱和恐怖主义融资活动,可能危害我国的主权和安全,侵犯我国公民、法人和其他组织的合法权益,扰乱我国境内的金融秩序,也需要纳入反洗钱法的调整范围,这是维护国家安全,保护我国境内外利益的重要举措。从这个意义上看,为了更完整地维护国家安全,需要制定和完善反洗钱法。

四、根据宪法,制定反洗钱法

我国宪法序言第七段指出"健全社会主义法治";第十五条规定"国家实行社会主义市场经济。国家加强经济立法,完善宏观调控。国家依法禁止任何组织或者个人扰乱社会经济秩序"。制定并完善反洗钱法,丰富完善了运用我国法律开展专项社会治理的立法实践,是加强宪法实施、贯彻宪法相关规定和精神的具体举措。反洗钱法的规定和内容,具有宪法依据,并需要根据宪法的规定、原则和精神指导开展具体的反洗钱工作。

一方面,反洗钱法中规定的预防洗钱活动和遏制洗钱以及相关犯罪,维护国家安全;规定反洗钱措施,规范权力行使,加强对个人和组织合法权益的保护;开展国际合作等内容,与宪法相关规定有密切联系,有必要明确宪法作为反洗钱法的立法根据。

另一方面,在具体理解适用反洗钱法相关规定时,需要体系性考虑"根据宪法、制定本法"规定的内涵,在对反洗钱法具体规定的细化和解释上,应与宪法的规定、原则和精神保持一致,以实现反洗钱法的立法目的,解释立法初衷,展示立法效果。

在研究该条规定时,我们还了解到反洗钱金融行动特别工作组(Financial Action Task Force on Money Laundering,FATF)建议关于反洗钱的一些规定,列举如下:

2. 国家层面的合作与协调

各国应当根据识别出的风险,制定并定期审查国家反洗钱、反恐怖融资与反扩散融资政策,指定某一部门或建立协调机制或其他机制负责制定该政策。

各国应当确保政策制定部门、金融情报中心、执法部门、监管部门及其他相关主管部门在政策制定和执行层面拥有有效机制以开展合作;在适当情况下,应当确保上述部门在制定和实施反洗钱、反恐怖融资与反扩散融资的政策和行动方面开展协调、交换信息。这应当包括相关主管部门为确保反洗钱、反恐怖融资与反扩散融资要求符合数据保护、隐私规定及其他类似规定（例如数据安全和本地化）而开展的合作和协调。

第二条 本法所称反洗钱，是指为了预防通过各种方式掩饰、隐瞒毒品犯罪、黑社会性质的组织犯罪、恐怖活动犯罪、走私犯罪、贪污贿赂犯罪、破坏金融管理秩序犯罪、金融诈骗犯罪和其他犯罪所得及其收益的来源、性质的洗钱活动，依照本法规定采取相关措施的行为。

预防恐怖主义融资活动适用本法；其他法律另有规定的，适用其规定。

【释义】 本条是关于反洗钱的定义以及预防恐怖主义融资活动适用本法等法律安排的规定。

2006年反洗钱法第二条规定："本法所称反洗钱，是指为了预防通过各种方式掩饰、隐瞒毒品犯罪、黑社会性质的组织犯罪、恐怖活动犯罪、走私犯罪、贪污贿赂犯罪、破坏金融管理秩序犯罪、金融诈骗犯罪和其他犯罪所得及其收益的来源和性质的洗钱活动，依照本法规定采取相关措施的行为。"2024年修订反洗钱法对该条作了以下修改：一是进一步明确洗钱上游犯罪的范围。在明确列举洗钱的七类上游犯罪后，将"等犯罪"修改为"和其他犯罪"，进一步明确了洗钱的上游犯罪还包括其他犯罪所得及其收益的各种犯罪，适应了反洗钱新形势新要求，与刑法和相关国际规则做好衔接。通过修改，一方面保留2006年反洗钱法对洗钱上游犯罪的七类重点犯罪类型的列举，以揭示洗钱活动的主要类型和危害，突出反洗钱工作的重心和重点。另一方面在文意上进一步明确洗钱的上游犯罪范围，对开展反洗钱工作作出指引。二是将2006年反洗钱法第三十六条关于涉及恐怖活动资金监控适用反洗钱法的规定，作为本条第二款，修改为"预防恐怖主义融资活动适用本法"，内涵更加明确和全面，也突出了反洗钱在预防恐怖主义融资活动方面的关键性作用，与《制止向恐怖主义提供资助的国际公约》以及有关国际规则进一步衔接。

本条共分两款。第一款规定了反洗钱的定义。该款主要有以下两层意思。

（一）反洗钱是预防洗钱活动的行为

洗钱与反洗钱是一个事物的两个方面。根据本款规定，洗钱活动是通过各种方式掩饰、隐瞒毒品犯罪、黑社会性质的组织犯罪、恐怖活动犯罪、走私犯罪、贪污贿赂犯罪、破坏金融管理秩序犯罪、金融诈骗犯罪和其他犯罪所得及其收益的来源、性质的行为。这里的洗钱活动主要是指刑法第一百九十一条规定的洗钱罪，以及具有洗钱的行为性质，根据案件具体情况依照刑法第三百一十二条掩饰、隐瞒犯罪所得、犯罪所得收益罪，第三百四十九条窝藏、转移、隐瞒毒品、毒赃罪等具体罪名定罪处刑的洗钱犯罪行为。

洗钱犯罪是近几十年来各国刑法和有关国际公约越来越重视并协同打击的一种犯罪类型。洗钱活动是犯罪收益规模化和逃避司法追究的需求不断增长共同作用下产生的一种犯罪现象。随着经济全球化和货物、人员跨境流动日益频繁，相关犯罪特别是有组织犯罪跨境化特征也日益突出。这些跨境活动的有组织犯罪集团致使跨境洗钱活动愈演愈烈。犯罪集团通过各种犯罪活动聚集了大量的非法资产，需要将犯罪收入通过各种方式"洗白"，这就逐步产生各种典型的洗钱犯罪。由此而开展的反洗钱工作，涉及犯罪治理的各个环节，涵盖从预防到惩处的全过程。反洗钱法规定的反洗钱，主要是指预防洗钱犯罪的工作，包含以下两个方面的内容。

1. 为了预防洗钱活动开展相关工作。考虑到洗钱行为及其上游犯罪具有严重的社会危害性，我国刑事法律已经将相关行为规定为犯罪，依照刑法和刑事诉讼法的规定追究实施洗钱犯罪的行为人的刑事责任。因此，反洗钱法规定的反洗钱主要是从防范洗钱犯罪的角度，通过相应举措识别、预警、预防以及遏制洗钱犯罪。一方面，反洗钱工作本身要通过相关机制和措施，发挥防范洗钱活动增多、洗钱风险上升的作用，压缩洗钱可能发生的场景和空间，实现积极预防效果；另一方面，反洗钱工作要为惩治洗钱犯罪提供便利和支持，有效识别存在洗钱风险的交易，及时提交存在洗钱嫌疑的报告，向有管辖权的机关转交相关证据、线索以便更高效、更快速地惩治洗钱犯罪。

2. 依法明确了洗钱活动的行为。开展反洗钱工作的前提是确定什么是洗钱活动。根据本款规定，通过各种方式掩饰、隐瞒毒品犯罪、黑社会性质的组织犯罪、恐怖活动犯罪、走私犯罪、贪污贿赂犯罪、破坏金融管理秩序犯罪、金融诈骗犯罪和其他犯罪所得及其收益的来源、性质的行为是洗钱活动。

首先，通过各种方式掩饰、隐瞒毒品犯罪、黑社会性质的组织犯罪、恐怖活动犯罪、走私犯罪、贪污贿赂犯罪、破坏金融管理秩序犯罪、金融诈骗犯罪所得及其收益的来源、性质的活动，属于危害最大、最具有典型性、需要重点防范的洗钱活动。

从洗钱犯罪的沿革可见,所列举的这几类上游犯罪行为是最为典型的上游犯罪类型,一定程度上反映了洗钱犯罪的不断变化和对防范洗钱犯罪认识的不断深入。1990年12月28日,七届全国人大常委会第十七次会议通过的《关于禁毒的决定》第四条首次规定了洗钱犯罪。但是从司法实践看,洗钱已不限于帮助毒品犯罪"洗白"犯罪所得和收益。1997年修订刑法时,将洗钱犯罪单独规定为犯罪,刑法第一百九十一条洗钱罪的上游犯罪规定为毒品犯罪、黑社会性质的组织犯罪和走私犯罪。其后刑法对洗钱罪又进行了三次修改。2001年刑法修正案(三)将恐怖活动犯罪纳入洗钱罪的上游犯罪,以适应打击恐怖活动犯罪的需要。2006年刑法修正案(六)将贪污贿赂犯罪、破坏金融管理秩序犯罪、金融诈骗犯罪规定为洗钱罪的上游犯罪,进一步加大了对这些上游犯罪的洗钱行为的打击力度。2020年刑法修正案(十一)在保留列举上述洗钱犯罪的上游犯罪的基础上对洗钱罪又作了一些修改和完善。

总体上,本款列举的洗钱犯罪的上游犯罪与刑法第一百九十一条洗钱罪列举的上游犯罪种类是衔接的。对于本款列举的这些上游犯罪,帮助消灭犯罪线索和证据,逃避法律追究和制裁,实现犯罪所得的"安全"循环使用,构成最为典型和严重的洗钱犯罪,需要加强识别、防范工作,提升预防、遏制该类洗钱犯罪的能力和水平,实现提前预防。实践中,反洗钱义务主体针对这几类犯罪有针对性地设计了反洗钱机制,可以更有侧重地开展对这些高危害、高风险上游犯罪的洗钱行为的识别和防范,进而整体提升反洗钱工作效果。为此,本款规定了通过各种方式掩饰、隐瞒毒品犯罪、黑社会性质的组织犯罪、恐怖活动犯罪、走私犯罪、贪污贿赂犯罪、破坏金融管理秩序犯罪、金融诈骗犯罪和其他犯罪所得及其收益的来源、性质的活动属于本法规定的洗钱活动。

其次,洗钱活动是通过各种方式掩饰、隐瞒其他犯罪所得及其收益的来源、性质的活动。根据相关国际公约、反洗钱国际组织等要求,成员国应当将洗钱罪适用于所有的严重罪行,以涵盖最广泛的上游犯罪。在我国刑法第一百九十一条洗钱罪突出惩治重点,集中在一些最突出、最严重的犯罪所得的洗钱活动的基础上,将最广泛的上游犯罪都纳入刑事惩治范围是刑事立法和刑事司法实践的共识。目前,我国形成了以刑法第一百九十一条洗钱罪为基础,第三百四十九条窝藏、转移、隐瞒毒品、毒赃罪为补充,第三百一十二条掩饰、隐瞒犯罪所得、犯罪所得收益罪补充的较为完备的洗钱犯罪体系，可以将所有犯罪都纳入广义的洗钱犯罪的上游犯罪范围，对相关行为定罪处罚。这样既符合国际公约、国际反洗钱组织对各国的要求，将其明知是严重犯罪的所得，进行转移、转换或者以其他方式掩饰、隐瞒其性质和来源的行为，都规定为犯罪；也将我国刑法洗钱罪的打击重点始终集中在对一些最突出、最严重的犯罪所得的洗钱活动上。为了进一步阐释说明相关立场，《全国人民代表大会宪法和法律委员会关于〈中华人民共和国刑法修正案（十一）（草案）〉修改情况的汇报》指出，"作上述修改以后，我国刑法第一百九十一条、第三百一十二条等规定的洗钱犯罪的上游犯罪包含所有犯罪，'自洗钱'也可单独定罪，为有关部门有效预防、惩治洗钱违法犯罪以及境外追逃追赃提供充足的法律保障"。基于这样的精神，本款进一步明确洗钱犯罪的上游犯罪范围，规定掩饰、隐瞒"其他犯罪"的犯罪所得及其收益的来源、性质也属于洗钱活动。

（二）依照反洗钱法的规定采取相关措施预防洗钱活动

反洗钱工作需要采取反洗钱法规定的措施开展。洗钱活动具有一定的规律性，在惩处的同时有必要根据其犯罪特征提前开展防范工作，将预防犯罪的工作做在前面。比如：确定金融机构以及特定非金融机构履行反洗钱义务；明确行政监管部门开展反洗钱工作的监督检查，督导反洗钱义务主体履行义务；对反洗钱义务确立具体要求，明确相关制度，建立单位的内部控制制度，开展尽职调查、保持客户身份资料和交易记录、报告大额交易和可疑交易；根据洗钱风险水平判断是否强化尽职调查、采取洗钱风险管理措施；明确相关线索和有关证据材料移送有管辖权的机关处理机制等，在反洗钱法上有明确规定。反洗钱要执行于法有据的反洗钱措施，开展预防洗钱工作。

第二款是关于预防恐怖主义融资活动适用本法等法律安排的规定。

（一）预防恐怖主义融资活动适用本法

这里明确规定预防恐怖主义融资活动适用反洗钱法的相关规定。通过反洗钱机制预防恐怖主义融资活动是将较为成熟的经验和做法上升为法律，依法予以确定。

反洗钱法规定的用于预防洗钱活动的相关措施，同样适用于预防恐怖主义融资活动。在通过反洗钱义务主体开展客户尽职调查，保存客户身份资料和交易记录，报告大额交易和可疑交易，排查可能存在的恐怖主义融资风险，并通过洗钱风险管理措施等及时控制恐怖主义融资风险的基础上,2024年修订反洗钱法第四十条还专门规定了单位和个人应当按照国家有关机关要求对相关名单所列对象采取反洗钱特别预防措施,并设置了法律责任。对象范围包括国家反恐怖主义工作领导机构认定并由其办事机构公告的恐怖活动组织和人员名单;外交部发布的执行联合国安理会决议通知中涉及定向金融制裁的组织和人员名单等。2024年修订反洗钱法第三十六条规定:"金融机构应当在反洗钱行政主管部门的指导下,关注、评估运用新技术、新产品、新业务等带来的洗钱风险,根据情形采取相应措施,降低洗钱风险。"该规定同样适用于预防通过新技术、新业态等进行恐怖主义融资活动。通过全面适用反洗钱法的相关规定,可以发挥预防恐怖主义融资活动的作用。需要注意的是,对于错误或者不当采取相关措施开展预防恐怖主义融资行为的救济,也适用反洗钱法关于权利救济的相关规定。

(二)其他法律另有规定的,适用其规定

从实践来看,预防恐怖主义融资活动需要多措并举,反洗钱法确定的反洗钱机制不能彻底解决预防恐怖主义融资活动的问题。

(1)从资金来源看。洗钱活动一般有其相关联的上游犯罪,正是为了掩饰、隐瞒上游犯罪产生的犯罪收益,才有了后续的洗钱活动。相比较而言,恐怖主义融资活动具有一定的特殊性。涉恐资金有的来源于传统犯罪活动的犯罪所得,其洗钱手法也带有传统洗钱活动的特点,如将来源于传统犯罪活动所得的犯罪收益与各种合法资金混同等。不同于传统洗钱活动的是,相当一部分恐怖主义融资活动的资金并非来源于犯罪所得,这部分恐怖主义融资活动的预防重点,主要是及时监测预警,制止其流向恐怖主义活动组织或者个人。基于恐怖主义组织的性质和恐怖主义活动的特点,不少恐怖主义活动的同情者、支持者会将自己的财产用于支持恐怖活动。这部分财产并不一定来源于犯罪所得,对其监测的重点不是其来源和性质,而是其流向和用途。从各国反恐案例可见,石油公司、建筑公司、银行、经纪人、贸易公司、饭店、酒店、书店等都存在成为恐怖主义活动幕后捐助者的情况。

(2)从行为目的看。洗钱活动的最终目的是让犯罪所得及其收益合法化,掩饰、隐瞒犯罪证据及追索的线索,逃避法律追究和制裁,在此基础上实现非法资产的安全保有和使用。而恐怖主义不以经济目标为最终目的,其犯罪目的主要在于政治影响力、宗教传播等非经济目的,恐怖主义融资只是实现恐怖主义的一种手段，与洗钱活动的行为目的存在一定的差异，这也影响恐怖主义融资活动的行为特征。

(3)从行为手段看。洗钱主要通过金融机构实现资产最终"洗白"的目的。因此，通过强化金融机构的反洗钱职责，特别是实施可疑交易报告制度等可以有效防范洗钱活动。有研究指出，非正常的资金转移体系是恐怖主义资金链的纽带，恐怖分子经常利用的非正规的资金转移方式包括大额现金运输，利用货币服务行业、货币兑换点、"哈瓦拉"等替代性汇款机制以及虚拟货币等转移资金。即使通过金融机构进行的资助恐怖主义活动，往往也以较低金额的交易和合法活动、慈善活动等作为掩护，使之较难被有效识别。

基于以上原因，本款规定对于预防恐怖主义融资活动其他法律另有规定的，适用其规定。对于防范恐怖主义融资活动，其他法律也作了一些规定。比如，反恐怖主义法第二十四条规定："国务院反洗钱行政主管部门、国务院有关部门、机构依法对金融机构和特定非金融机构履行反恐怖主义融资义务的情况进行监督管理。国务院反洗钱行政主管部门发现涉嫌恐怖主义融资的，可以依法进行调查，采取临时冻结措施。"第二十五条规定："审计、财政、税务等部门在依照法律、行政法规的规定对有关单位实施监督检查的过程中，发现资金流入流出涉嫌恐怖主义融资的，应当及时通报公安机关。"第二十六条规定："海关在对进出境人员携带现金和无记名有价证券实施监管的过程中，发现涉嫌恐怖主义融资的，应当立即通报国务院反洗钱行政主管部门和有管辖权的公安机关。"境外非政府组织境内活动管理法第四十四条规定："国务院反洗钱行政主管部门依法对境外非政府组织代表机构、中方合作单位以及接受境外非政府组织资金的中国境内单位和个人开立、使用银行账户过程中遵守反洗钱和反恐怖主义融资法律规定的情况进行监督管理。"需要注意的是，从适用法律的角度考虑，在其他法律对预防恐怖主义融资活动也作了相应规定和安排的情况下，如果是与反洗钱法相衔接的规定，应当同时遵守和适用；如果属于特别规定，与反洗钱法相关规定不一致，则应该根据本款规定的精神，统筹考虑法律之间的关系，根据一般法与特别法等相应的法律安排和法理逻辑准确适用相关规定。

在研究该条规定时，我们还了解到FATF建议、国际公约等关于反洗钱的一些规定，列举如下：

（一）FATF建议相关内容

3. 洗钱犯罪

各国应当根据《维也纳公约》[①]和《巴勒莫公约》[②]，将洗钱行为规定为犯罪。各国应当将洗钱犯罪适用于所有严重犯罪，旨在涵盖最广泛的上游犯罪。

5. 恐怖主义融资犯罪

各国应当根据《联合国制止向恐怖主义提供资助的国际公约》，将恐怖融资规定为刑事犯罪，不仅包括资助恐怖活动，也包括资助恐怖组织和恐怖分子，即使并未与特定的恐怖活动相联系。各国应当确保将这些犯罪行为规定为洗钱犯罪的上游犯罪。

6. 与恐怖主义及恐怖融资相关的定向金融制裁

各国应实施定向金融制裁制度，以遵守联合国安理会关于防范和制止恐怖主义及恐怖融资的决议。这些决议要求各国毫不延迟地冻结被列名个人或实体的资金或其他资产，并确保没有任何资金或其他资产被直接或间接地提供给被列名个人或实体，或使其受益。这些个人或实体指：(i) 根据《联合国宪章》第七章，由联合国安理会列名，或者由其授权列名的个人或实体，包括根据第1267（1999）号决议及其后续决议作出的指定；(ii) 根据第1373（2001）号决议，由该国列名的个人或实体。

（二）国际公约的规定

《制止向恐怖主义提供资助的国际公约》第十八条

1. 缔约国应合作防止发生第二条所述罪行，采取一切切实可行的措施，除其他外包括在必要时修改其国内立法，防止和遏制在其境内为在其境内或境外实施这些罪行进行准备工作，包括：

(a) 采取措施禁止蓄意鼓励、怂恿、组织或从事实施第二条所述罪行的人和组织在其境内进行非法活动；(b) 采取措施规定金融机构和从事金融交易的其他行业使用现行效率最高的措施查证其惯常客户或临时客户，以及由他人代其开立账户的客户的身份，并特别注意不寻常的或可疑的交易情况和报告怀疑为源自犯罪活动的交易。为此目的，缔约国应考虑：(i) 订立条例禁止开立持有人或受益人身份不明或无法查证的账户，并采取措施确保此类机

[①] 《维也纳公约》，全称为《联合国禁止非法贩运麻醉药品和精神药物公约》。
[②] 《巴勒莫公约》，全称为《联合国打击跨国有组织犯罪公约》。

构核实此类交易真实拥有人的身份;(ii)在法律实体的查证方面,规定金融机构在必要时采取措施,从公共登记册或客户,或从两者处取得成立公司的证明,包括客户的名称、法律形式、地址、董事会成员以及规定实体立约权力的章程等资料,以核实客户的合法存在和结构;(iii)制定条例迫使金融机构承担义务向主管当局迅速报告所有并无任何明显的经济目的或显而易见的合法目的的、复杂的、不寻常的巨额交易以及不寻常的交易方式,无须担心因诚意告发而承担违反披露资料限制的刑事或民事责任;(iv)规定各金融机构将有关国内和国际交易的一切必要记录至少保存五年。

2.缔约国应进一步合作,通过考虑下列手段,防止发生第二条所述的罪行:

(a)采取措施监督所有汇款机构,包括审批其营业执照;(b)采取可行措施,以发现或监测现金和无记名可转让票据的实际越境交送,但须有严格保障措施,以确保情报使用得当和资本的自由流通不受任何阻碍。

3.缔约国应进一步合作,防止发生第二条所述罪行,按照其国内法交换经核实的准确情报,并协调为防止实施第二条所述罪行而酌情采取的行政及其他措施,特别是:(a)在各主管机构和厅处之间建立和维持联系渠道,以便就第二条所述罪行的所有方面安全、迅速交换资料;(b)相互合作就第二条所述罪行的下列方面进行调查:(i)有理由怀疑是参与了这类犯罪的人的身份、行踪和活动;(ii)同这类犯罪有关的资金的流动情况。

4.缔约国可通过国际刑事警察组织(刑警组织)交换情报。

第三条　反洗钱工作应当贯彻落实党和国家路线方针政策、决策部署,坚持总体国家安全观,完善监督管理体制机制,健全风险防控体系。

【释义】　本条是关于反洗钱工作应当遵循的基本原则的规定。

本条是2024年修订反洗钱法增加的规定。2006年制定反洗钱法时,并未对反洗钱工作的基本原则作出规定。2024年修订反洗钱法通过总结我国一段时间以来反洗钱工作的经验和实践做法,明确反洗钱工作的原则,以指导反洗钱工作高质量开展。

本条规定的反洗钱工作原则主要有以下四个方面的内容:

(一)反洗钱工作应当贯彻落实党和国家路线方针政策、决策部署

2024年修订反洗钱法将贯彻落实党和国家路线方针政策、决策部署通

过法律确定为反洗钱工作的基本原则,是总结和提炼我国反洗钱体制机制以及反洗钱工作所得出的重要经验和宝贵成果,其也应当成为推动开展更高水平反洗钱工作的根本遵循和要求。

我国开展反洗钱工作有根据党和国家路线方针政策、决策部署开展相关工作、落实具体举措的长期经验和现实路径。

在经济社会高速发展以及经济全球化、资本流动国际化的背景下,洗钱这种犯罪形式伴随着走私、毒品、贪污贿赂等犯罪不断出现,具有严重的社会危害性,需要依法予以惩治。根据党和国家的重大决策部署,1990年12月七届全国人大常委会第十七次会议通过的《关于禁毒的决定》中,首次出现了洗钱犯罪的规定。1997年全面修订刑法时,进一步明确规定了洗钱罪,其后该条文又经过了三次修改和完善。我国批准加入的《联合国禁止非法贩运麻醉品和精神药物公约》《巴勒莫公约》《联合国反腐败公约》《制止向恐怖主义提供资助的国际公约》等国际公约中对公约成员国提出建立健全反洗钱法律制度的要求。其后,根据党和国家的决策部署,我国逐步建立并不断健全完善反洗钱工作体制机制,成立了跨部门的反洗钱工作部际联席会议制度,由中国人民银行作为反洗钱工作部际联席会议牵头单位。2006年10月,十届全国人大常委会第二十四次会议审议通过了反洗钱法。2007年我国成为FATF的正式成员。

党和国家路线方针政策、决策部署体现在反洗钱工作的各个方面。相关法规、规范性文件等对反洗钱相关工作作了进一步细化、规范和指引。如2017年国务院办公厅《关于完善反洗钱、反恐怖融资、反逃税监管体制机制的意见》,2021年中国人民银行《金融机构反洗钱和反恐怖融资监督管理办法》,2006年中国人民银行《金融机构反洗钱规定》,2024年中国人民银行、国家市场监督管理总局《受益所有人信息管理办法》等,都体现了党和国家在不同时期、不同阶段加强和规范反洗钱工作的具体要求和任务,在实践中需要认真贯彻落实。

需要注意的是,反洗钱工作应当与时俱进,及时贯彻落实党和国家路线方针政策、决策部署的最新要求。党的二十大报告提出,要加强和完善现代金融监管,守住不发生系统性风险底线,强化经济、金融等安全保障体系建设。2024年反洗钱法的修订,有利于推进金融高质量发展,健全国家金融风险防控体系,扩大金融高水平双向开放,提高参与国际金融治理能力。基于此，反洗钱各项工作，都应当认真贯彻落实党和国家路线方针政策、决策部署。

(二)反洗钱工作应当坚持总体国家安全观

2024年修订反洗钱法将反洗钱工作应当坚持总体国家安全观通过法律确定为反洗钱工作的基本原则。2014年4月，习近平总书记在中央国家安全委员会第一次会议上提出总体国家安全观，并对总体国家安全观作了全面、系统、完整的阐述。2022年10月，党的二十大进一步明确"推进国家安全体系和能力现代化，坚决维护国家安全和社会稳定"，"要坚持以人民安全为宗旨，以政治安全为根本、以经济安全为基础、以军事科技文化社会安全为保障、以促进国际安全为依托，统筹外部安全和内部安全、国土安全和国民安全、传统安全和非传统安全、自身安全和共同安全，统筹维护和塑造国家安全，夯实国家安全和社会稳定基层基础，完善参与全球安全治理机制，建设更高水平的平安中国，以新安全格局保障新发展格局"。

在推进国家安全体系和安全能力现代化、坚决维护国家安全和社会稳定的目标任务下，依法开展反洗钱工作，以有效预防洗钱活动，遏制洗钱以及相关犯罪，包括预防恐怖主义融资活动等，是切实维护国家安全的重要举措。要充分运用反洗钱体制机制善于预防、发现、遏制相关犯罪的作用，将经济安全的基础打扎实、打牢固。

坚持总体国家安全观，要求开展反洗钱工作时具有系统思维，通过反洗钱工作积极维护好、平衡好金融秩序、社会公共利益和国家安全，统筹好发展和安全，开展好国内反洗钱工作和国际合作，实现反洗钱各项工作目标。

(三)反洗钱工作应当完善监督管理体制机制

2024年修订反洗钱法将反洗钱工作应当完善监督管理体制机制通过法律确定为反洗钱工作的基本原则。反洗钱工作是一项系统性、综合性工作，需要持续推进依法、有序、合理、高效的反洗钱监督管理体制机制建设，保障高质量开展反洗钱工作。

反洗钱工作应完善监督管理体制机制主要体现在以下几个方面。一是明确反洗钱行政主管部门及其派出机构，国务院有关部门包括国务院有关金融管理部门、有关特定非金融机构主管部门等开展反洗钱工作的具体职责、权限，不断提升反洗钱工作的能力和水平，并持续建立健全前述各机关之间及其与监察机关、司法机关之间相互配合的机制。

二是不断优化完善反洗钱监管主体依法履行反洗钱监督管理职责的各项任务、活动,明确执行监督检查工作、开展反洗钱调查的程序和措施,并接受监督,对违法履行监督管理职责的追究法律责任。

三是增强反洗钱监管措施的延展性和有效性。通过要求履行反洗钱义务的相关主体建立健全内部控制制度以实现内部有效防控洗钱风险;鼓励依法成立反洗钱自律组织,开展反洗钱领域的自律管理;根据洗钱风险状况评估、监测新型洗钱风险,指导提升应用技术手段应对洗钱风险的能力;规定洗钱高风险国家或者地区的确定制度等,以增强反洗钱监管措施的延展性。通过依法采取临时冻结措施,对特定名单所列对象要求义务主体采取反洗钱特别预防措施,建立受益所有人信息管理制度,提升反洗钱监测分析机构的反洗钱监测水平,根据洗钱风险状况确定其他需要履行反洗钱义务的特定非金融机构等,以增强反洗钱监管措施的有效性。相关内容都是反洗钱监督管理体制机制的重要组成部分,需要通过实践不断完善和优化。

四是完善监督机制和权利救济渠道,以保障单位和个人的合法权益。反洗钱监督管理体制机制合法合理运行,有效提升反洗钱工作质效,需要建立有效的监督机制和救济渠道。比如,在保护数据安全和公民个人信息方面,2024年修订反洗钱法作了较多规定,不仅明确规定反洗钱监管主体、履行反洗钱义务主体的职责,对于有关国家机关工作人员泄露因反洗钱知悉的国家秘密、商业秘密或者个人隐私、个人信息的行为,增加规定了法律责任,还明确要求提供反洗钱服务的机构及其工作人员对于因提供服务而获取的数据、信息,应当依法妥善处理,确保其安全。

在权利救济方面,对单位和个人就金融机构采取洗钱风险管理措施有异议的,明确救济渠道和程序。对需要采取反洗钱特别预防措施的相关名单中所列对象就名单提出异议的,明确救济的指引和程序规定。通过监督机制和权利救济渠道,可以进一步对反洗钱监督管理体制机制的合理性和有效性进行检验,不断完善体制机制建设。

(四)反洗钱工作应当健全风险防控体系

2024年修订反洗钱法将反洗钱工作应当健全风险防控体系通过法律确定为反洗钱工作的基本原则。反洗钱工作应当不断总结和运用反洗钱经验、技术,提升反洗钱能力,增强反洗钱工作的有效性。从我国长期开展反洗钱工作以及世界范围开展反洗钱工作的成效来看,反洗钱工作以注重风险为本的方法是当前预防和遏制洗钱犯罪的有效办法,需要根据洗钱风险设置科学合理的反洗钱工作机制,使相关工作有的放矢。

从反洗钱义务主体主要集中在银行业、证券基金期货业、保险业、信托业、非银行支付机构等金融机构以及法律规定的特定非金融机构可见,相关行业领域、主体业态存在较高洗钱风险成为各方面共识,相关主体需要被重点关注,依法履行反洗钱义务。反洗钱义务主体的风险防控是否有效,直接关系反洗钱工作的质量和效果。

同时,健全风险防控体系还需要反洗钱监管部门加强指导,不断提升反洗钱义务主体识别、发现洗钱行为的能力,增强降低洗钱风险的本领。对于反洗钱工作的社会基础,需要反洗钱行政主管部门等国家有关机关通过多种形式开展反洗钱宣传教育活动,向社会公众宣传洗钱活动的违法性、危害性及其表现形式等,增强社会公众对洗钱活动的防范意识和识别能力,在社会层面降低洗钱风险、消除洗钱土壤。在技术层面,反洗钱监测分析机构需要根据洗钱风险状况有针对性地开展监测分析工作,按照规定向履行反洗钱义务的机构反馈其提交的可疑交易报告使用的情况,以不断提高履行反洗钱义务的有关机构的监测分析水平。此外,反洗钱行政主管部门应指导金融机构积极关注、评估运用新技术、新产品、新业务等带来的洗钱风险,根据情况采取相应措施,降低洗钱风险;应指导、鼓励和支持反洗钱领域技术创新,积极应对新技术手段从事洗钱活动的情况,以提高风险防控能力。

健全反洗钱风险防控体系还需要对洗钱风险以及相关措施的运用建立科学合理的评价体系,按照管理规定的要求和程序,平衡好管理洗钱风险与优化金融服务的关系。一是指导金融机构及时纠正各种与洗钱风险状况明显不相匹配的措施,既要依法依规采取措施限制涉嫌洗钱等违法犯罪的金融服务和资金流动,又要注意尽量不影响正常金融服务和资金流转。二是指导金融机构如何针对不同风险采取不同等级的措施。例如,对于存在洗钱高风险情形的,必要时可以采取相应的洗钱风险管理措施;对于涉及洗钱低风险情形的,可以根据情况简化客户尽职调查。

第四条 反洗钱工作应当依法进行,确保反洗钱措施与洗钱风险相适应,保障正常金融服务和资金流转顺利进行,维护单位和个人的合法权益。

【释义】 本条是关于反洗钱工作应当遵守的基本工作要求的规定。

本条是2024年修订反洗钱法增加的规定。在全国人大常委会对反洗钱法修订草案进行审议的过程中，一些常委会组成人员建议进一步明确反洗钱工作的工作要求，如反洗钱工作应当依法进行，平衡好反洗钱措施与洗钱风险的关系等，以加强和规范反洗钱工作。据此，增加了关于反洗钱工作要求的规定。

本条对反洗钱工作规定了应当遵守的基本工作要求，主要有以下四个方面的内容：

(一)反洗钱工作应当依法进行

反洗钱工作应当依法进行是全面依法治国在反洗钱工作领域的具体体现，也是反洗钱工作的根本要求。这里的"依法"主要是依照本法，同时需要与宪法的规定和精神相一致，并衔接好其他法律中有关反洗钱的规定。

一是依照反洗钱法开展反洗钱工作。

(1)依照反洗钱法开展工作需要坚持反洗钱法规定的基本原则，贯彻落实党和国家路线方针政策、决策部署，坚持总体国家安全观，完善监督管理体制机制，健全风险防控体系。比如，本法第十三条规定，国务院反洗钱行政主管部门制定或者会同国务院有关金融管理部门制定金融机构反洗钱管理规定；第十五条规定，国务院有关特定非金融机构主管部门制定或者国务院反洗钱行政主管部门会同其制定特定非金融机构反洗钱管理规定；第六十一条规定，国务院反洗钱行政主管部门制定反洗钱法相关行政处罚裁量基准等，都应当在遵循反洗钱法基本原则的基础上进一步制定规范性文件，细化相关内容，开展相关工作。总体上，在法律授权下开展反洗钱工作；执行反洗钱法规定的具体条款时，需要以本法的基本原则为标尺，维护好金融秩序、社会公共利益和国家安全。

(2)依照反洗钱法的具体规定和要求开展反洗钱工作。反洗钱法在授权国务院反洗钱行政主管部门及其派出机构、国务院有关部门等依法开展反洗钱监督管理、进行监督检查、开展反洗钱调查、开展国际合作、进行执法和处罚的同时，也要注意法律设置的条件和程序，规范权力行使。比如，本法第二十二条规定，反洗钱行政主管部门进行监督检查时，"应当经国务院反洗钱行政主管部门或者其设区的市级以上派出机构负责人批准。检查人员不得少于二人，并应当出示执法证件和检查通知书"。第四十三条第四款规定,"开展反洗钱调查,调查人员不得少于二人,并应当出示执法证件和调查通知书"。如果不符合上述程序性条件,被监督检查、反洗钱调查的单位有权拒绝接受检查、调查。

(3)单位和个人依法配合反洗钱工作的开展。单位和个人履行反洗钱法规定的义务,有利于反洗钱工作的有序开展,可以有效预防和遏制洗钱犯罪发生。本法第十条明确规定:"任何单位和个人不得从事洗钱活动或者为洗钱活动提供便利,并应当配合金融机构和特定非金融机构依法开展的客户尽职调查。"此外,本法第四十条、第五十九条规定,金融机构、特定非金融机构以外的单位和个人应当履行反洗钱特别预防措施义务,未依法履行反洗钱特别预防措施的要承担法律责任。

二是开展反洗钱工作需要遵守并实施宪法的规定和精神。反洗钱法是根据宪法制定的,其中涉及预防洗钱活动和遏制洗钱以及相关犯罪,采取反洗钱措施等规定的内容,与宪法维护社会经济秩序等有关规定有着密切联系。这就要求,在执行反洗钱法的具体规定时,需要以宪法规定的精神和要求准确把握相关规定的理解和适用。例如,我国宪法蕴含着统筹发展与安全的重要理念,要求充分保障经营主体的合法权益、保护公民基本权利。开展反洗钱工作本身就是为了维护金融秩序和安全,营造健康有序的市场环境,促进社会主义市场经济高质量发展。在理解和执行本法的具体规定时,应贯彻和体现这一精神。又如,本法第二十一条规定,反洗钱行政主管部门履行监督管理职责,必要时可以按照规定约谈金融机构的董事、监事、高级管理人员以及反洗钱工作直接负责人,要求其就有关事项说明情况;对金融机构履行反洗钱义务存在的问题进行提示。正确理解这里的"必要时",需要根据实践的具体情况,结合宪法的规定和精神,统筹好反洗钱监督检查工作和保障市场主体、公民的合法权益的关系,作出准确适用。

三是做好法律之间的衔接。除反洗钱法以外,反恐怖主义法、反电信网络诈骗法、期货和衍生品法、反有组织犯罪法、境外非政府组织境内活动管理法、禁毒法、中国人民银行法等法律中有部分涉及反洗钱的相关规定,这也是反洗钱工作应当遵循的重要依据,需要根据相关规定的要求,做好法律衔接,准确适用法律。在执行反洗钱法的有关规定时,应当注意相关规范的内容与其他法律规定之间的衔接。比如,处罚和救济与行政处罚法、行政诉讼法的衔接;保护国家秘密、商业秘密或者个人隐私、个人信息与保守国家秘密法、个人信息保护法等相关法律的衔接；开展国际合作与对外关系法、国际刑事司法协助法等法律规定的要求和程序的衔接；构成犯罪的，适用刑法追究刑事责任等。

(二)确保反洗钱措施与洗钱风险相适应

判断反洗钱机制是否有效，关键在于其是否具有提高防范洗钱风险的能力，能够及时识别、预防和遏制洗钱以及相关犯罪。通过总结反洗钱工作，采取相应的反洗钱措施可以显著降低洗钱风险，遏制相应犯罪。需要注意的是，相关反洗钱措施应与洗钱风险相适应，既要有能力及时识别洗钱风险，防范洗钱风险升级、危害变大，也要注意反洗钱工作的规律性，聚焦重点领域，避免不分情况"一刀切"适用反洗钱措施，而不考虑实际洗钱风险水平，造成反洗钱工作不分主次，措施强度失当。这包含以下三层意思。

一是反洗钱监管措施要与洗钱风险相适应。本法明确了国务院反洗钱行政主管部门、有关金融管理部门、有关特定非金融机构主管部门等履行法律和国务院规定的有关反洗钱的相应职责。这些监管部门开展监督管理属于反洗钱措施的重要内容，可以有效促进反洗钱义务主体履行义务，开展反洗钱工作。2024年修订反洗钱法明确了一些监督管理的具体措施，需要根据洗钱风险及时开展监督检查，填补漏洞，推动反洗钱工作有序开展。此外，监督管理的具体举措也要注意合理适当，与洗钱风险相适应。比如，本法第二十二条规定，反洗钱行政主管部门可以采取进入金融机构进行检查等措施。这就要求监管部门对义务主体可能存在的洗钱风险作出较为准确的判断，在确有必要时采取现场检查等升级监管措施。

监管部门监测洗钱风险的水平较高，要充分发挥优势，及时给予反洗钱义务主体必要的指导和指引，助其反洗钱工作能力适应洗钱风险。比如，本法第十六条规定，反洗钱监测分析机构应当按照规定向履行反洗钱义务的机构反馈可疑交易报告使用情况，以帮助相关义务主体不断优化反洗钱监测方式、方法，提高对洗钱风险的监测分析水平。

二是反洗钱义务主体采取的反洗钱措施应与洗钱风险相适应。2024年修订反洗钱法明确规定了反洗钱义务主体应当落实的一些反洗钱核心制度、依法实施的洗钱风险管理措施、反洗钱特别预防措施等，这些都属于反洗钱措施。这些措施的适用应当与相关风险相匹配。比如，本法第二十九条规定：有下列情形之一的，金融机构应当开展客户尽职调查：与客户建立业务关系或者为客户提供规定金额以上的一次性金融服务；有合理理由怀疑客户及其交易涉嫌洗钱活动；对先前获得的客户身份资料的真实性、有效性、完整性存在疑问。符合法定条件即采取相应的反洗钱措施，是对反洗钱义务主体的基本要求。同时，本法第三十条还规定：如果在业务存续期间发现客户进行的交易与金融机构所掌握的客户身份、风险状况等不符，应当进一步核实客户及其交易有关情况；对存在洗钱高风险情形的，必要时可以采取洗钱风险管理措施。这就对升级的洗钱风险设置了与之对应的反洗钱措施。

需要注意的是，当洗钱风险较低时，也要及时调整所采取的反洗钱措施。比如，金融机构开展客户尽职调查时，对于涉及较低洗钱风险的，应当根据情况简化客户尽职调查，以使反洗钱措施在适用时更加合法合理、符合比例原则。

三是各项反洗钱措施要与新型洗钱风险相匹配。实践中，新型洗钱风险层出不穷，不仅需要提高识别能力、积极研究防范对策，还需要对反洗钱措施作符合新型洗钱风险的调整和更新。对此，2024年修订反洗钱法为识别和防范新型洗钱风险作了相应的法律安排。例如，其第二十三条规定，国务院反洗钱行政主管部门会同国家有关机关发布洗钱风险指引，加强对履行反洗钱义务的机构指导，支持和鼓励反洗钱领域技术创新，及时监测与新领域、新业态相关的新型洗钱风险。第三十五条规定，金融机构应当制定并不断优化监测标准，有效识别、分析可疑交易活动，及时向反洗钱监测分析机构提交可疑交易报告。第三十六条规定，金融机构应当在反洗钱行政主管部门的指导下，关注、评估运用新技术、新产品、新业务等带来的洗钱风险，根据情形采取相应措施，降低洗钱风险。

（三）保障正常金融服务和资金流转顺利进行

这是对反洗钱工作的一项总体性要求，需要注意平衡反洗钱工作与正常金融服务和资金流转顺利进行的关系。这里包含以下两层意思。

一是高质量开展反洗钱工作是正常金融服务和资金流转顺利进行的重要保障。开展反洗钱工作就是为了保障正常金融服务和资金流转。正是毒品犯罪、黑社会性质的组织犯罪、恐怖活动犯罪、走私犯罪、贪污贿赂犯罪、破坏金融管理秩序犯罪、金融诈骗犯罪和其他犯罪利用了金融系统的漏洞，从事掩饰、隐瞒犯罪所得及其收益的活动，并助长新犯罪的出现，造成了严重的社会危害，才严重影响了正常金融服务和资金流转的顺利进行。为了规避打击和惩处,洗钱方式也不断变换和更新,涉及犯罪的资金利用并通过各种方式的金融交易、服务作掩护,进一步损害了金融秩序,给交易服务带来严重的负面影响。基于此,只有高质量开展反洗钱工作才可以更好地维护金融秩序,促进正常金融服务和资金流转顺利进行。

二是开展反洗钱工作需要坚持系统思维,注意避免举措失当,对正常金融服务和资金流转顺利进行造成不当影响。应当根据洗钱风险采取与之相适应的反洗钱措施,在采取措施的时候要统筹考虑并兼顾法律保护的其他相关价值,避免简单化、"一刀切"、超范围适用等,实现精准化、适当化。例如,2024年修订反洗钱法第二十四条规定,对存在严重洗钱风险的国家或者地区,国务院反洗钱行政主管部门可以在征求国家有关机关意见的基础上,经国务院批准程序,确定洗钱高风险国家或者地区,并采取相应措施。这就体现了综合各方面情况,审慎作出决定,妥善开展反洗钱工作的精神。对于金融机构采取洗钱风险管理措施的,2024年修订反洗钱法第三十条规定,应当在金融机构业务权限范围内按照有关管理规定的要求和程序进行,平衡好管理洗钱风险与优化金融服务的关系,不得采取与洗钱风险状况明显不相匹配的措施,保障与客户依法享有的医疗、社会保障、公用事业服务等相关的基本的、必需的金融服务。根据相关规定的精神,需要在监测洗钱风险、兼顾单位和个人的正常金融服务以及资金流转顺利进行之间取得平衡。

(四)维护单位和个人的合法权益

开展反洗钱工作,应依法维护单位和个人的合法权益。一方面,依法维护单位和个人的合法权益是提升公众参与反洗钱工作、获得社会各方面对反洗钱工作理解和支持的重要基础。社会公众对洗钱活动的违法性、危害性及其表现形式了解得更为充分,对洗钱活动有更强的防范意识和识别能力,更能体会到反洗钱工作的显著成效。这要求反洗钱工作更加精准和高效,使社会公众感受到反洗钱工作是积极维护单位和个人合法权益的重要工作,没有影响到正常的金融服务和资金流转的顺利进行,以形成开展相关工作的合力。

另一方面,要通过明确的程序和严格执法,及时纠正可能存在的侵犯合法权益的行为,畅通救济渠道,依法维护单位和个人的合法权益。2024年修订反洗钱法有多条规定涉及权利救济。第三十九条规定:单位和个人对金融机构采取洗钱风险管理措施有异议的,可以向金融机构提出;金融机构应当在 15 日内进行处理,并将结果答复当事人;涉及客户基本的、必需的金融服务的,应当及时处理并答复当事人;相关单位和个人逾期未收到答复,或者对处理结果不满意的,可以向反洗钱行政主管部门投诉;单位和个人对金融机构采取洗钱风险管理措施有异议的,也可以依法直接向人民法院提起诉讼。第四十条对采取反洗钱特别预防措施涉及善意第三人的,明确规定,应当保护善意第三人合法权益,善意第三人可以依法进行权利救济。第五十六条规定,金融机构董事、监事、高级管理人员或者其他直接责任人员能够证明自己已经勤勉尽责采取反洗钱措施的,可以不予处罚。

第五条 国务院反洗钱行政主管部门负责全国的反洗钱监督管理工作。国务院有关部门在各自的职责范围内履行反洗钱监督管理职责。

国务院反洗钱行政主管部门、国务院有关部门、监察机关和司法机关在反洗钱工作中应当相互配合。

【释义】 本条是关于反洗钱监督管理体制以及各有关部门在反洗钱工作中相互配合的规定。

2006 年反洗钱法第四条规定:"国务院反洗钱行政主管部门负责全国的反洗钱监督管理工作。国务院有关部门、机构在各自的职责范围内履行反洗钱监督管理职责。""国务院反洗钱行政主管部门、国务院有关部门、机构和司法机关在反洗钱工作中应当相互配合。"2024 年修订反洗钱法对该条作了以下修改:一是根据国务院机构改革情况将负有反洗钱监管职责的国务院有关机构修改为有关部门,删去"机构"的规定。这是将机构改革成果和实践的现行做法通过相关法律的修改进行完善,一并予以确认。二是对反洗钱工作中各监管单位应当相互配合的规定,增加监察机关。反洗钱工作对于预防和遏制腐败犯罪、开展境外追逃追赃工作具有重要作用。在监察体制改革后,需要将实践中监察机关参与反洗钱工作,与国家有关部门相互配合的内容在法律中予以明确,以巩固改革成果。

本条共分两款。第一款是关于国务院反洗钱行政主管部门的职责和国务院其他有关部门履行反洗钱监督管理的职责的规定。

本款包含以下两个方面的内容。一是规定了国务院反洗钱行政主管部门的职责,明确由其负责全国的反洗钱监督管理工作。

国务院反洗钱行政主管部门负责全国的反洗钱监督管理工作,其应履行的职责主要包括:(1)组织、协调全国的反洗钱工作;(2)研究、拟定国家的反洗钱规划和政策;(3)制定或者会同国务院有关金融管理部门制定金融机构反洗钱管理规定,包括大额交易和可疑交易报告的具体办法、开展客户尽职调查、客户身份资料和交易记录保存制度等;(4)监督、检查金融机构履行反洗钱义务的情况;(5)建立反洗钱监测分析机构,负责反洗钱资金监测和洗钱风险监测分析;(6)在职责范围内调查可疑交易活动;(7)发现涉嫌洗钱以及相关违法犯罪的交易活动,将线索和相关证据材料移送有管辖权的机关;(8)向国家有关机关定期通报反洗钱工作情况,依法向有关单位提供反洗钱信息;(9)根据国务院授权负责组织、协调反洗钱国际合作,代表中国政府参与有关国际组织活动,依法与境外机构开展反洗钱合作,交换反洗钱信息;(10)国务院规定的有关反洗钱的其他职责。

国务院反洗钱行政主管部门,根据法律规定和国家对相关工作的安排和设计,明确为中国人民银行。主要有以下理由:

第一,相关法律依据、政策文件确定中国人民银行负责反洗钱相关工作。2003年12月,十届全国人大常委会第六次会议审议通过了《关于修改〈中华人民共和国中国人民银行法〉的决定》,对中国人民银行法第四条进行了修改,增加规定了中国人民银行负责"(十)指导、部署金融业反洗钱工作,负责反洗钱的资金监测"。在相关配套的政策文件方面,2003年5月,国务院批示中国人民银行承担组织协调国家反洗钱工作的职责。同年9月,中央机构编制委员会办公室《关于人民银行主要职责内设机构和人员编制调整意见的通知》规定:"原由公安部承担的组织协调国家反洗钱工作的职责,转由中国人民银行承担。"中国人民银行负责指导、部署金融业反洗钱工作,负责研究制定金融机构反洗钱规划和政策。2006年反洗钱法规定了国务院反洗钱行政主管部门,即中国人民银行。2024年修订反洗钱法依然延续相关法律、政策文件的规定,由中国人民银行作为国务院反洗钱行政主管部门。

第二,实践中,中国人民银行长期承担我国的反洗钱监督管理工作。在反洗钱法颁布施行之前,中国人民银行颁布了《金融机构反洗钱规定》(2003年发布,现已失效)、《人民币大额和可疑支付交易报告管理办法》(现已失效)和《金融机构大额和可疑外汇资金交易报告管理办法》(现已失效)三个涉及金融机构反洗钱工作的部门规章。中国人民银行相关部门规章的颁布施行对于初步建立起我国反洗钱预防监控制度,规范金融机构履行反洗钱义务,防止金融机构被犯罪分子利用从事洗钱活动,保障国家经济金融安全,发挥了积极作用。反洗钱法颁布施行后,中国人民银行为加强对金融机构反洗钱工作的指导和监督,进一步规范反洗钱资金监测,提高反洗钱信息分析水平和利用效率,继续制定了一系列反洗钱规范性文件,包括《金融机构反洗钱规定》《反洗钱现场检查管理办法(试行)》(现已失效)、《金融机构大额交易和可疑交易报告管理办法》等,承担起全国反洗钱监督管理工作的职责。

第三,中国人民银行根据工作的实际需要,设立了专门的反洗钱部门承担我国金融业反洗钱的行政管理职能,并设立了反洗钱监测分析机构,形成了我国反洗钱行政管理工作的组织基础。

第四,中国人民银行长期承担反洗钱国际合作任务,代表中国政府参与有关国际组织活动。中国人民银行设立反洗钱职能部门,履行反洗钱监督管理职责,有力推动了我国开展反洗钱对外交往和国际合作。按照国务院的统一部署,我国加入FATF的进程取得重大进展。2004年2月,经国务院授权,中国人民银行代表中国政府向FATF递交加入申请,并承担后续加入FATF的工作。2005年1月,FATF通过电子投票表决方式,33个成员一致同意接纳中国为FATF观察员。2007年,中国成为FATF正式成员。2004年10月,经国务院授权,中国人民银行代表中国政府与俄罗斯、哈萨克斯坦、塔吉克斯坦、吉尔吉斯斯坦、白俄罗斯共同作为创始成员国成立欧亚反洗钱和反恐怖融资组织(EAG)。此外,经国务院授权,中国人民银行会同外交部等部门与亚太反洗钱与反恐融资组织(APG)秘书处多轮磋商,正式恢复我国在APG的成员活动。

二是国务院有关部门在各自的职责范围内履行反洗钱监督管理职责。国务院有关部门既包括国务院有关金融管理部门,如国家金融监督管理总局、中国证券监督管理委员会,也包括海关总署、国家税务总局、国家市场监督管理总局、财政部、司法部等在其各自的法定职责范围内履行相应的反洗钱监管职责的部门。具体而言,根据本法第十四条的规定,国务院有关金融管理部门参与制定所监督管理的金融机构反洗钱管理规定;在金融机构市场准入中落实反洗钱审查要求;在监督管理工作中发现金融机构违反反洗钱规定的,将线索移送反洗钱行政主管部门;履行法律和国务院规定的有关反洗钱的其他职责等。根据本法第十八条的规定,国务院反洗钱行政主管部门、国务院外汇管理部门按照职责分工,会同海关总署规定出入境人员的申报范围、携带的现金、无记名支付凭证等金额标准和通报机制等;海关发现个人出入境携带的现金、无记名支付凭证等超过规定金额的,应当及时向反洗钱行政主管部门通告。根据本法第十五条、第六十四条的规定,国务院有关特定非金融机构主管部门制定或者国务院反洗钱行政主管部门会同其制定特定非金融机构反洗钱管理规定;有关特定非金融机构主管部门监督检查特定非金融机构履行反洗钱义务的情况;处理反洗钱行政主管部门提出的反洗钱监督管理建议;履行法律和国务院规定的有关反洗钱的其他职责。

第二款是关于国家各有关部门在反洗钱工作中应当相互配合的规定。开展反洗钱工作除了国务院反洗钱行政主管部门以外,还涉及负有反洗钱监督管理职责的国务院其他部门,以及监察机关、司法机关。本款规定意在指明,反洗钱工作不只是国务院行政主管部门"一家的事情",需要多部门依照法定职权综合施策,相互配合,共同完成。2024年修订反洗钱法也对有关部门相互配合作了不少明确规定。比如,其第十三条、第十四条、第十五条规定,制定金融机构、特定非金融机构的反洗钱管理规定,特定情况下需要国务院反洗钱行政主管部门会同国务院有关金融管理部门、国务院有关特定非金融机构主管部门制定;有关特定非金融机构主管部门根据需要,可以请求反洗钱行政主管部门协助其对特定非金融机构开展监督检查。第十七条规定:"国务院反洗钱行政主管部门为履行反洗钱职责,可以从国家有关机关获取所必需的信息,国家有关机关应当依法提供。国务院反洗钱行政主管部门应当向国家有关机关定期通报反洗钱工作情况,依法向履行与反洗钱相关的监督管理、行政调查、监察调查、刑事诉讼等职责的国家有关机关提供所必需的反洗钱信息。"第二十条规定,反洗钱行政主管部门和其他依法负有反洗钱监督管理职责的部门发现涉嫌洗钱以及相关违法犯罪的交易活动,应当移送有管辖权的机关处理;接受移送的机关应当按照有关规定反馈处理结果。第四十七条规定,国家有关机关依法在职责范围内开展反洗钱国际合作。上述规定都反映出开展反洗钱工作需要国家相关部门相互配合、共同完成。

在研究该条规定时,我们还了解到有关国家和地区关于反洗钱的一些规定。从世界范围看,国家的反洗钱制度需要由该国的反洗钱法律制度确立。反洗钱法律制度主要分为刑事惩治和犯罪预防两个方面。刑事惩治洗钱及相关犯罪,主要依靠刑法、刑事诉讼法追究洗钱罪犯的刑事责任。而在反洗钱犯罪预防方面,主要依靠反洗钱相关法律等确立开展反洗钱工作的体制机制,明确依法履职的具体国家工作机构。从各国开展反洗钱工作的实践来看,主要是以下两种反洗钱工作机构:一是指定或新设一个政府机构负责全国的反洗钱行政管理工作;二是设立收集、分析和移送反洗钱信息的金融情报机构。在多数国家,金融情报机构隶属于反洗钱行政主管部门,但各国承担反洗钱行政管理工作的部门各不相同。例如,美国和加拿大承担反洗钱行政管理工作的部门是财政部,而瑞士在联邦金融管理局下设立了专门的反洗钱管理机构。根据各国的反洗钱法律,反洗钱行政主管部门一般承担以下几个方面的职责,预防和监控洗钱活动:

一是制定反洗钱规则。原则上,反洗钱行政主管部门的规则制定权来源于反洗钱法律的授权,即主要是对反洗钱法律的有关内容作出操作性的具体规定。澳大利亚《现金交易报告法》授权交易报告和分析中心(Australian Transaction Reports and Analysis Centre, AUSTRAC)与财政部制定交易报告的具体程序和开立银行账户所需提交的信息资料。德国《联邦反洗钱法》授权联邦财政部长在与德意志联邦银行协商以后,可以依法把其他业务定为应当履行反洗钱义务的银行业务活动。

二是收集、分析和移送可疑交易报告。金融情报机构隶属于反洗钱行政主管部门的国家,其收集、分析和移送可疑交易报告的法律责任最终由反洗钱行政主管部门承担,如美国、加拿大、澳大利亚、俄罗斯等国。

三是进行反洗钱检查、监督。反洗钱检查、监督是反洗钱行政主管部门实现其工作目标的必备手段,其主要内容是进入金融机构等反洗钱义务主体的经营场所进行检查。日本金融厅下设特定金融情报室,负责检查监督金融机构反洗钱工作的执行情况;澳大利亚《现金交易报告法》规定,反洗钱管理部门的官员有对现金交易商经营场所和律师场所的检查权。

四是进行行政处罚。为执行反洗钱法,对违反有关反洗钱规定的行为,反洗钱行政主管部门有权进行行政处罚。美国财政部部长有权对没有提交可疑交易报告或报告中缺少重要信息或是记录错误的行为进行处罚。英国《反洗钱条例》规定,从事现金服务的操作人员违反有关反洗钱规定时,海关税务局局长可以决定给予其认为适当的罚款。

五是有查封、扣押、搜查等准司法权。在有些国家,特别是英美法系国家,反洗钱主管部门具有准司法权。根据加拿大《犯罪收益(洗钱)法》的规定,主管部门的官员可以扣留、搜查、查封、没收有合理怀疑涉嫌洗钱的人、财产(包括货币和金融票据)。

> **第六条** 在中华人民共和国境内(以下简称境内)设立的金融机构和依照本法规定应当履行反洗钱义务的特定非金融机构,应当依法采取预防、监控措施,建立健全反洗钱内部控制制度,履行客户尽职调查、客户身份资料和交易记录保存、大额交易和可疑交易报告、反洗钱特别预防措施等反洗钱义务。

【释义】 本条是关于反洗钱义务主体和反洗钱核心制度确定的相关义务的规定。

2006年反洗钱法第三条规定:"在中华人民共和国境内设立的金融机构和按照规定应当履行反洗钱义务的特定非金融机构,应当依法采取预防、监控措施,建立健全客户身份识别制度、客户身份资料和交易记录保存制度、大额交易和可疑交易报告制度,履行反洗钱义务。"2024年修订反洗钱法对该条作了以下修改:

一是,增加履行反洗钱义务的主体应当建立健全"反洗钱内部控制制度"的规定。该义务是反洗钱义务主体执行反洗钱相关核心制度,切实履行其他各项制度和义务的工作框架和基础。2006年反洗钱法第十五条已经规定"金融机构应当依照本法规定建立健全反洗钱内部控制制度",2024年修订反洗钱法将上述内容在总则部分规定,一并明确了"依照本法规定应当履行反洗钱义务的特定非金融机构"在内的反洗钱义务主体都应当依法建立健全反洗钱内部控制制度,对该项义务作了进一步强调。

二是,将反洗钱义务主体建立健全"客户身份识别制度"修改为履行"客户尽职调查"义务,以适应反洗钱工作新的发展和新的要求。从"客户身份识别"到"客户尽职调查"的变化,客观上反映了监管理念的发展。此处需要注意这两个制度的联系和区别。"客户尽职调查"是对"客户身份识别"的升级和发展,"客户身份识别"内化为"客户尽职调查"的组成部分。总体而言,反洗钱义务主体开展"客户尽职调查"更能反映当前国际以及我国反洗钱监管发展的新趋势,更能满足日趋复杂的反洗钱斗争的新要求。此外,由于客户身份识别的重要性,其仍然作为客户尽职调查制度的关键性要求并被严格执行。

三是,增加反洗钱义务主体应当履行反洗钱特别预防措施等义务。对外关系法第二十条第四款规定,"中华人民共和国维护国际军备控制、裁军与防扩散体系,反对军备竞赛,反对和禁止一切形式的大规模杀伤性武器相关扩散活动,履行相关国际义务,开展防扩散国际合作";第三十五条规定,"国家采取措施执行联合国安全理事会根据联合国宪章第七章作出的具有约束力的制裁决议和相关措施。对前款所述制裁决议和措施的执行,由外交部发出通知并予公告。国家有关部门和省、自治区、直辖市人民政府在各自职权范围内采取措施予以执行。在中国境内的组织和个人应当遵守外交部公告内容和各部门、各地区有关措施,不得从事违反上述制裁决议和措施的行为"。此外,反洗钱相关国际组织也对执行联合国安理会决议提出相应要求。对此,本法第四十条设置了适用反洗钱特别预防措施的规定,履行反洗钱义务的金融机构和特定非金融机构需要依法对符合条件的对象采取反洗钱特别预防措施。除建立健全反洗钱内部控制制度,履行客户尽职调查、客户身份资料和交易记录保存、大额交易和可疑交易报告、反洗钱特别预防措施以外,金融机构和特定非金融机构还需要履行本法规定的其他反洗钱义务。

本条规定包含以下两方面的内容:

(一)明确反洗钱义务主体

根据本条规定,履行反洗钱义务的主体主要是指在中华人民共和国境内设立的金融机构和依照本法规定应当履行反洗钱义务的特定非金融机构。

(1)在中华人民共和国境内设立的金融机构,需要满足以下两个条件:

一是在中华人民共和国境内设立。这里的范围不仅包括属于中国境内法人的金融机构,也包括外国金融机构法人在我国设立的分支机构,只要是在中华人民共和国境内设立的金融机构,都要履行本法要求的反洗钱义务。

二是金融机构的范围依法确定。反洗钱法对履行本法义务的金融机构作了专门规定。本法第六十三条规定,在境内设立的下列机构,履行本法规定的金融机构反洗钱义务:银行业、证券基金期货业、保险业、信托业金融机构;非银行支付机构;国务院反洗钱行政主管部门确定并公布的其他从事金融业务的机构。基于此,本法意义上的履行反洗钱义务的金融机构需要满足本法第六十三条的规定。实践中需要注意金融机构的定义与履行反洗钱义务的金融机构之间的区别与联系,前者属于金融管理的范畴;后者根据本法第六十三条的规定确定。因此,有的地方在金融治理过程中提出按照金融机构管理的机构,是否属于反洗钱法上应当履行反洗钱义务的金融机构,需要结合本法第六十三条的列举进行判断或者由国务院反洗钱行政主管部门确定并公布,不能简单认定其是否属于反洗钱法上应当履行反洗钱义务的金融机构。

(2)在中华人民共和国境内设立的依照本法规定应当履行反洗钱义务的特定非金融机构,需要满足以下三个条件:

一是在中华人民共和国境内设立。这里的特定非金融机构的范围不仅包括中国法人,也包括外国法人在我国设立的分支机构,只要是在中华人民共和国境内设立的,都可能要依照反洗钱法的规定履行特定非金融机构的反洗钱义务。需要注意的是,有些主体在境外属于履行反洗钱义务的特定非金融机构,但是在我国境内是禁止开展业务的,比如赌场。如果其在我国境内存在事实上的经营行为,并存在洗钱活动,则属于通过非法渠道实施洗钱犯罪,并非适用特定非金融机构的有关规定追究其法律责任。对此,本法第六十二条第二款作了明确的衔接性规定。

二是要依照反洗钱法的规定履行反洗钱义务。相关机构满足反洗钱法的相关规定,才属于履行反洗钱义务的特定非金融机构。考虑到特定非金融机构涉及行业多、业务领域广、数量大、从业人员多,为提高法律调整的精确性,反洗钱法规定符合法定条件的才构成履行反洗钱义务的特定非金融机构。本法第四十二条规定,特定非金融机构在从事规定的特定业务时,参照本法第三章"反洗钱义务"关于金融机构履行反洗钱义务的相关规定,根据行业特点、经营规模、洗钱风险状况履行反洗钱义务。基于此,特定非金融机构是否需要履行反洗钱义务,需要依据特定非金融机构的具体特性和业务特点,结合反洗钱法针对特定非金融机构的特殊安排综合确定。

三是特定非金融机构的范围依法确定。反洗钱法对履行本法义务的特定非金融机构作了专门规定。本法第六十四条规定,在境内设立的下列机构,履行本法规定的特定非金融机构反洗钱义务:提供房屋销售、房屋买卖经纪服务的房地产开发企业或者房地产中介机构;接受委托为客户办理买卖不动产,代管资金、证券或者其他资产,代管银行账户、证券账户,为成立、运营企业筹措资金以及代理买卖经营性实体业务的会计师事务所、律师事务所、公证机构；从事规定金额以上贵金属、宝石现货交易的交易商；国务院反洗钱行政主管部门会同国务院有关部门根据洗钱风险状况确定的其他需要履行反洗钱义务的机构。基于此，本法意义上的履行反洗钱义务的特定非金融机构需要满足本法第六十四条规定的条件和范围。

（二）依法采取预防、监控措施，履行相应的反洗钱义务

这里的"法"是指与反洗钱工作相关的广义的法律法规，包括宪法的规定和精神，反洗钱法以及与反洗钱法有衔接性规定的其他法律，根据法律规定对反洗钱工作作进一步细化的法规，反洗钱行政主管部门和其他依法负有反洗钱监督管理职责的部门发布的规章及规范性文件。

这里规定的"采取预防、监控措施"主要体现在开展反洗钱工作，履行本条规定的反洗钱义务。金融机构开展反洗钱工作，针对洗钱活动采取预防、监控措施，是反洗钱工作取得成效的最主要手段。实践证明，通过金融机构建立反洗钱制度，监测并报告可疑交易，发现涉嫌洗钱犯罪资金，对于打击洗钱活动至关重要。此外，金融机构并不是洗钱活动的唯一渠道，在金融机构采取相应的预防、监控措施后，洗钱人员通过金融机构进行洗钱的难度和成本增加，因而向非金融领域渗透的情况相应增多。依法要求特定非金融机构采取反洗钱预防、监控措施，能够有针对性地根据洗钱活动的变化调整反洗钱的举措和部署，提高反洗钱机制的效果，从而构建较为完备的反洗钱防线。

金融机构和特定非金融机构履行反洗钱法规定的义务是采取预防、监控措施的重要途径。具体而言，本条规定的需要履行的反洗钱义务有以下几项：

（1）建立健全反洗钱内部控制制度。该义务要求反洗钱义务主体通过制定和实施一系列的内部反洗钱制度、程序和方法，建立对洗钱风险进行事前防范、事中控制、事后监督的内部控制机制。一般而言，反洗钱内部控制制度的设计和制定需要达到以下三个方面的目标：一是将反洗钱要求融入业务工作程序和管理系统，使反洗钱成为反洗钱义务主体整体风险控制的有机组成部分，成为维护自身信誉、防止被洗钱犯罪人员利用的制度保证，从而避免或减少被动卷入洗钱活动，规避法律风险、经济损失以及避免对自身信誉的损害。二是反洗钱内部控制制度的制定和实施能够保证本单位通过客户尽职调查等反洗钱核心制度，有效发现、识别和报告可疑交易，协助反洗钱监管机关和司法机关等发现和打击洗钱等违法犯罪活动。三是反洗钱内部控制制度与反洗钱义务主体的经营规模、业务范围和风险特点相适应，能够不断

健全相关机制，并根据自身业务发展变化和经营环境变化不断修正、完善和创新反洗钱工作，为反洗钱义务主体应对新型洗钱风险提供制度支持。为有效履行反洗钱义务，反洗钱义务主体必须根据自身的业务特点和面临风险的具体情况，制定履行法定反洗钱义务的内部组织架构、工作程序、业务流程、风险管理制度、内部评估和审计制度、培训制度、责任制度、信息系统等。2024年修订反洗钱法第二十七条、第五十二条、第五十六条、第五十八条等对反洗钱义务主体建立健全反洗钱内部控制制度及其法律责任作了相应规定。

（2）履行客户尽职调查义务。该义务要求反洗钱义务主体在与客户建立业务关系、提供规定金额以上的非经常性交易、代理交易等情形下，应当履行客户尽职调查义务，总体上需要采取以下措施：一是确定、核实客户身份资料；二是核实、识别代理关系的真实性；三是核实受益所有人身份；四是了解客户建立业务关系和交易的目的；五是对存续业务采取持续的客户尽职调查，对于存疑的进一步核实客户及其交易有关情况；六是根据客户特征和交易活动的性质、风险状况采取适当的客户尽职调查等。此外，根据实践情况，对于反洗钱义务主体依托第三方开展客户尽职调查的情况，明确规范和法律责任。2024年修订反洗钱法第二十九条、第三十条、第三十一条、第三十二条、第三十三条、第三十八条、第四十二条、第五十三条、第五十五条、第五十六条、第五十八条、第六十条等对反洗钱义务主体履行客户尽职调查义务及其法律责任作了相应规定。

（3）履行客户身份资料和交易记录保存义务。该义务要求反洗钱义务主体依法采取必要措施将客户身份资料和交易记录保存一定期限。对于客户身份资料和交易记录的范围，相关规范性文件作了进一步细化。2006年中国人民银行发布的《金融机构反洗钱规定》第十条第一款规定，金融机构应当在规定的期限内，妥善保存客户身份资料和能够反映每笔交易的数据信息、业务凭证、账簿等相关资料。此外，2012年中国人民银行发布的《支付机构反洗钱和反恐怖融资管理办法》、2007年中国人民银行等机关发布的《金融机构客户身份识别和客户身份资料及交易记录保存管理办法》等，都对客户身份资料和交易记录保存作了具体规定。2024年修订反洗钱法第三十四条、第五十三条、第五十四条、第五十六条、第五十八条等对反洗钱义务主体履行客户身份资料和交易记录保存义务及其法律责任作了相应规定。

(4)履行大额交易和可疑交易报告义务。该义务要求反洗钱义务主体在其经营过程中,对经办的单笔或者超过规定金额以上的交易和涉嫌洗钱的资金交易依法向反洗钱监测分析机构报告。大额交易和可疑交易虽然不必然与洗钱等违法犯罪活动相关,但对于反洗钱工作具有重要意义:一是通过对大额交易和可疑交易的宏观分析,可以帮助确定反洗钱需要关注的行业、区域和交易种类等;二是对收集的可疑交易报告与大额转账交易信息进行交叉分析,有利于确定可疑交易是否确实涉嫌犯罪;三是在反洗钱调查和侦查过程中,可以提供资金去向的有关线索;四是对大额交易的交叉分析核对,有利于反洗钱监测分析机构主动发现涉嫌犯罪活动的资金交易线索。此外,考虑到报告大额交易和可疑交易这件事本身对履行反洗钱义务的机构及其工作人员以及被报告对象都会产生影响,法律也需要对此作出安排,既保障该义务正常履行,又保障相关单位和个人的合法权益不受侵害。2024年修订反洗钱法第八条、第三十五条、第五十三条、第五十四条、第五十五条、第五十六条、第五十八条等对反洗钱义务主体履行大额交易和可疑交易报告义务及其法律责任作了相应规定。

(5)履行反洗钱特别预防措施义务。该义务要求反洗钱义务主体对国家有关机关所列名单的对象采取反洗钱特别预防措施。这些名单包括国家反恐怖主义工作领导机构认定并由其办事机构公告的恐怖活动组织和人员名单;外交部发布的执行联合国安理会决议通知中涉及定向金融制裁的组织和人员名单;国务院反洗钱行政主管部门认定或者会同国家有关机关认定的,具有重大洗钱风险、不采取措施可能造成严重后果的组织和人员名单。具体措施包括立即停止向名单所列对象及其代理人、受其指使的组织和人员、其直接或者间接控制的组织提供金融等服务或者资金、资产,立即限制相关资金、资产转移等。2024年修订反洗钱法第四十条、第五十四条、第五十五条、第五十六条等对反洗钱义务主体履行反洗钱特别预防措施义务及其法律责任作了相应规定。

(6)履行法律规定的其他反洗钱义务。这里的义务包括遵守反洗钱法规定的禁止性规定。例如,不向身份不明的客户提供服务、与其进行交易;不为客户开立匿名账户、假名账户,不为冒用他人身份的客户开立账户;境外执法不擅自采取行动。又如,依法配合反洗钱监督管理、调查;关注、评估运用新技术、新产品、新业务等带来的洗钱风险。总体上,这些反洗钱义务是法律规定的,在法律确定的范围内应由反洗钱义务主体履行的义务。

在研究本条规定时,我们还了解到FATF建议、国际公约关于反洗钱的一些规定,列举如下:

(一)FATF建议相关内容

1.关于反洗钱内部控制制度

18.内部控制、境外分支机构和附属机构

各国应当要求金融机构实施反洗钱与反恐怖融资机制安排。同时,各国应当要求金融集团在集团层面实施反洗钱与反恐怖融资机制安排,包括在集团内部出于反洗钱与反恐怖融资目的而共享信息的政策和程序。

各国应当要求金融机构确保其境外分支机构和控股附属机构通过实施金融集团反洗钱与反恐怖融资机制安排,执行与母国落实FATF建议相一致的反洗钱与反恐怖融资要求。

2.关于客户尽职调查

10.客户尽职调查

各国应当禁止金融机构持有匿名账户或明显以假名开立的账户。

各国应当要求金融机构在下列情况下采取客户尽职调查(CDD)措施:

(i)建立业务关系;

(ii)进行一次性交易:(1)超过规定限额(15000美元/欧元);或者(2)建议16释义规定的特定情况下的电汇;

(iii)怀疑客户或交易涉嫌洗钱或恐怖融资;

(iv)金融机构怀疑先前所获客户身份资料的真实性或完整性。

金融机构实施客户尽职调查的原则应由法律规定。各国可以通过法律或其他强制性措施规定具体的尽职调查义务。客户尽职调查措施包括:

(a)识别客户身份,并使用可靠且来源独立的文件、数据或信息核实客户身份。

(b)识别并采取合理措施核实受益所有人身份,以确信金融机构了解受益所有人身份。对于法人和法律安排,金融机构应当了解其所有权和控制权结构。

(c)理解并酌情获取关于业务关系的目的和真实意图的信息。

(d)在业务关系存续期间,对业务关系进行持续尽职调查,仔细审查业务存续期间开展的交易,以确保正在进行的交易符合金融机构所掌握的客户、客户业务、风险状况(必要时,包括资金来源)等信息。

各国应当要求金融机构采取上述(a)至(d)项客户尽职调查措施,但金融机构应当根据本项建议和建议1的释义,适用风险为本的方法,决定采取上述各项措施的程度。

各国应当要求金融机构在建立业务关系前或建立业务关系时,以及进行一次性交易前或进行一次性交易时,核实客户和受益所有人身份。在洗钱与恐怖融资风险得到有效管理的前提下,如确有必要避免身份核实打断正常业务,各国可以允许金融机构在建立业务关系之后,在实际条件允许的情况下尽快完成身份核实。

如果金融机构无法遵循上述(a)至(d)项规定的措施(已根据风险为本的方法对措施进行了适当调整),则不应开立账户、建立业务关系或进行交易;或者应当终止业务关系;并考虑提交有关客户的可疑交易报告。

上述措施适用于所有新客户,但金融机构也应当根据重要性和风险程度,对存量客户适用本建议,适时开展尽职调查。

17. 依托第三方的尽职调查

各国可允许金融机构依托第三方实施建议10规定的(a)至(c)项客户尽职调查措施或引荐业务,前提是满足以下四项标准。如允许由第三方实施客户尽职调查,客户尽职调查的最终责任仍由依托第三方的金融机构承担。

(a)依托第三方的金融机构应立即获得建议10(a)至(c)项客户尽职调查措施有关的必要信息。

(b)金融机构应当采取充分措施,确信在相关方面要求时可立即获得第三方实施客户尽职调查时取得的身份证明和其他资料的复印件。

(c)金融机构应当确信第三方机构受到监督、管理或监测,并根据建议10和建议11的要求,在客户尽职调查和记录保存方面采取合规措施。

(d)当决定哪些国家的符合条件的第三方机构可被依托时,各国应当参考可获取的国家风险水平信息。

如果金融机构与所依托的第三方机构属于同一金融集团,且(i)该集团已按照建议10、建议11和建议12的要求采取了客户尽职调查和记录保存措施,并按照建议18的要求实施了反洗钱与反恐怖融资机制安排;(ii)当主管部门在集团层面上对上述客户尽职调查和记录保存措施以及反洗钱与反恐怖融资机制安排措施的有效性进行监管时,相关主管部门可以认为该金融机构通过其集团层面的机制开展上述(b)和(c)项措施,并且当集团层面的反洗钱与反恐怖融资政策已充分降低较高的国家风险时,主管部门可以决定(d)项不作为依托第三方开展客户身份识别的必要前提。

22. 特定非金融行业和职业:客户尽职调查

建议10、建议11、建议12、建议15和建议17中规定的客户尽职调查和记录保存要求在下列情形下适用于特定非金融行业和职业:

(a)赌场——当客户从事规定限额及以上的金融交易时。

(b)房地产中介——为其客户参与房地产买卖交易时。

(c)贵金属和宝石交易商——当其与客户从事规定限额及以上的现金交易时。

(d)律师、公证人、其他独立的法律专业人士及会计师——在为客户准备或实施与下列活动相关的交易时:

· 买卖房地产;管理客户资金、证券或其他财产;

· 管理银行账户、储蓄账户或证券账户;

· 从事公司设立、运营或管理的相关筹资活动;

· 法人或法律安排的设立、运营或管理,以及经营性实体买卖。

(e)信托和公司服务提供商——在为客户准备或实施与下列活动相关的交易时:

· 担任法人的设立代理人;

· 担任(或安排其他人担任)公司董事、秘书、合伙人或其他法人单位中类似级别的职务;

· 为公司、合伙企业或其他法人或法律安排提供注册地址、公司地址或办公场所、通信或办公地址;

· 担任(或安排他人担任)书面信托的受托人或在其他法律安排中承担同样职能;

· 担任(或安排他人担任)他人的名义持股人。

3. 关于客户身份资料和交易记录保存

11. 记录保存

各国应当要求金融机构将所有必要的国内和国际交易记录至少保存五年,以便金融机构能迅速提供主管部门所要求的信息。交易记录必须足以重现每一笔交易的实际情况(包括所涉金额和货币类型),以便在必要时提供起诉犯罪活动的证据。

各国应当要求金融机构在业务关系终止后,或者一次性交易结束后,继续保留至少五年通过客户尽职调查措施获得的所有记录(如护照、身份证、驾驶执照等官方身份证明文件或类似文件的副本或记录),账户档案和业务往来信函,以及所有分析结论(如关于复杂的异常大额交易的背景和目的的调查情况)。

法律应当要求金融机构保存交易记录和通过客户尽职调查措施获取的信息。

经过适当授权,本国主管部门应当可以获取交易记录和通过客户尽职调查措施获取的信息。

4. 关于大额交易和可疑交易报告

20. 可疑交易报告

如果金融机构怀疑或有合理理由怀疑资金为犯罪活动收益,或与恐怖融资有关,金融机构应当依据法律要求,立即向金融情报中心报告。

5. 关于反洗钱特别预防措施

6. 与恐怖主义及恐怖融资相关的定向金融制裁

各国应实施定向金融制裁制度,以遵守联合国安理会关于防范和制止恐怖主义及恐怖融资的决议。这些决议要求各国毫不延迟地冻结被列名个人或实体的资金或其他资产,并确保没有任何资金或其他资产被直接或间接地提供给被列名个人或实体,或使其受益。这些个人或实体指:(i)根据《联合国宪章》第七章,由联合国安理会列名,或者由其授权列名的个人或实体,包括根据第1267(1999)号决议及其后续决议作出的指定;(ii)根据第1373(2001)号决议,由该国列名的个人或实体。

(二)国际公约的规定

1. 关于反洗钱内部控制制度

1988年巴塞尔银行监管委员会《关于防止犯罪分子利用银行系统洗钱的原则声明》中指出,所有银行应正式采取与本声明中的原则一致的政策,并且应确保将有关政策通知各地所有相关的雇员。为促进遵守这些原则,银行应采用识别客户与保留交易内部记录的特定程序。内部审计范畴需要适当扩展,以便建立检验遵守该声明情况的有效手段。

2000年沃尔夫斯堡集团《全球私人银行反洗钱准则》规定,银行应建立由私人银行家、独立运作组织、内部审计等参与的多层次控制体系,并采取措施建立切实可行的标准的内部控制政策。内部控制政策应包括时机的适时选择、控制的程度和范围、义务责任以及追踪调查等问题,并由专门独立的审计职能机构检验其预期效果。

此外,美国《爱国者法》、英国《反洗钱条例》、德国《严重犯罪收益侦查法》、比利时《防止金融系统洗钱法》等国家和地区的反洗钱立法都对反洗钱内部控制制度的具体要求作出了细致规定,明确要求金融机构应指定反洗钱合规官员专门负责本机构的反洗钱事务。

2. 关于客户尽职调查

(1)《巴勒莫公约》第七条 各缔约国均应在其力所能及的范围内,建立对银行和非银行金融机构及在适当情况下对其他特别易被用于洗钱的机构的综合性国内管理和监督制度,以便制止并查明各种形式的洗钱;这种制度应强调验证客户身份、保持记录和报告可疑的交易等项规定。

(2)《联合国反腐败公约》第十四条 各缔约国均应当在其权限范围内,对银行和非银行金融机构,包括对办理资金或者价值转移正规或非正规业务的自然人或者法人,并在适当情况下对特别易于涉及洗钱的其他机构,建立全面的国内管理和监督制度,以便遏制并监测各种形式的洗钱,这种制度应当着重就验证客户身份和视情况验证实际受益人身份、保持记录和报告可疑交易作出规定。

(3)《制止向恐怖主义提供资助的国际公约》第十八条 为了防止资助恐怖主义行为,各缔约国应采取措施规定金融机构和从事金融交易的其他行业使用现行效率最高的措施查证其惯常客户或临时客户,以及由他人代其开立账户的客户的身份。为此目的,各缔约国应考虑:一是禁止开立持有人或受益人身份不明或无法查证的账户,并采取措施确保此类机构核实此类交易真实拥有人的身份;二是在法律实体的查证方面,规定金融机构在必要时采取措施,从公共登记册或客户,或从两者处取得成立公司的证明,包括客户的名称、法律形式、地址、董事会成员以及规定实体立约权力的章程等资料,以核实客户的合法存在和结构。

3. 关于客户身份资料和交易记录保存,以及大额交易和可疑交易报告

(1)《巴勒莫公约》第七条 各缔约国均应"在其力所能及的范围内,建立对银行和非银行金融机构及在适当情况下对其他特别易被用于洗钱的机构的综合性国内管理和监督制度,以便制止并查明各种形式的洗钱。这种制度应强调验证客户身份、保持记录和报告可疑的交易等项规定"。

(2)《联合国反腐败公约》第十四条 各缔约国均应在其权限范围内,对银行和非银行金融机构,包括对办理资金或者价值转移正规或非正规业务的自然人或者法人,并在适当情况下对特别易于涉及洗钱的其他机构,建立全面的国内管理和监督制度,以便遏制并监测各种形式的洗钱。这种制度应着重就验证客户身份和视情况验证实际受益所有人身份、保持记录和报告可疑交易作出规定。

> **第七条** 对依法履行反洗钱职责或者义务获得的客户身份资料和交易信息、反洗钱调查信息等反洗钱信息,应当予以保密;非依法律规定,不得向任何单位和个人提供。
>
> 反洗钱行政主管部门和其他依法负有反洗钱监督管理职责的部门履行反洗钱职责获得的客户身份资料和交易信息,只能用于反洗钱监督管理和行政调查工作。
>
> 司法机关依照本法获得的客户身份资料和交易信息,只能用于反洗钱相关刑事诉讼。
>
> 国家有关机关使用反洗钱信息应当依法保护国家秘密、商业秘密和个人隐私、个人信息。

【释义】 本条是关于对依法履行反洗钱职责或者义务获得的反洗钱信息予以保密、保护和对其使用作出限制的规定。

2006年反洗钱法第五条规定:"对依法履行反洗钱职责或者义务获得的客户身份资料和交易信息,应当予以保密;非依法律规定,不得向任何单位和个人提供。""反洗钱行政主管部门和其他依法负有反洗钱监督管理职责的部门、机构履行反洗钱职责获得的客户身份资料和交易信息,只能用于反洗钱行政调查。""司法机关依照本法获得的客户身份资料和交易信息,只能用于反洗钱刑事诉讼。"2024年修订反洗钱法对该条作了以下修改:一是在对客户身份信息资料和交易信息进行保密的基础上,增加"反洗钱调查信息等反洗钱信息"作为保密的对象,主要是考虑到实践中存在一些涉及调查信息泄露的案件,违反国家保密规定,侵害企业等组织的合法权益与个人信息和隐私。二是将其他依法负有反洗钱监督管理职责的"部门、机构"修改为"部门",适应机构改革的实际情况,表述上更为准确。三是对履行职责获取的客户身份资料和交易信息在只能用于反洗钱行政调查工作的基础上,增加规定可以用于反洗钱监督管理工作,将"反洗钱行政调查"修改为"反洗钱监督管理和行政调查工作"。这里对反洗钱信息的使用作了适当扩展,可以用于反洗钱监督管理工作,适应反洗钱监督管理工作的实际需要,对反洗钱信息的保护不会造成不利影响。监管部门履行职责过程中获得的客户身份资料和交易信息等反洗钱信息只能用于上述用途,这一规定体现了严格反洗钱信息使用的精神。四是将司法机关获取的客户身份资料和交易信息用于"反洗钱刑事诉讼"修改为"反洗钱相关刑事诉讼",如追究洗钱上游犯罪刑事诉讼等特定情形。五是增加一款作为第四款,规定国家有关机关使用反洗钱信息应当依法保护国家秘密、商业秘密和个人隐私、个人信息。反洗钱信息涉及客户个人隐私、个人信息和商业秘密,国家有关机关在使用过程中应当依法严格保护。

本条共分四款。第一款规定在依法履行反洗钱职责或者义务中获得的反洗钱信息都要保密,不得向任何单位和个人提供。其中,履行反洗钱职责的单位主要包括中国人民银行及其派出机构、反洗钱监测分析机构、有关金融监督管理部门、有关特定非金融机构主管部门和司法机关等;负有反洗钱义务的机构主要是指金融机构和特定非金融机构。上述单位从事反洗钱工作的人员,也应承担相应的保密义务。其他有关法律,如中国人民银行法、商业银行法、银行业监督管理法等对银行、金融机构及其工作人员的保守秘密义务作了规定,考虑到与其他法律的衔接,本款规定了可以对外提供反洗钱信息的例外规定——其他法律规定可以提供的,则可依该法律。也就是说,其他任何单位和个人要从反洗钱监督管理部门、金融机构、特定非金融机构获取、使用反洗钱信息,必须有明确的法律依据;不能为了其他行政机关监督管理的便利,将反洗钱信息在行政机关之间共享。

第二款规范的是反洗钱行政主管部门和其他依法负有监督管理职责的部门履行反洗钱职责获得的客户身份资料和交易信息,其只能用于反洗钱监督管理工作和行政调查工作。依法履行职责获取反洗钱信息的部门不但不能将信息非法对外提供,而且自己使用时也有用途的限制,只能用于本部门反洗钱监督管理和行政调查工作,不得另作他用,也不能非法提供给其他部门用于反洗钱之外的工作，否则属于违法，应当受到法律追究。例如，银行不得将有关反洗钱信息用于征信等工作，也不得提供给有关金融监管部门用于与反洗钱无关的工作；税务机关不得将反洗钱信息用于税款的征收管理工作。本款是考虑到反洗钱信息对个人、组织的重要性以及为平衡反洗钱工作与信息保密作出的专门规定。近些年，很多法律规定对此也作了专门强调，如反电信网络诈骗法第十六条和第十八条、反间谍法第十一条、突发事件应对法第八十五条、网络安全法第三十条、统计法第二十八条、个人信息保护法第二十六条等，都对在履行职责中获取的有关信息只能用于相应领域的监督管理工作，不能另作他用作了专门规定和严格限制。本款对相关部门使用客户身份资料和交易信息作出严格的用途限制，是基于这些信息对于组织和个人的重要性，以及信息获取的法律授权的专门性。另外，也是充分考虑到近些年来公民个人信息过多过滥收集和未能严格保护所带来的诸如电信诈骗等违法犯罪居高不下的经验教训。当然，本款对相关信息用途限制是从反洗钱工作角度而言的，所谓取之于反洗钱，用之于反洗钱。至于有关机关在其他公共服务管理过程中需要收集、使用公民个人信息的，不妨碍其依照相关的法律规定获取。

第三款是关于司法机关获得的客户身份资料和交易信息，只能用于反洗钱相关刑事诉讼的规定。司法机关包括人民检察院、人民法院、履行刑事案件侦查职能的公安机关等。本法有些规定涉及司法机关在履行职责中可能获取相关反洗钱信息，如本法第十七条第二款规定，国务院反洗钱行政主管部门依法向履行与反洗钱相关的监督管理、行政调查、监察调查、刑事诉讼等职责的国家有关机关提供所必需的反洗钱信息；第二十条规定，反洗钱行政主管部门和其他依法负有反洗钱监督管理职责的部门发现涉嫌洗钱以及相关违法犯罪的交易活动，应当将线索和相关证据材料移送有管辖权的机关处理；第四十五条规定，经调查仍不能排除洗钱嫌疑或者发现其他违法犯罪线索的，应当及时向有管辖权的机关移送。根据本款规定，司法机关依法通过反洗钱途径获得的客户身份资料和交易信息，只能用于反洗钱相关刑事诉讼，包括追究洗钱罪、洗钱上游犯罪刑事诉讼等特定情形，不得将其用于与反洗钱无关的刑事诉讼以及民事、行政审判和执行等工作。

第四款是关于国家有关机关使用反洗钱信息应当依法保护国家秘密、商业秘密和个人隐私、个人信息的规定。国家有关机关依照相关法律规定向反洗钱行政主管部门、金融机构等获取反洗钱信息的,在使用过程中应当依法保护国家秘密、商业秘密和个人隐私、个人信息,不得泄露。本法第五十一条对泄露的法律责任作了规定。

在研究该条规定时,我们还了解到FATF建议、有关国家和地区关于反洗钱的相应规定,列举如下:

(一)FATF建议相关规定

21.泄密与保密

金融机构及其负责人、管理人员和雇员应当:

(a)出于正当目的向金融情报中心报告可疑交易时受到法律保护,即便无法确定是何种犯罪以及犯罪活动是否实际发生,也不会因未遵守合同、法律、法规或行政性规定中关于信息披露的限制,而承担民事或刑事责任。

(b)依法禁止泄露向金融情报中心报告可疑交易或相关信息的事实。这并非旨在限制建议18规定的信息共享。

(二)有关国家和地区的规定

反洗钱信息披露和个人隐私、信息、数据、商业秘密保护问题,是国际社会反洗钱工作中普遍关心的问题。国际社会的一般做法是:适当限制金融情报的范围和用途,重点关注和预防情报流转环节可能导致客户隐私、信息、数据和商业秘密的泄露,以此平衡反洗钱与保护客户隐私、商业秘密的关系。如《埃格蒙特集团—宗旨声明》第十三条规定,对金融情报机构间交换的所有情报都应实行严格的控制和保障措施,以确保情报仅以授权的方式得到使用,符合有关隐私和数据保护的国家规定;芬兰《洗钱预防和侦查法》第十条规定,金融机构和特定非金融机构如有理由怀疑某项交易涉及的资产或其他财产的合法性应当立即向洗钱案件侦查所报告,第十二条规定反洗钱信息仅在为预防和侦查洗钱活动时才能使用或披露,第十五条规定金融机构和特定非金融机构未进行细致审查导致侦查、可疑交易报告给客户造成损失的,应由其承担赔偿责任。

第八条 履行反洗钱义务的机构及其工作人员依法开展提交大额交易和可疑交易报告等工作,受法律保护。

【释义】 本条是关于履行反洗钱义务的机构及其工作人员依法开展提

交大额交易和可疑交易报告等工作，受法律保护的规定。

2006年反洗钱法第六条规定："履行反洗钱义务的机构及其工作人员依法提交大额交易和可疑交易报告，受法律保护。"2024年修订反洗钱法对该条主要作了以下修改：在"提交大额交易和可疑交易报告"后增加"等工作"，同时完善表述。除提交大额交易和可疑交易报告工作外，履行反洗钱义务的机构及其工作人员依法开展客户尽职调查、采取相应风险管理措施等履行职责工作同样也应受法律保护。

本条对金融机构、特定非金融机构及其工作人员履行相关反洗钱义务受法律保护作了规定。反洗钱法对相关反洗钱义务主体应当履行的义务内容作了相应规定，而履行这些义务往往涉及其他相关法律对这些义务主体保护客户权益方面的规定。为此，有必要对法律间的适用作出规定，以避免反洗钱义务主体在法律上陷入"两难"境地。如本法第六条规定，在中华人民共和国境内设立的金融机构和依照本法规定应当履行反洗钱义务的特定非金融机构，应当依法采取预防、监控措施，建立健全反洗钱内部控制制度，履行客户尽职调查、客户身份资料和交易记录保存、大额交易和可疑交易报告、反洗钱特别预防措施等反洗钱义务。本法第三章"反洗钱义务"对执行大额交易报告制度、可疑交易报告制度等反洗钱工作作了具体规定。反洗钱义务机构履行上述报告义务，就涉及其应当依法为客户保密的义务。本条明确，这种情况下，报告义务受法律保护。具体可以从以下两方面理解：

一是依法提交大额交易和可疑交易报告工作受法律保护。这是金融机构、特定非金融机构应当履行的反洗钱义务的重要组成部分，金融机构、特定非金融机构及其工作人员依法开展上述工作时，不得以其违反其他法律中有关保护个人隐私、个人信息和商业秘密的规定为由，追究该机构及其工作人员的刑事责任、行政责任和民事责任，法律对其依法提交大额交易和可疑交易报告的行为予以保护。

二是其他依法开展的履行反洗钱义务的工作同样受法律保护。如根据本法规定，开展客户尽职调查时，要识别并采取合理措施核实客户及其收益所有人身份，了解客户建立业务关系和交易的目的，对涉及较高洗钱风险的，还应当了解相关资金来源和用途；在业务关系存续期间，对存在洗钱高风险情形的，必要时采取限制交易方式、金额或者频次，限制业务类型，拒绝办理业务，终止业务关系等洗钱风险管理措施，以及依法采取反洗钱特别预防措施的工作等,金融机构、特定非金融机构及其工作人员依法开展上述工作的,受法律保护,不得以其违反保护个人隐私、个人信息和商业秘密为由,或者以其损害他人利益为由而受到法律追究。

实践中需要注意的是,法律保护的只是"依法开展提交大额交易和可疑交易报告等工作"的行为,违反法律规定的行为不在保护之列。这就要求金融机构、特定非金融机构在开展提交大额交易和可疑交易报告等工作时,必须按照法律规定的条件和程序进行,依照国务院反洗钱行政主管部门制定的具体办法执行。金融机构、特定非金融机构及其工作人员如果不是出于履行反洗钱义务的需要,或者没有按照规定的条件、程序开展反洗钱工作,如未按照大额交易、可疑交易的标准提交有关交易信息,或者提交虚假的交易信息,或者不与洗钱风险匹配,对不具有洗钱高风险的情形采取洗钱风险管理措施或者采取不合理的措施等的,都不受法律保护。如果违反了法律规定、合同约定,或者侵害他人合法利益,还应当按照法律的规定承担法律责任。

在研究本条规定时,我们还了解到FATF建议、国际公约关于反洗钱的相应规定,列举如下:

(一)FATF建议

9. 金融机构保密法

各国应当确保金融机构保密法不妨碍FATF建议的实施。

21. 泄密与保密

金融机构及其负责人、管理人员和雇员应当:

(a)出于正当目的向金融情报中心报告可疑交易时受到法律保护,即便无法确定是何种犯罪以及犯罪活动是否实际发生,也不会因未遵守合同、法律、法规或行政性规定中关于信息披露的限制,而承担民事或刑事责任。

(b)依法禁止泄露向金融情报中心报告可疑交易或相关信息的事实。这并非旨在限制建议18规定的信息共享。

(二)国际公约的规定

1.《联合国反腐败公约》第三十一条　为本条和本公约第五十五条的目的,各缔约国均应当使其法院或者其他主管机关有权下令提供或者扣押银行记录、财务记录或者商业记录。缔约国不得以银行保密为理由拒绝根据本款的规定采取行动。

2.《巴勒莫公约》第十二条　为本公约本条和第十三条的目的,各缔约国均应使其法院或其他主管当局有权下令提供或扣押银行、财务或商务记录。缔约国不得以银行保密为由拒绝按照本款规定采取行动。

> **第九条** 反洗钱行政主管部门会同国家有关机关通过多种形式开展反洗钱宣传教育活动,向社会公众宣传洗钱活动的违法性、危害性及其表现形式等,增强社会公众对洗钱活动的防范意识和识别能力。

【释义】 本条是关于反洗钱行政主管部门会同国家有关机关开展反洗钱宣传教育的规定。

本条是 2024 年修订反洗钱法增加的规定。增加本条规定,是为了加强反洗钱宣传教育工作,增强社会公众对洗钱活动的防范意识和识别能力,在全社会有效防范、警示洗钱活动。我国有关防范治理相关专门犯罪的法律都对宣传教育活动作了规定,这是预防犯罪和综合治理犯罪的一项重要工作。应当说,我国开展反洗钱工作的时间并不是很长,社会公众对反洗钱工作不熟悉、不适应,还需要加强反洗钱宣传教育活动。通过向社会公众开展反洗钱宣传教育活动,让公众知晓、把握洗钱活动的违法性、危害性及其表现形式,可以实现以下三个方面的目的:一是有利于发动社会公众自觉抵制洗钱违法犯罪活动,不实施、不参与洗钱活动,不为他人实施洗钱活动提供便利,防范当前较为突出的为他人实施犯罪活动而出售、出租本人银行账户、支付账户供其使用等洗钱帮助行为。二是有利于发动社会公众防范、举报洗钱违法犯罪活动,增强反洗钱工作实效。三是有利于增强社会公众对有关部门、单位依法开展反洗钱工作的理解与支持配合。相关反洗钱工作如金融机构开展尽职调查工作、对涉嫌高风险洗钱活动采取适当风险管理措施等,涉及公民、组织日常生产生活,随着反洗钱工作的规范和加强,需要向社会公众宣传相关反洗钱工作的重要性、必要性,这样有关部门、机构在依法开展反洗钱工作时能更好地得到社会公众的理解支持与配合,便于相关反洗钱工作顺利开展,减少不必要的矛盾纠纷和申诉。

本条规定包括以下三个方面的内容:

一是反洗钱行政主管部门会同国家有关机关通过多种形式开展反洗钱宣传教育活动。反洗钱行政主管部门即中国人民银行全面负责反洗钱宣传教育活动,是宣传教育的主要责任部门,其他国家有关机关,如有关金融监督管理部门、特定非金融机构主管部门、海关、税务、市场监管，以及国家宣传部门、教育部门等，也应在反洗钱行政主管部门要求时，立足本行业、领域，共同做好反洗钱宣传教育工作。实践中需要注意的是，反洗钱宣传教育活动要利用好新闻媒体等单位加强反洗钱宣传教育。本法对反洗钱行政主管部门会同国家有关机关开展反洗钱宣传教育作了规定。实践中，有关部门要重视通过多种宣传形式，动员和利用新闻、广播、电视、文化、互联网信息服务等单位开展反洗钱宣传教育活动。开展反洗钱宣传教育活动应当通过多种形式进行，如通过在金融机构、特定非金融机构场所张贴有关反洗钱宣传单、播放有关反洗钱宣传教育视频，通过新闻、广播、电视、文化、互联网信息服务等单位面向社会广泛开展宣传教育活动，或者通过以案释法、公布典型案例方式开展宣传教育活动等。同时，也要重视对特定行业、领域及其工作人员进行有针对性的宣传教育活动，主要结合一段时期内洗钱的新手段、新方式和反洗钱工作的实际需要。例如，在学校、社区等开展不得出租、出售银行卡的宣传教育，宣传从事洗钱活动所应当承担的法律责任。又如，针对新出现的利用网约车运送现金方式洗钱的现象，要通过网约车平台加强对网约车司机的宣传教育，提高其防范、识别洗钱活动的意识和能力，加强社会公众宣传，及时堵塞利用金融机构、特定非金融机构以外的洗钱方式和渠道。

　　二是重点宣传的内容是洗钱活动的违法性、危害性及其表现形式等，实践中应当注意针对上述三个方面向社会广泛宣传。本法第二条对反洗钱作了定义，是指为了预防通过各种方式掩饰、隐瞒毒品犯罪、黑社会性质的组织犯罪、恐怖活动犯罪、走私犯罪、贪污贿赂犯罪、破坏金融管理秩序犯罪、金融诈骗犯罪和其他犯罪所得及其收益的来源、性质的洗钱活动，依照本法规定采取相关措施的行为。洗钱是掩饰、隐瞒犯罪所得及其收益的来源、性质的活动，即通常所说的将"黑钱"洗白，意图实现对犯罪所得及其收益的正常使用和支配。因此，只有打击洗钱活动才能有效防范、遏制上游犯罪，维护国家安全、社会秩序和公民、组织的合法利益。（1）洗钱是违法行为。本法对洗钱活动的预防监控制度作了规定。刑法第一百九十一条规定了洗钱罪，将掩饰、隐瞒毒品犯罪、黑社会性质的组织犯罪、恐怖活动犯罪、走私犯罪、贪污贿赂犯罪、破坏金融管理秩序犯罪、金融诈骗犯罪的所得及其产生的收益的来源和性质的行为规定为犯罪；第三百一十二条规定了掩饰、隐瞒犯罪所得、犯罪所得收益罪，将明知是犯罪所得及其产生的收益而予以窝藏、转移、收购、代为销售或者以其他方法掩饰、隐瞒的行为规定为犯罪;第三百四十九条规定了窝藏、转移、隐瞒毒品、毒赃罪,将为犯罪分子窝藏、转移、隐瞒毒品或者犯罪所得的财物的行为规定为犯罪。上述三条规定构成我国洗钱犯罪规定的完整体系。实施洗钱活动构成犯罪的,需要依法追究刑事责任。(2)洗钱活动具有危害性。洗钱最早发生的主要领域是毒品犯罪、黑社会性质组织犯罪等。洗钱犯罪及其上游犯罪危害国家安全、社会秩序,侵害公民、组织合法权益,妨碍国家对犯罪的追查,同时洗钱活动破坏金融管理秩序和司法秩序,给经济社会发展和金融系统带来风险。从维护经济安全、金融安全的角度,也必须防范和惩治洗钱活动。(3)洗钱活动表现形式。向社会公众宣传洗钱活动表现形式对于防范洗钱活动具有重要现实意义。刑法第一百九十一条关于洗钱罪的规定中列明了四项具体行为方式和一项兜底行为方式:"(一)提供资金帐户的;(二)将财产转换为现金、金融票据、有价证券的;(三)通过转帐或者其他支付结算方式转移资金的;(四)跨境转移资产的;(五)以其他方法掩饰、隐瞒犯罪所得及其收益的来源和性质的"。根据《最高人民法院、最高人民检察院关于办理洗钱刑事案件适用法律若干问题的解释》的规定,常见的洗钱罪行为方式还包括:"(一)通过典当、租赁、买卖、投资、拍卖、购买金融产品等方式,转移、转换犯罪所得及其收益的;(二)通过与商场、饭店、娱乐场所等现金密集型场所的经营收入相混合的方式,转移、转换犯罪所得及其收益的;(三)通过虚构交易、虚设债权债务、虚假担保、虚报收入等方式,转移、转换犯罪所得及其收益的;(四)通过买卖彩票、奖券、储值卡、黄金等贵金属等方式,转换犯罪所得及其收益的;(五)通过赌博方式,将犯罪所得及其收益转换为赌博收益的;(六)通过'虚拟资产'交易、金融资产兑换方式,转移、转换犯罪所得及其收益的。"另外,有关反洗钱行政主管部门和其他负有反洗钱监督管理的部门,或者行业协会等发布了具体领域如电信网络诈骗、赌博、毒品,以及有关工作环节如汇款、跨境业务等的反洗钱判断、反洗钱行为识别工作指引。上述规定揭示的洗钱行为和表现形式不仅是司法机关、监督管理部门、有关义务主体需要掌握的规定,也是向社会公众宣传警示的重要领域和内容。同时,对洗钱行为表现形式的宣传教育,要紧密结合一段时期突出的洗钱行为加强有针对性的宣传教育,有效提升公众的防范意识和能力。随着金融机构反洗钱的不断严格、规范,有的犯罪分子采取请他人帮助取现、快递寄送、购买黄金等传统洗钱手段,采用虚拟货币、贸易对敲、游戏币、跑分平台、直播打赏等新型洗钱载体和方式，通过地下钱庄从事洗钱和转移资金等。加强对这些新型洗钱手段、方式的宣传教育，有助于社会公众及时发现和举报洗钱活动，防范从事洗钱活动，防止被洗钱犯罪分子利用。

三是宣传教育的目的是增强社会公众对洗钱活动的防范意识和识别能力。让社会公众知晓洗钱的违法性、危害性及其表现形式等，旨在提高社会公众的防范意识，避免上当受骗，同时警示社会公众遵守法律，不从事洗钱活动，不为洗钱活动提供便利或者帮助他人洗钱，在全社会形成反洗钱的氛围和意识。同时，通过反洗钱宣传教育活动，对反洗钱的必要性、反洗钱知识，以及金融机构、特定非金融机构的反洗钱主要工作及其成效等作出宣传，也能够促使社会公众进一步理解、配合有关部门、金融机构、特定非金融机构依法开展尽职调查等反洗钱工作。实践中需要注意的是，除了按照本条规定对社会公众进行反洗钱宣传教育外，还应当加强对从事有关特定非金融机构业务人员的反洗钱宣传教育。2024年修订反洗钱法补充加强了特定非金融机构的反洗钱义务；对特定非金融机构及其工作人员的宣传教育，既是其履行职责的需要，也是提高其反洗钱工作效率的需要，在一定程度上还涉及社会面人员的反洗钱宣传教育，如对从事黄金交易商店工作人员的反洗钱宣传教育。特定非金融机构业务中洗钱的表现形式及其危害，以及其识别、判断工作，是2024年修订反洗钱法补充的重要方面，要注重加强对相关人员的宣传教育和培训，提高特定非金融机构及其工作人员的反洗钱工作实效。

第十条　任何单位和个人不得从事洗钱活动或者为洗钱活动提供便利，并应当配合金融机构和特定非金融机构依法开展的客户尽职调查。

【释义】　本条是关于任何单位和个人不得从事洗钱活动或者为洗钱活动提供便利的禁止性规定和配合客户尽职调查的义务性规定。

本条是2024年修订反洗钱法增加的规定，主要针对单位和个人的反洗钱义务作出规定，从法律上明确严禁洗钱活动，同时规定单位和个人配合依法开展的客户尽职调查，从而为金融机构和特定非金融机构依法履行客户尽职调查职责提供支持。2006年反洗钱法对金融机构、特定非金融机构及其工作人员的反洗钱义务作了明确规定，对于这些人员以外的个人和单位的反洗钱义务没有作专门规定,而是在第十六条金融机构客户身份识别制度中规定,任何单位和个人在与金融机构建立业务关系或者要求金融机构为其提供一次性金融服务时,都应当提供真实有效的身份证件或者其他身份证明文件。据有关部门反映,实践中个人、单位不配合客户尽职调查、影响反洗钱工作有效开展,以及出租、出借、倒卖银行账户等为洗钱活动提供便利的违法行为多发。为此,2024年修订反洗钱法增加了对单位和个人的反洗钱义务和要求的专门规定。

本条规定包括两个方面的内容:

一是任何单位和个人不得从事洗钱活动或者为洗钱活动提供便利。根据刑法等法律规定,洗钱活动以及为洗钱提供便利的行为都是违法犯罪行为,任何单位和个人不得从事洗钱活动,也不得为洗钱活动提供任何便利。(1)不得从事洗钱活动包括不得从事"自洗钱"和"他洗钱"。"自洗钱"是指本人实施犯罪后,为了掩饰、隐瞒本人犯罪所得及其收益的来源、性质而实施掩饰、隐瞒犯罪所得及其收益的行为。2020年通过的刑法修正案(十一)对刑法第一百九十一条洗钱罪作出修改,根据修改后的规定,"自洗钱"也可单独定罪。"他洗钱"是指为了掩饰、隐瞒他人实施上游犯罪的所得及其收益的来源、性质而实施掩饰、隐瞒犯罪所得及其收益的来源、性质的行为。行为人既不得实施"他洗钱"行为,也不得实施"自洗钱"行为,两者在法律上都是违法犯罪行为。本法是关于预防监控洗钱行为的法律,有关追究洗钱的法律责任的规定主要见于刑法、治安管理处罚法等其他法律中。本法第六十二条第二款也作了衔接性规定,"利用金融机构、特定非金融机构实施或者通过非法渠道实施洗钱犯罪的,依法追究刑事责任"。(2)任何单位和个人不得为洗钱活动提供便利。例如,明知他人实施洗钱犯罪,仍为其提供银行账户、支付账户或者支付结算服务等。反电信网络诈骗法第三十八条规定:"组织、策划、实施、参与电信网络诈骗活动或者为电信网络诈骗活动提供帮助,构成犯罪的,依法追究刑事责任。前款行为尚不构成犯罪的,由公安机关处十日以上十五日以下拘留;没收违法所得,处违法所得一倍以上十倍以下罚款,没有违法所得或者违法所得不足一万元的,处十万元以下罚款。"该条中的帮助包括洗钱帮助行为,为电信网络诈骗犯罪活动提供洗钱便利,尚不构成犯罪的,可依法给予行政处罚。同时,根据该法第三十一条、第四十四条的规定,任何单位和个人不得非法买卖、出租、出借银行账户、支付账户等,不得假冒他人身份或者虚构代理关系开立账户等，违反规定的将被给予罚款或者拘留。2024年修订反洗钱法增加本条规定，在总则中明确任何单位和个人不得从事洗钱活动或者为洗钱活动提供便利，有利于在社会上警示洗钱违法犯罪行为，防止社会上一些人员为了获取个人非法利益而帮助、参与洗钱活动。

二是单位和个人应当配合金融机构和特定非金融机构依法开展的客户尽职调查。开展客户尽职调查是反洗钱工作的一项基础性制度，是金融机构、特定非金融机构履行反洗钱职责的重要方面。有关方面反映，实践中金融机构依法开展客户尽职调查时存在客户不配合的情况，这导致有的客户尽职调查工作难以有效开展。本条因此明确，配合金融机构、特定非金融机构依法开展客户尽职调查是单位和个人的法律义务。对个人和单位提出协助、配合客户尽职调查工作的要求，是考虑到实践情况和需要，旨在为金融机构、特定非金融机构更好履行反洗钱义务和开展反洗钱工作提供支持。其他相关法律对单位和个人配合义务也有类似规定，如反电信网络诈骗法第八条第三款规定，"单位、个人应当协助、配合有关部门依照本法规定开展反电信网络诈骗工作"；反有组织犯罪法第七条第一款规定，"任何单位和个人都有协助、配合有关部门开展反有组织犯罪工作的义务"；反恐怖主义法第九条规定，"任何单位和个人都有协助、配合有关部门开展反恐怖主义工作的义务"。根据本法第二十九条、第三十条的规定，客户尽职调查包括识别并采取合理措施核实客户及其受益所有人身份，了解客户建立业务关系和交易的目的，涉及较高洗钱风险的，还应当了解相关资金来源和用途；在业务关系存续期间发现洗钱风险的，还应当进一步核实客户及其交易有关情况等。金融机构、特定非金融机构在依法采取上述客户尽职调查措施时，有关单位和个人应当配合，包括按照要求提供真实有效的身份证件或者其他身份证明文件，准确、完整填报身份信息，如实提供与交易和资金相关的资料等。违反该义务，拒不配合金融机构、特定非金融机构依照本法采取的合理的客户尽职调查措施的，金融机构、特定非金融机构按照规定的程序，可以采取限制或者拒绝办理业务等洗钱风险管理措施，并根据情况提交可疑交易报告。客户认为金融机构采取洗钱风险管理措施不当的，可依法提出异议，或者向人民法院起诉。

理解本条规定，实践中还需要注意以下问题：一是单位和个人应当配合金融机构和特定非金融机构依法开展的客户尽职调查。实践中，客户尽职调查工作涉及群众开户、交易等基本金融活动,要正确处理好开展反洗钱工作与保障、优化正常金融服务和便利合法资金流转的关系。金融机构、特定非金融机构开展客户尽职调查应当依法进行,特别是要注意根据客户特征和交易活动的性质、风险状况进行,对涉及较高洗钱风险的,可以采取有关强化尽职调查措施,如进一步了解相关资金来源和用途等,对于涉及较低洗钱风险的,金融机构应当根据情况简化客户尽职调查,避免"一刀切"采取客户尽职调查措施。对于违反法律规定的条件和程序采取的尽职调查措施,有关单位和个人可以拒绝配合。二是根据本法规定,单位和个人拒不配合金融机构依照本法采取的合理的客户尽职调查措施的,金融机构按照规定的程序,可以采取限制或者拒绝办理业务、终止业务关系等洗钱风险管理措施,并根据情况提交可疑交易报告。实践中,在决定采取具体洗钱风险管理措施时要注意与客户涉及的洗钱风险相匹配,对于群众一时不理解、不接受的客户尽职调查措施,要加强沟通,取得理解配合,避免动辄限制或者停止账户功能。另外,在采取洗钱风险管理措施时,要注意保障客户基本的生产、生活所必需的金融服务。

在研究该条规定时,我们还了解到 FATF 建议、国际公约关于反洗钱的相应规定,列举如下:

(一) FATF 建议

3. 洗钱犯罪

各国应当根据《维也纳公约》和《巴勒莫公约》,将洗钱行为规定为犯罪。各国应当将洗钱犯罪适用于所有严重犯罪,旨在涵盖最广泛的上游犯罪。

建议 3 的释义(洗钱犯罪)

7. 各国应当确保:

(a) 证明洗钱罪所要求的目的和认知要件可以通过客观实际情况推断。

(b) 对判决为犯洗钱罪的自然人采取有效的、适当的和劝诫性的刑事处罚。

(c) 法人应当承担刑事责任和处罚,在承担刑事责任不可行时(鉴于本国法律的基本原则),应当承担民事或行政责任和处罚。在允许适用多种责任的国家,不应排除对法人同时适用刑事、民事和行政程序。这些措施不应影响自然人承担的刑事责任。所有的处罚应当有效、适当且具有劝诫性。

(d) 除非本国法律的基本原则不允许,应当规定洗钱犯罪的附属性犯罪,包括参与,合伙或共谋实施,实施未遂,以及帮助、教唆、便利、参谋实施罪行。

(二)国际公约的规定

有关国际公约较为普遍地要求将相应犯罪领域进行洗钱活动的行为规定为犯罪,从而全面有效防范惩治相应犯罪。如《巴勒莫公约》第六条"洗钱行为的刑事定罪"中规定:"各缔约国均应依照其本国法律基本原则采取必要的立法及其他措施,将下列故意行为规定为刑事犯罪:(一)1.明知财产为犯罪所得,为隐瞒或掩饰该财产的非法来源,或为协助任何参与实施上游犯罪者逃避其行为的法律后果而转换或转让财产;2.明知财产为犯罪所得而隐瞒或掩饰该财产的真实性质来源、所在地、处置、转移、所有权或有关的权利。"同时规定:"(二)在符合其本国法律制度基本概念的情况下:1.在得到财产时,明知其为犯罪所得而仍获取、占有或使用;2.参与、合伙或共谋实施,实施未遂,以及协助、教唆、促使和参谋实施本条所确立的任何犯罪。"《联合国反腐败公约》等有关国际公约也都作了上述类似规定。

第十一条 任何单位和个人发现洗钱活动,有权向反洗钱行政主管部门、公安机关或者其他有关国家机关举报。接受举报的机关应当对举报人和举报内容保密。

对在反洗钱工作中做出突出贡献的单位和个人,按照国家有关规定给予表彰和奖励。

【释义】 本条是关于单位和个人有权举报洗钱活动和对在反洗钱工作中做出突出贡献的单位和个人予以表彰、奖励的规定。

2006年反洗钱法第七条规定:"任何单位和个人发现洗钱活动,有权向反洗钱行政主管部门或者公安机关举报。接受举报的机关应当对举报人和举报内容保密。"2024年修订反洗钱法对2006年反洗钱法第七条进行修改完善,条文序号调整为第十一条,主要作了以下修改:一是在原法律条文规定发现洗钱活动可以向"反洗钱行政主管部门或者公安机关"举报的基础上增加可以向"其他有关国家机关"举报的规定。增加"其他有关国家机关",有利于方便当事人举报洗钱活动,有关方面可以更广泛地获取洗钱行为线索。二是增加规定第二款,规定"对在反洗钱工作中做出突出贡献的单位和个人，按照国家有关规定给予表彰和奖励"。对做出突出贡献的单位和个人的反洗钱工作予以肯定，有利于提高单位和个人反洗钱工作的积极性和主动性，促进反洗钱工作积极开展。

本条共分两款。第一款是关于单位和个人有权举报的规定，可以从以下三个方面理解：

一是发现洗钱活动进行举报既是权利也是义务。举报违法犯罪活动是公民和单位的权利和义务。刑事诉讼法中规定了任何单位和个人在发现犯罪事实或者犯罪嫌疑人时，有权利也有义务向公安机关、人民检察院或者人民法院举报。其他相关法律中也有类似规定，例如反电信网络诈骗法第三十条第三款规定："任何单位和个人有权举报电信网络诈骗活动，有关部门应当依法及时处理，对提供有效信息的举报人依照规定给予奖励和保护。"又如，海关法第十三条规定："海关建立对违反本法规定逃避海关监管行为的举报制度。任何单位和个人均有权对违反本法规定逃避海关监管的行为进行举报。海关对举报或者协助查获违反本法案件的有功单位和个人，应当给予精神的或者物质的奖励。海关应当为举报人保密。"

二是接受举报的国家机关范围是反洗钱行政主管部门、公安机关或者其他有关国家机关。这里的反洗钱行政主管部门是指中国人民银行及其派出机构。公安机关负责侦查洗钱犯罪，依法受理群众对洗钱犯罪的举报。这里的"其他有关国家机关"，既包括金融监督管理部门（如金融监管、证券监管部门等）、特定非金融机构主管部门，也包括海关、税务、市场监管等在其法定职责内履行反洗钱监管职责的部门，它们依照规定接受相应职责领域内的洗钱活动举报，从而更加方便了举报人，便于反洗钱行政主管部门和其他有关国家机关收集和处理涉嫌洗钱的线索，更好地履行反洗钱监督管理职责。实践中，为了广泛获取洗钱行为线索，扩大可疑资金交易信息的收集范围，中国反洗钱监测分析中心自2005年起开始接受社会公众的举报。举报人可以登录中国反洗钱监测分析中心互联网网站进行在线举报，也可以采用来电、来信、传真、电子邮件等其他形式举报，有关举报方式都作了公开。实践中需要注意的是，单位和个人发现有关金融机构、特定非金融机构等义务主体及其工作人员未履行反洗钱义务的，也可以向反洗钱行政主管部门、特定非金融机构主管部门反映，督促其履行反洗钱职责和义务，但这与本条规定的对洗钱活动的举报性质有所不同。另外，依据相关司法判例和行政法律基本原则,反洗钱行政主管部门、特定非金融机构主管部门对于有关金融机构、特定非金融机构是否履行反洗钱义务依据相关法律法规进行监督管理,不负有针对特定情况必须向反映人反馈或者解释的义务。

三是接受举报的机关应当对举报人和举报内容保密。反洗钱行政主管部门、公安机关或者其他有关国家机关接到举报后,应当按照规定及时处理,并对举报人及举报内容保密。这是接受举报的国家机关的义务。这样规定可以减少举报人的顾虑,鼓励举报人大胆同洗钱活动作斗争,保护举报人的利益。实践中需要注意的是,单位和个人发现洗钱活动,向国家有关机关举报的,有关国家机关应当及时受理登记并作出处理,并可以通过适当形式,根据举报人的意愿,同时依据有关法律法规的规定,判断是否对举报洗钱活动的处理情况作出反馈。

第二款规定,对在反洗钱工作中做出突出贡献的单位和个人,按照国家有关规定给予表彰和奖励。通过对做出突出贡献的反洗钱工作人员给予表彰和奖励,可以更好地动员相关工作人员以及全社会共同参与反洗钱工作和与洗钱作斗争。其他相关法律中也有相应规定,如反有组织犯罪法第八条规定,"对举报有组织犯罪或者在反有组织犯罪工作中作出突出贡献的单位和个人,按照国家有关规定给予表彰、奖励";反恐怖主义法第十条规定,"对举报恐怖活动或者协助防范、制止恐怖活动有突出贡献的单位和个人,以及在反恐怖主义工作中作出其他突出贡献的单位和个人,按照国家有关规定给予表彰、奖励";反间谍法第九条规定:"国家对支持、协助反间谍工作的个人和组织给予保护。对举报间谍行为或者在反间谍工作中做出重大贡献的个人和组织,按照国家有关规定给予表彰和奖励。"本条中的"在反洗钱工作中做出突出贡献的单位和个人"既包括负有反洗钱工作职责或者履行反洗钱义务的机构及其工作人员,也包括实施举报洗钱活动等行为的其他单位和个人。给予表彰和奖励,包括给予物质奖励和精神奖励;开展表彰、奖励工作时依照"国家有关规定"如国务院反洗钱行政主管部门制定的规定或者公安部制定的规定等进行;有关方面应当及时完善相关表彰、奖励具体规定。

在研究该条规定时,我们还了解到有关国际公约关于反洗钱的相应规定,列举如下:

相关国际公约规定了洗钱犯罪,并规定了有关举报制度。如《联合国反腐败公约》第十三条"社会参与"中规定:"各缔约国均应当采取适当的措施,确保公众知悉本公约提到的相关的反腐败机构,并应当酌情提供途径,以便以包括匿名举报在内的方式向这些机构举报可能被视为构成根据本公约确立的犯罪的事件。"第三十三条"保护举报人"规定:"各缔约国均应当考虑在本国法律制度中纳入适当措施,以便对出于合理理由善意向主管机关举报涉及根据本公约确立的犯罪的任何事实的任何人员提供保护,使其不致受到任何不公正的待遇。"

第十二条 在中华人民共和国境外(以下简称境外)的洗钱和恐怖主义融资活动,危害中华人民共和国主权和安全,侵犯中华人民共和国公民、法人和其他组织合法权益,或者扰乱境内金融秩序的,依照本法以及相关法律规定处理并追究法律责任。

【释义】 本条是关于反洗钱法境外适用的规定。

本条是2024年修订反洗钱法增加的规定。加强涉外法治工作和涉外领域立法,加快推进我国境外适用的法律体系建设,是建设中国特色社会主义法治体系的重要方面。洗钱和恐怖主义融资活动及其危害具有跨地域性特征,实践中反洗钱工作往往具有涉外属性,有效预防惩治洗钱活动需要扩展法律适用范围。反洗钱也是国际合作的重要领域,需要丰富反洗钱法律手段。2006年反洗钱法未对本法境外适用作出规定。随着我国反洗钱工作的不断规范强化,加之立足反洗钱监督管理的实际需要,以及国际反洗钱斗争的新情况,有必要增强我国反洗钱法律的境外适用。2024年修订反洗钱法根据需要适度扩大反洗钱法适用范围,在总则中增加法律境外适用总体原则,为反洗钱法律境外适用提供总体依据。除了本条规定,2024年修订还增加了第四十条反洗钱特别预防措施,以及第四十九条在依法调查洗钱和恐怖主义融资活动过程中,可以要求与我国存在密切金融联系的境外金融机构予以配合等规定,这些都是在反洗钱领域加强法的境外适用的重要体现。

本条规定包括以下三个方面的内容:

一是本条针对的是在中华人民共和国境外的洗钱和恐怖主义融资活动。反洗钱监管属于行政监管工作,适用范围传统上主要立足于对境内洗钱活动进行防范、监管和处罚。本法第六条规定:"在中华人民共和国境内(以下简称境内)设立的金融机构和依照本法规定应当履行反洗钱义务的特定非金融机构,应当依法采取预防、监控措施,建立健全反洗钱内部控制制度,履行客户尽职调查、客户身份资料和交易记录保存、大额交易和可疑交易报告、反洗钱特别预防措施等反洗钱义务。"因此,境外适用是对本法属地管辖原则的补充,是针对境外洗钱活动规定的保护管辖原则。在境外实施洗钱活动,既包括中国公民、法人和其他组织参与的发生在中华人民共和国境外的洗钱、恐怖主义融资等活动,也包括外国公民、法人和其他组织的洗钱、恐怖主义融资活动,只要危害中华人民共和国主权和安全,侵犯中华人民共和国公民、法人和其他组织合法权益,或者扰乱境内金融秩序的,本法可以依法管辖,这为进行反洗钱跨境监管等提供了法律依据。

二是并非适用于所有的境外洗钱和恐怖主义融资活动,而是要求具备危害中华人民共和国主权和安全,侵犯中华人民共和国公民、法人和其他组织合法权益,或者扰乱境内金融秩序的条件,这是适用本法及相关法律的前提。需要注意的是,发生在境外的洗钱、恐怖主义融资活动有上述三种危害情形之一的,即可适用本法以及相关法律。近年来,我国有关法律境外适用基本上采取此类规定方式。如证券法第二条第四款规定,"在中华人民共和国境外的证券发行和交易活动,扰乱中华人民共和国境内市场秩序,损害境内投资者合法权益的,依照本法有关规定处理并追究法律责任";数据安全法第二条规定:"在中华人民共和国境内开展数据处理活动及其安全监管,适用本法。在中华人民共和国境外开展数据处理活动,损害中华人民共和国国家安全、公共利益或者公民、组织合法权益的,依法追究法律责任。"实践中,是否符合"危害中华人民共和国主权和安全,侵犯中华人民共和国公民、法人和其他组织合法权益,或者扰乱境内金融秩序"的条件,由监管、执法部门综合各方面情况和需要进行判断。

三是依照本法以及相关法律规定处理并追究法律责任。对在境外发生的洗钱、恐怖主义融资活动,我国法律对洗钱和恐怖主义融资活动作出规定的都可以适用,包括依照本法规定要求其履行义务、对其采取措施或者作出处罚,以及依照刑法、反恐怖主义法等规定追究法律责任等。在依照刑法规定追究刑事责任时,需要根据有关管辖原则的规定和条件进行追究。

实践中需要注意的是,为保护我国国家利益和公民、组织利益,预防和打击跨境洗钱和恐怖主义融资活动,规定有关机关对发生在境外的洗钱、恐怖主义融资活动依法管辖是必要的,实际使用该条款需要根据维护国家利益需要、国际影响和案件具体情况综合判断,确立保护管辖的连接点,以我国国家、组织和公民利益受到损害或者金融秩序受到扰乱为前提。同时,采取保护管辖时可能会出现与他国管辖冲突的情况。法律规定上,即使是外国予以管辖的洗钱案件,只要符合本条规定的条件我国也可依法管辖,在具体工作中要注意根据对等原则或者与有关国家协商的原则开展相关工作,以便后续案件处理中证据移送等方面的国际合作。

第二章 反洗钱监督管理

> 第十三条 国务院反洗钱行政主管部门组织、协调全国的反洗钱工作,负责反洗钱的资金监测,制定或者会同国务院有关金融管理部门制定金融机构反洗钱管理规定,监督检查金融机构履行反洗钱义务的情况,在职责范围内调查可疑交易活动,履行法律和国务院规定的有关反洗钱的其他职责。
>
> 国务院反洗钱行政主管部门的派出机构在国务院反洗钱行政主管部门的授权范围内,对金融机构履行反洗钱义务的情况进行监督检查。

【释义】 本条是关于国务院反洗钱行政主管部门及其派出机构的职责的规定。

2006 年反洗钱法第八条规定:"国务院反洗钱行政主管部门组织、协调全国的反洗钱工作,负责反洗钱的资金监测,制定或者会同国务院有关金融监督管理机构制定金融机构反洗钱规章,监督、检查金融机构履行反洗钱义务的情况,在职责范围内调查可疑交易活动,履行法律和国务院规定的有关反洗钱的其他职责。""国务院反洗钱行政主管部门的派出机构在国务院反洗钱行政主管部门的授权范围内,对金融机构履行反洗钱义务的情况进行监督、检查。"2024 年修订反洗钱法对该条作了以下修改:一是将"金融监督管理机构"修改为"金融管理部门",这是根据国务院机构改革的变化所作的调整,这里的"金融管理部门"包括国家金融监督管理总局、中国证券监督管理委员会和国家外汇管理局。二是将制定金融机构"反洗钱规章"修改为"反洗钱管理规定",以包括国务院部门规章之外的规范性文件。

本条共分两款。第一款是关于国务院反洗钱行政主管部门反洗钱职责的规定。根据相关规定,国务院反洗钱行政主管部门的反洗钱职责包括:

(1)组织、协调全国的反洗钱工作。2002 年 5 月,公安部牵头建立反洗钱工作部际联席会议,成员单位16家。2003年5月,经国务院批准,中国人民银行作为反洗钱工作部际联席会议牵头单位。截至2022年年底,反洗钱工作部际联席会议成员单位调整、补充为22家。具体包括国家监察委员会、最高人民法院、最高人民检察院、外交部、公安部、国家安全部、司法部、财政部、住房和城乡建设部、海关总署、国家税务总局、国家市场监管总局等,由中国人民银行牵头,负责组织、协调全国的反洗钱工作。

(2)负责反洗钱的资金监测。中国人民银行法第四条第一款第十项规定,中国人民银行履行指导、部署金融业反洗钱工作,负责反洗钱的资金监测的职责。本法对该内容再次作了规定。本法第十六条第一款规定,国务院反洗钱行政主管部门组织设立反洗钱监测分析机构,反洗钱监测分析机构开展反洗钱资金监测。

(3)制定或者会同国务院有关金融管理部门制定金融机构反洗钱管理规定。这里的国务院有关金融管理部门是指中国人民银行以外的其他负有金融管理职责的部门,包括国家金融监督管理总局、中国证券监督管理委员会和国家外汇管理局。从实践情况看,中国人民银行自行制定的反洗钱规定包括2006年《金融机构反洗钱规定》、2012年《支付机构反洗钱和反恐怖融资管理办法》、2016年《金融机构大额交易和可疑交易报告管理办法》(已修改)、2021年《金融机构反洗钱和反恐怖融资监督管理办法》等。中国人民银行会同国务院有关金融管理部门制定的反洗钱规定包括2018年《互联网金融从业机构反洗钱和反恐怖融资管理办法(试行)》、2021年《银行跨境业务反洗钱和反恐怖融资工作指引(试行)》、2022年《金融机构客户尽职调查和客户身份资料及交易记录保存管理办法》[①]等,这些规定有效地促进了金融机构反洗钱工作的开展。

需要注意的是,中国人民银行在自行制定相关规定以及会同有关金融管理部门制定金融机构反洗钱管理规定时,应当根据银行、证券、外汇等金融行业、领域的不同经营内容、特点、面临的洗钱风险状况等,按照本法第四条关于反洗钱工作总体要求,制定具体、可操作的规定,以便于金融机构遵守和执行。

(4)监督检查金融机构履行反洗钱义务的情况。国务院反洗钱行政主

---

① 该文件根据2022年2月21日《中国人民银行、银保监会、证监会关于暂缓实施〈金融机构客户尽职调查和客户身份资料及交易记录保存管理办法〉的公告》暂缓实施,下同。

管部门对金融机构履行反洗钱义务的情况开展监督检查,是其履行职责的重要方式,也是督促指导金融机构依法做好反洗钱相关工作的重要举措。除本法规定以外,中国人民银行法第三十二条第二款第九项关于中国人民银行的职责的规定中也明确了其相关职责。根据该条规定,中国人民银行有权对金融机构以及其他单位和个人执行有关反洗钱规定的行为进行检查监督。关于实践中反洗钱行政主管部门开展对金融机构履行反洗钱义务监督检查的情况,根据2019年《中国反洗钱报告》,2019年中国人民银行共对1744家反洗钱义务机构开展了反洗钱执法检查,针对违反反洗钱规定的行为依法予以处罚,罚款金额合计2.15亿元。其中,依法处罚违规机构525家,罚款2.02亿元;处罚个人838人,罚款1341万元。此外,共对4881家法人机构、41,966家非法人机构开展分类评级,强化对义务机构的反洗钱监管指导,质询义务机构999家,对2213家义务机构开展约见谈话,对4908家义务机构开展监管走访。

(5)在职责范围内调查可疑交易活动。调查可疑交易活动,是指反洗钱行政主管部门对于反洗钱监督管理工作中依法获取的可疑交易活动,根据情况开展行政调查,以确定是否存在涉嫌洗钱活动的情形。行政主管部门的反洗钱行政调查活动,与刑事案件的侦查、调查性质有所不同。对可疑交易活动的反洗钱行政调查主要是为了查清可疑交易的相关情况,以确定或者排除相关交易是否涉嫌洗钱。如果经调查发现相关可疑交易活动属于正常金融活动,应当终止调查;如果经调查发现相关可疑交易活动涉嫌洗钱或者发现其他违法犯罪的线索,也应当终止调查并将案件线索和行政调查过程中收集到的相关证据材料移送有关部门处理。关于开展反洗钱行政调查时的程序和可以采取的措施,本法第四十三条第一款、第四十四条作了规定,即发现涉嫌洗钱的可疑交易活动,需要调查核实的,经批准,可以发出调查通知书,开展反洗钱调查,并采取相应调查措施。

(6)履行法律和国务院规定的有关反洗钱的其他职责。本条明确列举的只是反洗钱行政主管部门的主要职责,反洗钱工作涉及多方面、多个部门,反洗钱行政主管部门在其中要承担牵头管总的责任,除本条列举的事项之外,本法中以及其他法律中也有关于其职责的规定。另外,国务院作为最高国家行政机关,有规定其主管部门职责的职能,其可以根据工作需要,对反洗钱行政主管部门的职责作出规定。这些都是反洗钱行政主管部门职责的来源和依据。同时,本条中的这一兜底性规定,一方面与其他法律做好衔接,另一方面为以后的反洗钱职责拓展留下空间。实践中,中国人民银行根据国务院的授权,还履行代表我国开展反洗钱国际合作、FATF 标准的评估以及反洗钱培训等职责。

第二款是关于国务院反洗钱行政主管部门派出机构的职责的规定。反洗钱工作主要依靠广大金融机构等义务主体在日常工作中依法将做好洗钱风险防范、可疑交易发现和报告等工作来落到实处。这就需要反洗钱行政主管部门加强对义务机构反洗钱工作的监督、指导。考虑到反洗钱义务机构的数量、分布实际情况,有必要适当授权驻在各地的派出机构具体承担相应的监督管理职责。这样既便于派出机构就近对金融机构履行反洗钱义务的情况进行监督检查和督促指导,也避免出现将具体履职活动都集中于中央机关导致履职不到位而难以及时监测发现洗钱行为的情况。中国人民银行法第十三条第一款规定,中国人民银行根据履行职责的需要设立分支机构,作为中国人民银行的派出机构。中国人民银行对分支机构实行统一领导和管理。目前,中国人民银行在 31 个省(自治区、直辖市)设立了省级分行,在深圳、大连、宁波、青岛、厦门设立计划单列市分行,在 317 个地(市)设立分行,作为中国人民银行的派出机构。这些派出机构在中国人民银行的授权范围内,对金融机构履行反洗钱义务的情况进行监督检查。根据本法第三章对金融机构的反洗钱义务的规定,反洗钱义务的内容包括建立健全反洗钱内部控制制度,建立客户尽职调查制度,执行大额交易报告制度、可疑交易报告制度,建立客户身份资料和交易记录保存制度等。经检查,金融机构未按照规定履行相关义务的,应当依照第六章的规定追究法律责任。

在研究该条规定时,我们还了解到 FATF 建议关于反洗钱的一些规定,列举如下:

26. 对金融机构的监管

各国应当确保金融机构受到充分的监督和管理,并且有效地执行 FATF 建议。主管部门或金融监管部门应当采取必要的法律或监管措施,防止犯罪分子或其同伙持有金融机构的重要或控制股权,或成为金融机构重要或控制股权的受益所有人,或担任管理职务。各国不应当批准设立空壳银行或允许其继续运营。

……

各国应当对其他类别的金融机构实施审批许可或登记注册,进行充分管理,并根据该行业的洗钱和恐怖融资风险实施反洗钱和反恐怖融资监管或监测。各国至少应当对提供资金或价值转移或货币兑换服务的金融机构实施审批许可或登记注册,使其受到有效体系监测,并确保符合国家反洗钱与反恐怖融资要求。

> **第十四条** 国务院有关金融管理部门参与制定所监督管理的金融机构反洗钱管理规定,履行法律和国务院规定的有关反洗钱的其他职责。
>
> 有关金融管理部门应当在金融机构市场准入中落实反洗钱审查要求,在监督管理工作中发现金融机构违反反洗钱规定的,应当将线索移送反洗钱行政主管部门,并配合其进行处理。

【释义】 本条是关于国务院有关金融管理部门的反洗钱职责的规定。

2006年反洗钱法第九条规定:"国务院有关金融监督管理机构参与制定所监督管理的金融机构反洗钱规章,对所监督管理的金融机构提出按照规定建立健全反洗钱内部控制制度的要求,履行法律和国务院规定的有关反洗钱的其他职责。"第十四条规定:"国务院有关金融监督管理机构审批新设金融机构或者金融机构增设分支机构时,应当审查新机构反洗钱内部控制制度的方案;对于不符合本法规定的设立申请,不予批准。"2024年修订反洗钱法对该条作了以下修改:一是整合2006年反洗钱法第九条,对国务院有关金融管理部门的职责进行统一表述,并将"建立健全反洗钱内部控制制度"修改为"落实反洗钱审查要求",使之包含的内容更加全面。二是增加规定,有关金融管理部门在监督管理工作中发现金融机构违反反洗钱规定的,应当将线索移送反洗钱行政主管部门,并配合其进行处理。

本条共分两款。第一款是关于国务院有关金融管理部门参与制定所监督管理的金融机构反洗钱管理规定,履行法律和国务院规定的有关反洗钱的其他职责的规定。这里的国务院有关金融管理部门是指国家金融监督管理总局、中国证券监督管理委员会和国家外汇管理局。反洗钱法作为反洗钱领域基础性法律,对反洗钱主要制度作出规定,为反洗钱工作提供基本法律依据。从反洗钱工作的实际需要出发,还需要国务院行政法规、主管部门的规章及其他规范性文件对反洗钱相关具体事项作出详细规定,以便反洗钱义务机关遵守和执行。为此,本法第十三条对于制定金融机构反洗钱管理规定作了明确规定,即由国务院反洗钱行政主管部门制定,或者由其会同金融管理部门制定。本条是关于国务院有关金融管理部门反洗钱职责的规定,因此,相应地规定国务院有关金融管理部门参与制定金融机构反洗钱管理规定,即在反洗钱行政主管部门牵头制定金融机构反洗钱管理规定时,参与相关规定的制定工作。从实践的情况看,国务院有关金融管理部门参与制定了不少反洗钱管理规定,如2021年《银行跨境业务反洗钱和反恐怖融资工作指引(试行)》、2022年《金融机构客户尽职调查和客户身份资料及交易记录保存管理办法》等,这些管理规定有效地促进了银行、证券、保险、外汇等金融机构反洗钱工作的规范开展。

国务院有关金融管理部门应当履行法律和国务院规定的有关反洗钱的其他职责。如银行业监督管理法第二条、第十五条、第二十一条、第二十三条至第二十五条对银行业监督管理机构的职责作了规定;证券法第一百六十九条、第一百七十条对证券监督管理机构的职责作了规定;保险法第九条、第一百三十四条、第一百三十七条、第一百五十四条对保险监督管理机构的职责作了规定;2017年国务院办公厅《关于完善反洗钱、反恐怖融资、反逃税监管体制机制的意见》对国务院反洗钱行政主管部门、有关金融管理部门等在"三反"工作中加强监管协调,健全监管合作机制等作了规定。这些规定中关于反洗钱职责的内容,国务院有关金融管理部门都应当履行。

第二款是关于有关金融管理部门应当在金融机构市场准入中落实反洗钱审查要求,发现金融机构违反反洗钱规定的,应当将线索移送反洗钱行政主管部门,并配合处理的规定。本款包括以下两个方面的内容:

第一,有关金融管理部门应当在金融机构市场准入中落实反洗钱审查要求。金融机构市场准入需经有关金融管理部门批准。商业银行法、银行业监督管理法、证券法、保险法等法律对有关部门的审批职责作了明确规定。商业银行法第十一条第一款、第十九条第一款规定,对设立商业银行以及商业银行在我国境内外设立分支机构,需经国务院银行业监督管理机构审查批准。银行业监督管理法第十六条、第十九条规定,国务院银行业监督管理机构审查批准银行业金融机构的设立、变更、终止以及业务范围;未经国务院银行业监督管理机构批准,任何单位或者个人不得设立银行业金融机构或者从事银行业金融机构的业务活动。证券法第一百一十八条规定,设立证券公司，应当有完善的风险管理与内部控制制度，并经国务院证券监督管理机构批准，未经国务院证券监督管理机构批准，任何单位和个人不得以证券公司名义开展证券业务活动。

本款对有关金融管理部门在金融机构市场准入中落实反洗钱审查要求作了规定。防止金融机构被用于洗钱活动是反洗钱工作重要领域，反洗钱法对金融机构反洗钱义务作了明确规定，如建立健全内部控制制度，设立或指定内设机构负责反洗钱工作，建立客户尽职调查制度，执行大额和可疑交易报告制度等。这些反洗钱制度措施在金融机构建立之时就应当做好统筹安排。为此，本款明确要求作为金融机构监管部门的相关金融管理部门在市场准入环节就要对申请准入的金融机构落实反洗钱要求的情况进行审查，作为相关金融机构的准入条件之一。根据本款的规定，结合实践中的做法，有关金融管理部门在审查中，一方面，应当采取措施，在对银行业、证券业、保险业等金融机构准入审批时，审查从业人员，包括其董事、监事、高级管理人员、重要股东的背景情况，防止有犯罪人员利用金融机构从事洗钱活动。另一方面，有关金融管理部门在金融机构申请市场准入时，对金融机构自身在反洗钱制度建设方面落实反洗钱要求的情况一并进行审查，应当要求、指导金融机构切实履行本法第三章规定的有关反洗钱义务包括建立健全反洗钱内部控制制度等。

第二，有关金融管理部门在监督管理工作中发现金融机构违反反洗钱规定的，应当将线索移送反洗钱行政主管部门，并配合其进行处理。这主要是为了推动反洗钱监管合作，在反洗钱监管、处罚等具体监管活动中加强部门间监管协调，提高反洗钱监管整体的有效性。本法第五条规定，国务院反洗钱行政主管部门负责全国的反洗钱监督管理工作，国务院有关部门在各自职责范围内履行反洗钱监督管理职责。国务院反洗钱行政主管部门、国务院有关部门等在反洗钱工作中应当相互配合。国务院反洗钱行政主管部门或者其设区的市级以上派出机构负责监督检查金融机构履行反洗钱义务的情况，对未按照规定履行相关义务的金融机构，处罚主体主要为反洗钱行政主管部门。有关金融管理部门发现金融机构违反反洗钱规定的，应当将线索移送反洗钱行政主管部门。一方面，反洗钱行政主管部门在根据有关线索进行核实和监督检查的过程中，需要有关金融管理部门和金融机构的配合，有关金融管理部门应当予以配合，提供协助。另一方面，部分资格罚的实施主体是有关金融管理部门,需要金融管理部门配合予以处罚。如根据本法第五十二条和第五十四条的规定,金融机构有特定情形和特定行为的,反洗钱行政主管部门可以建议有关金融管理部门限制或者禁止其开展相关业务;根据本法第五十五条的规定,金融机构有特定行为的,反洗钱行政主管部门可以建议有关金融管理部门实施限制、禁止其开展相关业务、责令停业整顿、吊销经营许可证等处罚。

需要注意的是,中国人民银行是国务院反洗钱行政主管部门,负责全国的反洗钱监督管理工作,是反洗钱工作的主要监管者。国务院有关金融管理部门包括国家金融监督管理总局、中国证券监督管理委员会和国家外汇管理局,这些机构是银行业、证券业、外汇等行业的主管部门,主要从履行各自监管职责出发做好某一方面的与反洗钱相关的工作。中国人民银行对金融机构履行反洗钱义务的监督管理工作,离不开金融机构监管部门的密切配合。同时,金融机构防范洗钱风险,与其自身审慎经营密切相关,洗钱风险是其风险控制的重要方面。因此,有关金融机构监管部门积极配合反洗钱行政主管部门共同做好反洗钱工作,本身也是监督、指导金融机构依法合规经营,防范各种风险,保持稳健发展的题中应有之义。

在研究该条规定时,我们还了解到 FATF 建议关于反洗钱的一些规定,列举如下:

26. 对金融机构的监管

……主管部门或金融监管部门应当采取必要的法律或监管措施,防止犯罪分子或其同伙持有金融机构的重要或控制股权,或成为金融机构重要或控制股权的受益所有人,或担任管理职务。各国不应当批准设立空壳银行或允许其继续运营……

第十五条 国务院有关特定非金融机构主管部门制定或者国务院反洗钱行政主管部门会同其制定特定非金融机构反洗钱管理规定。

有关特定非金融机构主管部门监督检查特定非金融机构履行反洗钱义务的情况,处理反洗钱行政主管部门提出的反洗钱监督管理建议,履行法律和国务院规定的有关反洗钱的其他职责。有关特定非金融机构主管部门根据需要,可以请求反洗钱行政主管部门协助其监督检查。

【释义】 本条是关于特定非金融机构主管部门职责的规定。

2006年反洗钱法第三十五条规定："应当履行反洗钱义务的特定非金融机构的范围、其履行反洗钱义务和对其监督管理的具体办法，由国务院反洗钱行政主管部门会同国务院有关部门制定。"2024年修订反洗钱法对该条中涉及的特定非金融机构的监督管理职责作了修改，将对特定非金融机构监督管理的具体办法由国务院反洗钱行政主管部门会同国务院有关部门制定，作了进一步明确。一是明确特定非金融机构反洗钱管理规定的制定主体。根据行业管理实际情况和需要，将制定特定非金融机构反洗钱管理规定的主体调整为国务院有关特定非金融机构主管部门或者国务院反洗钱行政主管部门会同国务院有关特定非金融机构主管部门。二是明确特定非金融机构主管部门反洗钱监督管理职责。在我国，特定非金融机构数量庞大，按行业管理看，属于不同行政监管部门，如提供房屋销售、房屋买卖经纪服务的房地产开发企业、中介机构的行业主管部门为住房和城乡建设部门，会计师事务所的行业主管部门为财政部门，公证机构、律师事务所的行业主管部门为司法行政部门，贵金属中黄金交易的行业主管部门为中国人民银行，珠宝玉石交易的行业主管部门为自然资源部门等。行业主管部门具有熟悉行业和企业的优势，根据行业监管现状、被监管机构经营特点等，本条规定对特定非金融机构采取多部门分散监管模式，明确由有关特定非金融机构主管部门对特定非金融机构履行反洗钱义务的情况进行监督检查，处理反洗钱行政主管部门提出的反洗钱监督管理建议，并履行法律和国务院规定的有关反洗钱的其他职责。同时，洗钱具有隐蔽性、专业性、智能性等特征，且日趋国际化，洗钱活动过程复杂，模式也不固定，新型洗钱方式层出不穷。中国人民银行作为反洗钱行政主管部门，更加了解洗钱的方式手段、发展趋势等。因此，本条还规定有关特定非金融机构主管部门根据需要可以请求反洗钱行政主管部门协助其监督检查，从而充分发挥不同部门各自的优势，形成合力，切实加强对特定非金融机构的监管。

本条共分两款。第一款是关于特定非金融机构反洗钱管理规定制定的规定。

本法第六条规定应当履行反洗钱义务的特定非金融机构，应当依法采取预防、监控措施，建立健全反洗钱内部控制制度，履行客户尽职调查、客户身份资料和交易记录保存、大额交易和可疑交易报告、反洗钱特别预防措施等反洗钱义务。也就是说,反洗钱法将特定非金融机构纳入了反洗钱义务主体的范围。但是,考虑到特定非金融机构涉及行业、领域众多,经营活动的内容、特点差异较大,本法没有对特定非金融机构应履行的反洗钱义务以及对其的监督管理等方面进行具体规定,而是通过本款对国务院有关特定非金融机构主管部门和国务院反洗钱行政主管部门进行了授权,由国务院有关特定非金融机构主管部门单独或者国务院反洗钱行政主管部门牵头会同国务院有关特定非金融机构主管部门,根据反洗钱工作的实际需要,制定特定非金融机构履行反洗钱义务和对其监督管理等方面的具体办法。

根据本法第六十四条规定的特定非金融机构的范围,这里的"国务院有关特定非金融机构主管部门"主要有:(1)住房和城乡建设部。负责对提供房屋销售、房屋买卖经纪服务的房地产开发企业或者房地产中介机构的监管。(2)财政部。负责对受委托为客户办理买卖不动产,代管资金、证券或者其他资产,代管银行账户、证券账户,为成立、运营企业筹措资金以及代理买卖经营性实体业务的会计师事务所的监管。(3)司法部。负责对受委托为客户办理买卖不动产,代管资金、证券或者其他资产,代管银行账户、证券账户,为成立、运营企业筹措资金以及代理买卖经营性实体业务的律师事务所、公证机构的监管。(4)中国人民银行。负责对从事贵金属、珠宝玉石现货交易的贵金属、珠宝玉石交易场所以及贵金属、珠宝玉石交易商的监管。(5)其他监管部门。对其他由国务院反洗钱行政主管部门会同国务院有关部门依据洗钱风险状况确定的需要履行反洗钱义务的机构进行监管。这里的"国务院反洗钱行政主管部门"是指中国人民银行。

在2006年反洗钱法有关特定非金融机构监管原则下,按照2017年国务院办公厅《关于完善反洗钱、反恐怖融资、反逃税监管体制机制的意见》精神,我国出台了若干有关特定非金融行业反洗钱规范性文件,如2017年中国人民银行《关于加强贵金属交易场所反洗钱和反恐怖融资工作的通知》,2017年住房和城乡建设部、中国人民银行、银监会《关于规范购房融资和加强反洗钱工作的通知》,2018年财政部《关于加强注册会计师行业监管有关事项的通知》,对有关特定非金融机构反洗钱有关问题作出规范。

第二款是关于对特定非金融机构履行反洗钱义务情况进行监督检查的规定。

本款包含以下两个方面的内容:

第一,有关特定非金融机构主管部门的职责。实践中,中国人民银行对金融机构开展履行反洗钱义务的监督检查,而对特定非金融机构开展履行反洗钱义务的监督检查,一般是由特定非金融机构的行政监管部门进行。根据实际情况,本款规定对特定非金融机构采取多部门分散监管,以行业主管部门为主的监管模式。有关特定非金融机构主管部门主要履行以下监管职责:(1)监督检查特定非金融机构履行反洗钱义务的情况。开展反洗钱日常监督和检查工作,督促特定非金融机构开展洗钱风险自评估,并采取相应措施缓解风险,落实客户尽职调查等反洗钱义务。对未完成相关要求的非金融机构开展多种方式督促整改,情节严重的予以处罚。(2)处理国务院反洗钱行政主管部门提出的反洗钱监管意见和建议,落实国务院反洗钱行政主管部门具有针对性的监管意见和建议。(3)履行法律和国务院规定的有关反洗钱的其他职责。

本法只规定有关特定非金融机构主管部门监督检查特定非金融机构履行反洗钱义务的情况,但对于监督检查应当遵循的程序没有作出专门的明确规定。对此,应当根据监督检查措施的性质,适用行政强制法、行政处罚法等法律的有关规定。比如,对于特定非金融机构不依法履行反洗钱义务,有关主管部门进行调查并作出处罚的,应当按照行政处罚法规定的程序实施,包括执法人员不少于两人,主动向当事人或有关人员出示执法证件,作出行政处罚决定前告知当事人依法享有陈述、申辩、要求听证权利等。

第二,反洗钱行政主管部门协助监督检查。反洗钱工作专业性、技术性强,中国人民银行作为反洗钱行政主管部门,经过多年的实践,在反洗钱监管方面积累了丰富的经验做法、技术能力等。实践中,国务院反洗钱行政主管部门与特定非金融行业有关主管部门通过反洗钱工作部际联席会议机制保持良好合作。在反洗钱法修订草案起草和征求意见过程中,各部门、相关义务机构基本达成共识,有关特定非金融机构主管部门根据需要可以请求反洗钱行政主管部门协助其监督检查,从而帮助其更好地履行反洗钱监管职责。

在研究该条规定时,我们还了解到FATF建议、有关国家和地区关于反洗钱的一些规定,列举如下:

(一)FATF建议相关内容

28. 对特定非金融行业和职业的监管

各国应当对特定非金融行业和职业采取下列监管措施:

(a)各国应当对赌场实施全面监管,确保其有效实施必要的反洗钱与反恐怖融资措施。至少应做到:

·赌场应当经过审批许可;

·主管部门应当采取必要的法律或监管措施,防止犯罪分子或其同伙持有赌场重要或控制股权,或成为重要或控制股权的受益所有人,或在赌场担任管理职务或成为其经营者;

·主管部门应当确保赌场受到有效的反洗钱与反恐怖融资监管。

(b)各国应当对其他类型的特定非金融行业和职业实施有效监测,确保其符合反洗钱与反恐怖融资要求。监测应在风险敏感的基础上进行。监测可由下列部门实施:(i)监管部门;(ii)如能确保其成员履行反洗钱与反恐怖融资义务,也可由行业自律组织开展。

监管部门或行业自律组织还应当:(i)采取必要措施,例如采用资格审查,防止犯罪分子或其同伙获得专业认证,或持有重要或控制股权,或成为重要或控制股权的受益所有人,或担任管理职务;(ii)如未遵守反洗钱与反恐怖融资要求,应当按照建议35要求,实施有效、适当和劝诫性处罚。

建议28的释义(对特定非金融行业和职业的监管)

2.监管部门或行业自律组织应当根据对洗钱和恐怖融资风险的理解,考虑特定非金融行业和职业的特点,尤其是其数量和多样性,确定监管或监测活动的频率和强度,确保有效实施反洗钱与反恐怖融资监管或监测。这意味着监管部门或行业自律组织应当清楚理解:(a)本国的洗钱和恐怖融资风险;(b)与特定非金融行业和职业类型及其客户、产品和服务相关的洗钱和恐怖融资风险。

4.监管部门或行业自律组织应当拥有充分的权力行使其职能(包括监测和处罚的权力),以及充分的财力、人力和技术资源。各国应当具有程序确保监管部门或行业自律组织的职员维持高职业水准(包括保密方面),并具有高诚信度和恰当的技术能力。

(二)有关国家和地区的规定

从世界范围看,特定非金融行业的反洗钱监管模式与一国原有的金融行业反洗钱监管模式有较强的延续性。国际上的监管模式主要分为两种:

一是集中监管。有的国家的金融行业反洗钱监管部门承担国家层面的反洗钱牵头职责,同时也负责特定非金融行业反洗钱监管。例如,马来西亚由其中央银行负责特定非金融行业监管。有的国家的金融行业反洗钱监管部门不承担国家层面的反洗钱牵头职责,但同时设计由另一机构统筹其他领域的反洗钱监管工作。这里又分两种情况,其中一类国家设置执法型金融情报中心,具体监管工作由金融情报中心协调各相关部门或行业协会开展。例如,西班牙、意大利、俄罗斯等国。另一类国家选择将具体监管工作集中到一个非金融监管部门牵头监管。例如,沙特阿拉伯、阿联酋分别将特定非金融监管权集中到商务部、经济部进行。

集中监管的优点在于监管行动和尺度统一,监管力度强、效率高;缺点在于对不同行业差异性了解不足,容易忽略行业固有风险。

二是多部门分散监管。由特定非金融行业的各自监管部门、行业协会分别监管,例如,英国、瑞典、希腊等国适用多部门分散监管。

多部门分散监管的优点在于便于结合行业特征,有利于落实风险为本监管;缺点在于各行业监管步调和监管水平可能差异较大,需要较强的统筹协调机制予以补充。

第十六条 国务院反洗钱行政主管部门设立反洗钱监测分析机构。反洗钱监测分析机构开展反洗钱资金监测,负责接收、分析大额交易和可疑交易报告,移送分析结果,并按照规定向国务院反洗钱行政主管部门报告工作情况,履行国务院反洗钱行政主管部门规定的其他职责。

反洗钱监测分析机构根据依法履行职责的需要,可以要求履行反洗钱义务的机构提供与大额交易和可疑交易相关的补充信息。

反洗钱监测分析机构应当健全监测分析体系,根据洗钱风险状况有针对性地开展监测分析工作,按照规定向履行反洗钱义务的机构反馈可疑交易报告使用情况,不断提高监测分析水平。

【释义】 本条是关于反洗钱监测分析机构的设立、职责和能力建设的规定。

2006年反洗钱法第十条规定:"国务院反洗钱行政主管部门设立反洗钱信息中心,负责大额交易和可疑交易报告的接收、分析,并按照规定向国务院反洗钱行政主管部门报告分析结果,履行国务院反洗钱行政主管部门规定的其他职责。"2024年修订反洗钱时对该条作了以下修改:一是,将设立"反洗钱信息中心"修改为设立"反洗钱监测分析机构",进一步明确了其机构性质、定位和职能。二是,增加第二款规定,反洗钱监测分析机构可以要求履行反洗钱义务的机构提供与大额交易和可疑交易相关的补充信息。这是根据我国反洗钱监测分析机构开展反洗钱工作的需要和实际增加的规定。三是,增加第三款规定,反洗钱监测分析机构应当健全监测分析体系,向履行反洗钱义务的机构反馈可疑交易报告使用情况,不断提高监测分析水平。2017年《国务院办公厅关于完善反洗钱、反恐怖融资、反逃税监管体制机制的意见》对此有明确要求。

本条共分三款。第一款是关于反洗钱监测分析机构的设立和职责的规定。本款包含以下两个方面的内容:

第一,国务院反洗钱行政主管部门设立反洗钱监测分析机构。建立专门负责反洗钱资金监测的金融情报机构是有效的反洗钱制度的重要内容和内在要求,也是有关反洗钱国际标准的普遍要求。2004年4月,我国建立了反洗钱监测分析中心。该中心是中国人民银行总行直属的、不以营利为目的的独立的法人单位,是为中国人民银行履行组织协调国家反洗钱工作职责而设立的收集、分析、监测和提供反洗钱情报信息的专门机构。该中心自成立以来,为执法机关打击洗钱及相关犯罪提供了有力的金融情报信息支撑,是反洗钱工作机制的重要组成部分。

第二,反洗钱监测分析机构的职责包括:(1)开展反洗钱资金监测,负责接收、分析大额交易和可疑交易报告,移送分析结果。反洗钱监测分析机构负责管理、运行国家反洗钱数据库,接收银行、证券、保险、支付、特定非金融机构等各类行业数千家机构的大额交易和可疑交易报告,载入国家反洗钱数据库。反洗钱数据库为反洗钱监测分析机构根据大额交易和可疑交易报告开展穿透式资金监测分析提供了信息基础。近年来,反洗钱监测分析机构围绕"追踪资金"的理念分析、研究大额交易与可疑交易报告信息,持续对贪腐、毒品、赌博、地下钱庄、逃税、传销、非法集资、电信诈骗等违法犯罪活动开展常态化监测分析,与公安、海关、金融监管等部门建立反洗钱资金监测和信息交换常态化工作机制,向有关部门提供分析研判结果。

(2)按照规定向国务院反洗钱行政主管部门报告工作情况,履行国务院反洗钱行政主管部门规定的其他职责。反洗钱监测分析机构由国务院反洗钱行政主管部门机构设立,应当按照有关规定定期或者就特定事项向中国人民银行报告工作情况。同时，我国反洗钱监测分析机构还需履行国务院反洗钱行政主管部门规定的其他职责，如2006年《金融机构反洗钱规定》第六条规定，中国反洗钱监测分析中心依法履行的职责还包括经中国人民银行批准，与境外有关机构交换信息、资料。

第二款是关于反洗钱监测分析机构可以要求履行反洗钱义务的机构提供与大额交易和可疑交易相关的补充信息的规定。反洗钱监测分析机构在对金融机构或者特定非金融机构提交的交易报告进行分析过程中，有时可能需要进一步了解该交易报告涉及的相关信息。为此，反洗钱法规定了反洗钱监测分析机构要求有关金融机构补充提供信息，有关机构应当协助提供。此外，FATF建议29对此有明确规定，即金融情报中心应能够从报告机构获取补充信息，以及为恰当履职获取所需的金融、行政和执法信息。

第三款是反洗钱监测分析机构应当健全监测分析体系，不断提高监测分析水平的规定。洗钱活动会随着反洗钱工作的加强和情况的变化而不断变换形式、渠道等，为此，反洗钱监测分析机构必须适应不断变化的形势和情况，不断健全监测分析体系，提高监测分析水平。只有这样，才能使反洗钱监测分析机构更好地发挥作用，提高工作质效。一是监测分析工作应当有针对性地开展。2017年国务院办公厅《关于完善反洗钱、反恐怖融资、反逃税监管体制机制的意见》第十六项提出，强化反洗钱监测分析工作的组织协调，有针对性地做好对重点领域、重点地区、重点人群的监测分析工作。二是反洗钱监测分析机构应当按照规定向履行反洗钱义务的机构反馈可疑交易报告使用情况。反馈使用情况，有助于提交报告的金融机构和特定非金融机构提高可疑交易的发现和识别能力。三是反洗钱监测分析机构管理、运行国家反洗钱数据库，在保证数据安全的前提下，还需进一步做好相关信息收集和使用工作，不断提高监测分析水平。

在研究该条规定时，我们还了解到FATF建议、国际公约关于反洗钱的一些规定，列举如下：

（一）FATF建议相关内容

29. 金融情报中心

各国应当建立全国性金融情报中心（FIU），负责接收和分析下列信息：

（a）可疑交易报告（STRs）；

（b）其他与洗钱、相关上游犯罪和恐怖融资相关的信息，并负责移送分析结果。金融情报中心应能从报告机构获取额外信息，以及能为恰当履职及时获取所需的金融、行政和执法信息。

建议 29 的释义(金融情报中心)

信息接收

2.金融情报中心是接收报告实体披露信息的中心机构。所接收的信息至少包括建议 20 和建议 23 要求的可疑交易报告,以及国家法律要求的其他信息(如现金交易报告、电汇报告和其他基于限定数额的申报或披露信息)。

信息分析

3.金融情报中心应通过信息分析提高其接收和掌握信息的价值。金融情报中心应考虑所有信息,但可根据接收信息的类型和数量,以及分析结果移送后的期望用途,确定关注的重点是单次接收信息还是部分经过适当筛选的信息。各国应鼓励金融情报中心利用分析软件提高信息处理效率、协助建立信息关联。但此类工具并不能完全替代信息分析中的人工判断要素。金融情报中心应进行下列类型的分析:

・操作分析:利用现有信息和可获取信息识别特定目标(如个人、资产、犯罪网络和组织),追踪特定活动或交易,确定上述目标与潜在犯罪收益、洗钱、上游犯罪或恐怖融资之间的联系。

・战略分析:利用现有信息和可获取信息(包括其他主管部门可以提供的数据),识别与洗钱和恐怖融资相关的趋势和模式……

(二)国际公约的规定

2000 年《巴勒莫公约》第七条第一款第二项　各缔约国均应在不影响本公约第十八条和第二十七条的情况下,确保行政、管理、执法和其他负责打击洗钱的当局(本国法律许可时可包括司法当局)能够根据其本国法律规定的条件,在国家和国际一级开展合作和交换信息,并应为此目的考虑建立作为国家级中心的金融情报机构,以收集、分析和传播有关潜在洗钱活动的信息。

第十七条　国务院反洗钱行政主管部门为履行反洗钱职责,可以从国家有关机关获取所必需的信息,国家有关机关应当依法提供。

国务院反洗钱行政主管部门应当向国家有关机关定期通报反洗钱工作情况;依法向履行与反洗钱相关的监督管理、行政调查、监察调查、刑事诉讼等职责的国家有关机关提供所必需的反洗钱信息。

【释义】　本条是关于国务院反洗钱行政主管部门与国家有关机关进行反洗钱信息共享、交流的规定。

2006年反洗钱法第十一条规定："国务院反洗钱行政主管部门为履行反洗钱资金监测职责，可以从国务院有关部门、机构获取所必需的信息，国务院有关部门、机构应当提供。""国务院反洗钱行政主管部门应当向国务院有关部门、机构定期通报反洗钱工作情况。"2024年修订反洗钱法对该条作了以下修改：一是将履行"反洗钱资金监测职责"修改为"反洗钱职责"，并对向国家有关机关提供反洗钱信息设置了前提条件，即"依法"提供。在国务院反洗钱行政主管部门反洗钱职责中，反洗钱资金监测只是职责之一，履行其他反洗钱职责，也需要其他部门提供必要的信息，本条对此作了完善。二是增加规定，国家有关机关履行与反洗钱相关的监督管理、行政调查、监察调查、刑事诉讼等职责时，国务院反洗钱行政主管部门应当依照相关法律规定向其提供所必需的反洗钱信息。

本条共分两款。第一款是关于国务院反洗钱行政主管部门为履行反洗钱职责，可以从国家有关机关获取所必需的信息的规定。国务院反洗钱行政主管部门履行反洗钱资金监测等职责，必须建立在拥有足够信息的基础上。金融机构和特定非金融机构等反洗钱义务主体上报大额交易、可疑交易相关信息，是反洗钱信息的主要来源。同时，金融机构等反洗钱义务主体是商事主体，其掌握的信息有其行业、领域等特点和局限，而相关国家机关在履行公共管理、提供公共服务过程中，也会形成相关的信息，这些信息可能为反洗钱工作所必需。另外，对于反洗钱义务机构提供的信息，如果反洗钱行政主管部门需要进一步分析、核实、甄别时，可能需要其他部门提供信息支持。如金融机构报告可疑交易，可能是基于客户的一笔或者几笔交易与其历史交易记录、交易手法相比有显著的可疑特征，但金融机构掌握的信息只是与特定环节相关，对于完整的资金流动脉络缺乏相应信息。为此，国务院反洗钱行政主管部门可能需要从国家有关机关调取相关的信息，与其已掌握的信息进行交叉比对、核实，形成可靠的分析结论，为反洗钱工作提供信息支撑。需要说明的是，其他相关部门向反洗钱行政主管部门提供信息，应当符合相关法律规定，即应当"依法"提供，并不是可以任意共享任何信息。

第二款是关于国务院反洗钱行政主管部门应当向国家有关机关定期通报反洗钱工作情况，依法向履行与反洗钱相关的监督管理、行政调查等职责的国家有关机关提供必需的反洗钱信息的规定。2003年,经国务院批准,中国人民银行牵头成立了反洗钱工作部际联席会议机制,最高人民法院、最高人民检察院、公安部、海关总署、国家税务总局等20多家成员单位参加。国务院反洗钱行政主管部门向有关机关通报反洗钱工作情况,有助于部门之间形成工作合力。通报的信息可以包括反洗钱法律制度的修改和完善情况,反洗钱工作机制及部门间合作情况,洗钱行为的发展趋势、手段和类型变化,可疑交易与被公安机关立案侦查的洗钱案件的情况,反洗钱国际合作情况等。

需要强调的是,国务院反洗钱行政主管部门对外提供反洗钱信息,必须依照法律规定进行;相关部门向国务院反洗钱部门提出信息请求,必须有相应的法律依据。关于国务院反洗钱行政主管部门向履行与反洗钱相关的监督管理、行政调查等职责的国家有关机关提供反洗钱信息的具体操作办法,2009年中国人民银行、公安部等部门共同制定的《反洗钱信息查询规定(试行)》规定,查询反洗钱信息应当遵守反洗钱法、刑事诉讼法、国家安全法等法律的有关规定,所获得的反洗钱信息只能用于办理涉嫌洗钱犯罪和相关犯罪案件。国务院反洗钱行政主管部门对外单位提供反洗钱信息由有关部门依法提出要求,反洗钱行政主管部门通过国家反洗钱数据库收集、整理相关资料信息后对外提供。根据《反洗钱信息查询规定(试行)》第七条的规定,中国人民银行提供的反洗钱信息,限于正在办理的案件所涉及的报告机构依法报送的大额或可疑交易信息。中国人民银行应当根据查询部门的要求,及时反馈查询信息。

在研究该条规定时,我们还了解到FATF建议关于反洗钱的一些规定,列举如下:

2. 国家层面的合作与协调

……

各国应当确保政策制定部门、金融情报中心、执法部门、监管部门及其他相关主管部门在政策制定和执行层面拥有有效机制以开展合作;在适当情况下,应当确保上述部门在制定和实施反洗钱、反恐怖融资与反扩散融资的政策和行动方面开展协调、交换信息。这应当包括相关主管部门为确保反洗钱、反恐怖融资与反扩散融资要求符合数据保护、隐私规定及其他类似规定(例如数据安全和本地化)而开展的合作和协调。

第十八条 出入境人员携带的现金、无记名支付凭证等超过规定金额的,应当按照规定向海关申报。海关发现个人出入境携带的现金、无记名支付凭证等超过规定金额的,应当及时向反洗钱行政主管部门通报。

前款规定的申报范围、金额标准以及通报机制等,由国务院反洗钱行政主管部门、国务院外汇管理部门按照职责分工会同海关总署规定。

【释义】 本条是关于出入境人员携带现金、无记名支付凭证的申报,以及海关发现超过规定金额时向反洗钱行政主管部门通报制度的规定。

2006年反洗钱法第十二条规定:"海关发现个人出入境携带的现金、无记名有价证券超过规定金额的,应当及时向反洗钱行政主管部门通报。""前款应当通报的金额标准由国务院反洗钱行政主管部门会同海关总署规定。"2024年修订反洗钱法对该条作了以下修改:一是增加出入境人员携带现金、无记名支付凭证等超过规定金额,应当按照规定向海关申报的衔接性规定。基于人民币和外汇管理的需要,我国实行人民币和外币现钞携带出入境限额管理制度。对于携带无记名支付凭证出入境的,也应当根据支付凭证的种类,根据相关管理规定向海关进行申报。二是将"无记名有价证券"修改为"无记名支付凭证"。根据我国法律法规规定,证券在国内一般是指股票和债券,根据现行公司法,我国已没有不记名的股票和债券,公司法第一百四十七条第二款规定,公司发行的股票,应当为记名股票;第一百九十七条规定,公司债券应当为记名债券。反洗钱国际标准中对"无记名支付凭证"作了定义,即不记名形式的可转让金融工具,例如旅行支票,以及不记名的、可无限背书的、不指定收款人的可转让金融工具(包括支票、本票和汇票)。此外,我国2008年《外汇管理条例》第三条在对外汇进行界定时,也使用了"支付凭证"的概念。根据条例规定,外汇包括外币现钞,外币支付凭证或者支付工具(包括票据、银行存款凭证、银行卡等),外币有价证券(包括债券、股票等)。三是在国务院反洗钱行政主管部门、海关总署的基础上,增加"国务院外汇管理部门"为出入境人员携带现金、无记名支付凭证的申报、通报规则的制定主体。根据国务院部门职责分工,国务院外汇管理部门及其分支机构依法履行外汇管理职责。《外汇管理条例》规定,携带、申报外币现钞出入境的限额,由国务院外汇管理部门规定。

本条共分两款。第一款是关于出入境人员携带现金、无记名支付凭证的

申报,以及海关发现超过规定金额时向反洗钱行政主管部门通报制度的规定。本款包含以下两个方面的内容:

第一,出入境人员携带的现金、无记名支付凭证等超过规定金额的,应当按照规定向海关申报。现金和无记名支付凭证单纯交付即可实现转让,流通性好,便于转让,相较通过金融机构转账等方式更易于逃避金融机构的反洗钱、反恐怖融资监控,是洗钱、恐怖主义融资的一种常见方式。有必要结合国家对于现金等的出入境管理制度,一并发挥相关管理制度在防范跨境的洗钱和恐怖主义融资活动方面的作用,对携带现金和无记名支付凭证进出境的,应当按照规定向海关申报。其中,对于携带现金出入境的管理,有关行政法规和部门规章有明确规定。针对人民币现钞出入境,2018年《人民币管理条例》第二十九条规定,中国公民出入境、外国人入出境携带人民币实行限额管理制度,具体限额由中国人民银行规定。针对外币现钞出入境,2003年国家外汇管理局、海关总署联合制定了《携带外币现钞出入境管理暂行办法》,其第三条规定,"入境人员携带外币现钞入境,超过等值5000美元的应当向海关书面申报";第七条规定,"出境人员可以携带外币现钞出境,也可以按规定通过从银行汇出或携带汇票、旅行支票、国际信用卡等方式将外币携出境外,但原则上不得携带超过等值10000美元外币现钞出境。如因特殊情况确需携带超过等值10000美元外币现钞出境,应当向存款或购汇银行所在地外汇局申领《携带证》"。

对于携带无记名支付凭证出入境的管理,需有关主管部门根据无记名支付凭证的种类予以制定。这里规定的"无记名支付凭证"包含境内外有关支付凭证,包括无记名票据、无记名银行存款凭证,以及跨境携带、使用的不记名银行卡或以其他数字形式存在的支付凭证等。

第二,海关发现出入境人员携带的现金、无记名支付凭证等超过规定金额的,应当及时向反洗钱行政主管部门通报。根据规定,其一,海关负有监管进出境人员携带现金和无记名支付凭证的职责。监管责任主体是海关,监管的对象是出入境人员携带的现金和无记名支付凭证。海关法第六条规定,海关负有检查进出境运输工具,查验进出境货物、物品,检查走私嫌疑人的身体等职权。海关有权对个人携带现金和无记名支付凭证进出境进行检查。其二,海关发现个人出入境携带的现金、无记名支付凭证等超过规定金额的,应当及时向反洗钱行政主管部门通报。向中国人民银行及时通报,主要是为了便于反洗钱部门根据本法的规定采取反洗钱行政调查等措施。由于中国人民银行和海关总署在全国范围内都设有分支机构,为保证通报的时效性,这里规定的通报制度并不限于海关总署向中国人民银行总行的通报,各地方海关发现个人超过规定金额携带现金和无记名支付凭证出入境的,可以按照规定及时向中国人民银行当地派出机构通报。

需要注意的是,海关在对出入境人员携带的现金、无记名支付凭证实施监管的过程中,若发现涉嫌洗钱、恐怖主义融资等违法犯罪的,也应当及时向反洗钱行政主管部门和有管辖权的公安机关通报,以便反洗钱部门采取反洗钱行政调查等措施,公安机关根据反恐怖主义法和刑事诉讼法等法律的规定采取相应的反恐怖行政调查或者刑事侦查等反恐措施。对此,本法第二十条和反恐怖主义法第二十六条已有相关规定。

第二款是关于由国务院反洗钱行政主管部门、国务院外汇管理部门按照职责分工会同海关总署对申报范围、金额标准和通报机制作出规定的规定。

本款规定的出入境人员携带现金、无记名支付凭证的申报范围、金额标准以及通报机制等规则的制定主体为中国人民银行、国家外汇管理局、海关总署。主要考虑如下:一是国家外汇管理局履行外汇(包括外币现钞、外币支付凭证或者支付工具、外币有价证券)管理职责,《外汇管理条例》第十五条规定,携带、申报外币现钞出入境的限额,由国务院外汇管理部门规定;第四十二条规定,违反规定携带外汇出入境的,由外汇管理机关给予警告,可以处违法金额20%以下的罚款。法律、行政法规规定由海关予以处罚的,从其规定。二是海关是国家的进出关境监督管理机关,负有检查进出境运输工具,查验进出境货物、物品,检查走私嫌疑人的身体等职权,对个人携带现金和无记名支付凭证进出境进行检查,属于海关的事权范围。三是中国人民银行负责全国的反洗钱监督管理工作,其职责包括制定反洗钱管理规定,现金、无记名支付凭证的出入境存在洗钱风险,因此有关申报和通报制度也涉及反洗钱管理工作。中国人民银行作为规则制定主体,可以统筹考虑反洗钱规划和政策,并与金融机构及特定非金融机构的人民币、外币大额交易报告标准等有关反洗钱法律制度做好衔接协调。可见,3个部门都有相应的管理职责。因此,申报范围、金额标准以及通报机制的具体内容,应当由中国人民银行、国家外汇管理局按照职责分工会同海关总署制定。

在研究该条规定时,我们还了解到FATF建议、国际公约关于反洗钱的

一些规定,列举如下:

(一)FATF 建议相关内容

32. 现金跨境运送

各国应当建立措施,包括通过申报和/或披露制度,监测现金和无记名可转让金融工具的跨境运送活动。

如果怀疑现金或无记名可转让金融工具与恐怖融资、洗钱或上游犯罪有关,或者查出属于虚假申报或披露,各国应当确保主管部门有法定权力阻止或限制这些现金或无记名可转让金融工具跨境运送。

……

建议 32 的释义(现金跨境运送)

……建议 32 的目的是确保各国采取措施:(a)发现现金和其他无记名可转让金融工具的跨境运送……

申报方式

3.对于跨境运送超过预定限额(最多 15000 美元或欧元)的现金或无记名可转让金融工具,携带人应向指定主管部门如实申报……

(二)国际公约的规定

1.2000 年《联合国打击跨国有组织犯罪公约》第七条第二款 缔约国应考虑采取切实可行的措施调查和监督现金和有关流通票据出入本国国境的情况,但须有保障措施以确保情报的妥善使用且不致以任何方式妨碍合法资本的流动。这类措施可包括要求个人和企业报告大额现金和有关流通票据的跨境划拨。

2.2003 年《联合国反腐败公约》第十四条第二款 缔约国应当考虑实施可行的措施,监测和跟踪现金和有关流通票据跨境转移的情况,但必须有保障措施,以确保信息的正当使用而且不致以任何方式妨碍合法资本的移动。这类措施可以包括要求个人和企业报告大额现金和有关流通票据的跨境转移。

第十九条 国务院反洗钱行政主管部门会同国务院有关部门建立法人、非法人组织受益所有人信息管理制度。

法人、非法人组织应当保存并及时更新受益所有人信息,按照规定向登记机关如实提交并及时更新受益所有人信息。反洗钱行政主管部门、登记机关按照规定管理受益所有人信息。

> 反洗钱行政主管部门、国家有关机关为履行职责需要，可以依法使用受益所有人信息。金融机构和特定非金融机构在履行反洗钱义务时依法查询核对受益所有人信息；发现受益所有人信息错误、不一致或者不完整的，应当按照规定进行反馈。使用受益所有人信息应当依法保护信息安全。
>
> 本法所称法人、非法人组织的受益所有人，是指最终拥有或者实际控制法人、非法人组织，或者享有法人、非法人组织最终收益的自然人。具体认定标准由国务院反洗钱行政主管部门会同国务院有关部门制定。

【释义】 本条是关于法人、非法人组织受益所有人信息管理制度建立、信息保存及更新、信息使用的规定。

2024年修订反洗钱法增加本条规定，对法人、非法人组织受益所有人制度的建立、信息的保存及更新、信息使用等制度作出规定。建立受益所有人制度，目的主要是防范利用法人和相关法律安排，掩饰、隐瞒法人、非法人组织实际控制人真实身份，利用法人、非法人组织从事洗钱活动的风险。随着洗钱活动的不断变化和反洗钱工作的不断加强和深化，识别受益所有人日益成为反洗钱工作的重要内容和发展要求。建立受益所有人相关制度的目标是提高法人和法律安排的透明度，提高受益所有权信息的可获得性，以便监管部门和反洗钱义务机构充分、准确、及时地获取受益所有人信息。

2014年以来，FATF按照FATF建议对各成员开展第四轮反洗钱和反恐怖融资互评估。其中，受益所有人信息透明度领域的评估重点是信息的获取方式、信息的质量、获取信息的及时性。在FATF等国际组织的推动下，大部分国家已就受益所有人的登记和共享等问题进行了积极探索。中国人民银行分别于2017年、2018年印发《关于加强反洗钱客户身份识别有关工作的通知》《关于进一步做好受益所有人身份识别工作有关问题的通知》，明确了受益所有人的识别方法及标准。2024年4月，中国人民银行、国家市场监督管理总局联合印发了《受益所有人信息管理办法》，自2024年11月1日起施行。

本条共分四款。第一款是关于国务院反洗钱行政主管部门会同国务院有关部门建立法人、非法人组织受益所有人信息管理制度的规定。本款包含以下几个方面的内容：

第一，关于法人、非法人组织受益所有人信息管理制度的建立主体。根据本款规定，国务院反洗钱行政主管部门会同国务院有关部门建立法人、非法人组织受益所有人信息管理制度。之所以这样规定，是因为国务院反洗钱行政主管部门即中国人民银行主管反洗钱工作，而法人、非法人组织提交受益所有人信息主要是为了供反洗钱工作中有关方面查询、核对信息使用。国务院有关部门主要是指国家市场监督管理总局。作为企业登记主管部门，国家市场监督管理总局有条件在企业登记工作中一并做好受益所有人信息登记相关管理工作。从实践中的情况看，2024年中国人民银行、国家市场监督管理总局《受益所有人信息管理办法》具体规定了法人、非法人组织受益所有人信息备案等事项。同时，国务院有关部门还包括对公司企业之外的其他法人、非法人组织负有登记管理职责的其他部门。

第二，关于法人、非法人组织受益所有人信息管理制度的内容。该制度可以从两个方面理解：一是法人、非法人组织应当保存并及时更新受益所有人信息，按照规定向登记机关如实提交并及时更新受益所有人信息。二是反洗钱行政主管部门、登记机关按照规定管理受益所有人信息，并对向登记机关提交虚假或者不实的受益所有人信息的法人、非法人组织，或者未按照规定及时更新受益所有人信息的法人、非法人组织给予一定的处罚。

第二款是关于法人、非法人组织相关义务及反洗钱行政主管部门、登记机关相关职责的规定。本款包含以下几个方面的内容：

第一，关于法人、非法人组织的义务。建立受益所有人制度，目的主要是防范自然人利用法人和法律安排从事洗钱犯罪行为，提高法人和法律安排的透明度，提高受益所有权信息的可获得性，以便监管部门和反洗钱义务机构充分、准确、及时地获取受益所有人信息。法人、非法人组织的义务在于保存并及时更新受益所有人信息，按照规定向登记机关如实提交并及时更新受益所有人信息。

第二，关于反洗钱行政主管部门、登记机关按照规定管理受益所有人信息的职责。按照中国人民银行和国家市场监督管理总局《受益所有人信息管理办法》的规定，国家市场监督管理总局统筹指导相关登记注册系统建设，指导地方登记机关依法开展受益所有人信息备案工作，及时将归集的受益所有人信息推送至中国人民银行。县级以上地方市场监督管理部门督促备案主体及时备案受益所有人信息。法人、非法人组织未按照规定向登记机关提交受益所有人信息的，依照企业登记管理有关行政法规处理。

2024年中国人民银行、国家市场监督管理总局《受益所有人信息管理办法》规定，中国人民银行在建立受益所有人制度中具有以下职责：一是负责建立受益所有人信息管理系统，及时接收、保存、处理受益所有人信息。二是督促信息备案并指导。中国人民银行及其分支机构督促备案主体准确备案受益所有人信息，对备案工作提供指导，市场监督管理部门予以配合。三是核实错误、不一致或者不完整信息，并要求有关主体予以补充。对于受益所有人信息管理系统中的备案主体受益所有人信息存在错误、不一致或者不完整的，中国人民银行可以根据情形依法采取措施进行核实，备案主体应当配合。对市场透明度、金融透明度有显著影响的备案主体，中国人民银行等主管部门可以要求其补充提供确定受益所有人所需要的股权、合伙权益、收益权、表决权、控制关系等情况的材料。四是对特定行为进行处罚。对于相关主体向登记机关提交虚假或者不实的受益所有人信息，或者未按照规定及时更新受益所有人信息的，由国务院反洗钱行政主管部门及其分支机构责令限期改正；拒不改正的，处5万元以下罚款。

第三款是关于反洗钱行政主管部门、国家有关机关以及金融机构和特定非金融机构使用受益所有人信息的规定。本款包含以下几个方面的内容：

第一，反洗钱行政主管部门、国家有关机关为履行职责需要，可以依法使用受益所有人信息，国家有关机关可以依法向中国人民银行获取受益所有人信息。国家有关机关，金融机构和特定非金融机构发现登记的受益所有人信息存在错误、不一致或者不完整的，应当及时向国务院反洗钱行政主管部门反馈，由其依法进行核实。

第二，金融机构和特定非金融机构在履行反洗钱义务时依法查询核对受益所有人信息。2024年中国人民银行、国家市场监督管理总局《受益所有人信息管理办法》规定，金融机构、特定非金融机构履行反洗钱和反恐怖主义融资义务时，可以通过中国人民银行查询受益所有人信息。

第三，使用受益所有人信息应当依法保护信息安全。国家有关机关以及金融机构、特定非金融机构对依法获得的受益所有人信息应当予以保密。

第四款是关于法人、非法人组织受益所有人定义及具体认定标准的规定。本款包含以下几个方面的内容：

第一，关于受益所有人定义。受益所有人，其权属性质是受益所有权，为国际反洗钱和反逃税、反腐败等领域的专门术语。受益所有人指的是能够对某个客户拥有最终所有权或控制权的一个或多个自然人,以及以其名义进行交易的自然人,此外还包括对法人或者法律安排(此处的"法律安排"主要是指信托或者通过其他法律允许的公司架构、出资模式、管理机制等实现管控的制度性安排)行使最终有效控制权的自然人。实践中,由于自然人客户的受益所有人相对容易确定,受益所有人识别的重点在于识别法人或者法律安排背后的受益所有人。

判断受益所有人,包括两个指标:一是,对企业实体、交易享有最终受益的自然人,强调实际受益;二是,对企业实体拥有最终有效控制权的自然人,强调实际控制。这里的"最终有效控制权"是指通过所有权或通过除直接控制以外的其他控制手段行使所有权、控制权的情形。实践中较为典型的例子是,虽然在公司信息披露的架构中没有任何内容可以证明自然人与公司有关联,但是该自然人事实上控制着公司印章、账户的使用,由此其最终被认定为对公司构成实质控制。

"受益所有人"概念还因英美法系信托、保险等制度中的"受益人"(beneficiary)制度变得更加丰富。"受益人"制度是为解决20世纪70年代跨境逃税问题而设计的,到21世纪初因其通过加强企业透明度以改善营商环境和预防、打击洗钱等犯罪获得进一步重视。根据FATF建议对"受益人"的解释:在信托法中,受益人是指有权从任何信托安排中受益的人,受益人可以是自然人、法人或法律安排。所有信托(慈善信托或法定允许的非慈善信托除外)都必须有可确定的受益人。在人寿保险或其他与投资相关的保险中,受益人是自然人、法人、法律安排或其他一类人,在保单承保的保险事故发生时,受益人将获得保单收益。

与信托、保险法律关系中的"受益人"概念相比,"受益所有人"包含了受益和控制两层含义,既能包含和覆盖上述概念,也能确定并穿透到实际拥有和控制公司、信托的市场主体,特别是享有交易实际利益的最终自然人,真正实现穿透监管的目的。

本法所称法人、非法人组织受益所有人是指最终拥有或者实际控制法人、非法人组织,或者享有法人、非法人组织最终收益的自然人。

第二,关于受益所有人与实际控制人的联系与区别。我国现行法律中规定"实际控制人"的包括公司法、刑法、保险法、证券投资基金法、证券法、反外国制裁法、期货和衍生品法、民法典等。目前法律主要是在公司管理的语境下使用"实际控制人"的表述,在我国法律首次表述见于2005年公司法。2023年修订的公司法第二百六十五条第三项规定"实际控制人,是指通过投资关系、协议或者其他安排,能够实际支配公司行为的人"。实践中,公司的股东单独或者联合起来通过表决权控制公司一般是比较明显的,但实际控制人控制公司的手段比较隐蔽,相对不易察觉。

中国人民银行在《〈受益所有人信息管理办法〉答记者问》中提出,受益所有人与公司法中规定的"实际控制人"有类似之处,但两者不同。首先,"受益所有人"比"实际控制人"的含义更丰富,包括拥有、控制和收益三个方面的内容,受益所有人既可以是公司(合伙企业)的拥有者,也可以是公司(合伙企业)的控制者、获益者。其次,"实际控制人"既可以是法人也可以是自然人,而受益所有人是自然人。在识别受益所有人时,要"层层穿透"至最终拥有、实际控制备案主体或享有其最终收益的自然人。

受益所有人与公司法中规定的"实际控制人"在不同的法律和语境下分别对应不同的具体内容。从识别方法上看,"实际控制人"识别暂无国际规则要求;受益所有人识别时,既要与国际规则保持一致,又要遵守国内法律法规的规定。

此外,受益所有人与"实际控制人"也存在一定联系,"实际控制人"在很多情况下也是受益所有人。2017年中国人民银行《关于加强反洗钱客户身份识别有关工作的通知》提出法定代表人或者实际控制人视同为受益所有人的情形,主要包括三类:一是个体工商户、个人独资企业、不具备法人资格的专业服务机构;二是经营农林渔牧产业的非公司制农民专业合作组织;三是受政府控制的企事业单位。从目前看,我国受益所有人制度的框架正在建立和完善,确定受益所有人的各方面官方登记信息还需要不断完善,以提升实现交叉印证或者深层次识别的效率。另外,实践中较为常见的是对"实际控制人"的识别和监管。公司法第二百六十五条第三项规定"实际控制人,是指通过投资关系、协议或者其他安排,能够实际支配公司行为的人"。证券法中规定了"实际控制人"的信息披露义务。各国经验表明,受益所有人制度运行依赖于各方面信息的充分、准确和及时,这是通过尽职调查制度确定受益所有人,达到识别和监管实际控制人效果的重要基础制度工作。

第三,关于受益所有人与受益人的联系和区别。我国现行法律中规定

"受益人"的包括公益事业捐赠法、信托法、保险法、反洗钱法、慈善法、境外非政府组织境内活动管理法、民法典、刑法等。目前法律中主要是在保险、信托、无因管理等语境下使用"受益人"概念,如保险法第十八条第三款中规定"受益人是指人身保险合同中由被保险人或者投保人指定的享有保险金请求权的人。投保人、被保险人可以为受益人"。信托法第四十三条第一款规定"受益人是在信托中享有信托受益权的人。受益人可以是自然人、法人或者依法成立的其他组织"。民法典第一百二十一条规定"没有法定的或者约定的义务,为避免他人利益受损失而进行管理的人,有权请求受益人偿还由此支出的必要费用"。

从我国保险法、信托法规定的"受益人"概念看,这里的受益人强调的是受益,即获得利益的人,也未限定为自然人。与保险、信托法律关系中的"受益人"概念相比,"受益所有人"包含了受益和控制两层含义,既能包含和覆盖"受益人"的概念,也能确定并穿透到实际拥有和控制公司、保险、信托,特别是享有交易实际利益的自然人,真正实现穿透监管的目的。

"受益人"与"受益所有人"的概念也存在承继关系。"受益人"制度是20世纪70年代为解决跨境逃税问题而设计的,到21世纪初,其通过加强企业透明度以改善营商环境和预防、打击洗钱等犯罪获得进一步重视。"受益所有人"是在"受益人"概念的基础上发展起来的,是对"受益人"概念的更新和发展,并在反洗钱领域获得明确具体的含义。

第四,关于受益所有人的具体认定标准。受益所有人的具体认定标准由国务院反洗钱行政主管部门会同国务院有关部门制定。2017年,以中国人民银行《关于加强反洗钱客户身份识别有关工作的通知》为标志,我国在反洗钱领域明确了非自然人客户的受益所有人判定标准,以及反洗钱义务机构(主要是金融机构)的识别义务。2018年中国人民银行《关于进一步做好受益所有人身份识别工作有关问题的通知》进一步明确了非自然人客户的不同法律形态,以及相应受益所有人的判定标准,初步建立了受益所有人识别制度。该通知规定,对公司实施最终控制不限于直接或间接拥有超过25%公司股权或者表决权,还包括其他可以对公司的决策、经营、管理形成有效控制或者实际影响的任何形式;对于合伙企业拥有超过25%合伙权益的自然人是判定合伙企业受益所有人的基本方法,不存在拥有超过25%合伙权益自然人的,义务机构可参照公司受益所有人标准判定合伙企业的受益所有人;对于信托，义务机构应当将对信托实施最终有效控制、最终享有信托权益的自然人判定为受益所有人；对于基金，拥有超过25%权益份额的自然人是判定基金受益所有人的基本方法，不存在拥有超过25%权益份额自然人的，义务机构可以将基金经理或者直接操作管理基金的自然人判定为受益所有人；对于其他形式的机构、组织，规定义务机构可以参照公司受益所有人的判定标准执行。

2024年中国人民银行、国家市场监督管理总局《受益所有人信息管理办法》第六条第一款、第二款规定："符合下列条件之一的自然人为备案主体的受益所有人：（一）通过直接方式或者间接方式最终拥有备案主体25%以上股权、股份或者合伙权益；（二）虽未满足第一项标准，但最终享有备案主体25%以上收益权、表决权；（三）虽未满足第一项标准，但单独或者联合对备案主体进行实际控制。前款第三项所称实际控制包括但不限于通过协议约定、关系密切的人等方式实施控制，例如决定法定代表人、董事、监事、高级管理人员或者执行事务合伙人的任免，决定重大经营、管理决策的制定或者执行，决定财务收支，长期实际支配使用重要资产或者主要资金等。"

在研究该条规定时，我们还了解到FATF建议、国际公约、有关国家和地区关于反洗钱的一些规定，列举如下：

（一）FATF建议相关内容

24. 法人的透明度和受益所有权

各国应当评估法人被洗钱和恐怖融资活动滥用的风险，并采取措施予以防范。各国应当确保主管部门能够通过受益所有权登记或其他替代机制，快速高效地掌握或获取充分、准确和最新的法人受益所有权和控制权信息。各国应当禁止法人发行新的无记名股票或无记名股票认股权证，并采取措施防止存量无记名股票或无记名股票认股权证被滥用。各国应当采取有效措施确保名义持有股东和名义持有董事不被洗钱和恐怖融资活动滥用。各国应当考虑为金融机构、特定非金融行业和职业（DNFBP）获取受益所有权及控制权信息提供便利，以便执行建议10和建议22的要求。

25. 法律安排的透明度和受益所有权

各国应当评估法律安排被洗钱和恐怖融资活动滥用的风险，并采取措施防止其滥用。特别是，各国应当确保主管部门高效、及时地获取或查阅明定信托和其他类似法律安排的充分、准确和最新的信息，包括委托人、受托人和受益人的信息。各国应当考虑为金融机构、特定非金融行业和职业(DN-FBP)获取受益所有权和控制权信息提供便利,以执行建议 10 和建议 22 的要求。

建议 24 的释义(法人的透明度和受益所有权)

1. 对于在本国设立的公司和其他法人,以及不在本国设立,但存在洗钱和恐怖融资风险并与本国有充分联系的公司和其他法人,主管部门应当掌握或获取充分、准确和最新的受益所有权和控制权结构信息(受益所有权信息)。各国可以自行选择实现该目的所依赖的机制,但需遵守下述规定的最低要求。各国应当利用组合机制来实现该目的。

2. 作为第一段所述的确保法人充分透明程序的一部分,各国应当建立相应机制:

(a)识别并说明本国法人的类型、形式和基本特征。

(b)确定并说明:(i)上述法人的设立程序;(ii)获取并记录基础信息和受益所有权信息的程序。

(c)公开上述信息。

(d)评估在本国设立的不同类型法人的洗钱和恐怖融资风险,并采取适当措施管理和减轻所识别的风险。

(e)评估本国面临的与不同类型外国法人有关的洗钱和恐怖融资风险,并采取适当措施管理和减轻所识别的风险。

A. 基础信息

3. 为确定公司受益所有人,主管部门应当要求公司至少提供关于公司法定所有权和控制权结构的基础信息,包括公司、公司股东和董事状况及权力的信息。

……

建议 25 的释义(法律安排的透明度和受益所有权)

1. 如果明定信托的受托人和在类似法律安排中拥有同等地位的人是本国居民或者明定信托和类似法律安排在本国进行管理,则各国应当要求受托人和在类似法律安排中拥有同等地位的人获取并持有关于信托和其他类似法律安排中拥有同等地位的人获取并持有关于信托和其他类似法律安排的充分、准确和及时更新的受益所有权信息。此类信息应当包括以下人员的身份信息:(i)委托人;(ii)受托人;(iii)保护人(如有);(iv)受益人,或者受益人类别(如适用)和指定权范围内的潜在受益人(如适用);(v)对信托行使最终有效控制的其他自然人……

(二)有关国家和地区的规定

1. 欧盟

2018年7月,欧盟反洗钱5号令正式生效,欧盟曾于1991年、2001年、2005年和2015年先后通过了4份反洗钱指令,本次是第5份反洗钱指令,该指令对欧盟反洗钱4号令进行了修订。欧盟反洗钱4号令规定所有成员国必须建立受益所有人集中登记制度,根据指令要求,所有公司和在欧盟成立的其他类型的法人实体应当在2017年6月前向各国当局集中登记并提供有关其最终受益所有人的身份资料信息,并能够供银行、律师事务所以及有关个人或组织访问。在进行相关的集中登记时,受益所有人信息至少应当包含姓名、出生日期、国籍、居住国及其所掌握的受益所有权的性质和程度。欧盟反洗钱5号令扩展并加强了当前已建立的受益所有人集中登记制度,具体要求包括:成员国在2020年1月10日之前为公司和其他法律实体建立受益所有人登记册,并在2020年3月10日之前为信托和类似法律安排建立受益所有人登记册。中央登记册应在2021年3月10日之前通过欧洲中央平台相互连接。欧盟反洗钱5号令要求每个成员国的公司受益所有人中央登记册能够被更广泛地查阅,一般公众也可以访问这些登记册。

2. 英国

在立法层面,修订后的英国《2006年公司法》、《2016年重要控制人登记条例》、《2016年有限责任合伙(重要控制人登记)条例》和《2017年苏格兰有限合伙(重要控制人登记)条例》要求公司和合伙企业要获取并掌握关于"重要控制人"(People with Significant Control)的最新信息,"重要控制人"的定义在很大程度上与FATF对受益所有人的定义是相符合的。比如英国修改后的《公司法》禁止了对公司的循环持股,以便更好地识别"重要控制人"。2017年6月,英国《2017年反洗钱、反恐怖融资和转移款项(支付者信息)条例》正式生效,该条例对信托计划的受益所有人信息披露作出了规定,进一步提升了法律安排的透明度。

在受益所有人登记和保存制度方面,2016年4月,英国在公司登记处现行的登记制度上增加了重要控制人的公共登记册,重要控制人的公共登记册是高度公开且透明的,金融机构和特定非金融机构在进行客户尽职调查时,可以通过该登记册获取并核实公司重要控制人信息。

英国还建立了受益所有人信息维护及交换机制。公司登记处对登记的重要控制人信息进行基本核查并由专职审查员进行核实。2017年7月,公司登记处增加了对重要控制人登记册的报告功能,鼓励外部各方自愿向其通报可疑错误。2020年1月起,公司登记处要求金融机构和特定非金融机构向重要控制人登记册报告其在客户尽职调查过程中发现的不准确信息,这大大提高了重要控制人登记册的准确性。

3. 西班牙

在立法层面,西班牙关于受益所有人识别的法律主要是2010年《反洗钱反恐怖融资法》,该法根据欧盟反洗钱4号令和5号令先后作了相应修改。西班牙的受益所有人登记体系主要由公证处、公司登记处等机构组成,公证员和登记员是反洗钱法规定的反洗钱义务主体,扮演着受益人身份识别的"看门人"。企业法人须向与其建立业务关系的反洗钱义务主体提供受益所有人"责任声明",所有义务主体必须通过签署包含"责任声明"在内的公证契据来识别相应的最终受益所有人。

关于受益所有人信息维护和共享机制,西班牙相关法律规定,公司需要维护股东及其所持股份的登记簿,股东名册由公司本身或托管机构持有,公司董事有责任确保其准确性,并在发生变化时立即更新。证券监督部门关于有意义股东的信息必须在4天内更新。公证员需要介入企业变更股权及其他信息的变更,法人企业应当每年向其披露管理人员、股东、公司法律形式的变化等。公证员需要对保存在单一计算机化索引中的信息进行验证和一致性检查,并在15天内更新企业变更信息。《反洗钱反恐怖融资法》要求金融机构和特定非金融机构确保其持有的客户文件、数据和信息是最新的,受益所有人文件信息必须每月更新。

西班牙主管当局获取受益所有人信息的渠道包括受益所有人数据库、公司登记处、税务机关、证券监督部门以及保存在金融机构和特定非金融机构的客户档案信息,各部门在必要情况下要与司法部门或金融情报机构共享受益所有人信息。司法部门主要可以从3个数据库中查询相关信息,包括公证人专用电子索引系统、工商登记部门收集公司代表人报告的受益所有权信息以及西班牙防止洗钱及货币犯罪委员会持有的金融账户所有权档案资料,从而确保能够及时获取在西班牙设立的各类型法人的充分、准确、最新的基本信息和受益所有人信息。

4. 日本

2018年日本《公证法实施条例》修正案生效。根据修订的条例，在设立股份公司(最常见的法人实体)、一般社团法人和一般财团法人时，当公证人对公司章程进行认证时，公司发起人(或称公证委托人)应当向其报告最终所有人或者控制人的身份信息。在日本，设立法人实体必须由公证人对公司章程进行认证。公证委托人还需要向公证人报告最终所有人或者控制人是否为有组织犯罪集团成员或国际恐怖分子。公证数据以中心化和系统的方式保存。反洗钱主管部门可以通过公证人获取数据库中的信息。

5. 二十国集团(Group of 20, G20)

2009年9月，二十国集团(G20)匹兹堡峰会首次关注了受益所有人和信息透明度议题，其逐渐成为历年G20峰会的热门议题。尤其是2013年以来，每年的G20峰会均对受益所有权透明度提出要求，国际社会高度重视其在反腐败、反逃税、反洗钱和反恐怖融资等方面的重要作用(见表1)。

表1　G20峰会关注受益所有人情况汇总

时间	地点	形式	内容
2009年9月	匹兹堡	领导人声明	金融行动特别工作组通过加强客户身份尽职审查、实际受益人和透明度标准，在查明、遏制腐败所得方面提供帮助。
2010年11月	首尔	领导人宣言	更新并实施跨国电汇透明度、受益所有权、客户信息识别，以及政治公众人物信息识别等。
2013年9月	圣彼得堡	领导人声明	将通过集中登记等方式，同时确保受托人知悉有关信托的受益所有人的信息，确保执法机构、税收机构和金融情报机构等其他有关机构可获得这一信息，以此来保证执法机构、税收机构和金融情报机构等其他有关机构能够及时获得相关信息。
2014年11月	布里斯班	公报	承诺提高公共和私营部门的所有权透明度，并通过落实《G20受益人所有权透明度高级别原则》，提高受益所有权透明度。
2015年11月	安塔利亚	公报	欢迎发布《受益人所有权透明度落实计划》，并将为此继续努力。

续表

时间	地点	形式	内容
2016年9月	杭州	公报	落实法人和法律安排的受益所有权方面的透明度标准,对保护国际金融体系的完整性,防止将这些实体用于腐败、逃税、恐怖融资和洗钱活动至关重要。G20将加快落实反腐败优先政策领域,继续致力于大幅减少任何形式的腐败和贿赂,提高法人、法律安排(包括信托)等在内的受益所有权透明度。
2017年7月	汉堡	公报	作为打击腐败、逃税、洗钱和恐怖主义融资活动的重要工具,我们将推动有效落实关于透明度和法人与法律安排的受益所有权的国际标准,包括提高境内和跨境信息的可获得性。

第二十条 反洗钱行政主管部门和其他依法负有反洗钱监督管理职责的部门发现涉嫌洗钱以及相关违法犯罪的交易活动,应当将线索和相关证据材料移送有管辖权的机关处理。接受移送的机关应当按照有关规定反馈处理结果。

【释义】 本条是关于反洗钱行政主管部门和其他依法负有反洗钱监督管理职责的部门发现涉嫌洗钱以及相关违法犯罪的交易活动时移送案件线索的规定。

本条是2006年反洗钱法的规定,2024年修订反洗钱法时作了修改。2006年反洗钱法第十三条规定:"反洗钱行政主管部门和其他依法负有反洗钱监督管理职责的部门、机构发现涉嫌洗钱犯罪的交易活动,应当及时向侦查机关报告。"2024年修订后反洗钱法对本条进行了如下修改:一是,将"部门、机构发现涉嫌洗钱犯罪的交易活动"修改为"部门发现涉嫌洗钱以及相关违法犯罪的交易活动"。2006年反洗钱法中的机构是指中国证券监督管理委员会、中国银行保险监督管理委员会,它们原属于国务院直属事业单位,法律规定的金融监管机构。2023年国务院机构改革方案将其改为国务院直属机构。这次修订将移送线索的主体修改为部门以适应机构改革后原国务院金融监管机构改为国务院有关部门的实际。同时,考虑到反洗钱工作中也会发现洗钱犯罪以外的其他违法犯罪活动,如上游犯罪等的线索,本条中补充规定发现其他违法犯罪线索的移送义务。

二是,将"应当及时向侦查机关报告"相应修改为"应当将线索和相关证据材料移送有管辖权的机关处理"。根据刑事诉讼法的规定,犯罪的侦查职能主要由公安机关、国家安全机关等依法承担。因此,2006年反洗钱法在本条规定发现涉嫌洗钱犯罪的交易活动应当及时向侦查机关报告。随着国家监察体制改革,贪污贿赂等公职人员职务犯罪改由监察机关依法调查。因此,此次修订将向侦查机关报告改为向有管辖权的机关移送。另外,除了在反洗钱工作中可能发现涉嫌犯罪的线索,还可能发现一些违法线索,对此也一并规定向有关机关移送。实践中,中国人民银行、金融监督管理等部门在反洗钱有关检查、监管履职过程中,可能发现违反税收征管、外汇管理等有关规定的行为,对此应当移送有管辖权的机关处理。

三是增加规定"接受移送的机关应当按照有关规定反馈处理结果"。反洗钱行政主管部门和其他反洗钱监管部门工作中发现涉嫌洗钱等违法犯罪线索,只是从工作层面初步判断相关交易活动有属于违法犯罪的可能性,具体情况需要接受移送机关依法开展侦查、调查等活动进行查明。最终查明的情况有助于移送线索的监管部门用以印证此前对涉嫌交易活动的判断是否准确。因此,本次修订根据各方面意见和实践需要,增加反馈处理结果的规定。这样建立起双向反馈机制,有助于反洗钱行政主管部门完善监测机制、模型,更好地发挥反洗钱监测作用。另外,反馈情况有时涉及侦查、调查机关的工作秘密或者其他不宜对外提供的情况,具体何时反馈,涉及哪些信息,需要按照规定把握,因此增加"按照有关规定"的表述。洗钱相关金融情报线索移送的有效性取决于反洗钱监管监测水平和信息分析的准确性。2017年国务院办公厅《关于完善反洗钱、反恐怖融资、反逃税监管体制机制的意见》明确提出"探索建立以金融情报为纽带、以资金监测为手段、以数据信息共享为基础、符合国家治理需要的'三反'监管体制机制"。为了充分发挥金融情报对预防和打击洗钱及相关犯罪、化解金融风险的作用,提高反洗钱数据对"三反"监管体制机制的支持作用,需要不断加强反洗钱相关信息归集,提升监测分析能力水平。

随着反洗钱监测目标任务的日趋复杂,反洗钱监测中心作为国家金融情报机构,需要获取更广泛的金融、行政和执法信息。广泛收集的情报数据有利于整合金融交易或犯罪信息,避免洗钱活动和上游犯罪割裂的情况。分析结果的精准度需要从分析结果提供者和使用者两端发力提高,形成正向反馈互动。因此,接受线索移送的机关对线索处理结果的反馈应当予以足够重视,不能因为办案期限等而不予反馈或者反馈滞后,不能把向反洗钱义务机构以及反洗钱监测中心反馈处理结果视为负担。反洗钱义务机构以及反洗钱监测中心只有通过接受线索移送机关的线索反馈不断完善监测模型,才能够保证移送线索更为准确有效,从而为有关机关侦查、调查案件提供有力支持和帮助。

本条包含以下几个方面的内容:

第一,反洗钱行政主管部门和其他依法负有反洗钱监督管理职责的部门发现涉嫌洗钱以及相关违法犯罪的交易活动,应当移送有管辖权的机关处理。

一是关于反洗钱行政主管部门。反洗钱法规定的反洗钱行政主管部门是指依法承担主要反洗钱监管职责的国务院部门。按照相关法律和部门"三定"方案规定,国务院反洗钱行政主管部门为中国人民银行。根据中国人民银行法第四条第一款第十项规定,中国人民银行履行指导、部署金融业反洗钱工作,负责反洗钱的资金监测的职责。中国人民银行法第三十二条第一款第九项规定,中国人民银行有权对金融机构以及其他单位和个人执行有关反洗钱规定的行为进行检查监督。根据反洗钱法的规定,国务院反洗钱行政主管部门组织、协调全国的反洗钱工作,负责反洗钱的资金监测,制定或者会同国务院有关金融管理部门制定金融机构反洗钱管理规定,监督检查金融机构履行反洗钱义务的情况,在职责范围内调查可疑交易活动,履行法律和国务院规定的有关反洗钱的其他职责。

二是关于其他依法负有反洗钱监督管理职责的部门的范畴。反洗钱工作涉及领域广泛,需要有关的行政主管部门共同承担相应的反洗钱监管职责,监督指导本行业市场主体依法履行反洗钱义务,发挥好反洗钱工作合力。根据本法和有关法律的规定,其他依法负有反洗钱监管职责的部门可分为两类:一类是除中国人民银行以外的其他金融管理部门,具体包括国家金融监督管理总局、中国证券监督管理委员会等。国务院有关金融管理部门参与制定所监督管理的金融机构反洗钱管理规定,履行法律和国务院规定的有关反洗钱的其他职责。另一类是指履行反洗钱义务的特定非金融机构所属行业、领域的主管部门,如住房和城乡建设部管理房地产企业、财政部管理会计师事务所等。

三是反洗钱行政主管部门和其他依法负有反洗钱监督管理职责的部门发现涉嫌洗钱以及相关违法犯罪的交易活动的移送线索职责。实践中，中国人民银行、金融监督管理等部门在反洗钱有关检查、监管履职中，可能发现违反税收征管、外汇管理等有关规定的行为，对此应当通报有关主管部门。"相关违法活动"，一般是指反洗钱监测发现犯罪以外的违反法律法规的活动，例如涉及税务、证券、外汇等违法行为，需要移送相关行政机关处理。

同时，对于涉嫌犯罪行为则应当移送相应侦查、调查机关处理。根据《行政执法机关移送涉嫌犯罪案件的规定》第三条第一款和第十九条的相关规定，如果涉及刑法关于破坏社会主义市场经济秩序罪、妨害社会管理秩序罪等罪的规定和最高人民法院、最高人民检察院关于破坏社会主义市场经济秩序罪、妨害社会管理秩序罪等罪的司法解释以及最高人民检察院、公安部关于经济犯罪案件的追诉标准等规定，涉嫌构成犯罪，依法需要追究刑事责任，须向公安机关移送；如涉及公职人员贪污贿赂、失职渎职或者利用职权侵犯公民人身权利和民主权利等违法行为，涉嫌构成职务犯罪，应当依照刑法、刑事诉讼法、监察法等法律规定及时将案件线索移送监察机关或者人民检察院处理。

第二，接受移送的机关应当按照有关规定反馈处理结果。接受移送的机关应当反馈处理结果，目的是完善现有反洗钱线索的单向移送机制，有助于反洗钱行政主管部门完善监测机制、模型，更好地发挥监测作用。考虑到反馈信息可能涉及信息保密要求、移送具体协作机制安排等，反馈信息要按照有关规定进行。

在研究该条规定时，我们还了解到 FATF 建议关于反洗钱的一些规定，列举如下：

29. 金融情报中心

各国应当建立全国性金融情报中心（FIU），负责接收和分析下列信息：
（a）可疑交易报告（STRs）；（b）其他与洗钱、相关上游犯罪和恐怖融资相关的信息，并负责移送分析结果。金融情报中心应能从报告机构获取额外信息，以及能为恰当履职及时获取所需的金融、行政和执法信息。

建议 29 的释义（金融情报中心）：
信息移送
4. 金融情报中心应能主动或根据请求向相关主管部门移送信息和分析

结果,移送过程应通过专门、安全和受到保护的渠道进行。

・主动移送:当有理由怀疑洗钱、上游犯罪或恐怖融资时,金融情报中心应能将相关信息和分析结果移送给主管部门。金融情报中心应根据分析,移送经筛选的信息,使接收部门专注于相关案件或信息。

・根据请求移送:金融情报中心应能对主管部门根据建议31发出的信息请求作出回应。当接到主管部门的此类请求时,由金融情报中心自身决定是否进行分析和/或是否向主管部门移送信息。

第二十一条 反洗钱行政主管部门为依法履行监督管理职责,可以要求金融机构报送履行反洗钱义务情况,对金融机构实施风险监测、评估,并就金融机构执行本法以及相关管理规定的情况进行评价。必要时可以按照规定约谈金融机构的董事、监事、高级管理人员以及反洗钱工作直接负责人,要求其就有关事项说明情况;对金融机构履行反洗钱义务存在的问题进行提示。

【释义】 本条是关于反洗钱行政主管部门反洗钱监督管理职权的规定。

2024年修订反洗钱法增加了本条规定,明确了反洗钱行政主管部门监督管理职责的相关内容,主要是考虑到反洗钱行政主管部门履行监督管理职责的需要。要求金融机构报送履行反洗钱义务的情况,便于反洗钱行政主管部门了解有关情况;对金融机构进行风险监测、评估、评价,便于依照"风险为本"的原则,对各金融机构有针对性地实施差异化监管;约谈、提示是为了监管的个别化和有效性,反洗钱行政主管部门合理运用各类监管方法,以实现对不同类型金融机构的有效监管。一方面,与传统的"规则为本"反洗钱监管相比,"风险为本"的反洗钱监管要求监管部门关注、评估洗钱风险,围绕洗钱风险状况配置监管资源,开展监管工作。"风险为本"的监管更有针对性,更为有效,目前仍需进一步加强。另一方面,反洗钱执法检查、监管措施要避免只倚重于处罚合规性问题,要真正将反洗钱监管责任落到实处,需要关注金融机构在履行反洗钱义务方面存在的一些机制性、风险性、有效性问题,指导督促反洗钱义务机构将反洗钱工作从合规导向提升至实质性防范化解风险导向。

本条包含以下几个方面的内容：

第一，关于监管职责的具体内容。一是要求金融机构报送履行反洗钱义务情况。根据2021年中国人民银行《金融机构反洗钱和反恐怖融资监督管理办法》第十五条的规定，金融机构应当按照中国人民银行的规定报送反洗钱和反恐怖融资工作信息。金融机构应当对相关信息的真实性、完整性、有效性负责。

2021年中国人民银行《金融机构反洗钱和反恐怖融资监督管理办法》第十七条规定了报送履行反洗钱义务情况的具体内容范围，包括：(1) 制定或者修订主要反洗钱和反恐怖主义融资内部控制制度的；(2) 牵头负责反洗钱和反恐怖主义融资工作的高级管理人员、牵头管理部门或者部门主要负责人调整的；(3) 发生涉及反洗钱和反恐怖主义融资工作的重大风险事项的；(4) 境外分支机构和控股附属机构受到当地监管当局或者司法部门开展的与反洗钱和反恐怖主义融资相关的执法检查、行政处罚、刑事调查或者发生其他重大风险事件的；(5) 中国人民银行要求报告的其他事项。

二是对金融机构实施风险监测、评估，并就金融机构执行反洗钱法以及相关管理规定的情况进行评价。2021年中国人民银行《金融机构反洗钱和反恐怖融资监督管理办法》第二十三条明确了反洗钱行政主管部门对金融机构执行反洗钱法以及相关管理规定的情况进行评价的依据。根据该规定，金融机构报送的反洗钱和反恐怖主义融资工作信息，反洗钱行政主管部门在日常监管中获得的其他信息都是对金融机构反洗钱和反恐怖主义融资制度建立健全情况和执行情况的评价依据。

三是约谈金融机构的董事、监事、高级管理人员以及反洗钱工作直接负责人，要求其就有关事项说明情况，对金融机构履行反洗钱义务存在的问题进行提示。2021年中国人民银行《金融机构反洗钱和反恐怖融资监督管理办法》第二十八条明确了在金融机构出现反洗钱和反恐怖主义融资义务履行不到位、突出风险事件等重要问题时，中国人民银行及其分支机构可以约见金融机构董事、监事、高级管理人员或者部门负责人进行谈话。金融机构董事、监事、高级管理人员或者部门负责人需要就有关事项说明情况，及时对金融机构履行反洗钱义务存在的问题进行整改。

第二，关于监管职责所体现的监管理念。根据本条规定，中国人民银行及其分支机构依法对金融机构反洗钱和反恐怖主义融资工作进行监督管理，无论是要求报送履行义务的情况,还是对金融机构进行风险监测、评估和评价等,均充分体现了其对洗钱风险的关注,以及围绕洗钱风险配置监管资源的理念。同样,关于约谈和提示的规定,一方面体现了抓关键少数的监管方法和思路;另一方面体现了以指导督促金融机构做好反洗钱风险防范工作的导向,而非简单予以处罚了事。因此实践中,中国人民银行及其分支机构应当遵循"风险为本"和法人监管原则,合理运用各类监管方法,实现对不同类型金融机构的有效监管。同时,中国人民银行及其分支机构可以向国务院金融监督管理机构或者其派出机构通报对金融机构反洗钱和反恐怖主义融资监管情况。

另外,关于反洗钱行政主管部门监管职责的履行情况。中国人民银行往往依托分类监管模式,采用风险为本的方法,综合考虑金融机构业务规模和风险水平等因素,视情况运用监管走访、约见谈话、监管提示等不同强度的监管措施,对不同业务规模、风险水平的义务机构开展针对性督导,以便及时发现违规问题和风险隐患,并对部分高风险机构采取强化的监管措施。中国人民银行也会利用监管走访的形式,在现场检查前预先了解机构履职情况,在现场检查后开展走访"回头看",督促机构加强后续整改,视需要适时开展质询、下发监管提示函等监管措施。

在研究该条规定时,我们还了解到FATF建议关于反洗钱的一些规定,如下:

26. 对金融机构的监管

各国应当确保金融机构受到充分的监督和管理,并且有效地执行FATF建议。主管部门或金融监管部门应当采取必要的法律或监管措施,防止犯罪分子或其同伙持有金融机构的重要或控制股权,或成为金融机构重要或控制股权的受益所有人,或担任管理职务。各国不应当批准设立空壳银行或允许其继续运营。

……

建议26的释义(对金融机构的监管)
风险为本的监管方法

1.风险为本的监管方法指:(a)监管部门根据对风险的理解配置反洗钱与反恐怖融资监管资源的总体过程;(b)对采取反洗钱和反恐怖主义融资风险为本方法的机构实施监管的具体过程。

2.运用风险为本的方法监管金融机构的反洗钱与反恐怖主义融资体系

和控制措施能够使监管部门把资源分配到风险较高的领域,从而更有效地利用资源。这意味着监管部门:(a)应当清楚理解本国的洗钱和恐怖主义融资风险;(b)应当具备现场和非现场手段,获取与被监管机构客户、产品以及服务相关的国内外特定风险信息,包括金融机构或集团的合规质量信息。监管部门应当对金融机构或集团的风险状况进行评估,识别其洗钱和恐怖主义融资风险以及制度、内部控制措施和程序,并结合本国的洗钱和恐怖主义融资风险,在此基础上确定对金融机构或集团开展现场和非现场监管的频率和强度。

3. 监管部门应当按照本国持续监管的实践做法,定期或当金融机构或集团的管理运营出现重大事件或变化时,评估该金融机构或集团的洗钱和恐怖主义融资风险状况(包括不合规风险)。这种评估不应当一成不变,而应随环境和威胁的变化作出改变。

4. 对采用风险为本方法的金融机构或集团实施反洗钱与反恐怖主义融资监管时,监管部门应当考虑风险为本方法所允许的自由裁量权程度,并以适当形式审查支持这一自由裁量权的风险评估,并审查该金融机构或集团制度、内部控制措施和程序的充分性和实施情况。

5. 上述原则应适用于对所有金融机构或集团的监管。为确保有效实施反洗钱与反恐怖主义融资监管,监管部门应当考虑金融机构或集团的特点,尤其是金融机构的数量和多样性,以及风险为本方法所允许的自由裁量权程度。

> **第二十二条** 反洗钱行政主管部门进行监督检查时,可以采取下列措施:
> (一)进入金融机构进行检查;
> (二)询问金融机构的工作人员,要求其对有关被检查事项作出说明;
> (三)查阅、复制金融机构与被检查事项有关的文件、资料,对可能被转移、隐匿或者毁损的文件、资料予以封存;
> (四)检查金融机构的计算机网络与信息系统,调取、保存金融机构的计算机网络与信息系统中的有关数据、信息。
> 进行前款规定的监督检查,应当经国务院反洗钱行政主管部门或者其设区的市级以上派出机构负责人批准。检查人员不得少于二人,并应当出示执法证件和检查通知书;检查人员少于二人或者未出示执法证件和检查通知书的,金融机构有权拒绝接受检查。

【释义】 本条是关于反洗钱行政主管部门依法进行反洗钱监督检查时可以采取的措施的相关规定。

2024年修订反洗钱法增加了本条规定。增加本条规定,主要是为了明确反洗钱行政主管部门对金融机构进行监督检查时可以采取的措施范围,包括进入现场检查,询问金融机构的工作人员,查阅、复制金融机构与被检查事项有关的文件、资料,对可能被转移、隐匿或者毁损的文件、资料予以封存,检查金融机构的计算机网络与信息系统,调取、保存金融机构的计算机网络与信息系统中的有关数据、信息。同时本条还明确了反洗钱行政主管部门采取监督检查措施的审批程序,旨在充分保障反洗钱行政主管部门监督检查措施和程序的合法性及有效性。

我国的反洗钱监管制度在总结实践的基础上不断进行完善。2018年以来,为在制度层面深化"风险为本"的反洗钱监管理念,中国人民银行对此前发布的有关规章及规范性文件进行修订完善。2021年修订发布《金融机构反洗钱和反恐怖融资监督管理办法》,突出了"风险为本"的监管思路,强调应根据金融机构洗钱风险状况,采取不同的反洗钱监管措施。2022年修订《金融机构客户尽职调查和客户身份资料及交易记录保存管理办法》,要求金融机构根据风险状况采取相应的客户尽职调查措施,例如,对高风险情形强化尽职调查,允许对评估出的低风险业务、客户简化尽职调查等。

本条共分两款。第一款是关于反洗钱行政主管部门进行监督检查时可以采取的措施的规定。本款包含以下几个方面的内容:

第一,关于反洗钱行政主管部门履行反洗钱监管职责的主要依据。2003年,中国人民银行制定《金融机构反洗钱规定》《人民币大额和可疑支付交易报告管理办法》《金融机构大额和可疑外汇资金交易报告管理办法》。2006年10月,十届全国人大常委会第二十四次会议通过反洗钱法,初步形成了"一法一规两办法"的反洗钱法律规范体系,从制度层面规范了反洗钱监管措施手段及反洗钱调查程序。2017年国务院办公厅《关于完善反洗钱、反恐怖融资、反逃税监管体制机制的意见》对深入持久推进反洗钱监管体制机制建设作出全面规划。在工作机制层面上,国务院于2002年批准成立反洗钱工作部际联席会议;2004年4月,中国人民银行牵头成立金融监管部门反洗钱领导小组和工作小组,作为国务院层面的反洗钱工作协调机制。

第二,关于反洗钱行政主管部门对金融机构进行监督检查时可以采取的措施范围。措施包括进入金融机构现场检查,询问金融机构的工作人员,查阅、复制金融机构与被检查事项有关的文件、资料,对可能被转移、隐匿或者毁损的文件、资料予以封存,检查金融机构的计算机网络与信息系统,调取、保存金融机构的计算机网络与信息系统中的有关数据、信息等。

反洗钱行政主管部门对金融机构进行监督检查时会有重点地选择金融机构进行检查。2021年中国人民银行《金融机构反洗钱和反恐怖融资监督管理办法》第二十一条对需要重点加强监督管理的机构进行了明确,包括:涉及洗钱和恐怖融资案件的机构;洗钱和恐怖融资风险较高的机构;通过日常监管、受理举报投诉等方式,发现存在重大违法违规线索的机构;其他应当重点监管的机构。

第二款是关于反洗钱行政主管部门进行监督检查时需要履行的审批程序及对检查人员的相关要求的规定。关于启动监督检查的审批层级,反洗钱行政主管部门进行监督检查时应当经国务院反洗钱行政主管部门或者其设区的市级以上派出机构负责人批准。关于实施监督检查的人员要求,反洗钱行政主管部门进行监督检查时检查人员不得少于二人,并应当出示执法证件和检查通知书。关于金融机构的拒绝检查权,如果检查人员少于二人或者未出示执法证件和检查通知书,金融机构有权拒绝接受检查。本款也是通过严格规范反洗钱行政主管部门进行监督检查的程序,维护金融机构的合法权益。

在研究该条规定时,我们还了解到FATF建议关于反洗钱的一些规定,列举如下:

26.对金融机构的监管

各国应当确保金融机构受到充分的监督和管理,并且有效地执行FATF建议。主管部门或金融监管部门应当采取必要的法律或监管措施,防止犯罪分子或其同伙持有金融机构的重要或控制股权,或成为金融机构重要或控制股权的受益所有人,或担任管理职务。各国不应当批准设立空壳银行或允许其继续运营。

……

建议26的释义(对金融机构的监管)
风险为本的监管方法
1.风险为本的监管方法指:(a)监管部门根据对风险的理解配置反洗钱

与反恐怖融资监管资源的总体过程；(b)对采取反洗钱和反恐怖融资风险为本方法的机构实施监管的具体过程。

2.运用风险为本的方法监管金融机构的反洗钱与反恐怖融资体系和控制措施能够使监管部门把资源分配到风险较高的领域，从而更有效地利用资源。这意味着监管部门：(a)应当清楚理解本国的洗钱和恐怖融资风险；(b)应当具备现场和非现场手段，获取与被监管机构客户、产品以及服务相关的国内外特定风险信息，包括金融机构或集团的合规质量信息。监管部门应当对金融机构或集团的风险状况进行评估，识别其洗钱和恐怖融资风险以及制度、内部控制措施和程序，并结合本国的洗钱和恐怖融资风险，在此基础上确定对金融机构或集团开展现场和非现场监管的频率和强度。

第二十三条 国务院反洗钱行政主管部门会同国家有关机关评估国家、行业面临的洗钱风险，发布洗钱风险指引，加强对履行反洗钱义务的机构指导，支持和鼓励反洗钱领域技术创新，及时监测与新领域、新业态相关的新型洗钱风险，根据洗钱风险状况优化资源配置，完善监督管理措施。

【释义】 本条是关于国务院反洗钱行政主管部门会同国家有关机关开展国家、行业洗钱风险评估的规定。

2024年修订反洗钱法增加了本条规定。增加本条规定，体现了反洗钱监管理念从"规则为本"到"风险为本"的变化。在国家层面，监管部门需要评估国家、行业面临的洗钱或恐怖融资总体风险。在行业方面，总体风险评估有利于提高监管的针对性，更好地配置反洗钱资源。发布洗钱风险指引则是指导、指示有关方面加强和改进反洗钱工作的重要举措。此外，考虑到应对可能发生的各种新型洗钱风险的需要，为有效覆盖新型洗钱风险类型，也要求监管机构及时监测新型洗钱风险，优化资源配置，完善监督管理措施。

随着传统金融系统反洗钱预防体系的不断健全，洗钱风险向新兴领域传递和蔓延，一些犯罪分子利用数字经济、平台经济等新业态洗钱，通过虚拟货币、网络游戏币、直播平台打赏等渠道洗钱，除此之外，一些其他新兴行业也会偶发性发生洗钱活动。根据国际通行规则，一般无法将所有出现洗钱活动的非金融行业"一刀切"纳入反洗钱义务机构范围。针对这些新兴渠道洗钱问题，目前我国缺乏有效的反洗钱监管工具。为堵住新兴行业洗钱漏洞，除强化行业监管外，仍需要研究临时性的反洗钱措施作为传统反洗钱监管体系的补充。如美国《银行保密法》授权金融情报机构发布地理区域指令，要求指定地域范围内的金融机构等在一定时期内报送符合指定条件的交易，以针对区域性、突发性洗钱及恐怖融资风险收集信息。借鉴域外立法相关经验，通过"临时监测措施"，根据情况要求指定地域范围内的金融机构和特定非金融机构等在某一段时间内，报告涉及某些交易特征的大额交易和可疑交易，也可以在实践中不断探索，以应对新兴领域的洗钱风险。

本条包含以下几个方面的内容：

第一，关于开展国家、行业洗钱风险评估的必要性。一是基于监管理念的变化。当前反洗钱履职监管理念已从"规则为本"过渡到"风险为本"。从国家层面来说，监管部门需要通过认识评估洗钱或恐怖融资风险，提高监管的有效性。由于反洗钱工作不可能实现监管的全覆盖、"一刀切"，有效的风险评估就是发现高风险行业、机构、客户的前提，因此在法律中明确风险评估的手段，有助于更好地配置反洗钱资源。

二是由于近年来新型洗钱风险频发。考虑到实践中洗钱渠道和类型会随着时间和形势发生变化，为有效覆盖新型洗钱风险类型，要求监管机构及时监测新型洗钱风险，优化资源配置，完善监督管理措施，加大对各类新型洗钱风险的监测。

三是更好地满足洗钱风险评估的有效性指标。根据反洗钱国际标准，国家、行业的洗钱风险评估影响多项国际评估中的有效性指标。做好洗钱风险评估，可以实现在风险评估的基础上，运用"风险为本"的方法，确保防范或降低洗钱与恐怖融资风险的措施与识别出的风险相适应。

第二，中国人民银行及其分支机构开展国家、行业洗钱风险评估的情况。2017年，根据反洗钱工作部际联席会议部署，中国人民银行牵头各相关部门、行业协会和反洗钱义务机构共同完成了我国第一次国家洗钱和恐怖融资风险评估。为更新对近年来国家洗钱和恐怖融资风险的认识，2021年，中国人民银行启动第二次国家洗钱和恐怖融资风险评估。在评估方法上，沿用世界银行更新的国家洗钱风险评估工具，评估国家整体洗钱威胁水平、金融行业和特定非金融行业反洗钱缺陷情况，得出我国总体洗钱风险情况。在评估内容上，增加了扩散融资风险评估、法人洗钱风险评估，完善了特定非金融行业风险评估。结合定量和定性方法，综合评判我国各领域洗钱、恐怖融资风险,并提出了相应的行动计划,最终形成了 2022 年国家洗钱和恐怖融资风险评估报告。

根据报告,总体来看,我国洗钱威胁类型发生了一定变化,诈骗犯罪成为我国面临的主要洗钱威胁。随着我国打击洗钱犯罪的力度不断加大,洗钱定罪数量快速增长。反洗钱监管力度不断加强,金融行业和特定非金融行业反洗钱内控机制进一步完善,客户尽职调查、客户身份资料及交易记录保存、可疑交易监测和定向金融管制等反洗钱核心义务得到落实,对洗钱风险起到预防和遏制作用。

第三,关于我国面临的新型洗钱风险及监管方式。随着传统金融系统反洗钱预防体系的不断健全,洗钱风险逐步向新兴领域传递和蔓延,一些犯罪分子利用数字经济、平台经济等新业态洗钱,许多行业、领域,如拍卖、移民中介、网络直播平台、新型支付技术等都暴露出较高的洗钱风险。

随着我国乃至全球虚拟货币的市场交易量、用户规模均呈现迅猛发展态势,虚拟货币更是凭借自身的去中心化、高匿名性、跨国交易频繁等特点,极易被犯罪分子用作新型的洗钱工具。对此,我国也在积极应对,持续加强对于加密货币的监管。2017 年,中国人民银行等七部门联合颁布了《关于防范代币发行融资风险的公告》,正式宣布虚拟货币交易所为非法机构,并随之采取了持续和有效的措施取缔境内虚拟货币交易所。同时,要求金融机构不得为虚拟货币交易提供服务(支付、结算等),对发现的交易提交可疑交易报告。2021 年,中国人民银行等十部委颁布的《关于进一步防范和处置虚拟货币交易炒作风险的通知》进一步明确向我国境内居民提供虚拟货币服务(如开设交易所)是非法行为,可能涉及犯罪。2021 年,国家发展改革委等十一部门联合颁布《关于整治虚拟货币"挖矿"活动的通知》,要求全面梳理排查虚拟货币"挖矿"项目、严禁新增项目投资建设、加快存量项目有序退出。

目前,我国的反洗钱监管制度也进一步完善和加强了对虚拟货币的监管,金融机构的审查义务和自身的报告义务都将加重,这意味着未来个人及企业涉及虚拟货币领域的资产、经营、投资等情况在国家行政管理机关面前更为透明。各类新领域、新业态相关的新型洗钱风险都亟待引起高度重视,监管部门及时发布洗钱风险指引,监测与新领域、新业态相关的新型洗钱风险,对于国内经济大局的整体稳定,国内金融交易的平稳秩序及维护国家金融安全有着十分重要的意义。

在研究该条规定时,我们还了解到 FATF 建议、有关国家和地区关于反洗钱的一些规定,列举如下:

(一) FATF 建议相关内容

1. 评估风险与运用风险为本的方法

各国应当识别、评估和理解本国的洗钱与恐怖融资风险,并采取措施(包括指定某一部门或建立相关机制协调开展风险评估),配置资源,确保有效降低风险。在风险评估的基础上,各国应当运用风险为本的方法,确保防范或降低洗钱与恐怖融资风险的措施与识别出的风险相适应。在反洗钱与反恐怖融资体系中,以及实施 FATF 建议中的风险为本措施时,风险为本方法应作为有效分配资源的一项根本原则。针对识别出的较高风险,各国应确保反洗钱与反恐怖融资体系充分应对该风险。针对识别出的较低风险,各国可决定,在特定条件下允许对某些 FATF 建议采取简化的措施。

......

建议 1 的释义(评估风险与运用风险为本的方法)

1. 风险为本方法是打击洗钱和恐怖融资的有效方法。在决定某一行业如何实施风险为本方法时,各国应当考虑相关行业反洗钱与反恐怖融资的能力和经验。各国应当理解,反洗钱与反恐怖融资能力越强,经验越丰富的行业,按照风险为本方法赋予金融机构以及特定非金融行业和职业自身的裁量权和责任就越适当。但这并不豁免金融机构以及特定非金融行业和职业在较高风险情形下应采取强化措施的要求。通过实施风险为本方法,主管部门、金融机构、特定非金融行业和职业应当能够确保预防和降低洗钱与恐怖融资风险的措施与识别出的风险相匹配,且能够自主决定如何以最有效的方式配置自身资源。

A. 国家的义务和决策

洗钱和恐怖融资风险

5. 评估洗钱和恐怖融资风险——各国应当采取适当措施,持续地识别和评估本国的洗钱和恐怖融资风险,以(i)为本国反洗钱和反恐怖融资体系酝酿中的改革提供参考,包括对法律、法规和其他措施的修订;(ii) 协助主管部门配置和优先安排反洗钱与反恐怖融资资源;以及(iii) 为金融机构以及特定非金融行业和职业开展洗钱与恐怖融资风险评估提供信息。各国应保持风险评估的时效性,并建立机制,向所有相关主管部门、自律组织、金融机构以及特定非金融行业和职业提供风险评估结论的适当信息。

9. 监管和风险监测——监管部门(或者特定非金融行业和职业的自律组织)应当确保金融机构以及特定非金融行业和职业有效实施下文规定的义务。在进行监管和风险监测时,监管部门和自律组织应当按照建议26释义和建议28释义的要求,审查金融机构以及特定非金融行业和职业开展的洗钱和恐怖融资风险状况和风险评估,并将审查结论纳入考量。

34. 指引与反馈

主管部门、监管部门和行业自律组织应当制定指引并提供反馈,帮助金融机构以及特定非金融行业和职业落实国家反洗钱与反恐怖融资措施,特别是发现和报告可疑交易。

(二)有关国家和地区的规定

虚拟货币作为随信息技术发展而发现的一种新型支付手段,由于其不同于传统货币的属性和交易特点,其中存在较大洗钱风险,对虚拟货币的监管成为各国面临的难题,各监管机构也采取了不甚相同的监管策略和政策取向。具体情况如下:从一些反洗钱国际组织,金融行动特别工作组(FATF)的策略看,对于虚拟货币的禁止或允许,取决于不同国家的自身选择。同时,从反洗钱角度出发,如果一国采取禁止措施,则不涉及监管;反之,则需要设立监管规则并有效监管。当前主要形成了多方监管、集中监管两种模式。

1. 多方监管模式

(1)美国

作为全球最大的经济体,也是加密货币交易活动最为活跃的国家之一,美国对加密货币采用多方监管的模式。2013年美国联邦参议院召开有关比特币的听证会,首次公开讨论比特币的法律性质。2014年美国国税局(Interrational Revenue Service, IRS)发布了征税的指导原则,在税务系统中将比特币视作财产而非货币,金融市场监管主体也从各自视角出发,逐渐把比特币等加密货币纳入监管范畴。美国的监管主体有:

一是美国商品期货委员会(Commodity Futures Trading Commission, CFTC)。2015年,美国商品期货委员会将比特币和其他加密货币定义为商品,并于2017年批准芝加哥期权交易所(Chicago Board Options Exchange, CBOE)和芝加哥商品交易所(Chicago Mercantile Exchange, CME)开展现金交割的比特币期货,其后进一步批准了以实物交割的比特币期货合约。

二是美国证监会(U. S. Securities and Exchange Commission,SEC)。美国证监会是比特币等加密货币相关活动监管的重要主体之一,早期其就对与加密货币相关的投资采取了执法行动。美国证监会根据监管必要性,将加密货币分为"使用型"和"证券型",只有"证券型"加密货币才在证监会的监管之下。"证券型"加密货币具有可以转换为其他资产的金融属性。此外,美国证监会对于比特币等加密货币相关的金融产品持谨慎态度,多份比特币交易型开放式指数基金(Exchange Traded Fund,ETF)的申请迟迟没有得到批复,反而是加拿大"捷足先登",成为北美首只比特币ETF的诞生地。

三是金融犯罪执法网络(The Financial Crimes Enforcement Network,FinCEN)。2013年,美国金融犯罪执法网络发布了《对管理、兑换和使用虚拟货币的人员适用FinCEN的规范》,首次对加密货币的使用者、管理者、交易者等经营主体作出了明确规定,要求其建立与反洗钱风险评估管理体系一致的监管体系,即等于或大于10,000美元的虚拟货币交易,需要进行登记。金融执法网络作出上述规定的目的在于对比特币等加密货币明确开展金融监管。

四是州执法部门。除了美国联邦执法部门以外,州层面的执法部门也对加密货币进行监管。比如,美国纽约州金融服务局(New York Department of Financial Services,NYDFS)采取牌照审批制,发行加密货币经营许可证,对加密货币发行、储存和兑换环节开展反洗钱、反欺诈和市场操作监管措施。

(2)欧盟

欧盟内部各成员对待加密货币的态度并不一致,表现为"各自为政",但是相关合作在不断增强。整体看,欧洲多数国家对于比特币等加密货币持较为开放包容的态度。2018年以来,欧盟逐渐注重对于比特币等虚拟资产领域的金融监管,拟针对比特币等加密货币的兑换、存储、交易等行为在欧盟层面制定监管规定,推动区域内适用统一的监管标准。为完成该目标,欧盟理事会针对加密货币等虚拟资产颁布了一份面向未来的规则"加密资产市场监管规则"草案(Regulation on Markets in Crypto Assets,MiCA),计划2024年在全欧盟施行。新规拟将加密货币交易所纳入监管,包括在监督欺诈行为方面制定标准,确保透明度以及建立治理标准。新规还要求加密货币发行方作为一个法律实体在一个欧盟成员注册成立。其他要求包括与资本、投资者权利、资产托管、信息披露和治理安排有关的规定。将相关主体纳入欧盟的金融监管体系,使欧盟内部的反洗钱机制适用于加密货币监管。

2. 集中监管模式

（1）新加坡

与美国模式不同，新加坡对比特币等加密货币采用的是集中监管的模式。2017年11月新加坡金融监管局（Monetary Authority of Singapore，MAS）即发布数字货币指引，明确了其在数字货币监管中的主体地位，其后2019年《支付服务法案》颁布施行，进一步规范了该国对加密货币业务的反洗钱监管。

根据该法案，开展具有支付功能的加密货币相关业务需要向金融监管局申请特许经营牌照，牌照根据服务提供商持有的数字货币量和交易量大小共分为"货币兑换""标准支付机构""大型支付机构"3种。法案要求支付服务经营机构履行反洗钱合规和风险控制等义务，包括客户尽职调查和交易监测，并将可疑交易上报新加坡警察局商业事务部（Commercial Affairs Department，CAD）。

（2）日本

日本的情况同新加坡类似，监管逐渐完善。日本金融厅（The Financial Services Agency，FSA）是监管比特币等加密货币业务活动的主要机构。由于日本加密货币业务发展较早，且境内加密货币交易所屡次发生失窃等监管风险事件，因此对于加密货币的监管法规不断完善修正。

2017年4月，日本《支付服务法案》正式承认比特币是一种合法的支付方式，也提出了对于数字资产交易所的监管要求；2019年修正的《金融工具与交易法》进一步加强了数字货币兑换和交易的监管措施。在监管措施的完善过程中，日本加密货币交易量也稳中有升，特别是保证金交易的比例显著提高。

总体来看，对加密货币这种新兴事物开展金融监管的趋势是明确的。多方监管的优势在于利用国家现有的法律框架，多个监管主体可以并存、互为补充，但难免存在监管空白、监管重叠和监管套利等问题；而集中监管的优势在于能够针对比特币等加密货币本身的特点来进行制度设计，更加切合相关业务需要与风险控制的要求。

第二十四条 对存在严重洗钱风险的国家或者地区，国务院反洗钱行政主管部门可以在征求国家有关机关意见的基础上，经国务院批准，将其列为洗钱高风险国家或者地区，并采取相应措施。

【释义】 本条是关于对存在严重洗钱高风险的国家或者地区，经国务院批准将其列入洗钱高风险国家或者地区，并采取相应措施的规定。

本条是2024年修订反洗钱法增加的规定。增加本条规定，主要考虑是从维护我国金融秩序的角度，对于一些有较高洗钱风险，影响我国金融秩序和稳定的国家或者地区，可以考虑将其列入高风险名单。对于存在严重洗钱风险的国家或者地区，经国务院批准，可以将其列为洗钱高风险国家或者地区，根据风险状况采取相应的措施。

本条包括两个方面的内容：

第一，关于洗钱高风险国家或者地区的确定。对存在严重洗钱风险的国家或者地区，国务院反洗钱行政主管部门可以充分听取国家有关机关的意见，结合多方面意见综合考虑作出判断，经过国务院批准等程序，才能够将其列为洗钱高风险国家或者地区。也就是说，洗钱高风险国家或者地区的确定，一方面，国务院反洗钱行政主管部门可以征求国家有关机关的意见，这里的有关机关可以是金融领域的行政主管机关，也可以是司法领域的国家机关，根据各领域的国家机关提供的意见综合研判；另一方面，洗钱高风险国家或者地区名单的确定，需要经过国务院的审批等程序，才能确定将其列为洗钱高风险国家或者地区。需要注意的是，FATF持续监测全球范围内反洗钱和反恐怖融资体系存在显著缺陷的国家或者地区，督促这些国家或者地区改进缺陷。金融行动特别工作组每年定期召开全体会议，审议洗钱和恐怖融资"高风险国家或地区"以及"应加强监控的国家或地区"改进反洗钱和反恐怖融资体系的进展情况。会后，在其官网更新相关声明，其中"呼吁对其采取行动的高风险国家或地区"即通常所说的FATF"黑名单"，"应加强监控的国家或地区"即通常所说的FATF"灰名单"。国务院反洗钱行政主管部门会根据金融行动特别工作组官方网站公布最新的名单信息，充分听取国家有关机关的意见，结合多方面提出的意见综合考虑作出判断，经过国务院批准等程序，才能够将其列为洗钱高风险国家或者地区，通过中国人民银行官方网站予以发布。本条规定，未经国务院批准，不得仅以FATF声明作为执行依据。此外，还可以根据特定国家或者地区洗钱风险的实际情况以及反制的需要等，将其列入洗钱高风险国家或者地区。

第二，对洗钱高风险国家或者地区可以采取相应的措施。国务院反洗钱行政主管部门采取的措施，可以是从整体反洗钱角度出台的措施，如完善义务机构监管政策等措施，也可以是强化某一方面洗钱义务的措施，如强化尽职调查、强化监督检查，提出更高的外部审计要求等。具体可参考 FATF 相关建议。采取的反制措施应当有效，并与存在洗钱风险的国家或者地区的风险相匹配。金融机构应当及时获取我国有关部门和国际反洗钱组织发布的高风险国家或地区以及强化监控国家或地区名单，对于来自高风险国家或地区的客户或交易，金融机构应当按照国务院反洗钱行政主管部门的要求，结合业务关系和交易的风险状况采取强化尽职调查和必要的风险管理等措施。针对金融行动特别工作组公布的高风险及应加强监控的国家或地区，负有履行反洗钱义务的机构应根据 2018 年中国人民银行办公厅《关于进一步加强反洗钱和反恐怖融资工作的通知》等反洗钱法律法规和文件要求，采取适当的风险管理措施：(1)针对来自高风险国家或地区的客户，采取强化客户身份识别措施。(2)针对来自高风险国家或地区的客户，采取强化交易监测措施。(3)当发现可疑情形时及时提交可疑交易报告，必要时拒绝提供金融服务乃至终止业务关系。(4)不得依托来自高风险国家或地区的第三方机构开展客户身份识别工作。(5)重新审查与高风险国家或地区的机构建立的代理行关系，必要时予以终止。(6)提高对本机构在高风险国家或地区设立的分支机构或附属机构的内部监督检查或审计的频率和强度。(7)在对客户进行洗钱风险评估、划分客户风险等级时，应将高风险国家或地区作为考量因素，纳入客户洗钱风险评估标准。(8)在对本机构开展洗钱风险评估、确立国家或地域风险因素时，应将金融行动特别工作组公布的高风险国家或地区作为考量因素，纳入洗钱风险评估指标体系和模型。

在研究该条规定时，我们还了解到 FATF 建议关于反洗钱的一些规定，列举如下：

19. 高风险国家

各国应当要求金融机构在与自然人、法人、其他金融机构建立业务关系或交易时，如其来自 FATF 要求采取强化客户尽职调查措施的国家，则应对其采取强化的客户尽职调查措施。所采取的强化尽职调查措施应有效并与风险相匹配。

各国应当有能力应 FATF 要求，运用适当的反制措施。同时，各国也应当有能力不依赖于 FATF 要求而运用反制措施。各国采取的反制措施应有效并与风险相匹配。

第二十五条 履行反洗钱义务的机构可以依法成立反洗钱自律组织。反洗钱自律组织与相关行业自律组织协同开展反洗钱领域的自律管理。反洗钱自律组织接受国务院反洗钱行政主管部门的指导。

【释义】 本条是关于成立反洗钱自律组织以及自律管理业务接受国务院反洗钱行政主管部门指导的规定。

本条是2024年修订反洗钱法增加的规定。主要是考虑到在反洗钱监管中，对于金融机构和特定非金融机构等行业的监管属于较为专业的业务领域，需要具有较强的反洗钱监管业务知识和一定反洗钱监管工作经验。依法成立反洗钱自律组织，可以使成员之间相互交流反洗钱工作经验和知识技能，相互促进提升反洗钱工作，培养更多的反洗钱专业领域的人才，与相关行业的自律组织协同开展反洗钱领域的自律管理工作。

本条共分两款。第一款是关于成立反洗钱自律组织的规定。本款包含以下两个方面的内容：第一，履行反洗钱义务的机构可以依法成立反洗钱自律组织。成立反洗钱自律组织既充分借鉴国外反洗钱工作经验，同时这也符合国内实践需求。国外高度重视充分发挥行业自律组织的积极作用，不少国家和地区赋予行业自律组织一定的日常监管职能，行业自律组织在行业准入的投资者适当性审查、集中处理可疑交易报告、提供客户身份识别便利以及开展国家和行业洗钱风险评估中都发挥关键作用。在我国相关领域已经形成类似的自律管理体系，如房地产的自律管理主要在中国房地产业协会、会计师的自律管理主要通过注册会计师协会等。而反洗钱作为较为专业的业务领域，同样需要开展自律管理。本条明确了反洗钱自律组织的法律地位，利用行业自律组织了解本行业情况，充分发挥行业自律组织在反洗钱工作中的作用，有效地补充和支持对履行反洗钱义务机构的反洗钱监管。反洗钱自律组织应当帮助金融机构以及特定非金融行业机构落实国家反洗钱与反恐怖融资措施。反洗钱自律组织可以通过持续完善反洗钱自律管理机制，出台反洗钱和反恐怖融资的具体实施办法或细则，并指导其会员单位不断完善反洗钱内控制度及组织架构体系，有效开展反洗钱工作，落实反洗钱义务。在各种领域内推广反洗钱的最佳实践经验、操作准则和业务规范。第二，反洗钱自律组织还可以与相关行业自律组织协同合作，开展自律管理工作。2016年，中国人民银行牵头成立了国家洗钱和恐怖融资风险评估工作组，成员包括反洗钱工作部际联席会议各成员单位的代表、行业自律组织代表(包括中国互联网金融协会、中华全国律师协会、中国注册会计师协会和中国公证协会)，以及来自银行、证券、保险、非银行支付业的义务机构代表。反洗钱自律组织可以与上述相关行业自律组织协同合作，通过定期召开行业间反洗钱工作研讨会，提供各机构交流工作经验的平台，反映反洗钱自律组织实际运作中存在的问题，加强各方的经验沟通与合作交流，有效推进反洗钱工作。第二款是关于相关协会自律管理业务接受国务院反洗钱行政主管部门指导的规定。本款规定的主要内容是国务院反洗钱行政主管部门应当对反洗钱自律组织进行业务指导。国务院反洗钱行政主管部门可以会同相关部门指导行业协会或自律组织制定本行业反洗钱和反恐怖融资工作指引，逐步规范本行业开展反洗钱工作，加强其反洗钱制度建设。这种组织架构使政府管理与民间自律、政策制定与实务操作、打击犯罪与防范风险有效地结合起来，形成对履行反洗钱义务机构的监管合力，并且分工协作、相互配合、相辅相成，提升反洗钱工作的有效性。

在研究该条规定时，我们还了解到FATF建议关于反洗钱的一些规定，列举如下：

28. 对特定非金融行业和职业的监管

各国应当对特定非金融行业和职业采取下列监管措施：

(a)各国应当对赌场实施全面监管，确保其有效实施必要的反洗钱与反恐怖融资措施。至少应做到：

·赌场应当经过审批许可；

·主管部门应当采取必要的法律或监管措施，防止犯罪分子或其同伙持有赌场重要或控制股权，或成为重要或控制股权的受益所有人，或在赌场担任管理职务或成为其经营者；

·主管部门应当确保赌场受到有效的反洗钱与反恐怖融资监管。

(b)各国应当对其他类型的特定非金融行业和职业实施有效监测，确保其符合反洗钱与反恐怖融资要求。监测应在风险敏感的基础上进行。监测可由下列部门实施：(i)监管部门；(ii)如能确保其成员履行反洗钱与反恐怖融资义务，也可由行业自律组织开展。

监管部门或行业自律组织还应当：(i)采取必要措施，例如采用资格审查，防止犯罪分子或其同伙获得专业认证，或持有重要或控制股权，或成为重要或控制股权的受益所有人,或担任管理职务;(ii)如未遵守反洗钱与反恐怖融资要求,应当按照建议35要求,实施有效、适当和劝诫性处罚。

34.指引与反馈

主管部门、监管部门和行业自律组织应当制定指引并提供反馈,帮助金融机构以及特定非金融行业和职业落实国家反洗钱与反恐怖融资措施,特别是发现和报告可疑交易。

第二十六条 提供反洗钱咨询、技术、专业能力评价等服务的机构及其工作人员,应当勤勉尽责、恪尽职守地提供服务;对于因提供服务获得的数据、信息,应当依法妥善处理,确保数据、信息安全。

国务院反洗钱行政主管部门应当加强对上述机构开展反洗钱有关服务工作的指导。

【释义】 本条是关于反洗钱服务机构应当勤勉尽责、恪尽职守地提供服务,依法妥善处理获取的相关数据、信息,确保数据、信息安全;以及国务院反洗钱行政主管部门应当加强对反洗钱服务机构工作指导的规定。

本条是2024年修订反洗钱法增加的规定。增加本条规定,主要是为了明确反洗钱行业服务机构及其工作人员开展工作的基本要求。近年来,围绕反洗钱工作衍生出各类服务机构,这些服务机构凭借其专业的素养和经验,为金融机构提供服务,包括反洗钱审计、反洗钱咨询、反洗钱系统及软件、系统与模型验证、反洗钱培训、反洗钱整改验收风险评估及分类评级、整改协助、监管指定检查等服务。本条规定首先明确这类服务机构应当勤勉尽责、恪尽职守地提供服务。同时这类服务机构在提供服务过程中,其中涉及交易数据、个人信息等大量敏感信息的收集,同样也存在隐藏数据、信息泄露、影响国家利益等风险,因此本条明确了服务机构对获得的数据、信息,应当依法妥善处理,确保数据、信息安全。

本条共分两款。第一款是关于反洗钱服务机构应当勤勉尽责、恪尽职守地提供服务,对于获取的相关数据、信息依法妥善处理,确保数据、信息安全的规定。本款包含两个方面的内容:第一,提供反洗钱咨询、技术、专业能力评价等服务的机构及工作人员应当勤勉尽责、恪尽职守地提供服务。近年来,我国反洗钱工作成效显著,但随着国内金融业务不断发展创新,洗钱犯罪手段更加隐蔽,面临的洗钱风险依然严峻。履行反洗钱义务的机构需要根据最新的反洗钱工作政策,完善反洗钱内部控制制度、升级反洗钱设备、掌握反洗钱新技术。市场上出现了一批反洗钱服务机构,通过帮助履行反洗钱义务的机构建设反洗钱制度体系和自评估体系,为其提供尽职调查、合规监控的系统工具、组织、人力和考核等方面的咨询、培训及专家服务,以完善履行反洗钱义务机构的反洗钱内控体系。因此,本条对提供反洗钱咨询、技术、专业能力评价等服务的机构及其工作人员,提出应当勤勉尽责、恪尽职守地提供服务的要求。这里的服务机构包括专业技术公司、律师事务所、会计师事务所等。第二,对于提供服务的机构及其工作人员在提供服务过程中获得的数据、信息,应当依法妥善处理,保障数据、信息的安全。反洗钱法第七条第一款、第四款规定,对依法履行反洗钱职责或者义务获得的客户身份资料和交易信息、反洗钱调查信息等反洗钱信息,应当予以保密;非依法律规定,不得向任何单位和个人提供。国家有关机关使用反洗钱信息应当依法保护国家秘密、商业秘密和个人隐私、个人信息。反洗钱服务机构在提供服务的过程中,不可避免地会收集、获取客户信息资料、敏感数据材料。因此,本条进一步规定提供反洗钱服务的机构及其工作人员要严格遵守法律法规,依法妥善处理相关数据和信息,保护客户的隐私和数据安全,确保工作的合规性和可靠性。第二款是关于国务院反洗钱行政主管部门应当加强对反洗钱服务机构工作指导的规定。反洗钱服务机构提供的内容可能会涉及金融机构以及特定非金融机构的制度建设、技术运用等方面,这就对反洗钱服务机构提出更高的要求。国务院反洗钱行政主管部门应当加强对反洗钱服务机构的工作指导,对其提供的反洗钱咨询、技术、专业能力评价等服务把关,确保服务机构提供的制度有效、技术合规、产品成熟,能够满足反洗钱业务发展需求;督促反洗钱行业服务机构勤勉尽责、恪尽职守地提供服务,确保数据、信息安全。

在研究该条规定时,我们还了解到FATF建议关于反洗钱的一些规定,列举如下:

21. 泄密与保密

金融机构及其负责人、管理人员和雇员应当:

(a)出于正当目的向金融情报中心报告可疑交易时受到法律保护,即便无法确定是何种犯罪以及犯罪活动是否实际发生,也不会因未遵守合同、法律、法规或行政性规定中关于信息披露的限制,而承担民事或刑事责任。

(b)依法禁止泄露向金融情报中心报告可疑交易或相关信息的事实。这并非旨在禁止建议18规定的信息共享。

建议20的释义
3.所有可疑的交易

(包括试图进行的交易),不论金额大小,都应被报告。

第三章　反洗钱义务

第二十七条　金融机构应当依照本法规定建立健全反洗钱内部控制制度,设立专门机构或者指定内设机构牵头负责反洗钱工作,根据经营规模和洗钱风险状况配备相应的人员,按照要求开展反洗钱培训和宣传。

金融机构应当定期评估洗钱风险状况并制定相应的风险管理制度和流程,根据需要建立相关信息系统。

金融机构应当通过内部审计或者社会审计等方式,监督反洗钱内部控制制度的有效实施。

金融机构的负责人对反洗钱内部控制制度的有效实施负责。

【释义】　本条是关于金融机构依法建立健全反洗钱内部控制制度的规定。

2006年反洗钱法第十五条规定:"金融机构应当依照本法规定建立健全反洗钱内部控制制度,金融机构的负责人应当对反洗钱内部控制制度的有效实施负责。""金融机构应当设立反洗钱专门机构或者指定内设机构负责反洗钱工作。"第二十二条规定:"金融机构应当按照反洗钱预防、监控制度的要求,开展反洗钱培训和宣传工作。"2024年反洗钱法主要作了以下修改:一是在反洗钱内部控制制度建设中,增加"根据经营规模和洗钱风险状况配备相应的人员"的规定。这也意味着对金融机构配备相应人员时,应根据经营规模、特点和洗钱风险状况来确定,不能"一刀切"。二是增加一款规定:"金融机构应当定期评估洗钱风险状况并制定相应的风险管理制度和流程,根据需要建立相关信息系统"。金融机构可以根据企业经营规模和洗钱风险状况等现实情况,建立健全相关信息系统。三是增加"金融机构应当通过内部审计或者社会审计等方式,监督反洗钱内部控制制度的有效实施"的规定。金融机构独立的审计功能,能够审查反洗钱与反恐怖融资机制的有效性,确保反洗钱内部控制制度有效实施。

本条共分四款。第一款是关于金融机构建立健全内部控制制度的规定。

第一款规定了四个方面的内容：一是金融机构应当建立健全反洗钱内部控制制度。内部控制制度一般指金融机构为实现经营和管理目标，有效规避和控制经营风险，通过制定和实施一系列的制度、程序和方法，对市场风险、法律风险、操作风险等风险进行事前防范、事中控制、事后监督的动态过程和机制。金融机构，尤其是银行类金融机构客观上很容易被犯罪分子利用从事洗钱活动。金融机构一旦涉嫌洗钱活动以及其他违法犯罪活动，将严重影响金融机构在公众中的形象和声誉，削弱公众对金融机构的信任，影响资金安全、经济效益和稳健经营，甚至涉及司法程序，引发挤兑、支付和破产危机。为保障资金流转和金融服务正常进行，维护单位和个人的合法权益，金融机构建立健全内部控制制度的重要性日益增强。我国银行业监督管理法、证券法等法律明确要求金融机构应当加强风险管理和内部控制制度，国务院有关金融监督管理机构陆续发布了《金融机构反洗钱规定》《金融机构反洗钱和反恐怖融资监督管理办法》等一系列规范性文件。在进一步规范市场经济秩序和建立商业诚信的过程中，内部控制制度是否健全、业务处理流程是否规范也将逐步成为客户选择金融机构的重要考虑因素。因此，洗钱风险的控制和预防是金融机构风险管理的重要内容，反洗钱内部控制制度是金融机构内部控制制度的重要组成部分。要求金融机构建立反洗钱内部控制制度，有利于提高金融机构的风险意识，加强自我约束和风险管理，引导金融机构全面切实履行客户尽职调查、可疑交易报告、交易记录保存等反洗钱义务。二是金融机构要设立专门机构或者指定内设机构牵头负责反洗钱工作。反洗钱专门机构是指金融机构为履行法律规定的反洗钱义务专门设立的、专职负责反洗钱工作的独立机构，通常由反洗钱合规官担任部门负责人。指定内设机构是指金融机构为履行法律规定的反洗钱义务，指定一个或若干个已有的内设部门负责客户尽职调查、大额和可疑交易报告、客户身份信息和交易记录保存等工作。实践中，许多金融机构指定法律合规部、财务会计部、资金结算部、审计部、安全保卫部等内设机构负责反洗钱工作。相对于反洗钱专门机构，后一类反洗钱机构履行反洗钱义务更需要其他部门的配合。金融机构设立反洗钱专门机构或者指定内设部门牵头负责反洗钱工作主要包括两个方面的含义：其一，金融机构必须配备必要的管理人员和技术人员，给予必要的财务保障和技术支持；其二，反洗钱专门机构或者指定的内设部门应具有一定的独立性,不直接干涉或参与业务部门的日常经营活动。三是金融机构根据经营规模和洗钱风险状况配备相应的人员。反洗钱制度能够得以有效实施,人为作用占很大一部分,是决定其成效的关键。金融机构应当根据经营规模和洗钱风险状况配备相应的反洗钱工作人员,以满足金融机构的反洗钱需要和履行金融机构承担的反洗钱义务。金融机构匹配的人员力量不足,容易导致反洗钱工作效果不佳,一方面不利于金融机构的形象,另一方面也可能给金融机构带来难以掌控的洗钱风险,严重的可能产生较大的金融风险。因此,金融机构根据自身经营规模和洗钱风险状况匹配相应的工作人员,以保障金融机构的反洗钱工作落实到位。四是金融机构按照要求开展反洗钱培训和宣传。我国开展反洗钱工作积累了一定的经验,仍需要进一步提高金融机构及其工作人员的反洗钱意识和技能。同时,金融机构有效开展反洗钱工作,需要良好的外部环境,客户的风险意识和信用观念直接影响金融机构切实履行反洗钱义务,尤其是识别客户以及受益人的身份,因此,本条规定金融机构应当按照内部控制制度要求,开展反洗钱培训和宣传工作。金融机构反洗钱培训的对象主要是其员工,既包括临柜人员,也包括与反洗钱有关部门的人员,如法律合规部门、财务会计部门、资金结算部门、安全部门等,董事、监事、高级管理人员也应当参加反洗钱培训。金融机构可以结合自身的不同需求和情况确定反洗钱培训的具体形式和方式,包括定期培训和不定期培训、面授培训和网络培训等。反洗钱培训,一方面使金融机构各个层级的工作人员都树立风险意识,明确自身应当承担的责任;另一方面使直接负责反洗钱工作的员工了解反洗钱法律法规和规章具体规定和要求,掌握必要的识别客户身份、发现可疑交易的技能。金融机构反洗钱宣传的对象主要是其客户以及潜在客户。反洗钱宣传可以通过员工与客户直接接触、发放反洗钱宣传手册、在开户申请材料或合同中增加洗钱风险提示条款、设立咨询热线等方式进行。

第二款是关于金融机构定期评估洗钱风险状况并制定相应的风险管理制度和流程、根据需要建立相关信息系统的规定。金融机构应当建立全面覆盖各项业务的洗钱风险评估制度。定期开展洗钱风险评估,制定并完善客户洗钱风险评估管理办法和实施细则,细化明确客户洗钱风险评估标准、规范和要求,切实加强对员工的客户洗钱风险的操作性指导,并完善客户洗钱风险评估指标,提高客户风险评级的准确性。同时,反洗钱义务的有效履行离不开数据和信息系统的支撑。为此，金融机构要建立与反洗钱管理相适应的信息数据系统。

第三款是关于金融机构通过审计监督反洗钱内部控制制度的有效实施的规定。金融机构应当通过内部审计或者社会审计等方式，监督反洗钱内部控制制度的有效实施。开展反洗钱内部审计或者委托第三方机构审计相当于定期对金融机构日常反洗钱履职情况进行阶段性"体检"，有助于金融机构及时纠偏，及时发现自身内部漏洞和缺陷，督促并及时纠正反洗钱履职执行不到位的问题。金融机构应当高度重视反洗钱审计，审查反洗钱内部控制制度制定和执行情况，无论是采用内部审计的方式，还是社会审计的方式，都应当确保审计的独立性、专业性和权威性，审计的内容要符合新形势、新要求并对反洗钱工作全面覆盖，严格规范执行审计程序，有效运用反洗钱审计成果，发现和纠正反洗钱履职中存在的问题，防范反洗钱风险。

第四款是关于金融机构的负责人对反洗钱内部控制制度的有效实施负责的规定。根据反洗钱法第五十六条第二款，国务院反洗钱行政主管部门或者其设区的市级以上派出机构依照反洗钱法第五十五条规定对金融机构进行处罚的，还可以根据情形对负有责任的董事、监事、高级管理人员或者其他直接责任人员，处20万元以上100万元以下罚款；情节严重的，可以根据情形在职责范围内实施或者建议有关金融管理部门实施取消其任职资格、禁止其从事有关金融行业工作等处罚。

在研究该条规定时，我们还了解到FATF建议、有关国家和地区关于反洗钱的一些规定，列举如下：

（一）FATF建议相关内容

1. 评估风险与运用风险为本的方法

各国应当识别、评估和理解本国的洗钱与恐怖融资风险，并采取措施（包括指定某一部门或建立相关机制协调开展风险评估），配置资源，确保有效降低风险……

18. 内部控制、境外分支机构和附属机构

各国应当要求金融机构实施反洗钱与反恐怖融资机制安排。同时，各国应当要求金融集团在集团层面实施反洗钱与反恐怖融资机制安排，包括在集团内部出于反洗钱与反恐怖融资目的而共享信息的政策和程序。

……

（二）有关国家和地区的规定

1. 沃尔夫斯堡集团《全球私人银行反洗钱准则》 银行应建立由私人银行家、独立运作组织、内部审计等参与的多层次控制体系，并采取措施建立切实可行的标准的内部控制政策。内部控制政策应包括时机的适时选择、控制的程度和范围、义务责任以及追踪调查等问题，并由专门独立的审计职能机构检验其预期效果。

2. 巴塞尔银行监管委员会《关于防止犯罪分子利用银行系统洗钱的声明》 所有银行应正式采取与本声明中的原则一致的政策，并且应确保将有关政策通知各地所有相关的雇员。在职培训中应加入本声明中的有关内容。为促进遵守这些原则，银行应采用识别客户与保留交易内部记录的特定程序。内部审计范畴需要适当扩展，以便建立检验遵守本声明情况的有效手段。

3. 美国《爱国者法》第三百五十二条 为防止通过金融机构洗钱，金融机构应建立反洗钱方案，至少包括制定内部政策、程序和控制措施，任命一名合规官，持续性员工培训项目以及检验项目的独立审计职能。

4. 英国《反洗钱条例》第五条 金融机构应经常采取适当措施使负责处理相关金融交易的雇员明确与金融交易有关的反洗钱手续、与反洗钱有关的法律法规，经常对雇员进行培训，使其能够识别和处理洗钱者或代理洗钱者的人所进行的交易。

5. 德国《严重犯罪收益侦查法》第十四条 金融机构应制定预防洗钱的内部原则、程序和控制措施，确保被授权从事现金和非现金金融交易的雇员是可靠的，以及向雇员提供关于洗钱手法的日常资料。

6. 比利时《防止金融系统洗钱法》第九条、第十条 金融机构应采取适当措施使其雇员或代表了解本法的条款。这些措施包括帮助雇员认识可能与洗钱相联系的交易和事实，并引导他们如何处理这些情况。

第二十八条 金融机构应当按照规定建立客户尽职调查制度。

金融机构不得为身份不明的客户提供服务或者与其进行交易，不得为客户开立匿名账户或者假名账户，不得为冒用他人身份的客户开立账户。

【释义】 本条是关于金融机构应当按照规定建立客户尽职调查制度的规定。

2006年反洗钱法第十六条第一款、第五款分别规定："金融机构应当按照规定建立客户身份识别制度。""金融机构不得为身份不明的客户提供服务或者与其进行交易，不得为客户开立匿名账户或者假名账户。"2024年修订反洗钱法时对该条作了以下修改：第一款将"客户身份识别制度"修改为"客户尽职调查制度"。"客户尽职调查"的内涵更加丰富，包含了确定客户身份、确定受益所有人身份、获得客户建立业务关系的目的和意图的信息、对业务关系以及对在业务关系持续的过程中进行的交易开展持续的尽职调查等内容。修改之后，"客户身份识别"的内容已被"客户尽职调查"涵盖，成为后者的一个组成部分。"客户尽职调查"更能反映当前国际反洗钱监管发展的新趋势。第二款增加规定，"不得为冒用他人身份的客户开立账户"。在近年来发生的相关案件中，借用或收购他人身份证冒名开户的问题较多，故增加相关内容。

本条共分两款。第一款是关于金融机构应当按照规定建立客户尽职调查制度的规定。

客户尽职调查制度是金融机构用于识别、评估和监测客户风险，以预防洗钱、恐怖融资等活动的一系列规则和流程，包括客户身份识别、受益所有人识别、交易目的调查、风险评估与分类体系等具体制度，也包括制度实施的保障措施，如技术支持与信息系统建设、外部合作与信息共享制度等。客户尽职调查制度的主要目标是确保金融机构对客户有足够的了解，使金融交易能够在合法合规的框架内进行，以维护金融体系的安全与稳定。本款的规定是一个概括性的要求，明确建立客户尽职调查制度是金融机构反洗钱的基本义务之一。关于客户尽职调查制度的具体内容，本法第二十九条至第三十三条作了更为详细具体的规定。因此，对于客户尽职调查制度，应当结合本法的其他相关条文理解和执行。除本法的规定外，2022年反电信网络诈骗法第十五条也有关于建立客户尽职调查制度的规定："银行业金融机构、非银行支付机构为客户开立银行账户、支付账户及提供支付结算服务，和与客户业务关系存续期间，应当建立客户尽职调查制度，依法识别受益所有人，采取相应风险管理措施，防范银行账户、支付账户等被用于电信网络诈骗活动。"

"尽职调查"是源自证券发行领域的一个术语，指如果证券发行人、承销商能够证明自己已经对发行证券的公司进行了"审慎的"调查，并且将调查中发现的问题对投资人或者股民作了披露，那么他们就不必为无法披露调查过程中没有发现的信息而承担责任。20 世纪 70 年代以来，随着国际洗钱活动的日益猖獗，各国开始重视反洗钱工作，客户尽职调查作为反洗钱的重要措施逐渐受到关注。FATF 制定了一系列反洗钱标准和建议，将客户尽职调查作为预防洗钱和恐怖融资的核心义务之一。在反洗钱领域，客户尽职调查至少包含以下几层含义：一是，金融机构应当履行应尽的调查义务和职责，勤勉努力，而不应有所懈怠；二是，调查要涵盖所有必要的信息，对于收集到的信息，要确保其真实性和准确性，不能仅仅停留在表面，要深入核实；三是，尽职调查不是一次性的行为，在与客户建立业务关系后，要持续关注客户的风险变化情况。

我国现行相关金融法律制度除规定金融机构应核对有效的个人身份证件或者单位营业执照等证明文件外，针对不同的金融业务，还规定了更为具体的客户尽职调查要求。例如，2015 年商业银行法第三十五条第一款规定，商业银行贷款，应当对借款人的借款用途、偿还能力、还款方式等情况进行严格审查。2015 年保险法第十六条第一款规定，订立保险合同，保险人就保险标的或者被保险人的有关情况提出询问的，投保人应当如实告知。因此，客户尽职调查制度要求金融机构不仅要了解客户的真实身份，还要根据交易需要了解客户的职业或经营背景、履约能力、交易目的、交易性质以及资金来源等有关情况。实践中，金融机构为客户办理金融业务，一般需要客户填写开户申请文件或业务申请表格，或者签订合同，而开户申请文件、业务申请表格以及合同的内容除个人身份证件或者单位营业执照等证明文件上记载的身份信息外，还包括职业、经营范围、收入来源、资金用途等其他信息。当然，由于不同客户和不同业务存在的洗钱风险不同，金融机构需要了解客户的其他信息的范围和程度应当根据风险管理以及特定交易的要求予以确定，开展客户尽职调查并不存在统一的、固定的标准。

关于客户身份识别制度与客户尽职调查制度的联系与区别。从"客户身份识别"到"客户尽职调查"的变化，客观上反映了反洗钱监管理念随着时间的推移而发展，因此这两个概念相互之间既有联系也有区别。"客户尽职调查"是"客户身份识别"的强化，而"客户身份识别"成为"客户尽职调查"的组成部分。综合而言，"客户尽职调查"更能反映当前国际反洗钱监管发展的新趋势,更能满足日趋复杂的国际反洗钱新要求。但是,由于客户身份识别制度的重要性,其仍然作为独立完整的制度措施或者作为客户尽职调查制度的关键性要求,在有关的反洗钱政策文件中频繁出现。

从风险管理、审慎经营的目的出发,客户尽职调查具有广泛的内涵,核对有效的个人身份证件或者单位营业执照等证明文件,仅仅是客户尽职调查的基本要求。金融机构在核对真实有效的个人身份证件或者单位营业执照等证明文件外,还需要了解与交易有关的其他情况,这对于预防和打击洗钱等犯罪活动具有更为重要的意义。金融机构对洗钱高风险情形采取洗钱风险管理措施、有效识别和及时报告可疑交易是洗钱预防措施的核心。发现客户进行的交易与金融机构所掌握的客户身份、风险状况不符,判断洗钱高风险情形、可疑交易等,往往不能简单地从交易性质、金额、流向和频率等交易记录中直接得出,而需要金融机构根据客户身份以及职业或经营背景、履约能力、交易目的、交易性质以及资金来源等有关情况综合分析交易性质、流向、频率和金额等交易记录,进行综合判断。如果将客户尽职调查仅仅归结为核对有效的个人身份证件或者单位营业执照等证明文件,金融机构将无从识别洗钱高风险情形、可疑交易,更谈不上及时采取洗钱风险管理措施、报告可疑交易,由此会影响洗钱预防措施甚至整个反洗钱体系的有效性。

第二款是关于金融机构不得为身份不明的客户提供服务或者与其进行交易,不得为客户开立匿名账户或者假名账户,不得为冒用他人身份的客户开立账户的规定。

本款从金融机构不得开展相关行为的角度作出规定,与第一款金融机构应当按照规定建立客户尽职调查制度互为补充,完整地阐释了客户尽职调查制度的基本要求。从风险防控的角度看,身份不明的客户资金来源、交易目的等都不清晰,可能隐藏着洗钱、资助恐怖活动等风险。金融机构为身份不明的客户提供服务,会导致非法资金通过金融机构渠道流动,被不法分子利用来进行洗钱、破坏经济、危害社会安全的活动,影响金融市场秩序稳定。

我国相关法律规定对于账户实名制提出了相关要求,如 2022 年期货和衍生品法第十八条规定:"期货交易实行账户实名制。交易者进行期货交易的,应当持有证明身份的合法证件,以本人名义申请开立账户。任何单位和个人不得违反规定,出借自己的期货账户或者借用他人的期货账户从事期货交易。"有关行政法规也对账户实名制提出要求,如 2000 年国务院《个人存款账户实名制规定》第七条规定:"在金融机构开立个人存款账户的,金融机构应当要求其出示本人身份证件,进行核对,并登记其身份证件上的姓名和号码。代理他人在金融机构开立个人存款账户的,金融机构应当要求其出示被代理人和代理人的身份证件,进行核对,并登记被代理人和代理人的身份证件上的姓名和号码。不出示本人身份证件或者不使用本人身份证件上的姓名的,金融机构不得为其开立个人存款账户。"

2024年反洗钱法第五十四条规定了违反本款规定的法律责任:金融机构为身份不明的客户提供服务、与其进行交易,为客户开立匿名账户、假名账户,或者为冒用他人身份的客户开立账户的,由国务院反洗钱行政主管部门或者其设区的市级以上派出机构责令限期改正,处50万元以下罚款;情节严重,处50万元以上500万元以下罚款,可以根据情形在职责范围内或者建议有关金融管理部门限制或者禁止其开展相关业务。

在研究该条规定时,我们还了解到FATF建议、国际公约关于反洗钱的一些规定,列举如下:

(一)FATF建议相关内容

10. 客户尽职调查

各国应当禁止金融机构持有匿名账户或明显以假名开立的账户。

各国应当要求金融机构在下列情况下采取客户尽职调查(CDD)措施:

(i)建立业务关系;

(ii)进行一次性交易:(1)超过规定限额(15000美元/欧元);或者(2)建议16释义规定的特定情况下的电汇;

(ii)怀疑客户或交易涉嫌洗钱或恐怖融资;

(iv)金融机构怀疑先前所获客户身份资料的真实性或完整性。

金融机构实施客户尽职调查的原则应由法律规定。各国可以通过法律或其他强制性措施规定具体的尽职调查义务。客户尽职调查措施包括:

(a)识别客户身份,并使用可靠且来源独立的文件、数据或信息核实客户身份。

(b)识别并采取合理措施核实受益所有人身份,以确信金融机构了解受益所有人身份。对于法人和法律安排,金融机构应当了解其所有权和控制权结构。

(c)理解并酌情获取关于业务关系的目的和真实意图的信息。

(d)在业务关系存续期间,对业务关系进行持续尽职调查,仔细审查业务存续期间开展的交易,以确保正在进行的交易符合金融机构所掌握的客户、客户业务、风险状况(必要时,包括资金来源)等信息。

各国应当要求金融机构采取上述(a)至(d)项客户尽职调查措施,但金融机构应当根据本项建议和建议1的释义,使用风险为本的方法:决定采取上述各项措施的程度。

各国应当要求金融机构在建立业务关系前或建立业务关系时,以及进行一次性交易前或进行一次性交易时,核实客户和受益所有人身份。在洗钱与恐怖融资风险得到有效管理的前提下,如确有必要避免身份核实打断正常业务,各国可以允许金融机构在建立业务关系之后,在实际条件允许的情况下尽快完成身份核实。

如果金融机构无法遵循上述(a)至(d)项规定的措施(已根据风险为本的方法对措施进行了适当调整),则不应开立账户、建立业务关系或进行交易;或者应当终止业务关系;并考虑提交有关客户的可疑交易报告。

上述措施适用于所有新客户,但金融机构也应当根据重要性和风险程度,对存量客户适用本建议,适时开展尽职调查。

(二)国际公约或者有关国家和地区的规定

1.《巴勒莫公约》第七条 各缔约国均应在其力所能及的范围内,建立对银行和非银行金融机构及在适当情况下对其他特别易被用于洗钱的机构的综合性国内管理和监督制度,以便制止并查明各种形式的洗钱。这种制度应强调验证客户身份、保持记录和报告可疑的交易等项规定。

2.《联合国反腐败公约》第十四条 各缔约国均应当在其权限范围内,对银行和非银行金融机构,包括对办理资金或者价值转移正规或非正规业务的自然人或者法人,并在适当情况下对特别易于涉及洗钱的其他机构,建立全面的国内管理和监督制度,以便遏制并监测各种形式的洗钱,这种制度应当着重就验证客户身份和视情况验证实际受益人身份、保持记录和报告可疑交易作出规定。

3.《制止向恐怖主义提供资助的国际公约》第十八条 为了防止资助恐怖主义行为,各缔约国应采取措施规定金融机构和从事金融交易的其他行业使用现行效率最高的措施查证其惯常客户或临时客户,以及由他人代其开立账户的客户的身份。为此目的,各缔约国应考虑:一是,禁止开立持有人或受益人身份不明或无法查证的账户,并采取措施确保此类机构核实此类交易真实拥有人的身份;二是,在法律实体的查证方面,规定金融机构在必要时采取措施,从公共登记册或客户,或从两者处取得成立公司的证明,包括客户的名称、法律形式、地址、董事会成员以及规定实体立约权力的章程等资料,以核实客户的合法性和组织结构。

> **第二十九条** 有下列情形之一的,金融机构应当开展客户尽职调查:
> (一)与客户建立业务关系或者为客户提供规定金额以上的一次性金融服务;
> (二)有合理理由怀疑客户及其交易涉嫌洗钱活动;
> (三)对先前获得的客户身份资料的真实性、有效性、完整性存在疑问。
> 客户尽职调查包括识别并采取合理措施核实客户及其受益所有人身份,了解客户建立业务关系和交易的目的,涉及较高洗钱风险的,还应当了解相关资金来源和用途。
> 金融机构开展客户尽职调查,应当根据客户特征和交易活动的性质、风险状况进行,对于涉及较低洗钱风险的,金融机构应当根据情况简化客户尽职调查。

【释义】 本条是关于金融机构开展客户尽职调查的情形和内容的规定。

2006年反洗钱法第十六条第二款、第六款分别规定:"金融机构在与客户建立业务关系或者为客户提供规定金额以上的现金汇款、现钞兑换、票据兑付等一次性金融服务时,应当要求客户出示真实有效的身份证件或者其他身份证明文件,进行核对并登记。""金融机构对先前获得的客户身份资料的真实性、有效性或者完整性有疑问的,应当重新识别客户身份。"

2024年反洗钱法作了以下修改:一是,通过列举形式明确哪些情形下金融机构应当开展客户尽职调查;增加"有合理理由怀疑客户及其交易涉嫌洗钱活动";同时作了文字修改,删去"现金汇款、现钞兑换、票据兑付"等具体金融服务方式的规定,修改为概括式规定。二是,增加第二款,明确客户尽职调查的内容包括识别并采取合理措施核实客户及其受益所有人身份,了解客户建立业务关系和交易的目的。对于涉及较高洗钱风险的，还应当采取进一步的调查措施，了解相关资金来源和用途。三是，增加第三款，明确要求金融机构开展客户尽职调查，应当根据客户特征和交易活动的性质、风险状况进行。对于涉及较低洗钱风险的，金融机构应当根据情况简化客户尽职调查。这样修改，主要是避免对风险程度不同的交易和客户采用同样的客户尽职调查，避免"一刀切"式开展客户尽职调查工作，减轻客户配合开展尽职调查工作的负担，同时也减轻金融机构的负担。

本条共分三款。第一款是关于金融机构应当开展客户尽职调查的情形的规定。主要包括三种情形：

一是，"与客户建立业务关系或者为客户提供规定金额以上的一次性金融服务"时，应当开展客户尽职调查。

实践中，金融机构与客户的交易关系主要分为两类：一类是通过开立账户或签订合同建立较为稳定的金融业务关系，例如，开立银行结算账户、证券账户或基金账户，申请期货交易编码，订立保险合同或信托合同等。该种交易关系的主要特征是具有一定的持续性。另一类是客户直接要求金融机构为其提供金融服务，主要是指不通过账户发生的交易，如现金汇款、现钞兑换、票据兑付等。该种交易关系的主要特征是交易完成时，金融业务关系也随之终止。两类交易关系存在的洗钱风险不同。在第一类情形下，由于交易关系具有一定的持续性，客户可以通过金融机构完成多笔交易，通过账户发生的交易尽管可以在金融机构内保留完整的交易记录，但一般无须客户再次与金融机构直接接触。而在第二类情形下，不通过账户发生的交易则需要客户与金融机构直接接触，不应对所有的一次性金融服务都要求开展客户尽职调查，仅在交易超过一定金额的情况下才要求开展客户尽职调查。关于规定金额以上的一次性金融服务的范围，由于金融业务的多样性和复杂性，立法无法采取穷尽列举的方式，也没有对规定金额进行明确规定，可以通过相关规范性文件予以明确。由于规定金额的设定可能导致拆分交易以规避限额的现象，这里的"规定金额以上"既包括单笔交易超过规定金额，也包括存在关联的多笔交易在规定期限内累计超过规定金额。

二是，金融机构"有合理理由怀疑客户及其交易涉嫌洗钱活动"时，应当开展客户尽职调查。洗钱活动往往隐藏在看似正常的金融交易之中，当金融机构发现可疑迹象时，应当开展客户尽职调查以尽早识别洗钱风险。考虑到实践中的情况比较复杂,反洗钱法并未对"有合理理由"的情形采取列举规定的方式,而是授权金融机构自主决定开展客户尽职调查的情形。这里的"合理理由"通常包括:(1)交易异常。例如,短期内有大量资金进出且与客户身份、经营状况明显不符等。(2)账户使用异常。例如,账户长期闲置后突然启用且有频繁大额交易;开户后短期内大量交易后又突然停止使用等。(3)客户身份可疑,客户身份与从事的交易活动不匹配。例如,客户是普通上班族却有巨额的跨境投资交易等。(4)交易对手可疑。例如,与已知的高风险地区、高风险行业或有洗钱嫌疑的主体频繁发生交易。(5)规避监管要求,故意采取复杂交易结构、多层嵌套等方式来隐藏资金流向,试图绕过反洗钱监管措施等。

三是,金融机构"对先前获得的客户身份资料的真实性、有效性、完整性存在疑问"时,应当开展客户尽职调查。客户身份资料是金融机构评估客户风险的重要依据,如果这些资料存在疑问,就无法准确判断客户的风险等级,可能会被洗钱、恐怖融资等活动利用。自然人客户的客户身份资料通常包括姓名、性别、国籍、职业、住所地或者工作单位地址、联系方式、身份证件或者身份证明文件的种类、身份证件号码、身份证件有效期限等。法人客户身份资料通常包括客户的名称、住所、经营范围、组织机构代码,以及股权结构信息、法定代表人及授权人员信息、关联企业信息、经营及财务状况资料等。

第二款是关于金融机构开展客户尽职调查的内容的规定。主要包括以下主要内容:

一是,"识别并采取合理措施核实客户及其受益所有人身份,了解客户建立业务关系和交易的目的"。识别并核实客户身份是客户尽职调查的基础步骤,准确识别客户身份可以防止金融机构被不法分子利用进行洗钱、恐怖融资等非法活动。对于个人客户,金融机构应当要求其提供有效的身份证件,如身份证、护照等,并通过官方身份验证系统进行核实。对于企业客户,需要核实企业的营业执照、法定代表人身份证明等文件。确定受益所有人身份,并运用合理的手段进行验证,使金融机构掌握法人、非法人组织、法律安排等的受益所有人的身份情况。本款中的"核实",包含核对、识别真实性的含义。2006年反洗钱法规定的"核对并登记"客户身份证件或者其他身份证明文件中的"核对"从字面上无法涵盖证件"真实"的意思。实践中,出现不少冒名开户、买卖证件开户的违规情况,改为"核实"更能符合实践需要。

"核对"与"核实"的实质性区别在于是否确认真实性,即前者为形式审核,后者为实质审核。客户尽职调查制度的本意是要求金融机构通过审核客户出示的身份证件或者其他身份证明文件进而确认客户的真实身份。本法第三十三条规定,金融机构进行客户尽职调查,可以通过反洗钱行政主管部门以及公安、市场监督管理、民政、税务、移民管理、电信管理等部门依法核实客户身份等有关信息。这意味着金融机构不仅需要对客户出示的身份证件或者其他身份证明文件进行简单的形式审核,还需要通过查询公安、工商行政管理等部门保存的客户身份信息,确认客户的真实身份。

二是,"涉及较高洗钱风险的,还应当了解相关资金来源和用途"。在涉及较高洗钱风险的情形下,了解客户资金来源和用途可以帮助金融机构判断资金是否合法、评估交易的合理性。对于企业客户,可以要求提供财务报表、合同、发票等文件来证明资金的来源和用途。对于个人客户,可以要求提供纳税证明、投资收益记录等来了解资金来源。如果是用于大额消费,需要提供相应的合同、收据等文件来确认用途。"较高洗钱风险"是指洗钱的可能性比较高,但并非所有的交易都一定是洗钱行为。具体判断时要注意:(1)客户风险要素,如身份信息复杂、行为异常、涉及现金密集型行业的客户等。(2)国家或地区风险要素,如客户交易对象来自被互评估报告、专项评估报告或发布的后续评估报告等可靠信息来源认定为反洗钱与反恐怖融资体系不健全的国家;被可靠信息来源认定为资助或支持恐怖活动,或恐怖组织在其境内运作的国家或地区等。(3)产品、服务、交易或交付渠道风险要素,如涉及多层嵌套的金融交易,非面对面业务关系或交易等。

第三款是关于金融机构开展客户尽职调查的要求,以及根据情况简化客户尽职调查措施的规定。包括两层意思:

一是,"金融机构开展客户尽职调查,应当根据客户特征和交易活动的性质、风险状况进行"。从有关反洗钱国际标准和各国反洗钱立法对客户尽职调查制度的具体规定看,客户尽职调查制度逐步呈现以风险为基础的发展趋势,即在与客户建立业务关系、提供规定金额以上的非经常性交易、法人客户业务、代理交易等情形下,规定金融机构应当开展客户尽职调查及其具体措施;对于高风险业务和客户,金融机构应实施更严格的客户尽职调查措施;对于低风险业务和客户,金融机构可以采取简化的客户尽职调查措施;授权金融机构根据风险管理和审慎经营的需要,自主决定客户尽职调查措施的实施范围和程度。以风险为基础的客户尽职调查制度考虑了商业实践的需要，也适当平衡了反洗钱成本和收益之间的关系，成为客户尽职调查的发展方向。实践中，金融机构应当根据风险不同采用不同程度的客户尽职调查措施。如对于一般客户，可以采用标准化的客户尽职调查措施；对于高风险的客户，需要进行强化的客户尽职调查，即除了执行标准措施外，还需要进一步了解客户财产和资金来源，核实交易动机、交易目的、扩大识别对象等。但是，如何判断具体的客户风险、采用何种程度的客户尽职调查措施，就复杂很多。对此，金融机构应当不断通过实践探索积累经验，有关反洗钱监管部门也应当通过发布操作指引等方式，对金融机构进行指导。

二是，"对于涉及较低洗钱风险的，金融机构应当根据情况简化客户尽职调查"。若金融机构充分分析了风险，结合客户特征、业务关系或者交易目的和性质，经过风险评估且有理由判断某类客户、业务关系或者交易的洗钱和恐怖融资风险较低时，可以采取简化尽职调查措施。金融机构对客户进行洗钱风险评估是决定是否简化尽职调查的关键依据。当客户被判定为较低洗钱风险时，这意味着根据金融机构已掌握的信息，客户涉及洗钱的可能性较小。简化客户尽职调查并不意味着忽视尽职调查，而是在确保能够有效防控风险的前提下，适当减少一些调查步骤，同时提高工作效率。在评估与客户类型、国家或地区，以及特定产品、服务、交易或交付渠道相关的洗钱和恐怖融资风险时，潜在的较低风险情形包括：（1）客户风险要素，如在股票交易所上市的公司，受披露要求的约束，这些要求确保受益所有权的充分透明。（2）产品、服务、交易或交付渠道风险要素，如以提高金融普惠性为目的，为特定类型的客户提供相应的有限金融产品和服务等。需要注意的是，金融机构采取简化尽职调查措施时，应当至少识别并核实客户身份，登记客户的姓名或者名称、联系方式、有效身份证件或者其他身份证明文件的种类、号码和有效期限等信息，留存客户尽职调查过程中必要的身份资料。识别和核实客户身份是反洗钱工作的基石，这一要求确保金融机构在提供金融服务时能够明确服务对象，防止匿名或假名账户的出现。对已采取简化尽职调查措施的客户、业务关系或者交易，金融机构应当定期审查其风险状况，根据风险高低调整所提供的服务范围和业务功能。即使客户被判定为低风险，也有可能在业务关系存续期间出现风险变化。通过核实客户身份，金融机构能够在出现异常情况时，追溯客户信息，为调查可疑交易提供基础线索。客户、业务关系或者交易存在洗钱和恐怖融资嫌疑或者高风险的情形时,金融机构不得采取简化尽职调查措施。

在研究该条规定时,我们还了解到 FATF 建议关于反洗钱的一些规定,列举如下:

10. 客户尽职调查

各国应当禁止金融机构持有匿名账户或明显以假名开立的账户。

各国应当要求金融机构在下列情况下采取客户尽职调查(CDD)措施:

(i)建立业务关系;

(ii)进行一次性交易:(1)超过规定限额(15000 美元/欧元);或者(2)建议 16 释义规定的特定情况下的电汇;

(ii)怀疑客户或交易涉嫌洗钱或恐怖融资;

(iv)金融机构怀疑先前所获客户身份资料的真实性或完整性。

金融机构实施客户尽职调查的原则应由法律规定。各国可以通过法律或其他强制性措施规定具体的尽职调查义务。客户尽职调查措施包括:

(a)识别客户身份,并使用可靠且来源独立的文件、数据或信息核实客户身份。

(b)识别并采取合理措施核实受益所有人身份,以确信金融机构了解受益所有人身份。对于法人和法律安排,金融机构应当了解其所有权和控制权结构。

(c)理解并酌情获取关于业务关系的目的和真实意图的信息。

(d)在业务关系存续期间,对业务关系进行持续尽职调查,仔细审查业务存续期间开展的交易,以确保正在进行的交易符合金融机构所掌握的客户、客户业务、风险状况(必要时,包括资金来源)等信息。

各国应当要求金融机构采取上述(a)至(d)项客户尽职调查措施,但金融机构应当根据本项建议和建议 1 的释义,使用风险为本的方法:决定采取上述各项措施的程度。

各国应当要求金融机构在建立业务关系前或建立业务关系时,以及进行一次性交易前或进行一次性交易时,核实客户和受益所有人身份。在洗钱与恐怖融资风险得到有效管理的前提下,如确有必要避免身份核实打断正常业务,各国可以允许金融机构在建立业务关系之后,在实际条件允许的情况下尽快完成身份核实。

如果金融机构无法遵循上述(a)至(d)项规定的措施(已根据风险为本的方法对措施进行了适当调整),则不应开立账户、建立业务关系或进行交易;或者应当终止业务关系;并考虑提交有关客户的可疑交易报告。

上述措施适用于所有新客户,但金融机构也应当根据重要性和风险程度,对存量客户适用本建议,适时开展尽职调查。

第三十条 在业务关系存续期间,金融机构应当持续关注并评估客户整体状况及交易情况,了解客户的洗钱风险。发现客户进行的交易与金融机构所掌握的客户身份、风险状况等不符的,应当进一步核实客户及其交易有关情况;对存在洗钱高风险情形的,必要时可以采取限制交易方式、金额或者频次,限制业务类型,拒绝办理业务,终止业务关系等洗钱风险管理措施。

金融机构采取洗钱风险管理措施,应当在其业务权限范围内按照有关管理规定的要求和程序进行,平衡好管理洗钱风险与优化金融服务的关系,不得采取与洗钱风险状况明显不相匹配的措施,保障与客户依法享有的医疗、社会保障、公用事业服务等相关的基本的、必需的金融服务。

【释义】 本条是关于金融机构开展持续的客户尽职调查与洗钱风险管理措施的规定。

本条是2024年修订反洗钱法增加的规定,明确了持续的客户尽职调查与洗钱风险管理措施。增加本条规定,主要是针对实践中的问题,更好地防控洗钱风险。本条主要包含以下内容:一是明确金融机构持续开展客户尽职调查的义务,强调业务持续期间金融机构应当持续关注并评估客户状况、交易情况及风险变化。二是总结实践中行之有效的经验,衔接相关国际规则要求,明确适用洗钱风险管理措施的条件和具体内容。三是在第二款要求平衡好管理洗钱风险与优化金融服务的关系。要求金融机构采取洗钱风险管理措施时,应当在其业务权限范围内按照有关管理规定的要求和程序进行,不得采取与洗钱风险状况明显不相匹配的措施,保障与客户依法享有的医疗、社会保障、公用事业服务等相关的基本的、必需的金融服务。

本条共分两款。

第一款是关于金融机构应当持续开展客户尽职调查,以及对存在洗钱高

风险情形的,可以采取洗钱风险管理措施的规定。本款包含以下几个方面的内容:

第一,明确金融机构持续开展客户尽职调查的义务,强调"在业务关系存续期间,金融机构应当持续关注并评估客户整体状况及交易情况,了解客户的洗钱风险"。

金融机构与客户建立业务关系后,对业务关系以及在这种业务关系的整个过程中进行的交易应当开展持续的尽职调查,以确保交易的进行符合金融机构对客户及其风险状况的认识。在业务关系持续过程中,客户的身份信息和洗钱风险情况可能发生变化。例如,法人客户变更名称、住所、注册资本、法定代表人或负责人、经营范围、股权结构等,自然人客户的职业、收入状况、财务状况、资信状况、资金来源等也处于变动状态,金融机构需要及时发现这些变化,并根据这些变化调整对客户及其交易的风险状况的判断。同时,即使客户的身份信息和其他有关情况并未发生变化,但由于客户的交易行为及其风险情况发生明显变化或出现异常,金融机构也应当予以关注,以确认有关交易是否可疑。

金融机构在开展持续的客户尽职调查过程中,需要对客户、业务和产品进行全面的洗钱风险评估,并采取相匹配的措施。针对不同风险类别的客户,采取差异化的反洗钱措施。对于高风险客户,加强尽职调查,要求提供更多的身份信息和资金来源证明;对于较低风险客户,应当简化部分反洗钱程序,以提高服务效率。洗钱风险不是一成不变的,金融机构要建立动态的风险监测机制。通过监测客户的交易行为、账户活动等信息,及时发现风险变化。根据风险监测结果,灵活调整反洗钱措施和金融服务策略,确保反洗钱措施与洗钱风险相匹配。如果金融机构对低洗钱风险的客户或业务采取了适用于高风险情况的严格措施时,就属于不相匹配。例如,对于普通的本地个人储蓄账户,这些账户通常交易金额较小且交易目的明确,如果要求客户每次取款或转账都提供详细的资金用途证明,就属于过度限制。这种措施会给客户带来极大不便,降低金融服务的效率和客户体验。

第二,金融机构"发现客户进行的交易与金融机构所掌握的客户身份、风险状况等不符的,应当进一步核实客户及其交易有关情况"。

当客户进行的交易与金融机构所掌握的客户身份、风险状况等不符时,可能存在洗钱、恐怖融资等犯罪活动,还可能是金融诈骗、逃税等违法犯罪活动的征兆。对此,金融机构应当进一步核实客户及其交易有关情况,以排除洗钱等嫌疑。客户进行的交易与金融机构所掌握的客户身份、风险状况等不符,主要体现在以下几个方面:(1)交易金额方面,出现异常大额交易。例如,一个普通的小型零售商户,突然出现巨额的境外转账交易,与该客户正常的经营活动和资金往来规模严重不符。(2)交易对手方面。与高风险交易对手交易,如果金融机构将某些实体或个人标记为高风险对象,而客户却与这些高风险交易对手频繁发生资金往来。(3)交易时间和频率方面。非营业时间交易或者交易频率突变,如客户的账户交易频率突然大幅增加,与该客户之前的交易习惯有很大差异。(4)交易类型方面。出现不匹配客户业务类型的复杂金融交易等。

第三,"对存在洗钱高风险情形的",金融机构"必要时可以采取限制交易方式、金额或者频次,限制业务类型,拒绝办理业务,终止业务关系等洗钱风险管理措施"。

金融机构发现客户进行的交易与金融机构所掌握的客户身份、风险状况等不符的,经过进一步核实客户及其交易有关情况,对存在洗钱高风险情形的,必要时可以采取相应的洗钱风险管理措施。目的是阻止非法资金的流动,保护金融体系的安全和稳定,同时这也是履行反洗钱义务的重要体现。对于哪些情况下可以采取、采取哪些类型的洗钱风险管理措施,需要金融机构根据实践情况具体判断,并且应当符合本条第二款的限制性要求。这里的"洗钱高风险情形"主要包括:客户身份信息异常或不明确,开展与身份不符合的频繁大额现金交易,非面对面交易异常;与高风险地区或敏感行业客户交易;资金来源不明或可疑,资金流向异常,交易金额与交易频率异常;账户长期休眠后突然启用并进行大量交易;无真实贸易背景的交易等情形。限制交易方式,主要是指限制客户使用某些非面对面的交易方式,如限制网上银行、手机银行等电子渠道的部分功能,限制高风险客户通过电子渠道进行跨境汇款业务,要求其必须到柜台办理。限制交易金额,主要是指根据客户的风险状况设定交易金额上限。限制交易频次,是指限制客户在一定时间内的交易次数,如限制高风险个人客户每月的账户资金转出次数。限制业务类型,是指对于高风险客户,金融机构可以限制其办理某些高风险业务。拒绝办理业务,是指当客户的洗钱风险极高,且无法提供合理的解释或有效降低风险的措施时,金融机构有权拒绝为其办理业务。例如,如果客户交易行为明显不符合正常的商业逻辑和监管要求,要求办理一笔没有任何贸易背景的大额跨境汇款,金融机构可以拒绝办理。终止业务关系,是指当金融机构发现客户在业务存续期间持续存在高洗钱风险行为,且经过多次沟通和采取措施后仍无法有效降低风险时,可以终止与客户的业务关系。例如,客户在银行账户频繁出现可疑交易,且拒绝配合客户尽职调查措施或者提供虚假信息,银行可以依法终止与该客户的账户业务关系。

第二款是关于平衡好管理洗钱风险与优化金融服务的关系的规定。要求金融机构采取洗钱风险管理措施,应当在其业务权限范围内按照有关管理规定的要求和程序进行,不得采取与洗钱风险状况明显不相匹配的措施,保障与客户依法享有的医疗、社会保障、公用事业服务等相关的基本的、必需的金融服务。主要包括以下几个方面:

一是,金融机构采取洗钱风险管理措施,应当在其业务权限范围内按照有关管理规定的要求和程序进行。在反洗钱风险管理中,银行只能在既定的业务权限范围内采取措施。金融机构的业务权限是由其自身的业务许可范围、内部规章制度、与客户的合同约定以及相关法律法规所确定的。例如,银行的业务权限包括吸收公众存款、发放贷款、办理资金结算等。不同类型的金融机构,如银行、证券、保险等,其业务权限有很大差异。证券机构主要是从事证券经纪、证券承销与保荐等业务,在采取洗钱风险管理措施时,就需要结合这些业务权限来操作。金融机构采取洗钱风险管理措施,对于客户的权益影响较大,不能随意为之,应当按照有关管理规定的要求和程序进行。如2017年中国人民银行《关于加强开户管理及可疑交易报告后续控制措施的通知》规定:"各金融机构和支付机构应当遵循'风险为本'和'审慎均衡'原则,合理评估可疑交易的可疑程度和风险状况,审慎处理账户(或资金)管控与金融消费者权益保护之间的关系,在报送可疑交易报告后,对可疑交易报告所涉客户、账户(或资金)和金融业务及时采取适当的后续控制措施,充分减轻本机构被洗钱、恐怖融资及其他违法犯罪活动利用的风险。这些后续控制措施包括但不限于……3.经机构高层审批后采取措施限制客户或账户的交易方式、规模、频率等,特别是客户通过非柜面方式办理业务的金额、次数和业务类型。4.经机构高层审批后拒绝提供金融服务乃至终止业务关系。5.向相关金融监管部门报告。6.向相关侦查机关报案。"在反洗钱法修订过程中,有意见提出应当明确金融机构采取洗钱风险管理措施的范围,不得侵犯存款人取款权利。2024年11月4日,《全国人民代表大会宪法和法律委员会关于〈中华人民共和国反洗钱法(修订草案)〉审议结果的报告》指出:"宪法和法律委员会、法制工作委员会就此问题与有关方面共同研究认为,商业银行法规定商业银行办理个人储蓄存款业务,应当遵循'存款自愿、取款自由';商业银行应当保证存款本金和利息的支付,不得拖延、拒绝支付存款本金和利息。商业银行法的上述规定是明确的,商业银行与客户之间是平等主体间的民事关系,洗钱风险管理措施不是行政管制,金融机构采取洗钱风险管理措施应当在其业务权限范围内进行,不得擅自冻结或者变相冻结客户资金,侵犯其取款权利。"

二是,金融机构采取洗钱风险管理措施,需要平衡好管理洗钱风险与优化金融服务的关系,不得采取与洗钱风险状况明显不相匹配的措施。如果金融机构为了降低洗钱风险而过度限制金融服务,或者设置过于复杂的反洗钱程序,会给正常客户带来不便,也会降低金融服务效率。从宏观角度看,金融机构是经济运行的重要枢纽,不相匹配的措施会对社会经济发展产生影响,抑制正常的金融交易活动,阻碍资金的有效配置。

三是,金融机构采取洗钱风险管理措施,应当保障与客户依法享有的医疗、社会保障、公用事业服务等相关的基本的、必需的金融服务。客户依法享有的医疗、社会保障、公用事业服务等,是公众的基本权益,与之相关的金融服务是保障这些权益顺利实现的基础。保障这些基本金融服务,有利于客户在面临疾病等情况时可以顺利获得医疗救治,正常享有社会保障,正常缴纳公用事业服务(如水、电、燃气费的缴纳)费用,从而保证他们的基本生活需求得到满足。法律通过明确应当保障的金融服务的范围,避免金融机构采取不合理的反洗钱措施,避免因基本的、必需的金融服务中断或限制,影响群众正常生活。

第三十一条 客户由他人代理办理业务的,金融机构应当按照规定核实代理关系,识别并核实代理人的身份。

金融机构与客户订立人身保险、信托等合同,合同的受益人不是客户本人的,金融机构应当识别并核实受益人的身份。

【释义】 本条是关于识别代理人、识别并核实受益人的规定。

2006年反洗钱法第十六条第三款、第四款分别规定："客户由他人代理办理业务的,金融机构应当同时对代理人和被代理人的身份证件或者其他身份证明文件进行核对并登记。""与客户建立人身保险、信托等业务关系,合同的受益人不是客户本人的,金融机构还应当对受益人的身份证件或者其他身份证明文件进行核对并登记。"

2024年修订反洗钱法对该条作了以下修改:一是将"金融机构应当同时对代理人和被代理人的身份证件或者其他身份证明文件进行核对并登记"修改为"金融机构应当按照规定核实代理关系,识别并核实代理人的身份"。二是将"对受益人的身份证件或者其他身份证明文件进行核对并登记"修改为"识别并核实受益人的身份",强调识别、核实受益人身份,而不仅仅是登记身份信息。

本条共分两款。第一款是关于客户由他人代理办理业务的,金融机构应当按照规定核实代理关系,识别并核实代理人的身份的规定。

客户与金融机构之间的交易行为属于民事法律行为,在不涉及身份关系、法律特别规定,或者当事人存在约定的情形下,应当允许客户委托他人代为办理。在金融业务领域,代理关系非常普遍,客户由他人代理办理业务,既包括代理开立账户、签订合同,也包括代理进行现金汇款、现钞兑换、票据兑付以及其他业务。例如,成年子女代理父母到银行存取款,亲属之间代理办理汇款,金融机构之间的代理关系等。通过代理人办理金融业务,金融机构不能直接接触客户本人,这就给客户利用他人身份洗钱等提供了可乘之机,也给金融机构识别客户身份增加了一定的难度。因此,金融机构应当按照规定核实代理关系,识别并核实代理人的身份。为有效控制风险,金融机构还需要对客户与代理人之间的代理关系予以确认,如要求代理人出具授权委托书等。

"按照规定"核实代理关系,主要是考虑到实践中,可能存在客户由他人代为办理业务而金融机构并不知情,无法核实代理关系的情形。例如:客户开通网上支付功能或网上证券委托交易功能后,将交易密码或密钥告知他人,委托他人通过网络下达交易指令。在此类情形下,由于金融机构无从了解代理关系的存在,金融机构也就不可能核实代理关系。因此,本款仅适用于金融机构知道或应当知道代理关系存在的情形。

第二款是关于金融机构与客户订立人身保险、信托等合同,合同的受益人不是客户本人的,金融机构应当识别并核实受益人的身份的规定。

在金融业务中,特别是人身保险合同、信托合同类业务,当受益人不是客户本人时,存在相对较高的洗钱风险。因为在这种情况下,资金的最终流向是受益人,而不是直接参与合同订立的客户。不法分子可能会利用这种结构,通过虚构保险事故或操纵信托资产分配等方式,将资金转移给受益人,从而达到洗钱的目的。金融机构识别并核实受益人的身份后,可以对资金从投保人或委托人到受益人的流动过程进行有效监控。如果发现资金流动异常,如保险理赔金或信托收益的支付对象与核实后的受益人不一致,或者支付金额超出合理范围,金融机构就可以及时发现并采取措施,防止洗钱活动的发生。同时,这为监管部门的调查和执法工作提供了有力的支持,使监管部门能够更准确地追踪非法资金的流向。

对于人身保险合同,金融机构(保险公司)应当识别并核实受益人的基本身份信息,包括姓名、性别、出生日期、身份证件号码、联系方式等。对于信托合同,信托公司同样需要识别并核实这些基本信息。这些信息的收集可以通过客户提供的书面材料,如受益人身份证明文件,也可以通过电子渠道进行信息采集。金融机构要采用多种方式验证受益人的身份。可以到公安部门的身份信息系统进行联网核查,确认身份证件号码与姓名等信息是否匹配。还可以要求客户提供其他辅助证明材料,如受益人与投保人或委托人的关系证明,如亲属关系证明、婚姻证明等,以进一步核实受益人的身份背景。

这里的受益人,是指获得人身保险合同、信托合同等利益的人。2015年保险法第十八条规定:"保险合同应当包括下列事项……(二)投保人、被保险人的姓名或者名称、住所,以及人身保险的受益人的姓名或者名称、住所……受益人是指人身保险合同中由被保险人或者投保人指定的享有保险金请求权的人。投保人、被保险人可以为受益人……"2001年信托法第二条规定:"本法所称信托,是指委托人基于对受托人的信任,将其财产权委托给受托人,由受托人按委托人的意愿以自己的名义,为受益人的利益或者特定目的,进行管理或者处分的行为。"信托法第四十三条明确:"受益人是在信托中享有信托受益权的人。受益人可以是自然人、法人或者依法成立的其他组织。委托人可以是受益人,也可以是同一信托的唯一受益人。受托人可以是受益人,但不得是同一信托的唯一受益人。"FATF建议中受益人的含义根据使用环境有所区别:一是在信托法中,受益人指有权享有任何信托协议收益的某一个人或某一类人。受益人可以是一个自然人、法人或法律安排。二是在人寿保险保单或其他投资连结保单上,受益人指当保单规定范围内的被保险事项发生时,可以获得赔付的自然人、法人、一个法律安排或某一类人。受益人与本法第十九条规定的受益所有人概念有区别。"受益人"概念强调的是受益,即获得利益的人,也未限定为自然人。受益人的范围通常是由合同明确指定的自然人、法人或其他组织等,一般较为明确和具体。此外,我国现行法律中规定"受益人"的还有公益事业捐赠法、慈善法、境外非政府组织境内活动管理法、民法典、刑法等,主要是在保险、信托、无因管理等语境下使用"受益人"概念。而"受益所有人",是指符合一定条件的自然人,根据反洗钱法第十九条的规定,"本法所称法人、非法人组织的受益所有人,是指最终拥有或者实际控制法人、非法人组织,或者享有法人、非法人组织最终收益的自然人。具体认定标准由国务院反洗钱行政主管部门会同国务院有关部门制定"。法人或非法人组织的受益所有人需要通过穿透式的调查和分析来确定,可能涉及多层股权结构或复杂的控制关系背后的自然人。由于涉及对法人或非法人组织股权结构、控制关系等的深入调查和分析,往往需要金融机构收集大量的信息,并进行复杂的穿透式识别工作,还可能需要与多个部门或机构进行信息共享和协作,识别难度相对较大。

在研究该条规定时,我们还了解到 FATF 建议关于反洗钱的一些规定,列举如下:

10. 客户尽职调查

各国应当禁止金融机构持有匿名账户或明显以假名开立的账户。

各国应当要求金融机构在下列情况下采取客户尽职调查(CDD)措施:

(i)建立业务关系;

(ii)进行一次性交易:(1)超过规定限额(15000 美元/欧元);或者(2)建议 16 释义规定的特定情况下的电汇;

(ii)怀疑客户或交易涉嫌洗钱或恐怖融资;

(iv)金融机构怀疑先前所获客户身份资料的真实性或完整性。

金融机构实施客户尽职调查的原则应由法律规定。各国可以通过法律或其他强制性措施规定具体的尽职调查义务。客户尽职调查措施包括:

(a)识别客户身份,并使用可靠且来源独立的文件、数据或信息核实客户身份。

(b)识别并采取合理措施核实受益所有人身份,以确信金融机构了解受益所有人身份。对于法人和法律安排,金融机构应当了解其所有权和控制权结构。

(c)理解并酌情获取关于业务关系的目的和真实意图的信息。

(d)在业务关系存续期间,对业务关系进行持续尽职调查,仔细审查业务存续期间开展的交易,以确保正在进行的交易符合金融机构所掌握的客户、客户业务、风险状况(必要时,包括资金来源)等信息。

各国应当要求金融机构采取上述(a)至(d)项客户尽职调查措施,但金融机构应当根据本项建议和建议1的释义,使用风险为本的方法:决定采取上述各项措施的程度。

各国应当要求金融机构在建立业务关系前或建立业务关系时,以及进行一次性交易前或进行一次性交易时,核实客户和受益所有人身份。在洗钱与恐怖融资风险得到有效管理的前提下,如确有必要避免身份核实打断正常业务,各国可以允许金融机构在建立业务关系之后,在实际条件允许的情况下尽快完成身份核实。

如果金融机构无法遵循上述(a)至(d)项规定的措施(已根据风险为本的方法对措施进行了适当调整),则不应开立账户、建立业务关系或进行交易;或者应当终止业务关系;并考虑提交有关客户的可疑交易报告。

上述措施适用于所有新客户,但金融机构也应当根据重要性和风险程度,对存量客户适用本建议,适时开展尽职调查。

建议10的释义(客户尽职调查)

4.当开展建议10规定的(a)和(b)项下的客户尽职调查措施时,各国应要求金融机构核实任何声称经授权代理客户行事的人,并识别和核实其身份。

第三十二条 金融机构依托第三方开展客户尽职调查的,应当评估第三方的风险状况及其履行反洗钱义务的能力。第三方具有较高风险情形或者不具备履行反洗钱义务能力的,金融机构不得依托其开展客户尽职调查。

金融机构应当确保第三方已经采取符合本法要求的客户尽职调查措施。第三方未采取符合本法要求的客户尽职调查措施的,由该金融机构承担未履行客户尽职调查义务的法律责任。

> 第三方应当向金融机构提供必要的客户尽职调查信息，并配合金融机构持续开展客户尽职调查。

【释义】 本条是关于金融机构依托第三方开展客户尽职调查时的有关规定。

2006年反洗钱法第十七条规定："金融机构通过第三方识别客户身份的，应当确保第三方已经采取符合本法要求的客户身份识别措施；第三方未采取符合本法要求的客户身份识别措施的，由该金融机构承担未履行客户身份识别义务的责任。"

2024年反洗钱法对该条作了以下修改：一是增加规定金融机构依托第三方开展客户尽职调查，要对第三方作相应的评估，第三方具有较高风险情形或者不具备履行反洗钱义务能力的，金融机构不得依托其开展客户尽职调查。二是为适应反洗钱工作需要，本法将"客户身份识别制度"修改为"客户尽职调查制度"，本条作了相应修改，将"客户身份识别"修改为"客户尽职调查"。三是对第三方未采取符合本法要求的客户尽职调查措施的，将"由该金融机构承担未履行客户身份识别义务的责任"修改为"由该金融机构承担未履行客户尽职调查义务的法律责任"，表述更严谨。四是增加第三款规定。目前，金融机构委托第三方开展客户尽职调查时，金融机构难以通过第三方获取客户信息，给反洗钱工作带来困扰，第三款明确了第三方的配合义务。

本条共分三款。第一款是关于金融机构依托第三方开展客户尽职调查时，应当评估第三方的风险状况及其履行反洗钱义务的能力，对于第三方具有较高风险情形或者不具备履行反洗钱义务能力的，金融机构不得依托其开展客户尽职调查的规定。

金融机构依托第三方开展客户尽职调查，应评估第三方的风险状况及履行反洗钱义务的能力，这是金融机构依托第三方开展客户尽职调查的基本要求。风险状况主要包括经营风险、财务风险等；履行反洗钱义务的能力，包括建立反洗钱内部控制制度、设置承担反洗钱工作职责的部门、配备相应人员等。经评估，具有较高风险或者不具备履行反洗钱义务能力的，例如，反洗钱内部控制制度存在较大漏洞，没有相应的反洗钱部门及人员配置，此前曾多次涉洗钱风险或拒不改正等情形，不得依托该第三方开展客户尽职调查。

现行法律对可以依托的第三方的类型并没有明确限制，但第三方必须是依法取得相应经营资格的机构，同时第三方客户尽职调查措施必须符合本法的规定。一般来说，通过第三方进行客户尽职调查的规定主要包括四个方面：(1)可以通过第三方履行客户尽职调查义务的机构类型及其承担的义务；(2)第三方的条件、类型以及第三方承担的义务；(3)如果第三方不属于本国，那么哪些国家的第三方可以承担该义务；(4)通过第三方履行客户尽职调查义务的机构应当承担客户尽职调查义务的最终责任。

第二款是关于金融机构应当确保第三方已经采取符合本法要求的客户尽职调查措施的规定。第三方未采取符合本法要求的客户尽职调查措施的，由该金融机构承担未履行客户尽职调查义务的法律责任。

从目前实践情况看，第三方主要是金融机构。第三方是金融机构的，应当根据本法第二十八条至第三十条等进行客户尽职调查。金融机构有义务确保依托的第三方采取符合要求的客户尽职调查措施。

实践中，较多情况是基金公司、保险公司等通过银行代销基金、保险等产品，银行则成为第三方，在销售产品时需要履行客户尽职调查的义务。考虑到最终是金融机构与客户之间建立业务关系或者是金融机构为客户提供一次性金融服务，因此，通过第三方履行客户尽职调查的金融机构应当承担客户尽职调查的最终责任。如果第三方未按照规定进行客户尽职调查，金融机构作为责任主体，要承担行政处罚的法律责任。

第三款是关于第三方应当向金融机构提供必要的客户尽职调查信息，并配合金融机构持续开展客户尽职调查的规定。金融机构在依托第三方开展客户尽职调查时，第三方应当将客户尽职调查信息提供给金融机构，本条明确了第三方向金融机构提供必要的客户尽职调查信息的义务。这里提供的信息要与客户尽职调查相关，如果金融机构超出范围，要求提供非必要的、与客户尽职调查无关的信息，第三方可以不予提供。金融机构在委托第三方开展客户尽职调查后，第三方有义务配合金融机构在后续业务中持续开展客户尽职调查。第三方没有向金融机构提供必要的客户尽职调查信息，并配合金融机构持续开展客户尽职调查的，能否要求第三方承担法律责任的问题，要区分第三方的性质判断。第三方是金融机构的，可以根据本法第五十三条第一项"未按照规定开展客户尽职调查"进行处罚：由国务院反洗钱行政主管部门或者其设区的市级以上派出机构责令限期改正，可以给予警告或者处

20万元以下罚款;情节严重或者逾期未改正的,处20万元以上200万元以下罚款。

在研究该条规定时,我们还了解到FATF建议、国际公约关于反洗钱的一些规定,列举如下:

(一)FATF建议相关内容

17.依托第三方的尽职调查

各国可允许金融机构依托第三方实施建议10规定的(a)至(c)项客户尽职调查措施或引荐业务,前提是满足以下四项标准。如允许由第三方实施客户尽职调查,客户尽职调查的最终责任仍由依托第三方的金融机构承担。

(a)依托第三方的金融机构应立即获得建议10(a)至(c)项客户尽职调查措施有关的必要信息。

(b)金融机构应当采取充分措施,确信在相关方面要求时可立即获得第三方实施客户尽职调查时取得的身份证明和其他资料的复印件。

(c)金融机构应当确信第三方机构受到监督、管理或监测,并根据建议10和建议11的要求,在客户尽职调查和记录保存方面采取合规措施。

(d)当决定哪些国家的符合条件的第三方机构可被依托时,各国应当参考可获取的国家风险水平信息。

如果金融机构与所依托的第三方机构属于同一金融集团,且(i)该集团已按照建议10、建议11和建议12的要求采取了客户尽职调查和记录保存措施,并按照建议18的要求实施了反洗钱与反恐怖融资机制安排;(ii)当主管部门在集团层面上对上述客户尽职调查和记录保存措施以及反洗钱与反恐怖融资机制安排措施的有效性进行监管时,相关主管部门可以认为该金融机构通过其集团层面的机制开展上述(b)和(c)项措施,并且当集团层面的反洗钱与反恐怖融资政策已充分降低较高的国家风险时,主管部门可以决定(d)项不作为依托第三方开展客户身份识别的必要前提。

建议17的释义(依托第三方的尽职调查)

1.本建议不适用于外包或代理关系。在依托第三方机构时,第三方机构应遵守建议10和建议11规定的客户尽职调查和记录保存要求,并接受监督、监管或监测。第三方机构通常已与客户建立业务关系(与客户和委托机构将要建立的业务关系相互独立),并按照自身程序开展客户尽职调查。外包或代理业务与之相反,受托机构按照委托机构的程序,代表委托机构开展客户尽职调查,其实施程序的有效性受委托机构控制。

2. 建议 17 中,相关主管部门指:(i)掌握集团层面反洗钱与反恐怖融资制度和控制措施的母国主管部门,(ii)分支机构(附属机构)驻在国的主管部门。

3. 第三方机构指受到监管或监测,并符合建议 17 要求的金融机构或特定非金融行业和职业。

(二)国际公约或者有关国家和地区的规定

目前,世界各主要国家对金融机构通过第三方履行客户尽职调查义务的规定差别很大,只有少数一些国家,如比利时、巴西、希腊、日本、葡萄牙、西班牙,不允许第三方代替履行该义务。

第三十三条 金融机构进行客户尽职调查,可以通过反洗钱行政主管部门以及公安、市场监督管理、民政、税务、移民管理、电信管理等部门依法核实客户身份等有关信息,相关部门应当依法予以支持。

国务院反洗钱行政主管部门应当协调推动相关部门为金融机构开展客户尽职调查提供必要的便利。

【释义】 本条是关于金融机构进行客户尽职调查时有关部门应予以支持以及国务院反洗钱行政主管部门应当协调推动相关部门为金融机构开展客户尽职调查提供必要便利的规定。

2006 年反洗钱法第十八条规定:"金融机构进行客户身份识别,认为必要时,可以向公安、工商行政管理等部门核实客户的有关身份信息。"

2024 年修订反洗钱法对该条作了以下修改:一是删除金融机构进行客户尽职调查时"认为必要时"的表述,相应将"核实"修改为"依法核实"。另外核实的信息不限于"客户身份信息"。二是拓宽金融机构在进行客户尽职调查时核实信息的部门渠道,将"向公安、工商行政管理等部门"修改为"可以通过反洗钱行政主管部门以及公安、市场监督管理、民政、税务、移民管理、电信管理等部门"。三是增加"相关部门应当依法予以支持"的规定,进一步明确相关部门配合金融机构进行客户尽职调查的义务。四是增加一款规定,即国务院反洗钱行政主管部门协调推动相关部门为金融机构开展客户尽职调查提供必要的便利,为各部门依法向金融机构提供相关信息提供国家层面统筹协调的支持。五是将"客户身份识别"修改为"客户尽职调查"。

本条共分两款。第一款是关于金融机构进行客户尽职调查,可以通过反洗钱行政主管部门以及公安、市场监督管理、民政、税务、移民管理、电信管理等部门依法核实客户身份等有关信息,相关部门应当依法予以支持的规定。

客户尽职调查制度是金融机构反洗钱的基本义务之一。关于客户尽职调查制度的具体内容,本法第二十九条、第三十条、第三十一条、第三十二条、第三十三条展开作了更为详细具体的规定。因此,对于客户尽职调查制度,应当结合本法的其他相关条文理解和执行。完整的客户尽职调查制度要求金融机构不仅要了解客户的真实身份,还要根据交易需要了解客户的职业或经营背景、履约能力、交易目的、交易性质以及资金来源等有关情况,因此,进行客户尽职调查时往往涉及多部门信息。本条第一款规定金融机构在进行客户尽职调查时,涉及核实客户身份等有关信息的,可以向反洗钱行政主管部门以及公安、市场监督管理、民政、税务、移民管理、电信管理等部门核实。如涉及姓名、出生日期、常住户口所在地、证件的有效期,法人、其他组织和个体工商户的证明文件、组织机构代码证、注册资本、法定代表人或负责人姓名、股权机构、经营范围、税务登记号码,护照信息、出入境时间、出境国家等。相关部门不得以涉及工作秘密等为由拒绝提供支持。

第二款是关于国务院反洗钱行政主管部门应当协调推动相关部门为金融机构开展客户尽职调查提供必要便利的规定。考虑到反洗钱工作中,客户尽职调查涉及上述公安、市场监督管理、民政、税务、移民管理、电信管理等部门,为避免出现部门推诿、职责不清或者信息壁垒等情况,进一步加强联动,由国务院反洗钱行政主管部门协调,为金融机构向相关部门调取信息提供支持。目前,公安、移民管理、电信管理等部门已经设立了相关系统。国务院反洗钱行政主管部门可以组织跨部门协调会,出台内部文件,建立共享查询系统等方式,协调推动相关部门为金融机构开展客户尽职调查提供必要便利。

在研究该条规定时,我们还了解到 FATF 建议关于反洗钱的一些规定,列举如下:

10. 客户尽职调查

各国应当禁止金融机构持有匿名账户或明显以假名开立的账户。

各国应当要求金融机构在下列情况下采取客户尽职调查(CDD)措施:

(i)建立业务关系;

(ii)进行一次性交易:(1)超过规定限额(15000美元/欧元);或者(2)建议16释义规定的特定情况下的电汇;

(ii)怀疑客户或交易涉嫌洗钱或恐怖融资;

(iv)金融机构怀疑先前所获客户身份资料的真实性或完整性。

金融机构实施客户尽职调查的原则应由法律规定。各国可以通过法律或其他强制性措施规定具体的尽职调查义务。客户尽职调查措施包括:

(a)识别客户身份,并使用可靠且来源独立的文件、数据或信息核实客户身份。

(b)识别并采取合理措施核实受益所有人身份,以确信金融机构了解受益所有人身份。对于法人和法律安排,金融机构应当了解其所有权和控制权结构。

(c)理解并酌情获取关于业务关系的目的和真实意图的信息。

(d)在业务关系存续期间,对业务关系进行持续尽职调查,仔细审查业务存续期间开展的交易,以确保正在进行的交易符合金融机构所掌握的客户、客户业务、风险状况(必要时,包括资金来源)等信息。

各国应当要求金融机构采取上述(a)至(d)项客户尽职调查措施,但金融机构应当根据本项建议和建议1的释义,使用风险为本的方法:决定采取上述各项措施的程度。

各国应当要求金融机构在建立业务关系前或建立业务关系时,以及进行一次性交易前或进行一次性交易时,核实客户和受益所有人身份。在洗钱与恐怖融资风险得到有效管理的前提下,如确有必要避免身份核实打断正常业务,各国可以允许金融机构在建立业务关系之后,在实际条件允许的情况下尽快完成身份核实。

如果金融机构无法遵循上述(a)至(d)项规定的措施(已根据风险为本的方法对措施进行了适当调整),则不应开立账户、建立业务关系或进行交易;或者应当终止业务关系;并考虑提交有关客户的可疑交易报告。

上述措施适用于所有新客户,但金融机构也应当根据重要性和风险程度,对存量客户适用本建议,适时开展尽职调查。

建议10的释义(客户尽职调查)

A.客户尽职调查和泄密

1.在与客户建立业务关系或业务关系存续期间,或进行一次性交易时,

如果金融机构怀疑该交易与洗钱或恐怖融资有关,应当:

(a)设法识别和核实客户及受益所有人的身份,包括长期客户和一次性交易,也包括原本应豁免或未达到规定限额的情形。

(b)按照建议20的要求向金融情报中心报送可疑交易报告。

2.建议21禁止金融机构及其董事、管理人员和雇员泄露其正向金融情报中心提交可疑交易报告或相关信息的事实。在此情况下,当金融机构设法履行客户尽职调查义务时,存在无意中向客户泄密的风险。如果客户意识到可能提交可疑交易报告或开展调查,会损害对涉嫌洗钱和恐怖融资活动的调查效果。

3.因此,如果金融机构怀疑某一笔交易与洗钱或恐怖融资有关,应当注意开展客户尽职调查过程中的泄密风险。如果金融机构有理由相信开展客户尽职调查会导致向客户或潜在客户泄密,可选择不再继续进行客户尽职调查,但应报告可疑交易。金融机构应当确保其雇员在进行客户尽职调查时了解这一点,并对此保持敏感性。

B.对客户代理人的尽职调查

4.当开展建议10规定的(a)和(b)项下的客户尽职调查措施时,各国应要求金融机构核实任何声称经授权代理客户行事的人,并识别和核实其身份。

C.对法人和法律安排的尽职调查

5.当对法人或法律安排进行客户尽职调查时,各国应要求金融机构识别和核实其身份,理解其业务性质、所有权和控制权结构。下文(a)项和(b)项规定了识别并核实客户和受益所有人的要求,这一要求的目的有二:一是充分了解客户,合理评估该业务关系潜在的洗钱和恐怖融资风险,从而防止法人和法律安排被非法利用;二是采取适当的措施降低风险。作为同一过程的两个方面,下列要求相互作用并互为补充。在此背景下,各国应当要求金融机构:

(a)识别和核实客户的身份。履行该职责通常需要的信息包括:

(i)名称、组织形式和存在的证明文件——例如,可以通过企业营业执照、存续证明、合伙协议、信托契约或其他来源可靠独立的文件,来核实客户的名称、组织形式和正常经营状态。

(ii)法人或法律安排的管理权限文件(例如备忘录和公司章程),以及在法人和法律安排中担任高级管理职位的相关人员的姓名(例如公司高级管理人员、信托的受托人等)。

(iii)注册办公地址,如果经营地与注册地不一致,还需包括主要经营地址。

(b)通过下列信息,识别客户的受益所有人,并采取合理措施核实其身份。

(i)对于法人:

(i.i)如果存在拥有法人最终控制所有权的自然人,则应识别并核实其身份(因所有权可能很分散,所以可能不存在单独或共同控制法人或法律安排的自然人);

(i.ii)若对(i.i)中拥有控制权的人是否为受益所有人存在疑问,或者不存在通过所有权来实行控制的自然人,则需要识别和核实通过其他手段对法人或法律安排进行控制的自然人(若有)的身份。

(i.iii)根据(i.i)或(i.ii)均未识别出自然人的情况下,金融机构应识别并采取合理措施核实高级管理人员的身份。

(ii)对于法律安排:

(ii.i)信托——委托人、受托人、担保人(如有),受益人或指定受益人的身份,以及其他对信托(包括通过控制权或所有权链条控制)行使最终有效控制的自然人的身份;

(ii.ii)其他形式的法律安排——同样或类似人员的身份。

当客户或控制权所有人是在股票交易所上市的公司,并且按照相关披露要求(通过股票交易所规则或通过法律或其他强制性要求)能确保充分的受益所有权透明度;或者客户或控制权所有人是此类公司的控股子公司,则不必识别和核实这类公司的股东或受益所有人身份。

相关的身份信息可以从公共的登记注册部门、客户或其他可靠来源获得。

D.对寿险保单受益人的尽职调查

6.对寿险或其他与投资相关的保险业务(投资连结型保险),金融机构除应当对客户和受益所有人进行必要的尽职调查外,一旦保单的受益人被确认或指定,还应当对寿险和其他与投资相关保险(投资连结型保险)的保单受益人进行下列尽职调查措施:

(a)如果保单受益人被确认为特定名称的自然人、法人或法律安排,应登记其名称;

(b)对按照特征、类别(例如投保时指定配偶或子女)或其他方式(例如按照遗嘱)指定的受益人,应获取受益人的充分信息,以便金融机构确信其在赔偿或给付保险金时能够识别受益人身份。

应按照建议11的要求记录和保存(a)项和(b)项规定收集的信息。

7. 针对上述第6段(a)项和(b)项两类情况,应在赔偿或给付保险金时核实受益人身份。

8. 金融机构在决定是否采取强化客户尽职调查措施时,应当将寿险保单受益人作为相关风险因素一并考虑。如果金融机构认为受益人为法人或法律安排意味着较高风险,那么强化客户尽职调查措施中应当包括在赔偿或给付保险金环节采取合理措施识别和核实受益人的受益所有人身份。

9. 金融机构若无法执行上述第6段至第8段的要求,则应当考虑提交可疑交易报告。

第三十四条 金融机构应当按照规定建立客户身份资料和交易记录保存制度。

在业务关系存续期间,客户身份信息发生变更的,应当及时更新。

客户身份资料在业务关系结束后、客户交易信息在交易结束后,应当至少保存十年。

金融机构解散、被撤销或者被宣告破产时,应当将客户身份资料和客户交易信息移交国务院有关部门指定的机构。

【释义】 本条是关于金融机构建立并执行客户身份资料和交易记录保存制度的规定。

2006年反洗钱法第十九条规定:"金融机构应当按照规定建立客户身份资料和交易记录保存制度。""在业务关系存续期间,客户身份资料发生变更的,应当及时更新客户身份资料。""客户身份资料在业务关系结束后、客户交易信息在交易结束后,应当至少保存五年。""金融机构破产和解散时,应当将客户身份资料和客户交易信息移交国务院有关部门指定的机构。"

2024年修订反洗钱法对该条作了以下修改:一是将第二款中的"客户身

份资料"修改为"客户身份信息"。根据目前的实践情况,"客户身份资料"难以涵盖金融机构需要记录保存的客户各类信息,修改后表述更准确。二是根据各方面意见,延长交易记录保存时间至10年。三是将第四款中的"破产"修改为"被撤销或者被宣告破产",与公司法、商业银行法的有关表述相衔接。

本条共分四款。第一款是关于金融机构应当按照规定建立客户身份资料和交易记录保存制度的规定。本款包含以下几个方面的内容:

第一,关于建立客户身份资料和交易记录保存制度,本法第六条作出原则性规定,即在中华人民共和国境内设立的金融机构和依照本法规定应当履行反洗钱义务的特定非金融机构,应当依法采取预防、监控措施,建立健全反洗钱内部控制制度,履行客户尽职调查、客户身份资料和交易记录保存、大额交易和可疑交易报告、反洗钱特别预防措施等反洗钱义务。

此外,2006年中国人民银行《金融机构反洗钱规定》第十条第一款规定,金融机构应当在规定的期限内,妥善保存客户身份资料和能够反映每笔交易的数据信息、业务凭证、账簿等相关资料。此外,2012年中国人民银行《支付机构反洗钱和反恐怖融资管理办法》、2021年中国人民银行、国家外汇管理局《银行跨境业务反洗钱和反恐怖融资工作指引(试行)》、2022年中国人民银行、中国银行保险监督管理委员会、中国证券监督管理委员会《金融机构客户尽职调查和客户身份资料及交易记录保存管理办法》等都对客户身份资料和交易记录保存作了具体规定。

第二,关于"客户身份资料"的理解。客户身份资料,是指在与客户建立业务关系以及业务关系存续期间获取的客户本人及与客户相关的自然人或者非自然人的身份信息、资料以及记载身份信息、资料的载体。

关于需要保存的客户身份资料的范围,2022年中国人民银行、中国银行保险监督管理委员会、中国证券监督管理委员会《金融机构客户尽职调查和客户身份资料及交易记录保存管理办法》第四十四条第一款规定:"金融机构应当保存的客户身份资料包括记载客户身份信息以及反映金融机构开展客户尽职调查工作情况的各种记录和资料。"概括而言,主要包括下列资料:

1. 记载客户本人、代理人、客户关系人、客户交易对手身份信息的资料,包括身份信息登记表格、身份证件的复印件和影像资料,使用外部渠道对客户、代理人、客户关系人、客户交易对手的身份进行核实和查验的结果等。

2. 非自然人客户股权或者控制权的相关信息，包括注册文件、存续证明文件、合伙协议、信托协议、备忘录、公司章程以及其他可以验证客户身份的文件。非自然人客户股东或者董事会成员登记信息，主要包括董事会、高级管理层和股东名单，各股东持股数量以及持股类型（包括相关的股权类型）等。

3. 对客户进行尽职调查所形成的尽职调查报告及相关信息资料。金融机构等对客户进行强化的身份识别措施所获取的信息资料，主要包括对客户业务关系目的和性质进行调查、了解所形成的相关信息资料；对客户经营活动状况、财产或资金来源进行调查所形成的相关信息资料；对客户交易及其背景情况、交易动机进行了解所形成的相关信息资料；建立、维持或者终止与客户业务关系的内容批准文件等。

4. 对外国政要、国际组织高级管理人员等特定自然人及其父母、配偶、子女等近亲属或者具有共同利益关系的其他自然人进行身份关系确认、识别的信息资料。

5. 其他辅助证明客户身份、受益所有人的资料和开展客户身份识别工作、受益所有人身份识别工作情况的资料。

第三，关于"客户交易记录"的理解。"客户交易记录"是指记载交易双方与交易信息的电子数据、业务凭证、账簿和其他资料及其载体。在现代支付中，支付过程中的登录验证措施、支付验证措施以及交易的地址信息（如 IP 地址）、位置信息（如 GPS 信息）、设备信息等都有助于判断客户的身份，分析交易的性质，在非面对面完成的支付交易中，有不可替代的价值。

关于需要保存的交易记录的范围，2022 年中国人民银行、中国银行保险监督管理委员会、中国证券监督管理委员会《金融机构客户尽职调查和客户身份资料及交易记录保存管理办法》第四十四条第二款规定："金融机构应当保存的交易记录包括关于每笔交易的数据信息、业务凭证、账簿以及有关规定要求的反映交易真实情况的合同、业务凭证、单据、业务函件和其他资料。"概括而言，需要保存的交易记录可以归纳为以下两种：

1. 账务变动类交易记录。主要包括：(1) 客户发起交易、请求付款的指令；(2) 记载包括支付指令在内的完整的交易报文；(3) 业务系统之间以及业务系统和外部系统之间的交互记录；(4) 反映交易真实情况的合同、业务函件和其他资料；(5) 纸质或者以其他形式存在的反映交易双方资金收付情况的记录凭证等。

2. 操作类交易记录。主要包括：（1）客户注册、登记操作信息；（2）绑定或解除绑定银行卡、预付卡的操作信息；（3）挂失和修改密码的操作信息；（4）注销、申领和挂失银行卡、预付卡的操作信息；（5）申领和挂失数字证书记录；（6）选定和撤销业务记录；（7）身份识别和交易验证操作记录；（8）变更身份信息；（9）调整业务功能；（10）调整交易限额；（11）变更资金收付方式等。

第二款是关于在业务关系存续期间，客户身份信息发生变更的，应当及时更新的规定。由于客户身份信息在业务关系存续期间可能发生变化，要及时进行更新。"及时"一般是指知道或者应当知道客户身份信息发生变更之日起的合理时间内。"更新"包括在业务系统中重新记载客户身份信息的最新内容，也包括保留更新前客户的身份信息，以及进行更新的依据。实践中，如果客户在身份信息发生变化的情况下，不通知金融机构，金融机构较难完成客户身份信息更新。

第三款是关于客户身份资料在业务关系结束后、客户交易信息在交易结束后，应当至少保存10年的规定。

关于保存时间。一般来看，保存相关记录5年是基本要求，2006年反洗钱法规定的时间即为5年。2022年中国人民银行、中国银行保险监督管理委员会、中国证券监督管理委员会《金融机构客户尽职调查和客户身份资料及交易记录保存管理办法》第四十六条规定："金融机构应当按照下列期限保存客户身份资料及交易记录：（一）客户身份资料自业务关系结束后或者一次性交易结束后至少保存5年；（二）交易记录自交易结束后至少保存5年。如客户身份资料及交易记录涉及正在被反洗钱调查的可疑交易活动，且反洗钱调查工作在前款规定的最低保存期限届满时仍未结束的，金融机构应当将相关客户身份资料及交易记录保存至反洗钱调查工作结束。同一介质上存有不同保存期限客户身份资料或者交易记录的，应当按最长保存期限保存。同一客户身份资料或者交易记录采用不同介质保存的，应当按照上述期限要求至少保存一种介质的客户身份资料或者交易记录。法律、行政法规对客户身份资料及交易记录有更长保存期限要求的，从其规定。"

各国反洗钱立法关于客户身份资料和交易记录保存期限规定并不完全一致，如美国、英国、比利时等国家规定为5年，德国、新加坡为6年，澳大利亚为7年,瑞士为10年。我国现行有关法律制度对客户身份资料和交易信息的保存要求也是比较严格的。例如,证券法第一百三十七条第二款规定,证券公司应当妥善保存客户开户资料、委托记录、交易记录和与内部管理、业务经营有关的各项信息,任何人不得隐匿、伪造、篡改或者毁损。上述信息的保存期限不得少于20年。根据本法规定,客户身份资料在业务关系结束后、客户交易信息在交易结束后,应当至少保存10年。

第四款是关于金融机构解散、被撤销或者被宣告破产时,应当将客户身份资料和客户交易信息移交国务院有关部门指定的机构的规定。

由于金融机构保存的客户身份资料和交易记录涉及客户隐私,客户身份资料和交易记录涉及客户的个人信息、财产信息等完整信息,一旦泄露易导致对客户隐私权的侵害,所以在金融机构解散、被撤销或者被宣告破产时,要将上述资料和信息移交指定机构。客户身份资料和交易记录保存需要将保护个人信息与维护公共利益、履行反洗钱职责、保护客户的财产安全有效地结合在一起。值得注意的是,一般而言,客户身份资料和交易记录保密的范围是金融机构等在业务过程中获取的客户身份资料和交易记录的全部信息。但是,有些非自然人的身份信息依据有关规定需要公示,或者是任何人都有权查询的公开信息,属于公示项目且已经公示过的身份信息,如登记机关公示的信息、经客户本人同意向他人提供的信息等,与金融机构应当保密的要求并不冲突。

研究该条规定时,我们还了解到FATF建议、国际公约关于反洗钱的一些规定,列举如下:

(一)FATF建议相关内容

11. 记录保存

各国应当要求金融机构将所有必要的国内和国际交易记录至少保存五年,以便金融机构能迅速提供主管部门所要求的信息。交易记录必须足以重现每一笔交易的实际情况(包括所涉金额和货币类型),以便在必要时提供起诉犯罪活动的证据。

各国应当要求金融机构在业务关系终止后,或者一次性交易结束后,继续保留至少五年通过客户尽职调查措施获得的所有记录(如护照、身份证、驾驶执照等官方身份证明文件或类似文件的副本或记录),账户档案和业务往来信函,以及所有分析结论(如关于复杂的异常大额交易的背景和目的的调查情况)。

法律应当要求金融机构保存交易记录和通过客户尽职调查措施获取的信息。

经过适当授权,本国主管部门应当可以获取交易记录和通过客户尽职调查措施获取的信息。

(二)国际公约的规定

根据《巴勒莫公约》第七条和《联合国反腐败公约》第十四条规定,各缔约国均应当在其权限范围内,对银行和非银行金融机构,包括对办理资金或者价值转移正规业务的自然人或者法人,并在适当情况下对特别易于涉及洗钱的其他机构,建立全面的国内管理和监督制度,以便遏制并监测各种形式的洗钱,这种制度应当着重就验证客户身份(和根据情况验证实际受益人身份)、保持记录和报告可疑交易作出规定。

第三十五条 金融机构应当按照规定执行大额交易报告制度,客户单笔交易或者在一定期限内的累计交易超过规定金额的,应当及时向反洗钱监测分析机构报告。

金融机构应当按照规定执行可疑交易报告制度,制定并不断优化监测标准,有效识别、分析可疑交易活动,及时向反洗钱监测分析机构提交可疑交易报告;提交可疑交易报告的情况应当保密。

【释义】 本条是关于金融机构执行大额交易和可疑交易报告制度的规定。

2006年反洗钱法第二十条规定:"金融机构应当按照规定执行大额交易和可疑交易报告制度。""金融机构办理的单笔交易或者在规定期限内的累计交易超过规定金额或者发现可疑交易的,应当及时向反洗钱信息中心报告。"

2024年修订反洗钱法对该条作了以下修改:一是将第二款中"发现可疑交易"修改为"有效识别、分析可疑交易活动"。将"发现"改为"有效识别",要求金融机构提高对可疑交易活动识别的精准性,还要在识别基础上,对可疑交易作进一步分析,也是可疑交易报告的必要内容。二是在第二款中增加了"制定并不断优化监测标准"。按照有关反洗钱的国际标准和各国反洗钱法律的规定,可疑交易的识别主要由金融机构自主判断。如何有效、及时地识别和发现可疑交易是反洗钱工作中的重要环节。监测标准是判断的依据,目前反洗钱工作不断发生新变化,根据实践情况,制定并优化监测标准非常有必要。三是将第二款中的"反洗钱信息中心"修改为"反洗钱监测分析机构",同时在第一款、第二款中规定大额交易和可疑交易报告均应向反洗钱监测分析机构报告;将大额交易的"规定期限"修改为"一定期限"等。四是增加"提交可疑交易报告的情况应当保密"的规定。主要考虑金融机构报告可疑交易不应向客户或者他人透露,避免影响反洗钱工作。

本条共分两款。第一款是关于大额交易报告制度有关要求的规定。

本款包含以下几个方面的内容:

第一,金融机构应执行大额交易报告制度。大额交易报告是指金融机构对规定金额以上的资金交易依法报告,包括大额现金交易报告和大额转账交易报告。对于大额交易的判断标准,2018年中国人民银行《金融机构大额交易和可疑交易报告管理办法》第五条规定:"金融机构应当报告下列大额交易:(一)当日单笔或者累计交易人民币5万元以上(含5万元)、外币等值1万美元以上(含1万美元)的现金缴存、现金支取、现金结售汇、现钞兑换、现金汇款、现金票据解付及其他形式的现金收支。(二)非自然人客户银行账户与其他的银行账户发生当日单笔或者累计交易人民币200万元以上(含200万元)、外币等值20万美元以上(含20万美元)的款项划转。(三)自然人客户银行账户与其他的银行账户发生当日单笔或者累计交易人民币50万元以上(含50万元)、外币等值10万美元以上(含10万美元)的境内款项划转。(四)自然人客户银行账户与其他的银行账户发生当日单笔或者累计交易人民币20万元以上(含20万元)、外币等值1万美元以上(含1万美元)的跨境款项划转。累计交易金额以客户为单位,按资金收入或者支出单边累计计算并报告。中国人民银行另有规定的除外。中国人民银行根据需要可以调整本条第一款规定的大额交易报告标准。"

第二,关于金融机构提交大额交易报告的有关要求。本款规定,客户单笔交易或者在一定期限内的累计交易超过规定金额的,应当及时向反洗钱监测分析机构报告。从实践情况看,以下两个问题需要注意:一是报告范围。2018年中国人民银行《金融机构大额交易和可疑交易报告管理办法》第六条规定,对同时符合两项以上大额交易标准的交易,金融机构应当分别提交大额交易报告。并非所有的大额交易都必须报告。2018年中国人民银行《金融机构大额交易和可疑交易报告管理办法》第七条规定："对符合下列条件之一的大额交易，如未发现交易或行为可疑的，金融机构可以不报告：（一）定期存款到期后，不直接提取或者划转，而是本金或者本金加全部或者部分利息续存入在同一金融机构开立的同一户名下的另一账户。活期存款的本金或者本金加全部或者部分利息转为在同一金融机构开立的同一户名下的另一账户内的定期存款。定期存款的本金或者本金加全部或者部分利息转为在同一金融机构开立的同一户名下的另一账户内的活期存款。（二）自然人实盘外汇买卖交易过程中不同外币币种间的转换。（三）交易一方为各级党的机关、国家权力机关、行政机关、司法机关、军事机关、人民政协机关和人民解放军、武警部队，但不包含其下属的各类企事业单位。（四）金融机构同业拆借、在银行间债券市场进行的债券交易。（五）金融机构在黄金交易所进行的黄金交易。（六）金融机构内部调拨资金。（七）国际金融组织和外国政府贷款转贷业务项下的交易。（八）国际金融组织和外国政府贷款项下的债务掉期交易。（九）政策性银行、商业银行、农村合作银行、农村信用社、村镇银行办理的税收、错账冲正、利息支付。（十）中国人民银行确定的其他情形。"二是报告时限。2018年中国人民银行《金融机构大额交易和可疑交易报告管理办法》第八条规定，金融机构应当在大额交易发生之日起5个工作日内以电子方式提交大额交易报告。

第二款是关于可疑交易报告制度的规定。

本款包括以下几个方面的内容：

第一，金融机构应当按照规定执行可疑交易报告。可疑交易报告是指金融机构按照反洗钱行政主管部门规定的标准，或者怀疑、有理由怀疑某项资金属于犯罪活动的收益或与恐怖分子筹资有关，应按照要求立即报告。2018年中国人民银行《金融机构大额交易和可疑交易报告管理办法》第十一条规定，金融机构发现或者有合理理由怀疑客户、客户的资金或者其他资产、客户的交易或者试图进行的交易与洗钱、恐怖融资等犯罪活动相关的，不论所涉资金金额或者资产价值大小，应当提交可疑交易报告。被洗钱分子利用的金融交易种类几乎是无穷尽的，对可疑交易很难作出明确定义或者列举，在立法中设定可疑交易报告标准的许多国家都在标准中规定"有合理理由怀疑与洗钱活动有关的交易"的兜底性条款。此外，对于既属于大额交易又属于可疑交易的交易,金融机构应当分别提交大额交易报告和可疑交易报告。

第二,为有效识别、分析可疑交易,金融机构应当制定并优化监测标准。2018年中国人民银行《金融机构大额交易和可疑交易报告管理办法》第十二条规定:"金融机构应当制定本机构的交易监测标准,并对其有效性负责。交易监测标准包括并不限于客户的身份、行为,交易的资金来源、金额、频率、流向、性质等存在异常的情形,并应当参考以下因素:(一)中国人民银行及其分支机构发布的反洗钱、反恐怖融资规定及指引、风险提示、洗钱类型分析报告和风险评估报告。(二)公安机关、司法机关发布的犯罪形势分析、风险提示、犯罪类型报告和工作报告。(三)本机构的资产规模、地域分布、业务特点、客户群体、交易特征,洗钱和恐怖融资风险评估结论。(四)中国人民银行及其分支机构出具的反洗钱监管意见。(五)中国人民银行要求关注的其他因素。"金融机构应当根据反洗钱工作的形势和特点,制定并不断优化监测标准,满足反洗钱工作实际需要。2018年中国人民银行《金融机构大额交易和可疑交易报告管理办法》第十三条规定:"金融机构应当定期对交易监测标准进行评估,并根据评估结果完善交易监测标准。如发生突发情况或者应当关注的情况的,金融机构应当及时评估和完善交易监测标准。"目前,利用虚拟货币、平台经济、数字经济等新技术、新产品、新业务洗钱的问题日益突出,洗钱手段越发隐蔽,对于反洗钱工作提出更高的要求,特别是在监测分析方面要不断优化完善,与时俱进。

第三,可疑交易报告程序。本款规定,金融机构应当按照规定执行可疑交易报告制度,及时向反洗钱监测分析机构提交可疑交易报告。2018年中国人民银行《金融机构大额交易和可疑交易报告管理办法》第十五条规定:"金融机构应当在按本机构可疑交易报告内部操作规程确认为可疑交易后,及时以电子方式提交可疑交易报告。"第十六条规定:"既属于大额交易又属于可疑交易的交易,金融机构应当分别提交大额交易报告和可疑交易报告。"

第四,反洗钱工作中要处理好大额交易和可疑交易报告与保护个人隐私、商业秘密的关系,本款规定,"提交可疑交易报告的情况应当保密"。金融机构和特定非金融机构提交的大额交易和可疑交易报告,其内容是客户的交易信息,涉及客户的隐私和商业秘密。我国商业银行法规定了"为存款人保密的原则",明确法律有相关规定的才能查询个人储蓄存款。反洗钱法关于大额交易和可疑交易报告的规定,是对商业银行的例外规定,主要是因为洗钱行为危害社会公共利益,反洗钱的目的就是预防洗钱犯罪活动、遏制洗钱等相关犯罪,在此种情况下,法律授权反洗钱义务主体履行相应的报告义务,可以消除反洗钱义务主体的顾虑,促使其按照法律要求履行反洗钱义务。但在反洗钱工作中尽可能地保护个人隐私和商业秘密是维护公民合法权益的要求。因此,本款规定提交可疑交易报告的情况应当保密。

在研究该条规定时,我们还了解到FATF建议、国际公约或者有关国家和地区关于反洗钱的一些规定,列举如下:

(一)FATF建议相关内容

20. 可疑交易报告

如果金融机构怀疑或有合理理由怀疑资金为犯罪活动收益,或与恐怖融资有关,金融机构应当依据法律要求,立即向金融情报中心报告。

21. 泄密与保密

金融机构及其负责人、管理人员和雇员应当:

(a)出于正当目的向金融情报中心报告可疑交易时受到法律保护,即便无法确定是何种犯罪以及犯罪活动是否实际发生,也不会因未遵守合同、法律、法规或行政性规定中关于信息披露的限制,而承担民事或刑事责任。

(b)依法禁止泄露向金融情报中心报告可疑交易或相关信息的事实。这并非旨在限制建议18规定的信息共享。

建议20的释义(可疑交易报告)

1.建议20所指的犯罪活动指所有构成洗钱上游犯罪的行为,或至少是建议3要求的构成上游犯罪的行为。强烈建议各国选择前者。

2.建议20所指的恐怖融资指资助恐怖活动、恐怖组织或恐怖分子,即使该资助未明确指向某一(系列)特定恐怖活动。

3.所有可疑的交易(包括试图进行的交易),不论金额大小,都应被报告。

4.可疑交易报告要求应作为一项直接的强制性义务,任何间接的或非明文规定的报告义务都不可接受,无论是出于可能遭到洗钱、恐怖融资或其他诉讼而报告,或其他任何原因(即所谓的"间接报告")。

(二)国际公约或者有关国家和地区的规定

1.《联合国反腐败公约》第十四条　预防洗钱的措施

各缔约国均应当:(a)在其权限范围内,对银行和非银行金融机构,包括对办理资金或者价值转移正规或非正规业务的自然人或者法人,并在适当情况下对特别易于涉及洗钱的其他机构,建立全面的国内管理和监督制度,以便遏制并监测各种形式的洗钱,这种制度应当着重就验证客户身份和视情况验证实际受益人身份、保持记录和报告可疑交易作出规定;

(b)在不影响本公约第四十六条的情况下,确保行政、管理、执法和专门打击洗钱的其他机关(在本国法律许可时可以包括司法机关)能够根据本国法律规定的条件,在国家和国际一级开展合作和交换信息,并应当为此目的考虑建立金融情报机构,作为国家中心收集、分析和传递关于潜在洗钱活动的信息。

第五十八条　金融情报机构

缔约国应当相互合作,以预防和打击根据本公约确立的犯罪而产生的所得转移,并推广追回这类所得的方式方法。为此,缔约国应当考虑设立金融情报机构,由其负责接收、分析和向主管机关转递可疑金融交易的报告。

2.《联合国打击跨国有组织犯罪公约》第七条　打击洗钱活动的措施

各缔约国均应:(a)在其力所能及的范围内,建立对银行和非银行金融机构及在适当情况下对其他特别易被用于洗钱的机构的综合性国内管理和监督制度,以便制止并查明各种形式的洗钱。这种制度应强调验证客户身份、保持记录和报告可疑的交易等项规定;

(b)在不影响本公约第十八条和第二十七条的情况下,确保行政、管理、执法和其他负责打击洗钱的当局(本国法律许可时可包括司法当局)能够根据其本国法律规定的条件,在国家和国际一级开展合作和交换信息,并应为此目的考虑建立作为国家级中心的金融情报机构,以收集、分析和传播有关潜在的洗钱活动的信息。

3.《制止向恐怖主义提供资助的国际公约》第十八条1(b)

采取措施规定金融机构和从事金融交易的其他行业使用现行效率最高的措施查证其惯常客户或临时客户,以及由他人代其开立帐户的客户的身份,并特别注意不寻常的或可疑的交易情况和报告怀疑为源自犯罪活动的交易。为此目的,缔约国应考虑:

(一)订立条例禁止开立持有人或受益人身份不明或无法查证的帐户,并采取措施确保此类机构核实此类交易真实拥有人的身份;

(二)在法律实体的查证方面,规定金融机构在必要时采取措施,从公共登记册或客户,或从两者处取得成立公司的证明,包括客户的名称、法律形

式、地址、董事会成员以及规定实体立约权力的章程等资料,以核实客户的合法存在和结构;

(三)制定条例迫使金融机构承担义务向主管当局迅速报告所有并无任何明显的经济目的或显而易见的合法目的的、复杂、不寻常的巨额交易以及不寻常的交易方式,无须担心因诚意告发而承担违反披露资料限制的刑事或民事责任;

(四)规定各金融机构将有关国内和国际交易的一切必要记录至少保存五年……

4. 日本大额交易制度

20 世纪 90 年代,为打击毒品交易,日本初步建立可疑交易申报制度,规定金融机构必须申报有关毒品犯罪收益的洗钱信息。2000 年开始实施的《有组织犯罪处罚法》将可疑交易的申报对象从毒品犯罪收益扩大到 200 余种重大犯罪收益交易。2002 年对《有组织犯罪处罚法》进行部分修正,将为恐怖主义活动提供资金等行为定义为犯罪,并将涉嫌为恐怖主义活动提供资金的交易纳入申报范畴。2007 年开始实施《防止犯罪收益转移法》,申报对象从原来的金融机构扩大到金融租赁、信用卡、住宅建筑交易、贵金属交易等企业,以及通过邮件及电话受理服务的企业等。此前由日本金融厅金融情报机关负责的打击洗钱犯罪职能也随之转移至警察厅,以加大针对可疑交易的打击力度。

日本目前公布的可疑交易报告主要涉及六大类。一是异常现金使用。如异常的大量现金使用及存取、短时间内频繁发生的交易及存取、大量小面额货币存款或兑换、大量现金存入夜间保险箱等。二是隐瞒真实账户持有人。如使用虚构账户进行存取、使用非账户持有人的法人实体账户进行存取款。三是账户使用异常。如开户后短时间内进行大额或频繁交易、与经常进行大额存取款账户相关的交易、账户现金退款后立即转账、与经常从多方接收汇款账户相关的交易、与以匿名或虚构名义接收资金账户相关的交易等。四是债券交易。如以现金形式支付大量债券买卖的交易、通过第三方开出支票或第三方汇款结算债券的交易等。五是境外交易。如提供虚假或不清楚的交易信息、短时间内频繁向他国转账且总额较大、不合理的大量资金收付,在打击洗钱和恐怖主义融资方面不合作的国家或地区,或非法药物来源的国家或地区进行的交易等。六是不合理还贷款及投资等。如计划外偿还逾期贷款、以贷款客户以外的第三方持有资产担保申请贷款、与通常不交易账户相关的交易、突然进行大量投资、无合理理由进行大额股份交易等。除此之外，可疑交易报告制度还规定了其他情况，如公职人员等发生与其收入不相称的高额交易、与有组织犯罪集团成员的交易、与被认为高度腐败的国家或地区的政治人物进行交易等。日本近年公布的《预防犯罪所得转移法案年度报告》显示，针对可疑交易报告的报案件数有逐年增加趋势，年均立案1000件以上。

5. 美国大额交易和可疑交易报告制度

在美国现行法律体系中，有关大额交易和可疑交易报告制度的主要规定如下：一是时限要求。金融机构必须在首次发现可能构成提交可疑活动报告基础的事实之日后30个自然日内提交可疑活动报告。如果在需要备案的事件发现之日没有发现嫌疑人，可将提交时间推迟30个自然日，以识别嫌疑人。但在任何情况下，报告不得晚于首次发现应报告交易之日后60个自然日。二是货币交易报告。金融机构须针对单日涉及货币超过1万美元的交易提交货币交易报告，这适用于现金存款和取款，有助于跟踪大额现金交易。三是可疑活动报告。金融机构在发现可能涉及洗钱或其他金融犯罪的交易时，必须提交可疑活动报告并向金融犯罪执法机构备案，为金融机构报告低于1万美元门槛但仍可能存在非法活动的潜在可疑交易提供了调查机制。四是客户尽职调查。金融机构需要进行客户尽职调查以了解客户关系的性质和目的。对于风险较高的客户和交易，需加强尽职调查，包括识别和验证法人实体客户的受益所有人。五是信息共享。金融机构可以参与信息共享计划，允许它们与执法部门共享有关涉嫌或已知的洗钱犯罪分子信息。这些机制共同创建了一个报告大额交易和可疑交易的高效机制，使执法机构能够快速有效调查和打击洗钱活动。

第三十六条 金融机构应当在反洗钱行政主管部门的指导下，关注、评估运用新技术、新产品、新业务等带来的洗钱风险，根据情形采取相应措施，降低洗钱风险。

【释义】 本条是关于金融机构对新技术、新产品、新业务等带来的洗钱风险进行防范的规定。

本条是 2024 年修订反洗钱法增加的规定。增加本条规定，主要考虑到，与传统洗钱方式相比，近些年利用虚拟币、网络直播平台等洗钱的新情况越发凸显，相关国际规则中也有这方面建议，为此增加了本条规定。根据这一规定，金融机构对于运用新技术、新产品、新业务等带来的洗钱风险要进行评估、判断及采取措施，反洗钱行政主管部门应当予以指导；对新技术、新产品、新业务采取的措施主要是洗钱防控措施，金融机构对于自行研发的新技术、新产品、新业务在上线前和运行过程中也要评估和关注洗钱风险。

本条包含以下几个方面的内容：

一是，金融机构对于运用新技术、新产品、新业务等带来的洗钱风险评估、判断及采取的措施，应当在反洗钱行政主管部门的指导下进行。本法第二十三条规定，国务院反洗钱行政主管部门会同国家有关机关开展国家、行业洗钱风险评估，发布洗钱风险指引，及时监测与新领域、新业态相关的新型洗钱风险，根据洗钱风险状况优化资源配置，完善监督管理措施。反洗钱行政主管部门应建立并完善相关指导规范，可以出台相关规范性文件。

二是，关于"关注、评估运用新技术、新产品、新业务等带来的洗钱风险"。2017 年《国务院办公厅关于完善反洗钱、反恐怖融资、反逃税监管体制机制的意见》中规定，"鼓励创新和坚守底线并重，妥善应对伴随新业务和新业态出现的风险。建立健全反洗钱义务机构洗钱和恐怖融资风险自评估制度，对新产品、新业务、新技术、新渠道产生的洗钱和恐怖融资风险自主进行持续识别和评估，动态监测市场风险变化，完善有关反洗钱监管要求"。本条对以上要求在法律层面作了进一步明确。新技术、新产品、新业务包括但不限于比特币及泰达币等虚拟货币、电子商务、平台经济、数字经济以及大数据、区块链、云计算等。实践中需要注意的是，在本条适用中要统筹发展和安全。新技术、新产品、新业务是新生事物，不能仅因新技术、新产品、新业务自身可能存在的风险就判断为洗钱风险，要及时关注、客观评估，综合考虑新生事物发展的特点和阶段。

三是，关于"采取相应措施，降低洗钱风险"。对新技术、新产品、新业务采取的措施不等同于洗钱风险管理措施，而是洗钱防控措施。对于经评估，所运用的新技术、新产品、新业务存在洗钱风险的，金融机构对于自行研发的新技术、新产品、新业务在上线前和运行过程中要评估和关注洗钱风险，对于存在较大漏洞可能被广泛用于实施洗钱的，要及时暂停相关技术、产品、业务上线。金融机构在日常管理中,经评估发现其所运用的新技术、新产品、新业务存在洗钱风险的,也要及时采取措施,降低风险。对于利用新技术、新产品、新业务实施洗钱行为的,可以根据本法第三十条的规定,采取相应洗钱风险管理措施。

在研究该条规定时,我们还了解到FATF建议关于反洗钱的一些规定,列举如下:

15. 新技术

各国和金融机构应当识别、评估可能由下列情形带来的洗钱与恐怖融资风险:(a)开发新产品和新业务(包括新的交付机制);(b)对新产品和现有产品应用新技术或正在研发的技术。金融机构应当在启用新产品、开展新业务以及应用新技术(或正在研发的技术)前进行风险评估,并采取适当措施管理和降低此类风险。

……

建议15的释义(新技术)

1. 为了适用FATF建议,各国应将虚拟资产视为"财产""收益""资金""资金或其他资产"或其他"同等价值"。各国应将虚拟资产和虚拟资产服务提供商(virtual asset service providers, VASP)纳入FATF建议规定的相关措施。

2. 根据建议1,各国应当识别、评估和理解虚拟资产活动以及虚拟资产服务提供商活动或运营过程中产生的洗钱、恐怖融资和扩散融资风险。基于评估,各国应根据风险为本方法,确保预防和降低洗钱和恐怖融资风险的措施与识别出的风险相匹配。各国应采取适当措施,管理和降低识别出的扩散融资风险。各国应要求虚拟资产服务提供商识别、评估并采取有效措施降低其洗钱、恐怖融资和扩散融资风险。

3. 各国应要求虚拟资产服务提供商经过审批或登记注册。作为最低要求,各国应要求虚拟资产服务提供商在其设立地获得审批或登记注册。对于是自然人的虚拟资产服务提供商,各国应要求其在营业地经过审批或登记注册。对于向某国家或地区的客户提供产品或服务,或在某国家或地区进行运营的虚拟资产服务提供商,该国家或地区可以要求其在本国家或地区经过审批或登记注册。主管部门应采取必要的法律或监管措施,防止犯罪分子或其同伙持有虚拟资产服务提供商的重要或控制权益,或者是其重要或控制权益的受益所有人,或担任管理职能。各国应采取行动识别未经审批或登记注册即开展虚拟资产服务提供活动的自然人或法人,并对其采取适当处罚。

4. 对于已经在其境内通过审批或登记注册为金融机构(见FATF建议的定义)并据此从事虚拟资产服务提供商活动的自然人或法人,由于其已经需要履行FATF建议规定的全部适用义务,各国无须再行实施单独的审批或登记注册制度。

5. 为降低虚拟资产带来的洗钱和恐怖融资风险,各国应当确保虚拟资产服务提供商受到充分的反洗钱与反恐怖融资监管或监测,确保其有效执行FATF建议的相关要求。虚拟资产服务提供商应受到有效体系的监测,确保符合本国反洗钱和反恐怖融资要求。虚拟资产服务提供商应由主管部门(而非自律组织)按照风险为本的要求进行监管或监测。监管部门应有足够的权力进行监管或监测,并确保虚拟资产服务提供商遵守打击洗钱和恐怖融资的要求,包括开展检查、强制要求提供信息和实施处罚。监管部门应有权实施一系列惩戒和经济处罚,包括在适用情况下撤销、限制或暂停虚拟资产服务提供商的审批许可或登记注册。

6. 各国应确保根据建议35建立一套有效、适当并具劝诫性的处罚措施,包括刑事、民事或行政处罚措施,以处罚未能遵守反洗钱与反恐怖融资要求的虚拟资产服务提供商。处罚措施应不仅适用于虚拟资产服务提供商,还应适用于其董事和高级管理层。

7. 在预防性措施方面,建议10至建议21的要求在符合下列情况的前提下适用于虚拟资产服务提供商:

(a)建议10——对一次性交易进行客户尽职调查的起点是1000欧元/美元。

(b)建议16——就虚拟资产转账,各国应当确保机构(即汇出虚拟资产服务提供商,下同)获取并持有必要的和准确的汇出人信息以及必要的接收人信息,确保汇出机构立即、安全地将上述信息提交给接收机构(即虚拟资产服务提供商,下同)或接收金融机构(如有),确保汇出机构能够根据要求向主管部门提供上述信息。就虚拟资产转账,各国应当确保接收机构获取并持有必要的汇出人信息和必要、准确的接收人信息,确保接收机构能够根据要求向主管部门提供上述信息。建议16的其他要求(包括监测信息的可获得性、对列名个人和实体采取冻结和禁止交易措施)同样适用。金融机构代表客户汇出或接受虚拟资产转账时,适用相同的义务。

8.各国应根据 FATF 建议 37 至建议 40,快速、有效和建设性地就涉及虚拟资产的洗钱、上游犯罪和恐怖融资提供最广泛的国际合作。尤其是,虚拟资产服务提供商的监管部门应当迅速、建设性地与外国对口部门交换信息,不应受制于双方监管部门的性质、地位以及对虚拟资产服务提供商的不同称谓和定位。

> 第三十七条 在境内外设有分支机构或者控股其他金融机构的金融机构,以及金融控股公司,应当在总部或者集团层面统筹安排反洗钱工作。为履行反洗钱义务在公司内部、集团成员之间共享必要的反洗钱信息的,应当明确信息共享机制和程序。共享反洗钱信息,应当符合有关信息保护的法律规定,并确保相关信息不被用于反洗钱和反恐怖主义融资以外的用途。

【释义】 本条是关于在总部或者集团层面应当统筹安排反洗钱工作以及如何共享反洗钱信息的规定。

本条是2024年修订反洗钱法增加的规定。从2006年制定反洗钱法至今,金融行业得到了巨大的发展,金融领域市场化、法治化、国际化不断加强。部分金融机构规模不断发展壮大,在境内外设立多家分支机构;部分金融机构开展跨业投资,控股多家其他类型金融机构,形成了金融集团,如中国平安保险(集团)股份有限公司;还有部分非金融法人、自然人通过设立公司投资控股多家多类金融机构,该公司成为金融控股公司,如央企金控、地方金控、民企金控。考虑到,部分金融机构以及金融控股公司与其旗下的分支机构、控股附属机构形成的金融集团,具有规模大、业务多元化、关联度较高等特点,比传统的单一业务金融机构更复杂,本条规定,应当在总部或集团层面对反洗钱工作作出统筹安排,以共同做好反洗钱工作,形成反洗钱工作合力。

在立法过程中,有意见提出,草案一审稿曾规定"应当在总部或者集团层面建立统一的反洗钱制度",考虑到"统一"的含义,是指整个集团层面共用一个反洗钱制度,还是指总部或者集团出台一个原则性反洗钱规定,不清楚,且对于具有跨境业务的金融机构和外资金融机构,能否完整适用国内集团总部的反洗钱规定尚不明确,建议将"建立统一的反洗钱制度"修改为"统筹安排反洗钱工作",最终采纳了该意见。还有意见提出,为履行反洗钱义务在公司内部、集团成员之间进行共享的反洗钱信息,主要是金融机构客户群体的个人信息,应当按照个人信息保护法的有关规定,对个人信息的采集、使用、传输、共享和保密有一定程度的限制,并做好与个人信息保护法的协调衔接。考虑到,个人信息保护法对个人信息处理规则、跨境提供的规则、个人信息处理者的义务等作了规定,除此之外,民法典、消费者权益保护法、网络安全法、数据安全法等也对个人信息受法律保护的基本规则作了规定,本法增加了衔接性的内容,规定"应当符合有关信息保护的法律规定",并对公司内部、集团成员之间共享反洗钱信息的机制和程序作了要求。

本条可以从以下几个方面进行理解:

第一,本条适用主体主要是两类:一是在境内外设有分支机构或者控股其他金融机构的金融机构,二是金融控股公司。对于第一类主体,其本身还是金融机构,但是由于在境内外设有分支机构(往往数量较多),或者控股了其他金融机构,形成了集团规模,比如工商银行、建设银行等国有四大行总行,均属于在境内外设有众多分支机构且控股了保险、金融租赁等其他金融机构的情形;同时,这类主体的集团总部与分支机构之间从属性强、业务关联度高,其具有资源调度、信息汇集沟通的天然优势。从总部或者集团层面统筹安排反洗钱工作、规范反洗钱信息共享机制,有利于金融机构本身及其分支机构、附属控股金融机构更好地履行本法规定的反洗钱义务,确保集团整体合规。对于第二类主体,即金融控股公司,根据2020年9月11日中国人民银行印发的《金融控股公司监督管理试行办法》,是指依法设立,控股或实际控制两个或两个以上不同类型金融机构,自身仅开展股权投资管理、不直接从事商业性经营活动的有限责任公司或股份有限公司。金融控股公司与所控股的金融机构共同构成的企业法人联合体,就是金融控股集团。金融控股公司这种通过股权投资控制管理各类金融子公司的组织模式,既有利于资源整合加强竞争优势,又有利于更好地隔离风险,符合我国目前以分业经营、分业监管为原则的金融政策。在金融控股公司总部或者集团层面统筹安排反洗钱工作、明确反洗钱信息共享规则,有利于其控股的金融机构更有效地履行反洗钱义务。

第二,本条要求在总部或者集团层面统筹安排反洗钱工作。相比"制定统一的反洗钱制度""统一的反洗钱策略"而言,统筹安排反洗钱工作的表述更为灵活。统筹安排反洗钱工作,应当围绕本法规定的反洗钱义务,包括建立健全反洗钱内部控制制度、建立客户尽职调查制度、采取适当的洗钱风险管理措施等。符合条件的金融机构或者金融控股公司,可以根据集团情况、金融业务类型、境内外法律政策、公司治理结构等,制定详略得当的集团反洗钱工作机制安排。此类机制安排既应当与其规模业务和风险程度相匹配,也应与其分支机构和控股附属机构的业务相匹配,以保证其在分支机构、控股附属机构层面能得到有效执行。如可以根据金融机构公司治理结构的特点,在集团及分支机构层面各自做好相应安排,必要时,可以共享反洗钱信息。

实践中需要注意的是,在境外开设分支机构或者控股境外金融机构的金融机构以及金融控股集团,应当确保其境外分支机构和控股附属金融机构在驻在国或地区法律规定允许范围内最大限度地执行集团或总部层面的反洗钱工作安排,驻在国或地区有更严格要求的,可以遵守其规定。如果驻在国或地区反洗钱与反恐怖融资的要求不及本国严格,且驻在国或地区不允许我国金融机构或金融控股公司在集团或者总部层面安排的反洗钱措施的合理实施,则集团或者总部层面应采取适当的补充措施应对境外的洗钱和恐怖融资风险,并依法及时向中国人民银行或者其他监管部门报告。要求我国金融机构以及金融控股公司与其境外的分支机构、控股附属机构遵守统一的反洗钱工作安排,有助于保护我国公民和企业在境内外的合法权益,也为阻止他国不当域外适用法律提供连接点。

第三,为履行反洗钱义务在公司内部、集团成员之间共享必要的反洗钱信息的,应当明确信息共享机制和程序。

金融机构为履行反洗钱义务,一方面可以依据本法第三十三条通过反洗钱行政主管部门以及公安、市场监督管理、民政、税务、移民管理、电信管理等部门依法核实客户身份等有关信息;另一方面还可以在金融机构与金融机构之间共享必要的反洗钱信息,以打破"信息孤岛",更好地应对犯罪分子利用跨行业、跨市场、跨机构交易给洗钱监测带来的挑战。其中,公司内部或者集团成员之间进行信息共享更具有必要性和便利性。2018年中国人民银行反洗钱局《法人金融机构洗钱和恐怖融资风险管理指引(试行)》和2021年中国人民银行、国家外汇管理局《银行跨境业务反洗钱和反恐怖融资工作指引(试行)》均规定,金融机构应当建立内部信息共享制度和工作机制,对于高风险客户或高风险业务,银行可通过系统内部共享信息查证客户提供的证明材料的真实性。

这里"必要的"反洗钱信息，是指共享的反洗钱信息应当遵循最小必要原则，在范围上限定在为了履行特定的反洗钱义务所必需的信息。如果请求分享的集团成员已经掌握部分反洗钱信息，那么该成员机构应仅请求分享或查看其不掌握的另一部分反洗钱信息，只有在合理怀疑已获取信息真实性的情况下才可以进行交叉验证。这里的"机制"，主要是指公司内部、集团成员之间进行反洗钱信息共享的工作机制及共享系统。例如，通过制定内部文件、召开会议、定期会商等形式，就反洗钱信息共享的前提、范围、负责机构、保密、反馈与处理等作出规范。又如，将数据电子化，建立内部的反洗钱信息共享系统，提高反洗钱信息共享的效率和透明度。这里的"程序"，主要是指公司内部、集团成员之间共享必要的反洗钱信息时提请、审核、处理、接收、抄送、监督管理等的程序规定。

第四，共享必要的反洗钱信息，还应当符合有关信息保护的法律规定，并确保相关信息不被用于反洗钱和反恐怖主义融资以外的用途。本法第七条规定了反洗钱信息的使用与保密规则，第一款规定对反洗钱信息应当保密，同时规定了"非依法律规定"的例外，为本条的实施留出了空间。在本法的反洗钱信息保护原则下，即使是在公司内部、集团成员之间共享反洗钱信息，也应当受到严格限制。本条作了两个方面的限制：一是应当符合有关信息保护的法律规定；二是确保相关信息不被用于反洗钱和反恐怖主义融资以外的用途。

关于应当符合有关信息保护的法律规定。(1)共享必要的反洗钱信息应当遵循个人信息保护原则。我国公民的个人信息受法律保护，民法典、个人信息保护法、消费者权益保护法、网络安全法等均有对个人信息保护的相关规定。根据上述法律，我国处理个人信息的基本原则是遵循合法、正当、必要和诚信原则，与处理目的直接相关，采取对个人权益影响最小的方式。(2)共享必要的反洗钱信息应当符合个人信息处理的具体规则。个人信息保护法第四条第一款规定，个人信息是以电子或者其他方式记录的与已识别或者可识别的自然人有关的各种信息，不包括匿名化处理后的信息。本法规定的反洗钱信息很多也属于个人信息。个人信息保护法第十三条、第十四条规定了个人信息处理规则。对于金融机构为履行反洗钱义务而共享相关信息的，应当取得个人同意，且该同意应当由个人在充分知情的前提下自愿、明确作出。实践中，集团公司在内部或成员之间共享反洗钱信息通常会采取两种做法:一是对经过脱敏处理的"标签化信息"进行共享。根据反洗钱工作要求,集团可以通过技术处理对客户个人信息进行脱敏,形成只显示洗钱风险评价等"标签化信息"的内容,在成员公司之间进行共享。二是合法取得客户授权。如在格式合同中嵌入个人信息共享条款,通过加粗加红弹出框等方式提请客户知情,在自愿的前提下取得客户同意等。

关于确保相关信息不被用于反洗钱和反恐怖主义融资以外的用途。主要是本法第七条关于反洗钱信息的使用与保密规定在本条的进一步体现,与反洗钱行政主管部门和其他依法负有反洗钱监督管理职责的部门、司法机关等主体一样,金融机构在使用履行反洗钱义务时获得的客户身份资料和交易信息时,也应当限于反洗钱和反恐怖主义融资的目的或用途。这也是有关信息保护法律规定中关于处理个人信息应当遵循必要原则、与处理目的直接相关在本法中的进一步明确体现。

在研究该条规定时,我们还了解到FATF建议关于反洗钱的一些规定,列举如下:

18. 内部控制、境外分支机构和附属机构

各国应当要求金融机构实施反洗钱与反恐怖融资机制安排。同时,各国应当要求金融集团在集团层面实施反洗钱与反恐怖融资机制安排,包括在集团内部出于反洗钱与反恐怖融资目的而共享信息的政策和程序。

各国应当要求金融机构确保其境外分支机构和控股附属机构通过实施金融集团反洗钱与反恐怖融资机制安排,从而执行与母国落实FATF建议相一致的反洗钱与反恐怖融资要求。

建议18的释义(内部控制境外分支机构和附属机构)

4. 金融集团的反洗钱与反恐怖融资机制安排应适用于集团所有分支机构和控股附属机构。此类机制安排应包括上述(a)至(c)项措施,也应与分支机构和控股附属机构的业务相匹配,并在分支机构和控股附属机构层面被有效执行。这些机制安排应包括为开展客户尽职调查、洗钱和恐怖融资风险管理而制定的信息共享制度和程序。在必要的情况下,出于反洗钱与反恐怖融资目的,分支机构和附属机构应向集团总部合规、审计以及反洗钱与反恐怖融资部门提供客户、账户和交易信息。这些信息应包括关于异常交易或异常活动的信息和分析(如有),可以包括可疑交易报告及其背后的信息或已提交可疑交易报告这一事实。类似地,分支机构和附属机构也应当从集团层面的部门接收此类与风险管理相关的信息。在保密和共享信息使用方面应有充分的保护措施，包括防止泄密。各国可根据信息的敏感程度以及与反洗钱与反恐怖融资风险管理的相关程度，决定信息共享的范围和程度。

> **第三十八条** 与金融机构存在业务关系的单位和个人应当配合金融机构的客户尽职调查，提供真实有效的身份证件或者其他身份证明文件，准确、完整填报身份信息，如实提供与交易和资金相关的资料。
>
> 单位和个人拒不配合金融机构依照本法采取的合理的客户尽职调查措施的，金融机构按照规定的程序，可以采取限制或者拒绝办理业务、终止业务关系等洗钱风险管理措施，并根据情况提交可疑交易报告。

【释义】 本条是关于与金融机构存在业务关系的单位和个人应当配合客户尽职调查以及不配合的后果的规定。

2006年反洗钱法第十六条第七款规定："任何单位和个人在与金融机构建立业务关系或者要求金融机构为其提供一次性金融服务时，都应当提供真实有效的身份证件或者其他身份证明文件。"

2024年修订反洗钱法对该条作了以下修改。一是，调整了适用情形及适用主体。第一款将"任何单位和个人在与金融机构建立业务关系或者要求金融机构为其提供一次性金融服务时"修改为"与金融机构存在业务关系的单位和个人"，与本法第三十条规定的持续的客户尽职调查衔接，将客户配合义务由一次性金融服务扩展至业务存续期间。二是，完善了客户配合义务的内涵。由仅需要提供"真实有效的身份证件或者其他身份证明文件"改为"提供真实有效的身份证件或者其他身份证明文件，准确、完整填报身份信息，如实提供与交易和资金相关的资料"。主要考虑到，实践中买卖身份证件、利用他人身份证明开户的现象增多，除了提供真实身份证件外，还应当填报本人身份信息，通过准确、完整填报身份信息筛选掉利用他人身份证件开户、对开户本人不了解的人，同时还要如实提供与交易和资金相关的资料，为客户身份的合法、真实、有效提供三重保险。三是，对拒不配合的单位和个人，规定金融机构可以按照规定的程序采取相应洗钱风险管理措施，并根据情况提交可疑交易报告。本款规定与本法第二十八条"金融机构不得为身份不明的客户提供服务或者与其进行交易"，以及第三十条第一款对存在洗钱高风险情形的必要时可以采取"洗钱风险管理措施"的规定相衔接,对"拒不配合"导致"身份不明"的客户,进一步明确金融机构可以采取的后续措施。

2024年修订反洗钱法将客户配合尽职调查的义务单独作为一条,是出于实践需要和提高客户尽职调查制度有效性的考虑。客户尽职调查是预防犯罪分子进入金融体系的第一道防线,是反洗钱工作的核心内容。实践中,个人对尽职调查的配合程度影响金融机构反洗钱工作的有效性。同时,我国缺少个人反洗钱义务立法,影响金融机构反洗钱义务履行,不利于对与现金有关的洗钱犯罪活动、买卖账户、虚假账户、个人恐怖融资等行为的有效打击。因此,对于不配合的客户,应当允许金融机构采取相应的应对措施,降低洗钱风险。同时,金融机构属于独立的经营性市场主体,在提供金融服务方面,其有权基于风险判断和自身风险防控策略,拒绝提供金融服务,对于特别异常的情况,还应当提交可疑交易报告。

本条共分两款。第一款是关于与金融机构存在业务关系的单位和个人应当配合金融机构的客户尽职调查,提供真实有效的相关信息的规定。本款可以从以下三个方面加以理解:

第一,与金融机构存在业务关系的单位和个人既包括与金融机构建立业务关系、业务关系存续期间的单位和个人,也包括接受金融机构提供的规定金额以上一次性金融服务的单位和个人,还包括委托代理人办理业务的单位和个人。

第二,配合客户尽职调查,需要提供真实有效的身份证件或者其他身份证明文件,准确、完整填报身份信息,如实提供与交易和资金相关的资料。所谓"身份证件或者其他身份证明文件",主要是指居民身份证、临时居民身份证明、户口簿、军人身份证件、武装警察身份证件、港澳居民来往内地通行证、台湾居民来往大陆通行证等,以及非自然人的营业执照等证件。所谓"准确、完整填报身份信息",主要是指客户在填报相关身份信息时,应当遵循诚实信用原则,尤其是在金融合同订立过程中,应当准确、完整填报,对有关情况如实说明。所谓"与交易和资金相关的资料",主要是指能够证明资金的合法来源、去向以及使用情况的资料,比如证明资金来源的银行对账单或交易明细、收入证明、资产证明(如房产证)等,证明资金使用情况的发票收据或者转账记录等支出凭证、合同或协议、财务报告或账目等。

第三，本条与本法第二十八条属于关联条款。本法第二十八条第二款规定金融机构不得为身份不明的客户提供服务或者与其进行交易，不得为客户开立匿名账户或者假名账户，不得为冒用他人身份的客户开立账户。金融机构为客户提供包括开立账户、资金交易等金融服务，是基于金融机构与客户之间的服务合同关系。客户有权享受金融机构提供的金融服务，也有义务履行民法典及合同约定中有关诚实信用的相关规定，提供真实、有效的客户资料。本条对此作了进一步明确，也为金融机构履行反洗钱义务提供便利。

第二款是关于对拒不配合的单位和个人，金融机构按照规定的程序，可以采取一定的洗钱风险管理措施，并根据情况提交可疑交易报告的规定。本款可以从以下三个方面进行理解：

第一，适用主体是"拒不配合金融机构依照本法采取的合理的客户尽职调查措施的"单位和个人。"拒不配合"主要是指不提供真实有效的身份证件，不填报有关的身份信息，不提供或者提供虚假的交易和资金资料等。"拒不配合"的对象是金融机构依照本法采取的合理的客户尽职调查措施。

本法第二十九条第二款规定了依照本法采取的客户尽职调查措施，包括识别并采取合理措施核实客户及其受益所有人身份，了解客户建立业务关系和交易的目的，涉及较高洗钱风险的，还应当了解相关资金来源和用途。第三款规定，金融机构开展客户尽职调查，应当根据客户特征和交易活动的性质、风险状况进行，对于涉及较低洗钱风险的，金融机构应当根据情况简化客户尽职调查。据此，"合理的"客户尽职调查措施应当是根据客户特征和交易活动的性质、风险状况等综合判断所涉洗钱风险，采取的有针对性的、适当的客户尽职调查措施。金融机构应当依照本法第三十条规定，平衡好管理洗钱风险与优化金融服务的关系，不得采取与洗钱风险状况明显不相匹配的措施，保障与客户依法享有的医疗、社会保障、公用事业服务等相关的基本的、必需的金融服务。

第二，"拒不配合"的法律后果之一。本法第二十八条、第二十九条规定了客户尽职调查的内容和要求，对于拒不配合的，金融机构按照规定的程序，可以采取限制或者拒绝办理业务、终止业务关系等洗钱风险管理措施。采取洗钱风险管理措施，应当同时符合本法第三十条要求。本法第三十条规定，对存在洗钱高风险情形的，必要时可以采取限制交易方式、金额或者频次，限制业务类型，拒绝办理业务，终止业务关系等洗钱风险管理措施。同时规定金融机构采取洗钱风险管理措施,应当在其业务权限范围内按照有关管理规定的要求和程序进行,不得采取与洗钱风险状况明显不相匹配的措施。

第三,"拒不配合"的法律后果之二是,金融机构可以根据情况提交可疑交易报告。根据2018年中国人民银行《金融机构大额交易和可疑交易报告管理办法》第十一条规定,金融机构发现或者有合理理由怀疑客户、客户的资金或者其他资产、客户的交易或者试图进行的交易与洗钱、恐怖融资等犯罪活动相关的,不论所涉资金金额或者资产价值大小,应当提交可疑交易报告。根据该管理办法,金融机构通常通过本机构制定的交易监测标准对所有交易行为进行监测,并对筛选出的异常交易进行人工分析、识别、记录,不作为可疑交易报告的,应当记录分析排除的合理理由;确认为可疑交易的,应当在5个工作日内提交可疑交易报告。

对于本条规定的拒不配合尽职调查的客户,可能存在洗钱嫌疑或者经交易监测已经发现可疑交易特征,金融机构在排查或者二次审核相关资料时,客户却拒不配合,使可疑交易的嫌疑无法排除,最终经金融机构可疑交易报告内部操作规程确认为可疑交易后依法上报。

需要注意的是,关于金融机构采取洗钱风险管理措施与提交可疑交易报告的关系。采取洗钱风险管理措施依据的是相关洗钱风险状况,至于是否要提交可疑交易报告,则要根据2018年中国人民银行《金融机构大额交易和可疑交易报告管理办法》的相关规定执行,二者并非对应关系。

对于提交可疑交易报告后,是否需要采取洗钱风险管理措施。2017年中国人民银行《关于加强开户管理及可疑交易报告后续控制措施的通知》指出,不少金融机构和支付机构在报送可疑交易报告后,未能对报告涉及的客户、账户及资金采取必要控制措施,仍提供无差别的金融服务,致使犯罪资金及其收益被顺利转移,洗钱等犯罪活动持续或最终发生。对于如何采取必要的"后续控制措施",该通知指出各金融机构和支付机构应当遵循"风险为本"和"审慎均衡"原则,对可疑交易报告所涉客户、账户(或资金)和金融业务及时采取适当的后续控制措施。包括但不限于:(1)对可疑交易报告所涉客户及交易开展持续监控,若可疑交易活动持续发生,则定期(如每3个月)或额外提交报告;(2)提升客户风险等级,并根据2013年中国人民银行《金融机构洗钱和恐怖融资风险评估及客户分类管理指引》及相关内控制度规定采取相应的控制措施;(3)经机构高层审批后采取措施限制客户或账户的交易方式、规模、频率等,特别是客户通过非柜面方式办理业务的金额、次数和业务类型;(4)经机构高层审批后拒绝提供金融服务乃至终止业务关系;(5)向相关金融监管部门报告;(6)向相关侦查机关报案。由此可见,提交可疑交易报告后,也并不必然要采取洗钱风险管理措施,而是应当基于风险情况具体判断。

> **第三十九条** 单位和个人对金融机构采取洗钱风险管理措施有异议的,可以向金融机构提出。金融机构应当在十五日内进行处理,并将结果答复当事人;涉及客户基本的、必需的金融服务的,应当及时处理并答复当事人。相关单位和个人逾期未收到答复,或者对处理结果不满意的,可以向反洗钱行政主管部门投诉。
>
> 前款规定的单位和个人对金融机构采取洗钱风险管理措施有异议的,也可以依法直接向人民法院提起诉讼。

【释义】 本条是关于单位和个人对金融机构采取洗钱风险管理措施有异议的,可以采取提出异议、对异议处理不满的投诉或者直接向法院起诉等救济手段的规定。

本条是2024年修订反洗钱法增加的规定,是对金融机构客户的权利救济规定。本法第三十条第一款规定,在业务关系存续期间,金融机构应当持续关注并评估客户整体状况及交易情况,了解客户的洗钱风险。发现客户进行的交易与金融机构所掌握的客户身份、风险状况等不符的,应当进一步核实客户及其交易有关情况;对存在洗钱高风险情形的,必要时可以采取限制交易方式、金额或者频次,限制业务类型,拒绝办理业务,终止业务关系等洗钱风险管理措施。本法第三十八条第二款规定,单位和个人拒不配合金融机构依照本法采取的合理的客户尽职调查措施的,金融机构按照规定的程序,可以采取限制或者拒绝办理业务、终止业务关系等洗钱风险管理措施,并根据情况提交可疑交易报告。这些规定是基于金融机构履行反洗钱义务、防范洗钱风险的需要。但同时,洗钱风险管理措施涉及对客户交易活动的限制,金融机构不当采取洗钱风险管理措施侵害单位和个人合法权益的,也应当赋予单位和个人一定的权利救济手段。实践中,部分金融机构存在出于审慎合规等考虑,不合理地限制客户相关业务的情形,影响客户的正常交易,给当事人带来损失。为了维护客户的合法权利，避免洗钱风险管理措施的滥用，最大可能保障正常客户基本的、必需的金融服务，有必要对客户的权利救济途径作出明确规定。

在立法过程中，有意见提出，一审稿曾规定单位和个人提出异议的，金融机构收到后应当在"二十日内进行核查、处理，并将结果书面答复当事人"。考虑到，实践中银行等传统金融机构基于反洗钱法、反电信网络诈骗法等法律对客户账户采取风险管理措施时，客户通常会直接采取电话或线上投诉，银行等金融机构一般都会按照内部有关客户投诉处理规定的要求即时进行处理，需要进一步核查、处理的，再到相关营业网点进行线下处理。一审稿中"二十日"的时限可能导致客户遭受的物质损失进一步扩大。同时，随着互联网银行、互联网保险、非银行支付机构等新型金融组织模式的兴起和发展，这些客户规模庞大、无线下营业网点的互联网金融机构，在处理客户投诉、进行资料核查等方面确实需要一定的时间，综合考虑，建议适当缩短异议处理时限至"十五日"，并在答复方式上给予适当灵活度，不限于书面答复。

本条共分两款。第一款是关于单位和个人对金融机构采取洗钱风险管理措施有异议的，向金融机构提出异议的处理程序规定。本款包含以下两个方面的内容：

第一，单位和个人对洗钱风险管理措施有异议的，首先可以向金融机构寻求救济。具体而言，单位和个人可以向金融机构提出异议，金融机构应当在 15 日内进行处理，并将结果答复当事人；涉及客户基本的、必需的金融服务的，应当及时处理并答复当事人。可以通过电话、网上留言、App 申请、柜台等线上线下多种方式提出异议；金融机构的"答复"也不限于书面，可以包括电话、电子邮件、短信通知以及客户服务系统中的录音回复；"十五日内"是指 15 个自然日；"涉及客户基本的、必需的金融服务的"与本法第三十条第二款的相关规定含义相同，主要是指客户依法享有的医疗、社会保障、公用事业服务等相关的基本的、必需的金融服务，影响到这部分金融服务正常运行的，需要金融机构立即采取措施对洗钱风险管理措施进行重新审查，避免影响客户的基本生活需求。

实践中，金融机构有多项风险管理措施，客户被采取管控措施可能由多重因素导致。以银行账户限制交易为例，客户账户被限制通常可能由本法规定的洗钱风险管理措施导致，还可能因为支付结算要求、外汇管制要求、反电信诈骗要求等,目前金融机构采取管控措施引发的大部分投诉是由涉电信诈骗导致的。客户在进行投诉时对管控的原因与依据是不知情的,需要金融机构按照内部流程规定快速确认采取管控措施的依据,对涉及洗钱风险管理措施的,依据本条进行处理;对涉及电信网络诈骗的,依据反电信网络诈骗法的相关规定,将处置原因、救济渠道及需要提交的资料等事项告知客户,客户可通过申诉渠道解除有关措施;对同一个账户或者同一笔交易上涉多种管控措施的,分别依照相关法律规定予以救济。需要注意的是,2018年中国人民银行《金融机构大额交易和可疑交易报告管理办法》第二十三条规定,金融机构及其工作人员应当对依法监测、分析、报告可疑交易的有关情况予以保密,不得违反规定向任何单位和个人提供。据此,采取洗钱风险管理措施同时涉及可疑交易报告的,金融机构应当对可疑交易报告有关情况予以保密。

另外,考虑到本法是反洗钱领域的基本法律,反洗钱行政主管部门可以会同有关主管部门对金融系统主动采取的风险管控措施出台相关细则或实施规定,金融机构在实践中要尤其注意保障客户基本、必需的金融服务。

第二,相关单位和个人逾期未收到金融机构答复,或者对处理结果不满意的,可以向反洗钱行政主管部门投诉。根据本款,向金融机构提出异议是向反洗钱行政主管部门进一步投诉的前置程序,只有当相关单位和个人逾期未收到答复,或者对处理结果不满意的,才可以进一步向反洗钱行政主管部门投诉。这项规定主要考虑到金融机构是相关规定的直接执行者,执行风险管控措施应有明确的法律依据,由其先行处理可以及时发现问题,如果采取措施确实不合理,也可及时通过内部程序进行反映和完善。

关于向反洗钱行政主管部门投诉。2020年中国人民银行《金融消费者权益保护实施办法》,对银行业金融机构和非银行支付机构开展包含"与反洗钱管理相关的"金融消费者权益保护工作作出了规定。该实施办法第三十五条第一款规定,金融消费者与银行、支付机构发生金融消费争议的,鼓励金融消费者先向银行、支付机构投诉,鼓励当事人平等协商,自行和解。根据该实施办法,中国人民银行分支机构设立投诉转办服务渠道。金融消费者对银行、支付机构作出的投诉处理不接受的,可以通过银行、支付机构住所地、合同签订地或者经营行为发生地中国人民银行分支机构进行投诉。金融消费者通过中国人民银行分支机构进行投诉,应当提供以下信息:姓名,有效身份证件信息,联系方式,明确的投诉对象及其住所地,具体的投诉请求、事实和理由。中国人民银行分支机构收到金融消费者投诉的,应当自收到投诉之日起7个工作日内作出下列处理:(1)对投诉人和被投诉机构信息、投诉请求、事实和理由等进行登记。(2)作出是否接收投诉的决定。决定不予接收的,应当告知投诉人。(3)决定接收投诉的,应当将投诉转交被投诉机构处理或者转交金融消费纠纷调解组织提供调解服务。银行、支付机构收到中国人民银行分支机构转交的投诉,还应当按要求向中国人民银行分支机构反馈投诉处理情况。

第二款是前款规定的单位和个人对金融机构采取洗钱风险管理措施有异议的,也可以依法直接向人民法院提起诉讼的规定。

本款赋予有关单位和个人可以直接采取的第二种救济途径——民事诉讼。2024年11月4日《全国人民代表大会宪法和法律委员会关于〈中华人民共和国反洗钱法(修订草案)〉审议结果的报告》指出,"商业银行与客户之间是平等主体间的民事关系,洗钱风险管理措施不是行政管制"。因此,金融机构采取洗钱风险管理措施侵犯相关单位和个人客户的合法权益的,应当依法承担民事责任。其中,提起民事诉讼的主体为被采取洗钱风险管理措施的单位和个人,受洗钱风险管理措施影响的交易对方可以依据民事诉讼法有关规定以法律上有利害关系的第三人身份参加诉讼;被起诉方为采取洗钱风险管理措施的金融机构,对后续投诉进行处理的反洗钱行政主管部门不是本条规定的诉讼主体。

综上,根据本法,对于被采取洗钱风险管理措施的单位和个人,可以通过"投诉或起诉"的途径实现权利救济。

实践中需要注意的是,本法要求金融机构采取洗钱风险管理措施,应当遵循"风险为本""比例适当"的原则。本条为保障有关单位和个人合法权益,规定了"客户—金融机构—反洗钱行政主管部门"或者"直接向人民法院提起诉讼"的维权沟通渠道。法律对金融机构的反洗钱工作提出了更高的要求,需要金融机构确保反洗钱措施适当性和客户服务响应及时性,否则会直接面临相应的投诉及诉讼风险。目前,国内有关反洗钱措施正当性的司法案例较少,2020年最高人民法院民二庭评选的全国法院十大商事案例中对此作了一定探索,提出了金融机构和相关企业如何恰当履行相关反洗钱法律义务的判决意见。

第四十条 任何单位和个人应当按照国家有关机关要求对下列名单所列对象采取反洗钱特别预防措施：

（一）国家反恐怖主义工作领导机构认定并由其办事机构公告的恐怖活动组织和人员名单；

（二）外交部发布的执行联合国安理会决议通知中涉及定向金融制裁的组织和人员名单；

（三）国务院反洗钱行政主管部门认定或者会同国家有关机关认定的，具有重大洗钱风险、不采取措施可能造成严重后果的组织和人员名单。

对前款第一项规定的名单有异议的，当事人可以依照《中华人民共和国反恐怖主义法》的规定申请复核。对前款第二项规定的名单有异议的，当事人可以按照有关程序提出从名单中除去的申请。对前款第三项规定的名单有异议的，当事人可以向作出认定的部门申请行政复议；对行政复议决定不服的，可以依法提起行政诉讼。

反洗钱特别预防措施包括立即停止向名单所列对象及其代理人、受其指使的组织和人员、其直接或者间接控制的组织提供金融等服务或者资金、资产，立即限制相关资金、资产转移等。

第一款规定的名单所列对象可以按照规定向国家有关机关申请使用被限制的资金、资产用于单位和个人的基本开支及其他必需支付的费用。采取反洗钱特别预防措施应当保护善意第三人合法权益，善意第三人可以依法进行权利救济。

【释义】 本条是关于反洗钱特别预防措施的规定。

本条是2024年修订反洗钱法增加的规定。

本章规定的金融机构、有关单位和个人的反洗钱义务，主要是为了防范、监测、发现、遏制可能存在的洗钱、恐怖主义融资活动，防止不法人员利用金融机构进行洗钱，防止恐怖活动组织和人员利用金融机构获取资金支持。同时，对于一些已经被有关部门依照法律规定的机制确认，从事恐怖活动，或者具有重大洗钱风险的组织和人员，采取本章其他一般性的反洗钱预防措施，已经不足以防止他们进行洗钱或者恐怖主义融资活动，必须在一般性预防措施的基础上，采取义务主体更加广泛、针对性更加明确、严厉性更强的特别预防措施，防止这些组织和人员进行恐怖主义融资、洗钱等违法犯罪活动。我国反恐怖主义法第二章规定了恐怖活动组织和人员的认定，其中第十四条规定，金融机构和特定非金融机构对国家反恐怖主义工作领导机构的办事机构公告的恐怖活动组织和人员的资金或者其他资产，应当立即予以冻结，并按照规定及时向国务院公安部门、国家安全部门和反洗钱行政主管部门报告。对外关系法第三十五条规定，国家采取措施执行联合国安全理事会根据《联合国宪章》第七章作出的具有约束力的制裁决议和相关措施。对前款所述制裁决议和措施的执行，由外交部发出通知并予公告。国家有关部门和省、自治区、直辖市人民政府在各自职权范围内采取措施予以执行。在中国境内的组织和个人应当遵守外交部公告内容和各部门、各地区有关措施，不得从事违反上述制裁决议和措施的行为。本条根据反洗钱工作的需要，并与反恐怖主义法和对外关系法的规定相衔接，规定了对有关名单所列对象采取反洗钱特别预防措施的制度，并明确了反洗钱特别预防措施的具体内容。

本法第四条规定，反洗钱工作应当依法进行，确保反洗钱措施与洗钱风险相适应，保障正常金融服务和资金流转顺利进行，维护单位和个人的合法权益。本条规定的反洗钱特别预防措施的实施也要符合第四条规定的精神，在防范和遏制恐怖主义融资、洗钱活动的同时，尽量减少对正常金融服务和资金流转的影响，保障相关组织和个人的合法权益。反恐怖主义法第十五条规定了被认定的恐怖活动组织和人员对认定不服的救济措施。联合国有关文件也规定了被采取定向金融制裁措施的组织和人员的救济措施。本条根据本法第四条规定的原则，并与反恐怖主义法等规定相衔接，在规定反洗钱特别预防措施的同时，还明确了被采取反洗钱特别预防措施相关组织和个人的救济渠道，以及对相关组织和个人有关合法权益的保障措施。

本条共分四款。第一款是关于采取反洗钱特别预防措施的主体和对象的规定。

本款规定了两个方面的内容。一是采取反洗钱特别预防措施的主体，是任何单位和个人，不限于金融机构和特定非金融机构。这是因为被采取反洗钱特别预防措施的组织和个人，都是经过有关国家机关、国际组织认定，确定正在从事恐怖主义活动或者有关违法犯罪，或者从事洗钱、恐怖主义融资风险重大的组织和个人，对他们应当采取严厉的反洗钱预防措施。本款规定，单位和个人应当按照"国家有关机关"要求采取反洗钱特别预防措施。这里规定的"国家有关机关"是指本款规定的国家反恐怖主义工作领导机构及其办事机构、外交部、国务院反洗钱行政主管部门等机关。二是采取反洗钱特别预防措施的对象。本款规定了三类应当采取反洗钱特别预防措施的对象：

第一类是国家反恐怖主义工作领导机构认定并由其办事机构公告的恐怖活动组织和人员名单。反恐怖主义法第十二条规定，国家反恐怖主义工作领导机构根据该法第三条的规定，认定恐怖活动组织和人员，由国家反恐怖主义工作领导机构的办事机构予以公告。第十三条规定了有关部门申请认定恐怖活动组织和人员的机制，即国务院公安部门、国家安全部门、外交部门和省级反恐怖主义工作领导机构对于需要认定恐怖活动组织和人员的，应当向国家反恐怖主义工作领导机构提出申请。截至目前，我国国家反恐怖主义工作领导机构已认定并由其办事机构公告了多批恐怖活动和组织人员名单。这些被认定的恐怖活动组织和人员，都是已经或者正在从事恐怖活动的违法犯罪人员，他们的恐怖活动对国家安全、公共安全和公民、组织的人身、财产安全具有严重危害。根据刑法、反恐怖主义法的有关规定，任何人不得为恐怖活动提供帮助，为恐怖活动组织和人员提供资金支持，本身就是恐怖活动的一种。因此本款将这部分组织和人员规定为反洗钱特别预防措施的对象。

第二类是外交部发布的执行联合国安理会决议通知中涉及定向金融制裁的组织和人员名单。多年来，联合国安理会为防范和制止恐怖主义和恐怖融资，以及大规模杀伤性武器扩散及扩散融资，通过了一系列决议，如第1267号、第1373号决议等，这些决议列出一些涉及恐怖活动、大规模杀伤性武器扩散的组织和人员，规定对他们实行定向金融制裁。联合国决议要求各国应当有法律授权，明确国内主管部门负责定向金融制裁的实施和执行，而且这一义务应当覆盖全部义务机构和其他单位和个人。我国作为联合国安理会常任理事国和负责任大国，执行联合国安理会决议是应当履行的国际义务。对外关系法第三十五条明确了由外交部发出通知并予公告。本款根据履行我国国际义务的要求，与对外关系法衔接，明确对相关组织和个人采取反洗钱特别预防措施。

第三类是国务院反洗钱行政主管部门认定或者会同国家有关机关认定的，具有重大洗钱风险、不采取措施可能造成严重后果的组织和人员名单。此类名单由国务院反洗钱行政主管部门，或者国务院反洗钱行政主管部门会同国家有关机关认定。这里规定的"国家有关机关"，包括外交、商务等涉外领域的主管部门，也包括相关特定非金融机构的行业主管部门。列入此类名单的组织和人员,可以是境内组织和人员,也可以是境外组织和人员。国务院反洗钱行政主管部门和有关部门认定此类名单,应当根据有关组织和个人洗钱风险的实际情况,综合考虑该组织和个人是否具有重大洗钱风险,且不采取措施是否可能造成严重后果等相关情况审慎决定。这为我国在金融领域对外国的不当执法、非法制裁等措施实施反制,维护我国国家安全和利益,提供了比较灵活的法律空间。根据本法第五十七条第二款的规定,境外金融机构违反本法第四十九条规定,对国家有关机关的调查不予配合的,国务院反洗钱行政主管部门可以根据情形将其列入本法第四十条第一款第三项规定的名单。

第二款是关于对采取反洗钱特别预防措施名单有异议的当事人的救济程序的规定。

被列入本条第一款规定的采取反洗钱特别预防措施对象的名单的组织和个人,将被采取本条第三款规定的反洗钱特别预防措施,对该组织和个人的财产权利有重大影响。根据本法第四条规定的精神,应当给予被列入名单的组织和个人提出异议的救济权利和渠道。根据本款规定,被列入本条第一款规定的名单的组织和个人对名单有异议的,都有权提出异议、申请救济。本款对第一款规定的三类名单,分别规定了三种不同的救济渠道:

一是,对本条第一款第一项规定的名单有异议的,当事人可以依照反恐怖主义法的规定申请复核。反恐怖主义法第十五条规定,被认定的恐怖活动组织和人员对认定不服的,可以通过国家反恐怖主义工作领导机构的办事机构申请复核。国家反恐怖主义工作领导机构应当及时进行复核,作出维持或者撤销认定的决定。复核决定为最终决定。国家反恐怖主义工作领导机构作出撤销认定的决定的,由国家反恐怖主义工作领导机构的办事机构予以公告;资金、资产已被冻结的,应当解除冻结。这一规定明确了被认定为恐怖活动组织和人员的救济渠道,本款属于衔接性规定。如果国家反恐怖主义工作领导机构撤销了认定,依据本条采取的反洗钱特别预防措施也就相应撤销。需要指出的是,反恐怖主义法考虑到认定恐怖活动组织和人员,属于涉及国家安全、体现国家主权的国家行为,规定国家反恐怖主义工作领导机构的复核决定为最终决定,不能再向法院提起诉讼。

二是,对本条第一款第二项规定的名单有异议的,当事人可以按照有关程序提出从名单中除去的申请。本条第一款第二项规定的名单,来源于联合国安理会决议。联合国安理会相关决议和 FATF 建议 6、建议 7 释义中都明确，对认为不符合或不再符合列名标准的个人和实体，可以向联合国安理会递交除名请求。如果联合国有关制裁委员会已经将个人或实体除名，资产冻结义务则不再存在。本款规定的"有关程序"，就是指联合国安理会决议规定的除名程序。

三是，对本条第一款第三项规定的名单有异议的，当事人可以向作出认定的部门申请行政复议；对行政复议决定不服的，可以依法提起行政诉讼。本条第一款第三项规定的国务院反洗钱行政主管部门认定或者会同国家有关机关，将有关组织和人员列入名单的行为，属于行政机关作出的对组织和个人的财产权利有重大影响的行政行为，根据行政复议法和行政诉讼法规定的精神，本款明确了相关组织和个人依照本法和行政复议法、行政诉讼法申请行政复议、提起行政诉讼的权利。需要明确的是，当事人不能直接向人民法院提起行政诉讼。根据行政复议法第二十三条第二款的规定，对于这类复议前置的行政行为，作出认定的行政机关在作出认定时应当告知被列入名单的组织和人员先向行政复议机关申请行政复议。

第三款是关于反洗钱特别预防措施内容的规定。

根据本款，反洗钱特别预防措施的具体内容包括三个方面：一是立即停止向名单所列对象及其代理人、受其指使的组织和人员、其直接或者间接控制的组织提供金融等服务。二是立即停止向名单所列对象及其代理人、受其指使的组织和人员、其直接或者间接控制的组织提供资金、资产。三是立即限制相关资金、资产转移等。由于采取反洗钱特别预防措施的主体范围广泛，包括金融机构和特定非金融机构，也包括其他任何单位和个人。不同主体采取反洗钱特别预防措施的具体内容可能各不相同。这些主体都应当根据本款的精神，根据职责、业务的具体情形，立即采取相应措施，防止洗钱、恐怖主义融资等违法犯罪活动的发生。

本条规定的反洗钱特别预防措施，义务主体广泛，措施内容严厉，是反洗钱、反恐怖主义融资的重器、利器。使用得当，可以有效遏制洗钱、恐怖主义融资活动。如果使用不当，也可能给单位和个人的合法权益、正常金融服务和资金流转带来不利影响，甚至引发负面舆情。有关主管部门在适用本条时，既要积极主动，又要审慎稳妥，尽可能做到精准适当。

第四款是关于对被采取反洗钱特别预防措施的对象和善意第三人合法

权益保障的规定。

本款体现了本法第四条规定的精神,包含两方面的内容。一是第一款规定的名单所列对象可以按照规定向国家有关机关申请使用被限制的资金、资产用于单位和个人的基本开支及其他必需支付的费用。根据这一规定,名单所列对象如果要使用被限制的资金、资产,在程序上要按照规定向国家有关机关申请并获得许可,在用途上只能用于单位和个人的基本开支及其他必需支付的费用。"基本开支"包括维持基本生活的费用等,"其他必需支付的费用"包括医疗、社会保障、需要支付的水费电费供热费等公用事业费用,员工的工资等,具体范围可以由国家有关机关确定。

二是采取反洗钱特别预防措施应当保护善意第三人合法权益,善意第三人可以依法进行权利救济。这里规定的善意第三人,主要是指被列入名单的组织和个人的善意交易对象,对他们合法的财产权益,应当予以保护。这里规定的"依法进行权利救济",包括向有关主管部门申诉,向法院提起诉讼等。

在研究该条规定时,我们还了解到 FATF 建议、国际公约关于反洗钱的一些规定,列举如下:

(一)FATF 建议相关内容

6. 与恐怖主义及恐怖融资相关的定向金融制裁

各国应实施定向金融制裁制度,以遵守联合国安理会关于防范和制止恐怖主义及恐怖融资的决议。这些决议要求各国毫不延迟地冻结被列名个人或实体的资金或其他资产,并确保没有任何资金或其他资产被直接或间接地提供给被列名个人或实体,或使其受益。这些个人或实体指:(i)根据《联合国宪章》第七章,由联合国安理会列名,或者由其授权列名的个人或实体,包括根据第 1267(1999)号决议及其后续决议作出的指定;(ii)根据第 1373(2001)号决议,由该国列名的个人或实体。

7. 与大规模杀伤性武器扩散融资相关的定向金融制裁

各国应实施定向金融制裁制度,以遵守联合国安理会关于防范、制止和瓦解大规模杀伤性武器扩散及扩散融资的决议。这些决议要求各国毫不延迟地冻结被列名个人或实体的资金或其他资产,并确保没有任何资金或其他资产被直接或间接地提供给被列名个人或实体,或使其受益。这些个人或实体指《联合国宪章》第七章规定的由联合国安理会列名或根据其授权列名的个人或实体。

FATF建议6、7的释义都提到,各国应当制定和实施公开程序,在本国认为被列名个人和实体不再符合列名标准时,向安理会递交除名请求。一旦安理会或有关制裁委员会作出除名决定,资产冻结义务则不复存在。对根据安理会决议列名的个人和实体,各国应当建立适当的法律授权和程序或机制,对不再符合列名标准的个人和实体予以除名或解除冻结。各国还应当建立相关程序,应当事人请求,允许法院或其他独立的主管部门对列入名单的决定进行审查。如果各国认为安理会或者安理会有关制裁委员会列入名单的个人和实体的资金或其他资产为基本开支,支付特定种类的费用、支出和服务费用,或者特殊开支所必需的费用,各国应当按照安理会规定的程序授权动用这些资金或其他资产。各国必须尊重人权和法治,确认善意第三人的权利。

(二)国际公约的规定

《制止向恐怖主义提供资助的国际公约》第八条

1. 每一缔约国应根据其本国法律原则采取适当措施,以便识别、侦查、冻结或扣押用于实施或调拨以实施第2条所述罪行的任何资金以及犯罪所得收益,以期加以没收。

2. 每一缔约国应根据其本国法律原则采取适当措施,以没收用于实施或调拨以实施第2条所述罪行的资金,以及犯罪所得收益

……

第四十一条 金融机构应当识别、评估相关风险并制定相应的制度,及时获取本法第四十条第一款规定的名单,对客户及其交易对象进行核查,采取相应措施,并向反洗钱行政主管部门报告。

【释义】 本条是关于金融机构采取反洗钱特别预防措施相关义务的规定。

本条是2024年修订反洗钱法增加的规定。

本法第四十条规定了反洗钱特别预防措施,根据该条第一款的规定,采取反洗钱特别预防措施的主体是"任何单位和个人",包括金融机构、特定非金融机构,以及其他单位和个人。规定这样广泛的义务主体,是发动全社会

的力量广泛参与,最大范围地预防和遏制列入名单的高风险组织和人员的洗钱和恐怖主义融资活动。同时,金融机构作为从事货币流通行业的专门机构,被从事洗钱、恐怖主义融资违法犯罪活动的个人和组织利用的风险较大,在落实本法第四十条规定的反洗钱特别预防措施方面,除了与其他组织和个人履行同等的义务,即按照第四十条第三款的规定采取有关措施以外,还需要履行符合金融机构特点的特别、专门义务,以更好地把反洗钱特别预防措施落实到位,切实发挥好这一反洗钱利器的作用。2006年反洗钱法实施以来,反洗钱行政主管部门、国务院有关金融管理部门已经就金融机构针对涉及恐怖活动、被联合国决议采取金融制裁的组织和个人,采取识别、评估相关风险,停止交易、冻结资产等措施,并向相关主管部门报告等,制定了一些规范性文件,指导金融机构开展相关实践。本条与第四十条的规定相衔接,总结相关领域的实践经验,参照有关国际标准,对金融机构采取反洗钱特别预防措施的相关义务作了明确规定。

根据本条,金融机构落实本法第四十条的规定,对相关对象采取反洗钱特别预防措施,应当履行以下几个方面的义务:

第一,识别、评估相关风险并制定相应的制度,主要是对本法第四十条第一款名单所列对象及相关人员利用金融机构进行洗钱、恐怖主义融资活动的风险进行识别,并制定相应的内部防范、处置制度。根据有关规范性文件,金融机构应当根据客户特性、地域、业务(含金融产品、金融服务)、行业(含职业)四类基本要素,结合实际情况,对洗钱风险进行评估,建立相应的内部反洗钱制度。

第二,及时获取本法第四十条第一款规定的名单,包括国家反恐怖主义工作领导机构认定并由其办事机构公告的恐怖活动组织和人员名单;外交部发布的执行联合国安理会决议通知中涉及定向金融制裁的组织和人员名单;国务院反洗钱行政主管部门认定或者会同国家有关机关认定的,具有重大洗钱风险、不采取措施可能造成严重后果的组织和人员名单三类。相关名单更新、修改的,金融机构应当及时获取更新、修改后的名单。本条规定金融机构应当及时获取本法第四十条第一款规定的名单。实践中对于相关名单,有的金融机构存在获取不便或者需要向第三方机构购买的情况。国务院反洗钱行政主管部门等应当积极采取措施,为金融机构获取准确的相关名单提供便利。

第三,对客户及其交易对象进行核查,采取相应措施。在获取三类名单的基础上,根据名单进行实时监测和核查。核查的对象不仅包括客户,还包括其交易对象。发现客户及其交易对象是名单所列对象及相关人员时,应当立即按照本法第四十条第三款的规定采取相应措施。包括立即停止向名单所列对象及其代理人、受其指使的组织和人员、其直接或者间接控制的组织提供金融等服务或者资金、资产,立即限制相关资金、资产转移等。

第四,及时向反洗钱行政主管部门报告。报告的内容包括发现客户或其交易对象属于名单所列对象的情况,已经采取相应措施的情况,名单所列对象企图进行的交易情况等。通过及时报告,可以使反洗钱行政主管部门及时掌握相关情况,采取相应调查、处置、移送等措施。

2006年反洗钱法、2015年反恐怖主义法实施以来,国务院反洗钱行政主管部门等在一些规范性文件中就金融机构针对特定名单所列对象采取识别、监测、处置、报告等措施作了一些规定。如2013年1月中国人民银行印发的《金融机构洗钱和恐怖融资风险评估及客户分类管理指引》,2018年9月中国人民银行反洗钱局印发的《法人金融机构洗钱和恐怖融资风险管理指引(试行)》,2019年1月原中国银行保险监督管理委员会公布的《银行业金融机构反洗钱和反恐怖融资管理办法》,2021年4月中国人民银行公布的《金融机构反洗钱和反恐怖融资监督管理办法》等。本条与这些文件相关规定的精神是一致的。本法施行后,有关部门可以根据法律规定和实践需要,进一步完善相关规定。

金融机构依照本条规定,采取反洗钱特别预防措施,性质上属于按照国家有关机关的要求,落实强制性的行政措施,与本法第三十八条规定的金融机构在其业务权限范围内采取的洗钱风险管理措施不同,涉及强制性停止交易、冻结资产等,异议和救济途径也不适用本法第三十九条的规定。但金融机构依照法律规定,按相关部门要求采取反洗钱特别预防措施,也应当做到精准识别名单所列对象,避免发生错误采取措施对无关人员或组织的正常金融服务产生不当影响。

同时,金融机构应当严格按照本法第四十条第一款的规定确定采取反洗钱特别预防措施的对象范围。反外国制裁法第十二条第一款规定:"任何组织和个人均不得执行或者协助执行外国国家对我国公民、组织采取的歧视性限制措施。"实践中,有的金融机构通过第三方机构获取相关名单的,应当注意不得将外国国家违反国际法和国际关系基本准则,或者以各种借口或者依据其本国法律对我国进行遏制、打压,对我国公民、组织采取歧视性限制措施,而发布的组织、人员名单纳入反洗钱特别预防措施名单范围。

在研究该条规定时,我们还了解到FATF建议关于反洗钱的一些规定,列举如下:

6. 与恐怖主义及恐怖融资相关的定向金融制裁

各国应实施定向金融制裁制度,以遵守联合国安理会关于防范和制止恐怖主义及恐怖融资的决议。这些决议要求各国毫不延迟地冻结被列名个人或实体的资金或其他资产,并确保没有任何资金或其他资产被直接或间接地提供给被列名个人或实体,或使其受益。这些个人或实体指:(i)根据《联合国宪章》第七章,由联合国安理会列名,或者由其授权列名的个人或实体,包括根据第1267(1999)号决议及其后续决议作出的指定;(ii)根据第1373(2001)号决议,由该国列名的个人或实体。

7. 与大规模杀伤性武器扩散融资相关的定向金融制裁

各国应实施定向金融制裁制度,以遵守联合国安理会关于防范、制止和瓦解大规模杀伤性武器扩散及扩散融资的决议。这些决议要求各国毫不延迟地冻结被列名个人或实体的资金或其他资产,并确保没有任何资金或其他资产被直接或间接地提供给被列名个人或实体,或使其受益。这些个人或实体指《联合国宪章》第七章规定的由联合国安理会列名或根据其授权列名的个人或实体。

FATF建议6、建议7的释义都提到,各国应当要求金融机构以及特定非金融行业和职业向主管部门报告被冻结的资产,以及按照有关安理会决议禁止交易要求所采取的行动,包括试图进行的交易,并确保这些信息能被主管部门有效地利用。

第四十二条 特定非金融机构在从事规定的特定业务时,参照本章关于金融机构履行反洗钱义务的相关规定,根据行业特点、经营规模、洗钱风险状况履行反洗钱义务。

【释义】 本条是关于特定非金融机构在从事规定的特定业务时履行反洗钱义务的规定。

2006年反洗钱法第三十五条规定："应当履行反洗钱义务的特定非金融机构的范围、其履行反洗钱义务和对其监督管理的具体办法，由国务院反洗钱行政主管部门会同国务院有关部门制定。"2024年修订反洗钱法对该条中涉及特定非金融机构履行反洗钱义务的内容作了修改，进一步明确了特定非金融机构的反洗钱义务。特定非金融机构在从事规定的特定业务时，参照本法第三章关于金融机构履行反洗钱义务的相关规定，根据行业特点、经营规模、洗钱风险状况履行反洗钱义务。2006年反洗钱法实施以来，我国在特定非金融行业已初步搭建起反洗钱规范性文件基础框架体系，特定非金融机构在现行法律规范框架体系下已探索积累了一定的履行反洗钱义务的实践经验，本条在2006年反洗钱法的基础上，进一步明确了特定非金融机构具体履行相应的反洗钱义务。

本条是关于特定非金融机构在从事规定的特定业务时履行反洗钱义务的规定。包含以下几个方面的内容：

第一，特定非金融机构只有在从事规定的特定业务时才需要履行反洗钱义务。根据本法第六十四条规定，房地产开发企业或者房地产中介机构在提供房屋销售、房屋买卖经纪服务时；会计师事务所、律师事务所、公证机构在接受委托为客户办理买卖不动产、代管资金、证券或者其他资产，代管银行账户、证券账户，为成立、运营企业筹措资金以及代理买卖经营性实体业务时；交易商在从事规定金额以上贵金属、宝石现货交易时，应当履行反洗钱义务。上述特定业务具备业务活动的金融性或准金融性、现金交易的密集性、商品价值的贵重性、服务类型的专业性等特征，相比其他非金融行业洗钱风险更高，因此本条规定有关主体在从事上述业务时应当履行反洗钱义务。有关主体在从事其他业务时，由于洗钱风险较小，依法不需要履行反洗钱义务。

第二，特定非金融机构参照本法第三章关于金融机构履行反洗钱义务的相关规定履行反洗钱义务。根据本法第三章规定，金融机构在预防和控制洗钱方面的核心义务主要有：按照"了解你的客户"原则对客户进行尽职调查、客户身份资料和交易记录保存、报告大额和可疑交易等。尽管利用特定非金融机构洗钱和利用金融机构洗钱在洗钱的方法方面有所不同，但上述对于金融机构的防范措施同样适用于特定非金融机构，因其制度的核心功能是在了解客户的基础上识别可疑交易，以便将来在有权部门侦查、起诉洗钱犯罪时，提供线索和证据。因此，特定非金融机构应当依法采取预防、监控措施，建立健全反洗钱内部控制制度,履行客户尽职调查、客户身份资料和交易记录保存、大额交易和可疑交易报告、反洗钱特别预防措施等反洗钱义务。同时,第三章还对金融机构履行相关反洗钱义务提出了具体要求。考虑到特定非金融机构与金融机构在防范洗钱方面的义务虽然有相同之处,但也存在较大的不同,因此,本条本着求同存异的原则,区分两者的法律义务,规定特定非金融机构参照本法关于金融机构履行反洗钱义务的相关规定履行反洗钱义务,而不是完全按照本法关于金融机构履行反洗钱义务的相关规定履行反洗钱义务。

第三,特定非金融机构履行的具体反洗钱义务应当与行业特点、经营规模、洗钱风险状况相适应。本法对特定非金融机构的反洗钱义务只是进行了原则性规定。按照本法第十五条第一款的授权,国务院有关特定非金融机构主管部门或者国务院反洗钱行政主管部门会同国务院有关特定非金融机构主管部门可以根据反洗钱工作的实际需要,确定应履行反洗钱义务的特定非金融机构的具体义务,包括履行义务的程度、方式等,在反洗钱法确立的基本框架下履行反洗钱工作职责。例如,2017年中国人民银行《关于加强贵金属交易场所反洗钱和反恐怖融资工作的通知》对交易场所、交易商履行反洗钱和反恐怖融资义务提出了要求,2017年住房和城乡建设部、人民银行、银监会《关于规范购房融资和加强反洗钱工作的通知》对加强房地产交易反洗钱工作作出了规范,2018年财政部《关于加强注册会计师行业监管有关事项的通知》对会计师事务所履行反洗钱和反恐怖融资义务进行了规定。在确定特定非金融机构具体的反洗钱义务时,有关部门应当综合考虑特定非金融机构所属的行业特点、经营规模、洗钱风险状况,赋予其适当的义务。总体来说,行业经营规模越大、洗钱风险越高,应当履行的反洗钱义务就越多。

特定非金融机构的洗钱风险不一,差异较大,需要有关部门根据行业情况有针对性地制定反洗钱的具体办法,避免将金融机构的反洗钱义务简单照搬用于特定非金融机构。有关部门在确定特定非金融机构具体的反洗钱义务时应当把握以下几个原则:一是充分平衡反洗钱与企业等正常经营之间的关系,反洗钱义务的类型、程度应与特定非金融机构开展的业务、洗钱风险、业务规模等相匹配、相适应,以合理成本达到预防和监控洗钱活动的目的。二是特定非金融机构的反洗钱义务与金融机构相比应当有所简化。实践中,通过金融机构进行洗钱是犯罪分子首选的洗钱方式,也是最常见、损耗最少的洗钱方式。与金融机构相比,特定非金融机构往往经营规模较小、洗钱风险相对较低,因此,其应当履行的反洗钱义务也可以适当减轻。

在研究该条规定时,我们还了解到FATF建议、有关国家和地区关于反洗钱的一些规定,列举如下:

(一)FATF建议相关内容

22. 特定非金融行业和职业:客户尽职调查

建议10、建议11、建议12、建议15和建议17中规定的客户尽职调查和记录保存要求在下列情形下适用于特定非金融行业和职业:

(a)赌场——当客户从事规定限额及以上的金融交易时。

(b)房地产中介——为其客户参与房地产买卖交易时。

(c)贵金属和宝石交易商——当其与客户从事规定限额及以上的现金交易时。

(d)律师、公证人、其他独立的法律专业人士及会计师——在为客户准备或实施与下列活动相关的交易时:

· 买卖房地产;

· 管理客户资金、证券或其他财产;

· 管理银行账户、储蓄账户或证券账户;

· 从事公司设立、运营或管理的相关筹资活动;

· 法人或法律安排的设立、运营或管理,以及经营性实体买卖。

(e)信托和公司服务提供商——在为客户准备或实施与下列活动相关的交易时:

· 担任法人的设立代理人;

· 担任(或安排其他人担任)公司董事、秘书、合伙人或其他法人单位中类似级别的职务;

· 为公司、合伙企业或其他法人或法律安排提供注册地址、公司地址或办公场所、通信或办公地址;

· 担任(或安排他人担任)书面信托的受托人或在其他法律安排中承担同样职能;

· 担任(或安排他人担任)他人的名义持股人。

23. 特定非金融行业和职业:其他措施

在满足下列情形的前提下,建议18至建议21规定的要求适用于所有特定非金融行业和职业：

(a)各国应当要求律师、公证人、其他独立的法律专业人士和会计师在代表客户(或为客户)进行建议22(d)所列活动相关的金融交易时,报告可疑交易。强烈鼓励各国将报告要求扩展到包括审计在内的会计师的其他专业活动。

(b)各国应当要求贵金属和宝石交易商在和客户从事规定限额及以上的现金交易时报告可疑交易。

(c)各国应当要求信托和公司服务提供商在代表客户(或为客户)进行建议22(e)项所列活动相关的金融交易时报告可疑交易。

建议22和建议23的释义(特定非金融行业和职业)

1. 规定交易限额指：

- 赌场(建议22)——3000美元或欧元。
- 贵金属和宝石交易商涉及的现金交易(建议22和建议23)——15000美元或欧元。
- 规定限额以上的金融交易既包括单次交易,也包括多次操作且明显关联的交易。

2. 针对金融机构的释义也可适用于特定非金融行业和职业。建议23中,与建议18"金融集团"相关的要求适用于与金融集团结构相同的特定非金融行业和职业集团。此外,对于在其他结构中持有共同所有权、管理权或合规控制权的特定非金融行业和职业,各国应当考虑对其适用集团层面的机制安排的相关要求,直至前述结构通过采取集团层面的机制安排可以更好地降低洗钱和恐怖融资风险。采取措施的类型和程度应与其开展的业务、洗钱与恐怖融资风险和业务规模相匹配。例如,根据建议18的释义要求,各国可根据信息的敏感程度以及与反洗钱和反恐怖融资风险管理的相关程度,确定信息共享的范围和程度。

3. 只要各国法律或强制性规定已将律师、公证人、会计师以及其他特定非金融行业和职业及其所开展的有关活动涵盖在内,各国无须为了遵守建议22和建议23而单独颁布针对上述行业或职业的法律或强制性规定。

建议22的释义(特定非金融行业和职业:客户尽职调查)

1. 房地产中介应按照建议10的要求对房地产买卖双方开展客户尽职调查。

2.当客户涉及金额大于或等于3000美元或欧元的金融交易时,赌场应采取建议10规定的措施,包括识别和核实客户身份。可在赌场入口处识别客户身份,但这一措施未必充分。各国应要求赌场确保其能够将某一客户的尽职调查信息关联到该客户在赌场内进行的交易。

建议23的释义(特定非金融行业和职业:其他措施)

1.律师、公证人、其他独立的法律专业人士以及作为独立法律专业人士的会计师在需要遵守职业秘密或享有法律职业特权的情况下所获取的信息不要求作为可疑交易进行报告。

2.各国可自行确定法律职业特权或职业秘密涵盖的内容。通常包括律师、公证人、其他独立的法律专业人士在:(a)查明客户的法律处境过程中,或(b)为客户辩护或代理客户参与司法、行政、仲裁或调解相关程序时,通过该客户接收或获取的信息。

3.各国可允许律师、公证人、其他独立的法律专业人士和会计师向行业自律组织报送可疑交易报告,前提是此类自律组织与金融情报中心开展适当形式的合作。

4.当律师、公证人、其他独立的法律专业人士以及作为独立法律专业人士的会计师试图劝阻客户参与非法活动时,其行为不构成泄密。

(二)有关国家和地区的规定

反洗钱法律制度相对成熟的国家和地区,基本均能结合本地实际,对纳入反洗钱监管的特定非金融机构明确其反洗钱义务,包括内部控制、客户尽职调查、资料保存、可疑交易报告、保密等。

1.关于特定非金融机构履行反洗钱义务的情形

一是通过法律明确采取的标准。例如,英国法律规定贵金属交易商与客户进行等于或超过10,000欧元的现金交易时应履行反洗钱义务。德国法律规定包括贵金属和宝石在内的货物交易商从事(i)任何10,000欧元或以上的现金交易,包括关联交易时,(ii)与高价值货物有关的2000欧元或以上的现金交易时应履行反洗钱义务。我国香港、澳门特别行政区反洗钱法律对特定非金融机构可疑交易报告义务履行不设置具体业务情形和门槛。德国法律对会计师履行反洗钱义务无具体业务情形和门槛设置。二是通过相关指引,对特定非金融机构分别按行业细化履行反洗钱义务的具体情形。以我国澳门特别行政区为例,其在《预防及遏制清洗黑钱犯罪法》中对律师、公证人、贵金属和宝石交易商、公司服务提供商等行业客户尽职调查义务履行具体情形进行了细化。

2. 关于客户尽职调查义务

除前述客户尽职调查义务履行情形的设置外,对政治公众人物尽职调查、依托第三方客户尽职调查等方面,部分国家和地区也存在一些特色规范。其中,日本明确要求特定非金融机构不得依托第三方开展客户尽职调查。我国澳门特别行政区要求所有特定非金融机构均应将外国政治公众人物列为高风险,适用强化客户尽职调查措施。我国台湾地区仅明确会计行业不得依托第三方开展客户尽职调查,其他行业未予以明确。

3. 关于可疑交易或其他交易报告义务

一是各国和地区基本规定特定非金融机构参照金融机构履行可疑交易报告义务,部分国家和地区对个别特定非金融机构进行了特别规定。例如,德国规定,如果律师和法律专业人员报告的可疑事项与法律意见或代理过程中收到的信息有关,可以豁免作出报告,除非他们知道该建议被故意用于洗钱或恐怖融资。二是我国澳门特别行政区和台湾地区规定了特定非金融机构大额交易报告义务。我国澳门特别行政区规定,博彩业大额交易报告起点为500,000澳门币(55,000欧元/62,500美元)或任何其他货币的等值金额。我国台湾地区规定,大额交易报告起点为500,000元新台币。三是有的还规定了现金交易报告义务。我国香港特别行政区规定:"非香港贵金属及宝石交易商,须就其进行的任何指明现金交易(﹩120,000或折算为另一货币的相同款额),按照相关规定和程序提交报告。"

4. 关于资料保存义务

各国和地区特定非金融机构反洗钱资料保存义务基本参照金融机构的义务规定,多数基本要求资料保存至少5年。部分国家和地区对特定领域有特殊期限规定。例如,日本规定相关资料应保存7年。

5. 关于内部控制及保密义务

各国和地区在内部控制和保密义务方面基本与FATF建议标准保持一致。

第四章 反洗钱调查

第四十三条 国务院反洗钱行政主管部门或者其设区的市级以上派出机构发现涉嫌洗钱的可疑交易活动或者违反本法规定的其他行为，需要调查核实的，经国务院反洗钱行政主管部门或者其设区的市级以上派出机构负责人批准，可以向金融机构、特定非金融机构发出调查通知书，开展反洗钱调查。

反洗钱行政主管部门开展反洗钱调查，涉及特定非金融机构的，必要时可以请求有关特定非金融机构主管部门予以协助。

金融机构、特定非金融机构应当配合反洗钱调查，在规定时限内如实提供有关文件、资料。

开展反洗钱调查，调查人员不得少于二人，并应当出示执法证件和调查通知书；调查人员少于二人或者未出示执法证件和调查通知书的，金融机构、特定非金融机构有权拒绝接受调查。

【释义】 本条是对中国人民银行及其分支机构进行反洗钱调查的总体规定。

2006年反洗钱法第二十三条规定："国务院反洗钱行政主管部门或者其省一级派出机构发现可疑交易活动，需要调查核实的，可以向金融机构进行调查，金融机构应当予以配合，如实提供有关文件和资料。""调查可疑交易活动时，调查人员不得少于二人，并出示合法证件和国务院反洗钱行政主管部门或者其省一级派出机构出具的调查通知书。调查人员少于二人或者未出示合法证件和调查通知书的，金融机构有权拒绝调查。"

2024年修订反洗钱法对该条作了以下修改：一是扩大了反洗钱调查的范围和对象，增加了可以向特定非金融机构发出调查通知书，开展反洗钱调查，同时增加了可以对"违反本法规定的其他行为"进行调查。二是将"省一级派出机构"开展调查修改为"设区的市级以上派出机构"开展调查,这一修改符合执法实践需要,更有利于发现查处违法行为。三是进一步细化反洗钱调查程序,增加反洗钱调查的批准程序,规定"经国务院反洗钱行政主管部门或者其设区的市级以上派出机构负责人批准",并将"合法证件"修改为"执法证件",更符合执法规范化的要求。四是增加规定反洗钱调查涉及特定非金融机构的,必要时可以请求特定非金融机构主管部门协助。特定非金融机构主管部门协助调查,有利于更好开展调查工作,发挥监管合力。五是增加特定非金融机构配合反洗钱调查义务。具体而言,特定非金融机构应当配合反洗钱调查,并按要求在规定时限内提供有关文件、资料。六是增加特定非金融机构在调查人员少于二人或者未出示执法证件和调查通知书时具有拒绝接受反洗钱调查的权利。这一修改有助于维护非金融机构的正当权益,督促调查机关规范执法。

本条共分为四款。第一款是关于开展反洗钱调查条件的规定,包含了反洗钱调查的含义、主体、适用条件、被调查机构的范围、调查程序等方面的内容。

(一)关于反洗钱调查的含义

从广义上讲,反洗钱调查是指反洗钱行政主管部门在履行反洗钱行政职责过程中,为实现特定的行政目的,而实施的收集资料、核实信息的行为。具体说来,在履行反洗钱职责过程中,反洗钱行政主管部门实施调查行为主要表现为三种形式:一是为指导、部署反洗钱工作,而向不特定相对人收集资料、了解情况的调查行为,如为制定反洗钱规章而在有关行业进行社会调查、为了解边境贸易中的洗钱风险而开展专题调研等。二是为检查监督执行反洗钱规定的情况,而向特定的行政相对人(金融机构以及其他单位和个人)收集资料、核实情况的调查行为,如对违反反洗钱规定的金融机构进行处罚前的调查取证等。三是为确定可疑交易信息是否属实,而向有关的金融机构收集资料、核实信息的调查行为,如针对某人的可疑交易活动而向其开户银行调阅该人的开户资料和交易信息等。本款事实上确认的是上述第三种形式,即从狭义上理解,反洗钱调查专指反洗钱行政主管部门向金融机构、特定非金融机构了解核实涉嫌洗钱交易活动或者违反反洗钱法规定的其他行为。反洗钱调查可以从以下四个方面理解:一是反洗钱调查主体是中国人民银行或者其设区的市级以上派出机构。二是客体是涉嫌洗钱的可疑交易活动或者违反本法规定的其他行为。三是调查对象（或称为被调查机构）为金融机构、特定非金融机构。四是调查的目的是收集资料，查证客户的可疑交易活动或者违反本法规定的其他行为是否属实、是否涉嫌洗钱犯罪。

（二）关于反洗钱调查的主体

反洗钱调查的主体为国务院反洗钱行政主管部门或者其设区的市级以上派出机构。根据2003年中国人民银行法第四条第一款第十项的规定，中国人民银行履行指导、部署金融业反洗钱工作，负责反洗钱的资金监测的职责。第十三条规定，中国人民银行根据履行职责的需要设立分支机构，作为中国人民银行的派出机构。中国人民银行对分支机构实行统一领导和管理。中国人民银行的分支机构根据中国人民银行的授权，维护本辖区的金融稳定，承办有关业务。中国人民银行是国务院反洗钱行政主管部门，中国人民银行或者其设区的市级以上派出机构是反洗钱行政调查的主体。目前，中国人民银行在上海、天津等9个城市设立了跨行政区域的分行（上海分行、天津分行、沈阳分行、南京分行、济南分行、武汉分行、广州分行、成都分行、西安分行），在北京和重庆2个直辖市设立了营业管理部，在20个省会城市和5个副省级城市设立了中心支行，具体包括：石家庄、太原、呼和浩特、长春、哈尔滨、杭州、福州、合肥、郑州、长沙、南昌、南宁、海口、昆明、贵阳、拉萨、兰州、西宁、银川、乌鲁木齐、深圳市、大连市、青岛市、宁波市、厦门市中心支行。截至2022年年底，中国人民银行设立了316家地（市）级城市中心支行和1761家县（市）支行。2006年反洗钱法授权36家副省级以上的中国人民银行的派出机构可以启动反洗钱调查权。

（三）关于反洗钱调查的适用条件

反洗钱调查的适用条件有两个：一是反洗钱调查针对的是涉嫌洗钱的可疑交易活动或者违反本法规定的其他行为。所谓涉嫌洗钱的可疑交易活动，是指客户、客户的资金或者其他资产、客户的交易活动有较大嫌疑与洗钱、恐怖融资等犯罪活动。涉嫌洗钱的可疑交易活动来源包括反洗钱监测分析机构通过大额交易和可疑交易报告获取或分析，金融机构、特定非金融机构提交，通过国际合作以及其他渠道获得等。所谓违反本法规定的其他行为，包括金融机构、特定非金融机构不履行法定反洗钱义务的行为，金融机构、特定非金融机构以外的单位和个人未依法履行反洗钱特别预防措施义务，法人、非法人组织未按照规定向登记机关提交受益所有人信息等违反反洗钱义务的行为。这些行为在本法"法律责任"一章都规定了相应的处罚。

二是涉嫌洗钱的可疑交易活动或者违反本法规定的其他行为需要调查核实的。国务院反洗钱行政主管部门或者其设区的市级以上派出机构启动反洗钱调查，必须判断涉嫌洗钱的可疑交易活动或者违反本法规定的其他行为是否需要调查核实。对于是否需要开展调查核实，应由反洗钱行政主管部门根据案件的具体情况决定。如果反洗钱行政主管部门认为没有必要调查核实，可以不启动调查核实程序。客观上讲，需要调查核实，这是个主观判断标准，给予了反洗钱行政主管部门一定的自由裁量权。这种自由裁量权是必要的，也是进行反洗钱调查的目的所在。在一般情况下，涉嫌洗钱的可疑交易活动不同于其他事项，它关系到单位秘密或个人隐私。因此，反洗钱行政主管部门在处理可疑交易活动时应持慎重态度，有必要采取进一步调查的措施，以确认可疑交易活动是否属实、是否涉嫌洗钱犯罪，从而决定排除嫌疑或向侦查机关报案，这样才能最大限度地降低在处理可疑交易活动中所可能引发的法律风险。当然，也有特殊情况，例如在发现涉嫌洗钱的可疑交易活动的交易人已经死亡时，一般没有进一步调查核实的必要。

(四)关于反洗钱调查的被调查机构的范围

国务院反洗钱行政主管部门或者其设区的市级以上派出机构可以向金融机构、特定非金融机构进行调查。根据本法第六十三条的规定，履行反洗钱义务的金融机构包括：银行业、证券基金期货业、保险业、信托业金融机构；非银行支付机构；国务院反洗钱行政主管部门确定并公布的其他从事金融业务的机构。根据本法第六十四条的规定，履行特定非金融机构反洗钱义务的机构包括：提供房屋销售、房屋买卖经纪服务的房地产开发企业或者房地产中介机构；接受委托为客户办理买卖不动产，代管资金、证券或者其他资产，代管银行账户、证券账户，为成立、运营企业筹措资金以及代理买卖经营性实体业务的会计师事务所、律师事务所、公证机构；从事规定金额以上贵金属、宝石现货交易的交易商；国务院反洗钱行政主管部门会同国务院有关部门根据洗钱风险状况确定的其他需要履行反洗钱义务的机构。

(五)关于反洗钱调查程序

开展反洗钱调查需要经过两个程序：一是经国务院反洗钱行政主管部门或者其设区的市级以上派出机构负责人批准。进行反洗钱调查，可以采取询问金融机构、特定非金融机构有关人员，查阅、复制被调查对象的账户信息、交易记录和其他有关资料,封存可能被转移、隐匿、篡改或者毁损的文件、资料等措施。这些措施事关调查对象正常经营,由一定层级的机构和人员进行批准,有利于确保调查行为的严肃性和正当适用,因此这次修订反洗钱法时增加规定经相关负责人批准后才能进行反洗钱调查。

二是可以发出调查通知书。这里的发出调查通知书,并不是开展反洗钱调查的必经程序。开展反洗钱调查的,有时需要被调查对象提供账户信息、交易记录和其他有关资料,而发出调查通知书,可以明确调查事项和范围等,有利于更好开展调查工作。需要注意的是,对有些行为的调查,需要及时、不经通知,此时可以不发出调查通知书进行调查,这需要结合具体情形,灵活掌握。

本款规定的调查行为要有针对性。国务院反洗钱行政主管部门或者其设区的市级以上派出机构仅可针对涉嫌洗钱的可疑交易活动或者违反本法规定的其他行为进行反洗钱调查,采取各项调查措施,而不能以反洗钱调查的名义调查其他事项(如金融机构本身的经营状况等),否则即构成行政越权。反洗钱行政主管部门为制定反洗钱规章而进行的专题调研、在反洗钱行政处罚前进行的调查取证等调查活动的调查客体并非涉嫌洗钱的可疑交易活动,不是本条所规定的反洗钱调查行为。此外,在司法机关请求反洗钱行政主管部门协助调查洗钱案件的情况下,反洗钱行政主管部门实施调查的客体是洗钱案件的事实或证据(立案之后),并非可疑交易活动(尚未立案),因此也不是真正意义上的反洗钱调查。

第二款是关于有关特定非金融机构主管部门予以协助的规定。

反洗钱监督管理职权的划分建立在各部门现有行业监管权的划分基础之上。由中国人民银行统一收集、分析和进行调查涉嫌洗钱的可疑交易活动或者违反本法规定的其他行为的报告是反洗钱调查职权的基础。特定非金融机构有自己特定的主管部门,执法中特定非金融机构主管部门予以协助,有利于督促特定非金融机构更好地配合调查措施,起到良好的执法效果。在调查机关请求协助时,特定非金融机构主管部门应当提供支持,发挥监管合力,共同将反洗钱任务落到实处。

第三款是关于被调查机构配合反洗钱调查的义务的规定。

对国务院反洗钱行政主管部门或者其设区的市级以上派出机构进行的调查,金融机构、特定非金融机构有配合的义务。这一义务有三个方面:一是配合调查。在反洗钱行政主管部门调查过程中,在合理的范围内提供必要的人员、技术和设备支持;按要求向调查人员说明情况,协助查阅、复制、封存有关文件、资料。二是如实提供信息。对反洗钱行政主管部门调查的可疑交易活动,如实提供相关的文件和资料,不得弄虚作假。三是不得拒绝或阻碍调查。不得以明示(拒绝)或默示(阻碍)的方式不履行配合调查的义务。

需要注意的是,商业银行的配合调查义务与商业银行法中"对存款人的保护"的规定并不冲突。商业银行法第二十九条和第三十条分别规定,对个人储蓄存款和单位存款,商业银行有权拒绝任何单位或者个人查询、冻结、扣划,但法律另有规定的除外。本法中反洗钱调查的规定属于"法律另有规定"的情形。商业银行的上述两种义务并不冲突。

根据本法第五十四条、第五十八条的规定,被调查机构不履行上述义务(拒绝或者阻碍反洗钱调查的),或履行义务存在瑕疵(拒绝提供调查资料或者故意提供虚假材料的),应承担相应的法律责任。金融机构拒绝、阻碍反洗钱监督管理、调查,或者故意提供虚假材料的,由国务院反洗钱行政主管部门或者其设区的市级以上派出机构责令限期改正,处50万元以下罚款;情节严重的,处50万元以上500万元以下罚款,可以根据情形在职责范围内或者建议有关金融管理部门限制或者禁止其开展相关业务。特定非金融机构拒绝、阻碍反洗钱监督管理、调查,或者故意提供虚假材料的,由有关特定非金融机构主管部门责令限期改正;情节较重的,给予警告或者处5万元以下罚款;情节严重或者逾期未改正的,处5万元以上50万元以下罚款;对有关负责人,可以给予警告或者处5万元以下罚款。

第四款是关于反洗钱调查的程序要求和被调查机构的权益保护措施。在调查过程中,要严格依照法定程序开展调查,否则可能构成程序违法,影响调查的合法性。具体说来,应注意以下几个方面:

一是调查人员不得少于二人。调查人员应当符合本法规定的人数。开展反洗钱调查的,调查人员不得少于二人,调查人员单独进行的调查核实活动是违反法律规定的。这样规定有利于约束调查人员依法进行调查工作,便于调查人员互相监督,防止出现非法调查现象,避免妨害金融机构正常的金融活动,也有利于在调查人员和金融机构工作人员发生不同意见时保护调查人员。

调查人员不得少于二人,是指在进行反洗钱调查时,实际到场进行调查的工作人员,至少应当为二人,或者在二人以上。规定调查人员不得少于二人,并不排除其他人员参与调查活动。由于金融工作专业性较强、操作流程复杂,调查人员为了更好地查明情况,也可以吸收金融机构的工作人员协助调查。另外,有些工作也需要其他人员的协助,比如调查人员可以要求金融机构有关人员说明可疑交易活动的有关情况;在进一步核查中,调查人员在查阅、复制、封存有关的文件、资料时,都需要金融机构工作人员在场协助。不过,即使有其他人员参与调查活动,也应当保证至少有两名调查人员。

二是出示执法证件和调查通知书。执法证件是指中国人民银行工作人员具有执法资质的证明。调查人员在实施反洗钱调查时,向被调查机构出示执法证件,就能表明调查人员是反洗钱行政主管部门工作人员,同时能使被调查机构明晰调查人员的身份。表明身份在行政法上的意义在于,从外在形式上说明调查的正当性与合法性,使被调查机构产生协助调查的义务。如果被调查机构妨碍执行公务,则可依据有关法律追究其相应责任。更为重要的是,从宪法意义上讲,表明身份是公民、法人或其他组织知情权的内在要求,有助于提高行政相对人参与、监督行政管理的程度,积极地推进了行政民主化的实现。本款要求出示执法证件,旨在防止他人冒充反洗钱行政主管部门工作人员,以调查的名义非法获取有关信息,或者进行其他侵害有关单位和个人合法权益的行为。

调查通知书是指反洗钱行政主管部门出具的、告知被调查机构对其进行调查的书面文件。调查通知书应当载明调查的事由、对象、范围、时间等内容,具体格式由国务院反洗钱行政主管部门制定。调查人员在实施反洗钱调查时,向被调查机构出示调查通知书,就是表明该合法人员在依法履行职责,而不是实施个人随意行为。当某项具体行政行为将对行政相对人的合法权益造成侵害时,执法人员必须持有法定的令状,以证明行为的合法性。本款要求出示调查通知书,旨在防止反洗钱行政主管部门工作人员擅自调查,侵害有关单位和个人的合法权益。

本款特别规定了金融机构、特定非金融机构有拒绝调查的权利。在开展反洗钱调查时,如果调查人员的人数少于两人,或者调查人员未出示合法证件和调查通知书(如经金融机构要求拒绝出示、仅出示其中一项、出示的证件不能证明调查人员具有反洗钱调查职权等),金融机构、特定非金融机构有权拒绝调查。本款规定拒绝调查权利,旨在保护金融机构、特定非金融机构在配合反洗钱调查中的正当权益,维护国务院反洗钱行政主管部门行政执法的严肃性。

在研究该条规定时,我们还了解到 FATF 建议关于反洗钱的一些规定,列举如下:

30. 执法和调查部门的职责

各国应当确保在国家反洗钱和反恐怖融资政策框架下,指定的执法部门负责洗钱和恐怖融资调查。至少对产生犯罪收益的主要犯罪的所有相关案件,指定的执法部门在调查洗钱、上游犯罪和恐怖融资时应主动开展并行金融调查。调查范围应包括相关上游犯罪发生在本国以外的案件。各国应当确保主管部门有责任迅速识别、追踪并采取行动冻结和扣押犯罪财产及其等值财产的。各国还应当在必要时利用专门从事金融或资产调查的常设或临时性跨领域小组开展调查。各国应当确保必要时与其他国家对口主管部门开展合作调查。

建议 30 的释义(执法和调查部门的职责)

1. 各国应指定执法部门,负责通过金融调查确保洗钱、上游犯罪和恐怖融资得到恰当调查。各国也应指定一个或多个主管部门识别、追踪并采取措施冻结和扣押犯罪财产及其等值财产。

2. 金融调查指对与犯罪活动有关的金融事务进行调查,以达到以下目的:

- 识别犯罪网络的范围和/或犯罪行为的规模;
- 识别并追踪犯罪财产及其等值财产;
- 以及发现可用于刑事诉讼和/或没收程序的证据。

3. "并行的金融调查"指在对洗钱恐怖融资和/或上游犯罪进行(传统)犯罪调查时一并或在其中开展金融调查。各国应授权调查上游犯罪的执法部门在并行调查中调查任何相关的洗钱和恐怖融资犯罪,或者将案件交由其他部门跟进对相关洗钱和恐怖融资犯罪的调查。

第四十四条 国务院反洗钱行政主管部门或者其设区的市级以上派出机构开展反洗钱调查,可以采取下列措施:

(一)询问金融机构、特定非金融机构有关人员,要求其说明情况;

(二)查阅、复制被调查对象的账户信息、交易记录和其他有关资料;

（三）对可能被转移、隐匿、篡改或者毁损的文件、资料予以封存。

询问应当制作询问笔录。询问笔录应当交被询问人核对。记载有遗漏或者差错的，被询问人可以要求补充或者更正。被询问人确认笔录无误后，应当签名或者盖章；调查人员也应当在笔录上签名。

调查人员封存文件、资料，应当会同金融机构、特定非金融机构的工作人员查点清楚，当场开列清单一式二份，由调查人员和金融机构、特定非金融机构的工作人员签名或者盖章，一份交金融机构或者特定非金融机构，一份附卷备查。

【释义】 本条是关于反洗钱调查措施的规定。

2006年反洗钱法第二十四条规定："调查可疑交易活动，可以询问金融机构有关人员，要求其说明情况。""询问应当制作询问笔录。询问笔录应当交被询问人核对。记载有遗漏或者差错的，被询问人可以要求补充或者更正。被询问人确认笔录无误后，应当签名或者盖章；调查人员也应当在笔录上签名。"第二十五条规定："调查中需要进一步核查的，经国务院反洗钱行政主管部门或者其省一级派出机构的负责人批准，可以查阅、复制被调查对象的账户信息、交易记录和其他有关资料；对可能被转移、隐藏、篡改或者毁损的文件、资料，可以予以封存。""调查人员封存文件、资料，应当会同在场的金融机构工作人员查点清楚，当场开列清单一式二份，由调查人员和在场的金融机构工作人员签名或者盖章，一份交金融机构，一份附卷备查"。

2024年修订反洗钱法对该条作了以下修改：一是将原来第二十四条和第二十五条规定的调查措施合并为一条三项，调查措施更加清晰明了，便于实践执行。二是进一步明确采取反洗钱调查措施的机关是国务院反洗钱行政主管部门或者其设区的市级以上派出机构。三是增加特定非金融机构及其工作人员作为反洗钱调查的对象。根据预防洗钱活动的实践需要，增加对特定非金融机构进行反洗钱调查的要求。

本条共分为三款。第一款是关于反洗钱调查措施的规定。反洗钱调查可以采取以下三项措施：

一是询问金融机构、特定非金融机构有关人员，要求其说明情况。在反洗钱调查活动中，调查人员有时需要了解金融机构、特定非金融机构在具体业务中的操作情况。这些情况本身虽然不是洗钱行为，但是对发现和分析洗钱的线索和证据具有重要的作用。调查人员可以询问金融机构、特定非金融机构的有关人员，要求其说明情况。在反洗钱调查中，调查人员就与涉嫌洗钱的可疑交易活动或者其他违反本法规定的行为有关的问题，依法直接向金融机构、特定非金融机构的工作人员了解情况。金融机构、特定非金融机构的工作人员直接与客户接触，最了解客户的实际情况。因此，直接向金融机构、特定非金融机构的工作人员询问与可疑交易活动有关的情况，是确认可疑交易活动是否属实、是否涉嫌洗钱犯罪的重要手段。

二是查阅、复制被调查对象的账户信息、交易记录和其他有关资料。查阅是指在反洗钱调查活动中，调取被调查对象的账户信息、交易记录和其他有关资料进行查看的调查措施。复制是指在反洗钱调查活动中，对被调取的账户信息、交易记录和其他有关资料进行复印、照相或电子拷贝等的调查措施。账户信息是指被调查对象在金融机构、特定非金融机构开立、变更或注销账户时提供的信息。如果是个人银行账户，调查人员可以查阅、复制被调查对象的开户申请书、存款人身份证明、代办人身份证明等；如果是单位银行账户，调查人员可以查阅、复制被调查对象的开户申请书、开户许可证、开户核准通知书、开户登记证、营业执照、组织机构代码证、关联企业登记表、法定代表人身份证明、经办人身份证明等。交易记录是指被调查对象在金融机构、特定非金融机构进行各种交易的过程中留下的记录信息和相关凭证，如可疑交易的原始交易单证及会计传票、资金交易明细清单等。其他有关资料是一项兜底规定，原则上有关资料均可以被调查人员查阅和复制。从资料载体上，既包括纸质的，也包括电子形式的。

三是对可能被转移、隐匿、篡改或者毁损的文件、资料予以封存。封存是指在反洗钱调查活动中，对可能被转移、隐匿、篡改或者毁损的文件、资料采取的登记保存措施。在与涉嫌洗钱的可疑交易活动有关的文件、资料可能灭失或以后难以取得的情况下，法律赋予反洗钱行政主管部门封存权。转移是指将被调查的文件、资料移往别处；隐匿是指将被调查的文件、资料藏起来，不被人发现；篡改是指用作伪的手段改动被调查的文件、资料的原文或歪曲原意；毁损是指损坏被调查的文件、资料的完整性。转移、隐匿、篡改或者毁损，最终都可能使被调查的文件、资料灭失或以后难以取得，从而导致无法追究洗钱犯罪分子的刑事责任，因而才有必要进行封存，以保全证据。

封存实质上是一种行政强制和证据保全措施，其在形式上与行政执法或司法中的查封有一定的相似之处,即都是依照法定程序将当事人的物品清点数量、列出清单,由当事人签字,并张贴封条或采取其他必要措施,将有关物品就地或异地保管起来,未经封存部门许可,任何单位或个人不得启封、动用。封存的适用条件高于查阅、复制,要求被调查的文件、资料必须可能被转移、隐匿、篡改或者毁损,同时本条第三款对封存的程序作了进一步的规定。

第二款是关于反洗钱询问笔录制作要求的规定。

询问笔录是行政证据的重要形式之一。询问笔录是在询问过程中制作的,用以记载询问中提出的问题和回答,以及询问过程中所发生的事项的重要文书,是判定可疑交易活动是否属实、是否涉嫌洗钱犯罪的重要依据。询问的情况直接关系到证据的取得是否合法、证据材料是否真实可靠、进一步调查方案如何确定等问题,关系到调查的准确性、调查人员的威信以及金融机构的正常业务活动。通过笔录记载询问事项以及询问进行情况,可以规范调查人员的调查活动,固定和保存相关证据,将被询问人主观表述的信息,通过固定的载体和形式记录下来,变为客观的证据形式,为进一步调查核实提供稳定的依据。因此,询问必须制作询问笔录。没有制作询问笔录的,询问措施无效。

询问笔录一般包括以下内容:一是询问的事由、范围、时间、地点、询问人员、其他参加人员的在场情况,被询问人的姓名、年龄、性别、住址、工作单位、职务等基本信息。二是询问的内容和回答。如果有多个调查事项需要询问,可以按照一定的顺序进行,以确保记录明了有序。如果被询问人的意见或者看法对查明案情可能有帮助,也应当记录在笔录中。三是附录。如果在询问过程中,被询问人提供了其他书面或者实物作为证据,或者提供了其他证人,或者对其他证据内容进行了询问,可以在询问笔录中记明,作为索引,并通过其他方式固定相应的证据,明确该证据的来源,以便以后查对。总之,询问笔录的制作应当格式准确,内容翔实、可靠。如果调查机关有固定的笔录格式,也可以按照固定的格式记录。询问笔录应对询问与回答的内容如实记录。为保证这一点,在询问笔录制作的最后,必须进行双方的核对和确认程序,具体要求如下:

一是询问笔录应当交被询问人核对。记录人员在记录时一般应使用被询问人的原话,但被询问人的陈述条理不清时可作适当的整理归纳,对被询问人重复陈述的内容可省略不记。因此,为保证询问笔录切实表达被询问人的原意,必须将询问笔录交被询问人本人核对。具体而言,应将询问笔录交给被询问人阅读,或者向被询问人宣读,由被询问人核实是否客观、准确记载了对他的提问和他的回答。

二是询问笔录记载有遗漏或者差错的,被询问人可以要求补充或者更正。所谓有遗漏,是指应当记录而没有记录的情况;所谓有差错,是指没有正确记录问题及回答的情况。记录人员一般应当忠实记载被询问人的回答,但是并不要求其一字不差地记载被询问人的原话。对于被询问人回答的顺序、用语等可以进行适当的调整和概括,但必须完整、准确体现被询问人的意思。如果确实存在应当记录而没有记录,或者没有正确记录被询问人意思的情况,经被询问人提出,遗漏的内容应当补充,错误的内容应当更正。

三是被询问人确认笔录无误后,应当签名或者盖章,调查人员也应当在笔录上签名。双方签名、盖章是对询问笔录的最终确认程序,表示询问人和调查人员双方对询问笔录中记载的事项均确认无误,并承担保证真实性之责。这样既表明了调查人员、被询问人对记录内容负责的态度,也可以防止调查人员篡改、伪造询问笔录。签名、盖章还可以表明询问笔录的出处、来源,在以后的调查活动中可以及时核查,也有利于在之后可能的刑事诉讼中需要通知相关人员作证时查找相关信息。

考虑到金融机构、特定非金融机构工作人员的整体文化素质,本法并未规定被询问人无书写能力或者拒不签字、盖章的情形。对于前者,相关行政执法或司法实践中一般采用按指印的方式进行确认;对于后者,相关行政执法或司法实践中一般要求两名以上执法人员在笔录上注明情况并签名。

第三款是关于封存程序的规定。

封存实质上是一种行政强制和证据保全措施,实施中必然对金融机构、特定非金融机构或被调查对象的某些权益造成限制或影响。封存的对象仅限于可能被转移、隐匿、篡改或者毁损的文件、资料。这里的文件、资料,结合对查阅、复制的对象的理解,也包括账户信息、交易记录和其他有关资料。原则上所有与涉嫌洗钱的可疑交易活动有关的文件、资料,在可能灭失或以后难以取得的情况下,均可以被调查人员封存。从资料载体上,既包括纸质的,也包括电子形式的。为防止调查人员在封存过程中出现不当,本款严格规定了封存的程序,主要包括以下几个步骤:一是会同在场的金融机构、特定非金融机构工作人员查点清楚。对准备封存的文件、资料逐一进行清点,包括名称、种类、规格、数量(卷数、页数)等。二是当场开列清单一式两份。开列清单,对经过查点的文件、资料逐一进行登记,一般在清单中应写明封存文件、资料的名称、规格、数量,以及封存的时间等。清单要一式两份。清单必须当场开列,不得涂改。对于必须更正的内容,须有双方共同签名或者盖章,或者重新开列清单。这样有利于体现证据的证明力,也可以防止被封存文件、资料的遗失,造成麻烦。三是调查人员和在场的金融机构、特定非金融机构工作人员签名或者盖章。封存文件、资料清单必须经过调查人员和在场的金融机构、特定非金融机构工作人员签名或者盖章,方能确认其效力。四是封存清单的交付,即一份交金融机构或者特定非金融机构,另一份附卷备查。封存清单一式两份,调查人员和金融机构或者特定非金融机构各执一份封存清单,调查人员所执清单用于附卷备查。这样便于相互制约,保证封存清单的真实性,也便于以后解除封存时,双方互相印证。需要注意的是,本法既没有规定封存的期限,也没有规定封存在什么情形下可以解除。这事实上赋予了反洗钱行政主管部门一定的自由裁量权。

在研究该条规定时,我们还了解到 FATF 建议关于反洗钱的一些规定,列举如下:

31. 执法和调查部门的权力

在对洗钱、相关上游犯罪和恐怖融资调查的过程中,主管部门应能获取与调查、起诉和相关行动有关的所有必要文件和信息。这应包括采取强制措施从金融机构、特定非金融行业和职业、其他法人或自然人获取相关记录、搜查个人和场所、采集证人证言、收集和掌握证据的权力。各国应当确保实施调查的主管部门能够广泛运用一系列适合洗钱、相关上游犯罪和恐怖融资的调查方法。这些调查方法包括卧底行动、通信窃听、侵入计算机系统和控制下交付。

各国应确保主管部门及时获取广泛信息,特别是用于支持识别和追踪犯罪财产及其等值财产。这可以包括(但不限于)基本信息和受益所有权信息、税务部门掌握信息、资产登记部门掌握信息(例如土地、产权、车辆、股权或其他资产),以及公民、居民或社会保障登记部门掌握的信息。

此外,各国应当建立有效机制,及时识别是否是自然人或法人持有或控制账户。各国还应当建立相应机制,确保主管部门有程序在不事先通知资产所有人的情况下识别资产。在针对洗钱、相关上游犯罪和恐怖融资开展调查时，主管部门应当能够要求金融情报中心提供其持有的所有相关信息。

> **第四十五条** 经调查仍不能排除洗钱嫌疑或者发现其他违法犯罪线索的，应当及时向有管辖权的机关移送。接受移送的机关应当按照有关规定反馈处理结果。
>
> 客户转移调查所涉及的账户资金的，国务院反洗钱行政主管部门认为必要时，经其负责人批准，可以采取临时冻结措施。
>
> 接受移送的机关接到线索后，对已依照前款规定临时冻结的资金，应当及时决定是否继续冻结。接受移送的机关认为需要继续冻结的，依照相关法律规定采取冻结措施；认为不需要继续冻结的，应当立即通知国务院反洗钱行政主管部门，国务院反洗钱行政主管部门应当立即通知金融机构解除冻结。
>
> 临时冻结不得超过四十八小时。金融机构在按照国务院反洗钱行政主管部门的要求采取临时冻结措施后四十八小时内，未接到国家有关机关继续冻结通知的，应当立即解除冻结。

【释义】 本条是关于反洗钱调查中线索移送和临时冻结措施的规定。

2006年反洗钱法第二十六条规定："经调查仍不能排除洗钱嫌疑的，应当立即向有管辖权的侦查机关报案。客户要求将调查所涉及的账户资金转往境外的，经国务院反洗钱行政主管部门负责人批准，可以采取临时冻结措施。""侦查机关接到报案后，对已依照前款规定临时冻结的资金，应当及时决定是否继续冻结。侦查机关认为需要继续冻结的，依照刑事诉讼法的规定采取冻结措施；认为不需要继续冻结的，应当立即通知国务院反洗钱行政主管部门，国务院反洗钱行政主管部门应当立即通知金融机构解除冻结。""临时冻结不得超过四十八小时。金融机构在按照国务院反洗钱行政主管部门的要求采取临时冻结措施后四十八小时内，未接到侦查机关继续冻结通知的，应当立即解除冻结。"

2024年修订反洗钱法对该条作了以下修改：一是扩大案件移送的范围，将"经调查仍不能排除洗钱嫌疑"修改为"经调查仍不能排除洗钱嫌疑或者发现其他违法犯罪线索"。反洗钱行政主管部门在对可疑交易活动开展调查后无法排除洗钱嫌疑的，应当移送有洗钱犯罪侦查职责的机关处理。同时,反洗钱行政主管部门在反洗钱调查中还可能发现其他上游犯罪的线索,对此,也应当及时移送有管辖权的机关处理。二是增加规定接受移送的机关应当按照有关规定反馈处理结果。接受移送的机关反馈处理结果有利于反洗钱行政主管部门更加精准地采取反洗钱预防措施。三是将临时冻结情形由"客户要求将调查所涉及的账户资金转往境外"扩大为"客户转移调查所涉及的账户资金",以保障涉嫌洗钱的账户资金不被转移,防范洗钱行为发生。四是增加采取临时冻结措施适用的条件,明确规定为国务院反洗钱行政主管部门"认为必要时"。五是将第三款、第四款中的"侦查机关"分别调整为"接受移送的机关""国家有关机关"。实践中,"接受移送的机关"除公安机关、检察机关外,还可能是监察机关等。

本条共分四款。第一款是关于国务院反洗钱行政主管部门或者其设区的市级以上派出机构的移送义务的规定。

根据本款规定,国务院反洗钱行政主管部门或者其设区的市级以上派出机构在对涉嫌洗钱的可疑交易活动或者违反本法规定的其他行为进行调查后,仍不能排除洗钱嫌疑或者发现其他违法犯罪线索的,应当及时向有管辖权的机关移送。移送案件是反洗钱调查终结的方式之一,也是行政领域的反洗钱调查向刑事领域的洗钱案件查处进行过渡的法定程序。根据《行政执法机关移送涉嫌犯罪案件的规定》第三条第一款的规定,行政执法机关在依法查处违法行为过程中,发现违法事实涉及的金额、违法事实的情节、违法事实造成的后果等,根据刑法和有关司法解释等规定,涉嫌构成犯罪,依法需要追究刑事责任的,必须依照该规定向公安机关移送。按照本款规定,案件移送必须符合以下条件:

一是涉嫌洗钱的可疑交易活动或者违反本法规定的其他行为已经过反洗钱调查。根据本法第四十三条的规定,国务院反洗钱行政主管部门或者其设区的市级以上派出机构对涉嫌洗钱的可疑交易活动进行反洗钱调查,必须经过调查才能认定是否属实,从而避免非法侵犯金融机构客户的秘密或隐私,降低可能的法律风险。

二是不能排除洗钱嫌疑或者发现其他违法犯罪线索的。经过反洗钱调查后,一般有两种认定结论和处理方式:其一,排除洗钱嫌疑或者没有发现其他违法犯罪线索的,终结调查程序;其二,不能排除洗钱嫌疑或者有其他违法犯罪线索的,应当及时向有管辖权的侦查机关移送。所谓洗钱嫌疑,根据刑法关于洗钱相关犯罪(第一百九十一条、第三百一十二条和第三百四十九条)的规定,可以理解为可疑交易活动行为人涉嫌在明知是犯罪所得及其产生的收益的情况下,以各种方法掩饰、隐瞒其来源和性质的行为,如提供资金账户,将财产转换为现金、金融票据、有价证券,通过转账或者其他支付结算方式转移资金,跨境转移资产,以其他方法掩饰、隐瞒犯罪所得及其收益的来源和性质的犯罪行为。对于"其他违法犯罪线索",根据刑法有关规定,在反洗钱调查中,发现可疑交易活动行为人有走私、危害税收征管、破坏金融管理秩序、金融诈骗、行贿受贿、恐怖活动等其他违法犯罪线索的,也应当向有管辖权的机关移送。这里有管辖权的机关不仅指公安机关,还包括监察机关、海关缉私和国家安全机关等。一般的经济类型犯罪案件由公安机关立案管辖;贪污贿赂案件一般由监察机关立案调查;走私犯罪一般由海关立案侦查;恐怖活动犯罪有时可能危害国家安全,而由国家安全机关立案侦查。移送案件时,应注意按照相应案件管辖权限向国家有关机关进行移送。

三是按照要求提供相关材料。根据《行政执法机关移送涉嫌犯罪案件的规定》第六条规定,行政执法机关向公安机关移送涉嫌犯罪案件,应当附有下列材料:涉嫌犯罪案件移送书;涉嫌犯罪案件情况的调查报告;涉案物品清单;有关检验报告或者鉴定意见;其他有关涉嫌犯罪的材料。反洗钱调查部门在移送案件时需要按照这些要求,提供相关材料。对于移送其他管辖权的机关的,应当按照有关规定要求提供相关材料。

本款同时规定接受移送的机关对处理结果,应当按照有关规定向调查机关反馈。一方面,调查机关可以知晓案件处理结果,便于和有管辖权的机关做好工作上的衔接,如做好案件材料移送等。另一方面,有管辖权的机关经过侦查、调查可以排除洗钱嫌疑或者没有其他违法犯罪行为,需要给予行政处罚的,反洗钱行政主管部门也可以及时作出,实现行政处罚与刑事责任的衔接。同时,反洗钱行政主管部门可以通过移送机关的反馈处理结果的信息,不断优化监测标准,更加有效识别、分析可疑交易活动,提高反洗钱工作能力和水平。

第二款是关于临时冻结措施的规定。

反洗钱调查中的临时冻结措施,是指在调查可疑交易活动或者其他违法行为过程中,当客户要求转移调查所涉及的账户资金时,国务院反洗钱行政主管部门依法暂时禁止客户转移该账户资金的强制措施。为防止洗钱犯罪分子在有管辖权的机关立案之前转移非法资金，本法专门赋予国务院反洗钱行政主管部门临时冻结权，从而保证此后一系列诉讼程序的顺利进行，如便于侦查机关的调查取证、检察机关的公诉和审判机关的审理执行。

按照本款规定，采取临时冻结措施必须符合以下条件：一是客户要求将调查所涉及的账户资金转移。客户必须有明确的转移资金要求，客户未有此要求时不能采取临时冻结措施；客户要求转移的款项来自反洗钱调查所涉及的账户资金，若不涉及则不能采用临时冻结措施。客户的转款要求不受转移目的地的限制，包括境内和境外。二是经国务院反洗钱行政主管部门负责人批准。调查人员采取临时冻结措施之前，必须报请国务院反洗钱行政主管部门即中国人民银行负责人批准。临时冻结权仅赋予中国人民银行，而不包括其派出机构。规定这一报批程序，目的是慎重采取临时冻结措施，切实保护被调查对象的合法权益，防止行政不当、行政肆意的发生。三是认为有必要。这里所说的"必要"是指中国人民银行根据客户涉嫌洗钱犯罪的风险、转移资金规模目的、资金能否追踪等进行综合判断。这种情况在中国人民银行自由裁量的范围内，根据具体情形进行灵活掌握。

关于临时冻结的具体程序。根据本款规定，并结合2022年中国人民银行《金融机构协助查询、冻结、扣划工作管理规定》的要求，中国人民银行采取临时冻结措施，应经过以下程序：(1)报请批准。调查人员采取临时冻结措施，必须报请国务院反洗钱行政主管部门负责人批准。(2)书面通知。经国务院反洗钱行政主管部门负责人批准采取临时冻结措施的，应书面通知可疑资金持有人的开户银行或者其他金融机构冻结可疑资金。按照管理规定的要求，国务院反洗钱行政主管部门在书面通知时应采用"协助冻结存款通知书"的形式，并在通知书中注明需被冻结存款的单位或个人开户的金融机构填写的需被冻结或扣划存款的单位或个人开户金融机构名称、户名和账号、大小写金额；如果暂时不能提供个人存款账户，可以提供该个人的居民身份证号码或者其他足以确定该个人存款账户的情况。特别需要注意的是，书面通知中应明确冻结的起始时间（精确到小时）和期限。本法第五十一条中明确规定，调查人员违反规定采取临时冻结措施的，依法给予处分。

第三款是关于临时冻结后续措施的规定。

依照本款规定，接受移送的机关接到线索后，对已依照规定临时冻结的资金，应当及时决定是否继续冻结，采取临时冻结措施后可能会发生两种情况：一是接受移送的机关认为需要继续冻结的，依法采取冻结措施；二是接受移送的机关认为不需要冻结的，应当立即通知中国人民银行，中国人民银行应当立即通知金融机构解除冻结。反洗钱调查中的临时冻结措施，不同于其他行政执法机关或司法机关的冻结措施。这表现在两点：一是期限不同。反洗钱调查中的冻结措施具有明显的临时性，其存续与否要根据接受移送的机关的决定而定，本身不能超过 48 小时；而其他行政执法机关或司法机关的冻结措施期限较长，一般为 6 个月。二是目的不同。国务院反洗钱行政主管部门在反洗钱调查中采用临时冻结措施，目的是防止客户将调查所涉及的账户资金进行转移，从而便于执法办案。

第四款是关于临时冻结的期限和解除的规定。

本款规定了两个方面的内容：一是临时冻结的期限。临时冻结措施不得超过 48 小时，这样规定是基于对采取临时冻结措施的慎重态度。国家有关机关认为需要继续冻结的，应当依法采取冻结措施。这时，临时冻结措施转换为刑事冻结措施。刑事诉讼法上的冻结主要是指冻结与案件有关的资金账户。一旦冻结，更不得转移。

二是临时冻结的解除。根据本款规定，金融机构在按照国务院反洗钱行政主管部门的要求采取临时冻结措施后 48 小时内，未接到国家有关机关继续冻结通知的，应当立即解除冻结。这样规定能够避免无期限地冻结被调查人员的账户资金。

在研究该条规定时，我们还了解到 FATF 建议关于反洗钱的一些规定，列举如下：

4. 没收与临时措施

各国应确保有政策和行动框架在国内和国际优先追缴犯罪财产。

参考《维也纳公约》《巴勒莫公约》《联合国反腐败公约》和《联合国制止向恐怖主义提供资助的国际公约》，各国应采取包括立法在内的措施，使主管部门能够：

(a) 识别、追踪和评估犯罪财产及其等值财产；

(b) 暂停或不同意交易；

(c) 采取任何适当的调查手段；

(d) 迅速采取冻结、扣押等临时措施，防止犯罪财产及其等值财产的交易、转移或处置；

(e)以定罪没收程序没收犯罪财产及其等值财产;

(f)以非定罪没收程序没收犯罪财产;

(g)执行因此产生的没收令;

(h)确保有效管理被冻结、扣押或没收的财产。

建议4的释义(没收与临时措施)

4.根据有关信息,各国应使其金融情报中心或主管部门直接或间接立即采取措施,不同意或暂停与洗钱、上游犯罪或恐怖融资相关的可疑交易。应具体规定这一措施的最长期限,留出充分时间用于分析交易并使主管部门在适当情况下启动冻结或扣押措施。

5.各国应采取包括立法在内的措施,使其主管部门能够迅速执行临时措施。这应包括:

(a)允许单方面或不事先通知即可初步申请冻结或扣押犯罪财产及其等值财产;以及

(b)确保对临时措施的有效执行没有设置不合理或过度限制条件,例如证明存在资产灭失风险。

6.在有必要尽快采取行动时,各国应使主管部门能够在没有法院命令情况下冻结、没收犯罪财产及其等值财产,并可在一定时间内通过司法程序进行复审。如果没有法院命令情况下冻结或没收与国内法律基本原则不一致,一国可以使用替代机制,使其主管部门系统地采取快速行动,防止犯罪财产及其等值财产灭失。

7.各国应采取包括立法在内的措施,确保其主管部门能够采取措施,防止或避免可能不利于本国冻结、扣押或没收犯罪财产及其等值财产能力的行为。

第五章　反洗钱国际合作

> **第四十六条**　中华人民共和国根据缔结或者参加的国际条约,或者按照平等互惠原则,开展反洗钱国际合作。

【释义】 本条是关于我国开展反洗钱国际合作的基本依据和原则的规定。开展反洗钱国际合作,需要根据缔结或者参加的国际条约,或者按照平等互惠原则。

2006年反洗钱法第二十七条规定:"中华人民共和国根据缔结或者参加的国际条约,或者按照平等互惠原则,开展反洗钱国际合作。"本条规定我国开展反洗钱国际合作的基本依据是我国缔结或者参加的国际条约,包括我国签署、批准的联合国公约,以及区域性公约或者我国与其他国际组织、国家缔结的双边或者多边条约、协定等。我国缔结或者参加的国际条约有规定的,根据该条约规定的途径和方式开展反洗钱国际合作;国际条约无相应规定的,则按照平等互惠的基本原则,开展反洗钱国际合作。洗钱行为没有地域国别限制,只有加强国际合作才能更好地开展反洗钱工作。本条对反洗钱国际合作原则作出规定,非常有必要。一是表明我国注重反洗钱工作国际合作的态度。二是规定我国在缔结或者参加的国际条约范围内,履行反洗钱义务。三是明确在没有国际条约的情况下,与其他国家、国际组织之间可以按照平等互惠原则开展合作,发挥合力。

一、关于国际条约与平等互惠原则

关于国际条约。国际条约是一个泛称,通常指国家之间缔结的具有法律约束力的书面协议。《维也纳条约法公约》第二条规定,称条约者,谓国家间所缔结而以国际法为准之国际书面协定,不论其载于一项单独文书或两项以上相互有关之文书内,亦不论其特定名称如何。国际条约成为国际合作的基本载体是由条约的性质所决定的。《维也纳条约法公约》在其序中即明确指出,条约为国际法渊源之一。因为主权国家地位平等,所以条约只能是缔约国自由同意的产物;而条约必须遵守则是条约实践得以持续的基础性的规则保障。如果国家之间的约定可以随意毁弃,那么条约就失去了存在的意义。由于条约必须遵守的原则十分重要,而且从来没有哪个国家拒绝承认这一原则,所以条约必须遵守是一项国际强行法规则。

不同条约的生效条件不同,效力等级也不同。我国缔结条约程序法规定,全国人大常委会决定同外国缔结的条约和重要协定的批准和废除,其他条约、协定的生效不需要经过全国人大常委会批准。以中华人民共和国名义谈判和签署条约、协定,由外交部或者国务院有关部门会同外交部提出建议并拟订条约、协定的中方草案,报请国务院审核决定;以中华人民共和国政府名义谈判和签署条约、协定,由外交部提出建议并拟订条约、协定的中方草案,或者由国务院有关部门提出建议并拟订条约、协定的中方草案,同外交部会商后,报请国务院审核决定。

关于平等互惠原则。平等互惠原则是我国对外交往遵循的基本原则,也是国际法基本原则,是由国家主权原则引申出来的,也称对等原则或互惠原则。它具体包括两个方面的内容。一是法律上的互惠。双方根据相互签订或者缔结的国际条约,相互给予对方同等的待遇。二是无条约情况下的互惠。在没有条约义务的情况下,国家间在进行协助的过程中,请求方向被请求方郑重作出承诺,表明将来在相同情况下为对方提供类似的司法协助行为。这也是平等互惠原则主要发挥作用的情况。总体上,涉及反洗钱领域国际合作的内容,包括我国签署、批准的联合国公约,以及区域性公约或者我国与其他国际组织、国家缔结的双边或者多边条约、协定等,通过反洗钱法的相关规定设置了国内法转化适用的衔接规则。只要不是我国声明保留的条款,都可以根据国际条约规定的途径和方式开展反洗钱国际合作。在无国际条约、协定的情况下,则按照平等互惠的基本原则办理。

此外,对外关系法第三十九条第二款、第三款也规定,中华人民共和国根据缔结或者参加的条约和协定,或者按照平等互惠原则,同外国、国际组织在执法、司法领域开展国际合作。国家深化拓展对外执法合作工作机制,完善司法协助体制机制,推进执法、司法领域国际合作。国家加强打击跨国犯罪、反腐败等国际合作。反洗钱国际合作应当根据法律的规定和精神开展。

二、我国加入条约涉及反洗钱国际合作的内容

（一）国际公约

1.《维也纳公约》

我国于1988年12月20日签署《维也纳公约》,1989年10月25日批准。该公约于1990年11月11日对我国生效。该公约将打击洗钱作为打击毒品犯罪的重要措施,是国际社会第一个对洗钱进行法律控制的国际公约,但仅规定了对洗钱活动的刑事定罪要求,而没有关于防范洗钱具体措施的规定。在国际合作部分,该公约涉及对贩毒所得的没收、引渡、法律协助、合作制止海上非法贩运、提供情报等内容。

2.《巴勒莫公约》

我国于2000年12月12日签署《巴勒莫公约》,2003年8月27日批准。该公约于2003年10月23日对我国生效。该公约第六条明确要求缔约国将洗钱行为规定为刑事犯罪,第七条进一步规定了打击洗钱活动的具体措施,包括建立相关制度以验证客户身份、保持记录和报告可疑交易等。其中国际合作是重要的反洗钱措施。该公约要求:缔约国应努力为打击洗钱而发展和促进在司法、执法、金融管理当局间的全球、区域、分区域和双边合作;确保行政机关、监管机构、执法机构和其他负有反洗钱职责的机构能在国家和国际一级开展合作和交换信息,由作为国家级中心的金融情报机构收集、分析和传播有关潜在的洗钱活动的信息。此外,该公约在犯罪财产没收、引渡、司法协助、特殊侦查手段、执法合作等方面规定了大量的合作内容,鼓励缔约国开展密切合作,涵盖了惩治洗钱犯罪的各方面合作。

3.《制止向恐怖主义提供资助的国际公约》

我国于2001年11月13日签署联合国《制止向恐怖主义提供资助的国际公约》,2006年4月19日交存批准书。该公约于2006年5月19日对我国生效。联合国《制止向恐怖主义提供资助的国际公约》要求:各缔约国应对所有开展汇款业务的机构进行有效监管,保存至少5年的交易记录,在必要时要协助别国;在各国负责反洗钱的机关和金融情报机构之间建立和维持联系渠道,在可行的情况下建立联席会议机制,同时也可以通过国际刑事警察组织交换情报。

4.《联合国反腐败公约》

《联合国反腐败公约》于 2003 年 10 月 31 日由第 58 届联合国大会审议通过。我国于 2003 年 12 月 10 日签署该公约,2005 年 10 月 27 日批准。该公约于 2006 年 2 月 12 日对我国生效。该公约的序言规定,缔约国应当关注腐败同其他形式的犯罪,特别是有组织犯罪和包括洗钱在内的经济犯罪的联系,决心更加有效地预防、查处和制止非法获得的资产的国际转移,并加强资产追回方面的国际合作。

《联合国反腐败公约》中有关反洗钱国际合作的内容主要集中在对洗钱的预防性措施中,包括"应当实施"和"应当考虑实施"的内容。各缔约国"应当实施"的措施有:银行和非银行金融机构等义务主体对特别易于涉及洗钱的机构建立全面的国内监管和监督机制,着重就验证客户身份和视情况验证实际受益人身份、保持记录和报告可疑交易作出规定;确保负责反洗钱的有关机构能够在国家和国际一级开展合作和交换信息,并为此目的考虑建立金融情报机构,进行反洗钱信息的收集、分析和传递。各缔约国"应当考虑实施"的措施有:在保证信息能正当使用以及不会妨碍合法资本移动的情况下,监测并跟踪现金和有关流通票据跨境转移的情况;要求汇款业务机构在内的金融机构收集并保留资金交易的信息;鼓励缔约国将区域、多边组织等反洗钱举措作为指南,开展全球、区域、多边或者双边合作。

(二)区域性公约、条约

1.上海合作组织的相关文件

全国人大常委会于 2001 年 10 月 27 日批准《打击恐怖主义、分裂主义和极端主义上海公约》。该公约 2003 年 3 月 29 日对我国生效。该公约关于反洗钱国际合作的部分没有直接明确反洗钱的内容,但是从资金监管角度规定了缔约国各方中央主管机关要采取措施预防、查明和阻止为恐怖主义、分裂主义和极端主义提供资金等其他协助,同时交换共同关心的关于资金来源的情报。

2010 年 6 月 11 日,在《上海合作组织宪章》《上海合作组织成员国关于合作打击非法贩运麻醉药品、精神药物及其前体的协议》《上海合作组织反恐怖主义公约》《上海合作组织成员国政府间合作打击非法贩运武器、弹药和爆炸物品的协定》基础上,我国签署《上海合作组织成员国政府间合作打击犯罪协定》,其中明确规定各成员国在预防、制止、发现、侦破经济犯罪(包括洗钱和恐怖融资)等方面开展合作。2016年,《上海合作组织成立十五周年塔什干宣言》再度规定,打击跨国有组织犯罪和现代信息技术犯罪,巩固边境安全,联手打击非法移民、人口贩运、洗钱、资助恐怖主义和经济犯罪,仍是上海合作组织的迫切议题,各方需要切实落实《上海合作组织成员国政府间合作打击犯罪协定》。

2020年《上海合作组织成员国元首理事会关于打击利用互联网等渠道传播恐怖主义、分裂主义和极端主义思想的声明》提出,在落实现有反洗钱和资恐领域国际标准背景下,有必要加强合作,打击恐怖主义及其融资,包括阻止恐怖主义、分裂主义和极端主义思想传播。

2021年《上海合作组织二十周年杜尚别宣言》中重申共同打击洗钱等犯罪是上海合作组织维护地区安全稳定的优先任务。成员国应在落实现有反洗钱和资恐领域国际标准背景下共同打击恐怖主义及其融资,阻止恐怖主义、分裂主义和极端主义思想传播。

2. EAG 的相关文件

2011年6月16日,我国签署的《关于反洗钱和反恐怖融资欧亚组织协议》第二条规定,EAG的主要任务是在区域层面加强反洗钱和反恐怖融资的合作与互动交流,让成员国在执行FATF建议时加强整体性,在国际合作方面还特别指出,EAG"与专门的国际组织、机构和相关国家开展国际合作和技术帮助计划"。

(三)国际组织的相关要求

FATF是目前反洗钱和反恐怖融资领域最具影响和权威性的国际组织。2007年6月28日,中国成为FATF的正式成员,执行FATF建议。

FATF建议中关于国际合作方面的内容主要是建议36至建议40,共有5项:成员国应加入并推动国际公约的实施、重视双边司法协助工作,对涉嫌洗钱的资产、上游犯罪及恐怖融资收益、实施或计划用于实施犯罪的工具及等值财产予以追缴,建设性地处理与洗钱、恐怖融资相关的引渡请求,以及重视其他形式的国际合作。

在研究该条规定时,我们还了解到FATF建议关于反洗钱的一些规定,列举如下:

36. 国际公约

各国应当立即采取行动,加入并全面实施《维也纳公约》(1988年)、《巴勒莫公约》(2000年),《联合国反腐败公约》(2003年)和《反恐怖融资公约》(1999年)。在适用情况下,鼓励各国批准并实施其他有关国际公约,如《欧洲委员会打击网络犯罪公约》(2001年),《泛美反恐公约》(2002年),《欧洲委员会关于打击洗钱,调查、扣押和没收犯罪收益及打击恐怖融资公约》(2005年)。

第四十七条 国务院反洗钱行政主管部门根据国务院授权,负责组织、协调反洗钱国际合作,代表中国政府参与有关国际组织活动,依法与境外相关机构开展反洗钱合作,交换反洗钱信息。

国家有关机关依法在职责范围内开展反洗钱国际合作。

【释义】 本条是关于各部门国际合作权限的规定。

2006年反洗钱法第二十八条规定:"国务院反洗钱行政主管部门根据国务院授权,代表中国政府与外国政府和有关国际组织开展反洗钱合作,依法与境外反洗钱机构交换与反洗钱有关的信息和资料。"

2024年修订反洗钱法对该条作了以下修改:一是明确国务院反洗钱行政主管部门"负责组织、协调反洗钱国际合作",并"代表中国政府参与有关国际组织活动"的职能。二是将开展反洗钱合作的主体由"境外反洗钱机构"扩大为"境外相关机构",将涉及反洗钱的相关职权主体全部纳入国际合作范围,这样更有利于与国际社会加强反洗钱合作。三是增加一款规定,明确国家有关机关依法在职责范围内开展反洗钱国际合作。洗钱行为链条长、涉及主体多,可能存在跨国、跨地域洗钱情形,涉及多层次的预防和惩治违法犯罪问题,不仅需要国务院反洗钱行政主管部门开展国际合作,还需要外交部门、司法机关等依法在各自职责范围内进行国际合作。

本条共分两款。第一款是国务院反洗钱行政主管部门代表中国政府开展反洗钱国际合作的规定。

在反洗钱工作中,各类国际性质的组织在推动反洗钱工作中发挥着举足轻重的作用。这些组织有的具有全球性,直接依托联合国合作框架开展工作,或者专门从事反洗钱工作,有的在区域框架下开展反洗钱工作,如 EAG、APG 等。这些组织在不同层面上推动反洗钱国际合作,具有代表性的主要有:

（一）FATF

1989年,为应对日益严峻的洗钱问题,七国集团首脑在巴黎召开会议,召集七国集团成员、欧盟委员会以及其他八个国家组成工作组,即反洗钱金融行动特别工作组,后来随着其职能的发展变化,改称为FATF。截至目前,FATF共有40个成员,9个准成员(区域性反洗钱组织),25个观察员组织。2007年6月,FATF全体会议以协商一致方式同意中国成为正式成员。自成立以来,FATF每10年由成员部长定期签署一次授权文件,每次将该组织延续10年;直到成立30年后的2019年,各成员部长决定调整FATF的职权,授予其独立的法律地位,使其能够长期存在运行。FATF的决策机构是全体会议,每年举行三次会议;其实质性工作由秘书处支持,秘书处由来自多个国家的具有金融、法律专门知识和执法背景及相关经验的专家和行政人员组成。

目前,FATF已成为全球打击洗钱和恐怖主义融资犯罪的国际标准制定和监督机构,其主要工作目标如下:一是制定、发布反洗钱和反恐怖主义融资犯罪的国际标准和建议,以协调全球预防、打击洗钱犯罪以及恐怖主义融资犯罪的行动,维护国际金融体系的完整性和有效性;二是监测各国和地区在FATF标准、建议方面的执行进程以及取得的进展,通过发布"灰(黑)名单"、开展洗钱和恐怖融资类型研究、推动国际合作等方式,逐步建立有效的全球性反洗钱和反恐怖融资犯罪网络,进一步促进更为有效的国内协调和国际合作,为国际组织之间的合作提供了范例,包括发布的信息共享综合标准、私营部门信息共享等方面。在有关国际规则的强制性要求中,FATF建议无疑是最为重要的。最早的FATF建议发布于1990年,旨在打击滥用金融体系清洗毒品资金。2012年FATF与区域性反洗钱组织以及包括国际货币基金组织、世界银行和联合国在内的观察员合作,共同对FATF建议进行了修订,形成了新的FATF建议。

（二）艾格蒙特集团（EG）

1995年6月,美国、法国、英国等24个国家在比利时首都布鲁塞尔的艾格蒙特—艾伦伯格宫召开会议,决定成立一个由各国家和地区金融情报机构组成的国际组织,以便为各国的金融情报交流提供一个平台,这个组织就是艾格蒙特集团。艾格蒙特集团现有177个成员,均是各国家或地区的金融情报机构。目前,艾格蒙特集团已经建立了完备的成员间交流金融情报的安全网络,它通过发布各类反洗钱和反恐怖主义融资犯罪的年度报告、案例分析,以及组织反洗钱和反恐怖融资犯罪能力提升培训等措施，极大提高了国际反洗钱和反恐怖主义融资犯罪国际法律制度的系统性、统一性，以及国际合作的有效性。目前，我国台湾地区以及香港特别行政区、澳门特别行政区金融情报机构也是该组织的成员。

（三）EAG

EAG 由中国、俄罗斯、白俄罗斯、塔吉克斯坦、哈萨克斯坦、吉尔吉斯斯坦等六国作为创始成员于 2004 年 10 月在莫斯科成立。2011 年 6 月，各成员国在莫斯科签署《欧亚反洗钱与反恐怖融资组织协定》，EAG 正式成为一个区域性政府间国际组织。截至目前，EAG 共有 9 个成员国、17 个观察员国家和 24 个观察员国际组织，是世界上覆盖面积最大、涉及人口最多的区域性反洗钱和反恐怖融资组织。其中，EAG 与 FATF 有着密切的关系，它是 FATF 的准成员，属于 FATF 确认的 9 个地区性反洗钱和反恐怖融资国际组织之一，而 FATF 则是它的观察员组织。EAG 成员国授权代表参加的全体会议是其最高机构，通常每年举行两次。EAG 在莫斯科设有秘书处，由秘书长领导，负责履行协调职能，执行全体会议的决定和主席安排的任务。EAG 的主要目标是根据 FATF 和其他反洗钱、反恐怖融资国际组织的标准，通过成员国之间的有效互动与合作，将欧亚地区纳入国际打击洗钱和恐怖融资犯罪体系。

（四）APG

APG 发端于 1995 年澳大利亚政府设立的"金融行动特别工作组——亚洲秘书处"，是亚太各个国家和地区为执行 FATF 建议，协商一致建立的区域性反洗钱国际合作组织，其秘书处成立时即以与亚太各个国家和地区及相关国际组织开展反洗钱合作为己任，并积极争取通过协商建立一个常设的亚太区域反洗钱机构。在经过四次研讨会议后，经 13 个创始成员一致同意，APG 于 1997 年在泰国曼谷正式成立。APG 是一个区域性政府间国际组织，截至目前已有 42 个成员，并有 8 个观察员国家、33 个观察员组织。APG 在组织架构上包括主席、治理委员会、互评估委员会和操作委员会以及秘书处，秘书处设在澳大利亚悉尼。APG 虽然是一个区域性政府间国际组织，但是它并非根据国际公约、条约或任何其他此类法律文书设立，它的所有成员在协商一致的基础上集体采取行动，以打击洗钱犯罪和恐怖融资犯罪。

APG 积极参与国际反洗钱和反恐怖融资犯罪的政策制定和国际合作建

设。该组织与 FATF 保持着密切的联系和沟通,是 FATF 确认的 9 个地区性反洗钱和反恐怖融资国际组织之一,APG 与其他地区性反洗钱和反恐怖融资国际组织一起组成了一个全球国际性网络,共同打击洗钱和恐怖融资犯罪。

从各类政府间国际组织发展历程可以看出,其在国际社会发挥作用的主要途径包括:为成员国提供正式或非正式的多层次对话与合作场所、平台,制定全球性或区域性管理规则或治理标准,组织协调开展各种具体形式的国际合作,调停或解决各类国际政治、经济争端,建立集体安全体系,维护世界和平与发展。当代政府间国际组织在推动国际合作、缓和地区冲突、增进各国社会经济发展和福利、建立国际政治经济新秩序、促进国际法的发展等方面,具有积极的、不可替代的作用,并且其影响日益凸显。

此外,本款规定国务院反洗钱行政主管部门可以依法与境外相关机构开展反洗钱合作。除上述较为典型的国际性、区域性反洗钱国际组织以外,这里的"境外相关机构"还可以是不限于专职从事反洗钱工作的其他机构,比如国际货币基金组织、世界银行、联合国毒品和犯罪问题办公室等,以及其他国家的金融管理机构等。

关于反洗钱信息交换。按照 FATF 建议以及《联合国反腐败公约》等国际公约的要求,成员必须建立一个国家级中心,专门从事收集、分析、移交可疑资金交易工作,为打击洗钱等严重经济犯罪提供情报支持。目前全世界几乎所有国家和地区都建立了金融情报中心,并成立了艾格蒙特集团等国际组织,加强国际金融情报互换,打击跨国犯罪。根据本款规定,国务院反洗钱行政主管部门可以依法开展反洗钱信息交换。

第二款是关于国家有关机关依法在职责范围内开展反洗钱国际合作的规定。

国家参与反洗钱国际合作机制主要包括三种形式:一是国家政府当局自身作为主体参与国际合作;二是国家机构代表国家开展对外合作;三是国家有权机构之间开展的专业领域合作。同样,各国也在自身层面开展着国家间合作及国内配合,同步进行国内协同及国际合作的开展。FATF 建议在引言中提出,各国应当做好反洗钱措施的国内协调,规定主管部门(如调查、执法和监管部门)的权力与职责范围,以及其他制度性措施,推动国际合作。国内协调的前提是一国政府当局具有采取一切必要措施建立和实施反洗钱国际合作的政治意愿,其协调对象主要包括立法机构、司法机构、行政部门、执法部门、金融情报部门、金融机构和非金融机构的监管部门等。就分工而言，代表我国从事反洗钱国际合作的部门主要是中国人民银行反洗钱局，以及国家监察委员会、最高人民法院、最高人民检察院和国务院有关部门。上述部门在职责范围内开展反洗钱国际合作。

（一）中国人民银行作为国务院反洗钱行政主管部门，负责组织、协调反洗钱国际合作

本条第一款规定国务院反洗钱行政主管部门根据国务院授权，代表中国政府参与有关国际组织活动，依法与境外相关机构开展反洗钱合作，交换反洗钱信息。如果在反洗钱国际合作工作中需要由中国人民银行与国内各相关机关进行沟通、联系、协调，则其应在职责范围内承担相关工作和任务。

（二）其他有关机关在职责范围内开展反洗钱国际合作

监察机关和其他有关部门、机构在职责范围内开展反洗钱国际合作。

2024年12月修正的监察法专门对反腐败国际合作作出规定，明确了监察机关在追逃追赃工作中的职责定位。监察法第五十七条规定，国家监察委员会统筹协调与其他国家、地区、国际组织开展的反腐败国际交流、合作，组织反腐败国际条约实施工作。第五十八条规定，国家监察委员会会同有关单位加强与有关国家、地区、国际组织在反腐败方面开展引渡、移管被判刑人、遣返、联合调查、调查取证、资产追缴和信息交流等执法司法合作和司法协助。在预防洗钱犯罪、开展境外追逃追赃等工作中，监察机关在其职责范围内开展反洗钱国际合作。

此外，最高人民法院、最高人民检察院、公安部、国家安全部、司法部、外交部等部门也是开展预防遏制洗钱犯罪、反恐怖主义工作、境外追逃追赃工作等的主管机关。根据本款规定，这些部门按照职责分工，依法在各自的职责范围内开展反洗钱国际合作。比如审核向外国提出的司法协助请求，审查处理对外联系机关转递的外国提出的司法协助请求，承担其他与国际司法协助相关的工作，移管洗钱犯罪被判刑人等。

在研究该条规定时，我们还了解到FATF建议关于反洗钱的一些规定，列举如下：

40.其他形式的国际合作

各国应确保主管部门可以主动或应他国要求，在洗钱、相关上游犯罪和恐怖融资方面迅速、有效、建设性地提供最广泛的国际合作，且应具备提供合

作的法律基础。各国应授权主管部门通过最有效的方式开展合作。如果主管部门需签订谅解备忘录等双边或多边协定或安排,应及时与尽可能多的境外对口部门协商签订。

主管部门应通过明确的渠道或机制,有效传递并执行信息和其他类型的协助请求,应制定明确有效的程序,按照优先顺序及时处理协助请求,并保障接收到的信息安全。

第四十八条　涉及追究洗钱犯罪的司法协助,依照《中华人民共和国国际刑事司法协助法》以及有关法律的规定办理。

【释义】　本条是关于涉及洗钱、相关上游犯罪以及恐怖融资相关的司法协助如何处理的规定。

2006年反洗钱法第二十九条规定:"涉及追究洗钱犯罪的司法协助,由司法机关依照有关法律的规定办理。"

2024年修订反洗钱法对该条作了以下修改:一是删去了"司法机关"。根据国际刑事司法协助法的规定,开展国际刑事司法协助的主管机关,不仅包括最高人民法院和最高人民检察院,还包括国家监察委员会、公安部、国家安全部等部门。从国际刑事司法协助的实践来看,对外联系机关不限于外交部门,还包括国家监察委员会、最高人民法院、最高人民检察院、公安部等部门。涉及追究洗钱犯罪的司法协助,不仅涉及司法机关的职责管辖,还涉及其他有关主管机关的职责管辖,规定只由司法机关依照有关法律的规定办理,已不符合实际,扩大司法协助的主体范围更有利于反洗钱国际合作的开展和落实。二是增加依照"国际刑事司法协助法"等有关法律的规定。这样修改是为了适应惩治洗钱犯罪实际,并与国际刑事司法协助法等相衔接。涉及追究洗钱犯罪的司法协助,主要依照国际刑事司法协助法、引渡法、刑事诉讼法等的有关具体规定办理。

本条包含以下几个方面的内容:

第一,关于追究洗钱犯罪司法协助的主要内容。司法协助是国家间司法合作的形式之一,它特指各国在司法程序中相互提供协助的行为。按涉及的诉讼类别划分,司法协助可分为民(商)事司法协助、刑事司法协助、行政司法协助;按协助的内容划分,司法协助又可分为狭义的司法协助和广义的司法协助。狭义的司法协助仅指送达文书及调查取证;广义的司法协助在民商事方面还包括判决的承认与执行,在刑事方面则涵盖引渡、刑事判决和没收令的执行、被判刑人移管、诉讼转移等。本条所指的涉及追究洗钱犯罪的司法协助即为广义的司法协助。国际刑事司法协助法第二条规定的国际刑事司法协助,是指中华人民共和国和外国在刑事案件调查、侦查、起诉、审判和执行等活动中相互提供协助,包括送达文书,调查取证,安排证人作证或者协助调查,查封、扣押、冻结涉案财物,没收、返还违法所得及其他涉案财物,移管被判刑人以及其他协助。

与其他形式的法律合作相比,司法协助的独特之处在于:其一,它是一国针对具体案件的诉讼程序有关的行为。各国司法机关之间的对口业务交流和一般性的情报交换,不属于司法协助。其二,它是正规法律程序进行的协助,协助结果具有法律上的权威性并在诉讼中产生法律效果。这一特征使之区别于执法合作(警察部门或其他行政机关之间的合作)、律师合作(民间渠道开展的合作)等。因此,它是较高层次的法律合作。

打击跨国洗钱活动离不开国际司法协助。反洗钱的双边司法协助通常都包括采取强制性措施的请求,如搜查和查封,或在被请求国的司法程序中承诺进行取证,其中也包括移送证人进行取证的请求。反洗钱的双边司法协助还涵盖了冻结及扣押犯罪所得、暂停没收执行及执行请求国已作出的没收和罚款决定等方面的内容。另外,对洗钱犯罪嫌疑人的引渡是反洗钱双边司法协助的一种常见形式,许多重要的反洗钱文件及联合国相关条约中都对其进行了规定。

第二,关于开展反洗钱国际刑事司法协助的有关机关。虽然本法对开展反洗钱国际刑事司法协助的机关未作规定,但实践中应当依照国际刑事司法协助法等有关法律规定的负责联系和办理的机关实施。如国际刑事司法协助法第五条规定:"中华人民共和国和外国之间开展刑事司法协助,通过对外联系机关联系。中华人民共和国司法部等对外联系机关负责提出、接收和转递刑事司法协助请求,处理其他与国际刑事司法协助相关的事务。中华人民共和国和外国之间没有刑事司法协助条约的,通过外交途径联系。"第六条规定:"国家监察委员会、最高人民法院、最高人民检察院、公安部、国家安全部等部门是开展国际刑事司法协助的主管机关,按照职责分工,审核向外国提出的刑事司法协助请求,审查处理对外联系机关转递的外国提出的刑事司法协助请求，承担其他与国际刑事司法协助相关的工作。在移管被判刑人案件中，司法部按照职责分工，承担相应的主管机关职责。办理刑事司法协助相关案件的机关是国际刑事司法协助的办案机关，负责向所属主管机关提交需要向外国提出的刑事司法协助请求、执行所属主管机关交办的外国提出的刑事司法协助请求。"另外，有的法律还对有关部门开展国际司法协助的主管机关作了明确规定。比如，2024年修正的监察法第五十七条规定，国家监察委员会统筹协调与其他国家、地区、国际组织开展的反腐败国际交流、合作，组织反腐败国际条约实施工作。第五十八条规定，国家监察委员会会同有关单位加强与有关国家、地区、国际组织在反腐败方面开展引渡、移管被判刑人、遣返、联合调查、调查取证、资产追缴和信息交流等执法司法合作和司法协助。根据这些规定，国家监察委员会、最高人民法院、最高人民检察院、公安部、国家安全部等部门是开展国际刑事司法协助的主管机关。

从目前我国签订的刑事司法协助条约来看，多数规定司法部为对外联系机关，但也有少数条约，出于实践情况、签约外国的要求等因素，确定国家监察委员会、最高人民法院、最高人民检察院、公安部等部门担任对外联系机关，或者确定司法部和其他一个或多个部门共同作为对外联系机关。对于这些情况，应当按照条约约定确定对外联系机关。因此，开展洗钱犯罪国际司法协助，应依据国际刑事司法协助法等有关法律规定，综合案件的主管机关、条约约定等确定具体职责。

第三，关于追究洗钱犯罪司法协助的法律依据。本条规定依照国际刑事司法协助法以及有关法律的规定办理。国际刑事司法协助法是开展反洗钱刑事司法协助的主要依据，按照国际刑事司法协助法的规定，国际刑事司法协助中的送达文书，调查取证，安排证人作证或者协助调查，查封、扣押、冻结涉案财物，没收、返还违法所得及其他涉案财物，移管被判刑人等协助事项的办理有了具体依据。引渡法也是反洗钱刑事司法协助的重要依据。引渡法具有实体法、程序法、国际刑事司法等多重属性，对引渡的条件、引渡请求的提出、对引渡请求的审查、为引渡而采取的强制措施、引渡的执行、暂缓引渡和临时引渡、引渡的过境等进行了规范。此外，刑事诉讼法中有关于刑事司法协助的具体规定，同样是反洗钱刑事司法协助的重要依据。如刑事诉讼法第十八条规定，根据中华人民共和国缔结或者参加的国际条约，或者按照互惠原则，我国司法机关和外国司法机关可以相互请求刑事司法协助。因此，本条对追究洗钱犯罪司法协助的规定为衔接性条款,涉及的具体司法协助应依照上述有关法律具体开展。

在研究该条规定时,我们还了解到 FATF 建议、国际公约、有关国家和地区关于反洗钱的一些规定,列举如下:

(一)FATF 建议相关内容

37. 双边司法协助

在涉及洗钱、相关上游犯罪以及恐怖融资调查、起诉和有关诉讼过程中,各国应当迅速有效并建设性地提供最大限度的双边司法协助。在提供双边司法协助方面,各国应拥有充分的法律基础,在适当情况下,应有公约、协定或其他机制强化合作。各国尤其应做到以下几点:

(a)不应禁止提供双边司法协助或设置不合理或过于严格的限制条件。

(b)确保具有明确有效的程序,及时按照优先顺序处理双边司法协助请求;应通过某一中央部门或其他现有官方机制有效地传递和处理此类请求;应建立一套案件管理系统,跟踪执行请求的进展情况。

(c)不应仅因犯罪涉及财政问题拒绝执行双边司法协助请求。

(d)不应以法律要求金融机构或特定非金融行业和职业保密为由拒绝执行双边司法协助请求(相关信息受法律职业保密特权保护的除外)。

(e)对收到的双边司法协助请求及其所包含的信息,应按照本国法律的基本原则进行保密,保护调查过程不受干扰。如果被请求国无法遵守保密要求,应立即告知请求国。

如果执行请求不涉及强制行动,即使不存在双重犯罪,各国也应当提供双边司法协助。各国应考虑采取必要的措施,在不存在双重犯罪的情况下,尽可能提供各种协助。

如果一国将双重犯罪作为提供双边司法协助的必要条件,则不论两国是否将某项犯罪纳入同一类罪或定为同一罪名,只要两国均对其定罪,即可视为满足该条件。

各国应当确保对于建议 31 要求的主管部门权力和调查手段以及主管部门可用的所有其他权力和调查手段:

(a)向金融机构或其他个人获取、搜查和扣押信息、文件或证据(包括财务记录)及采集证人证言的权力和调查手段;和

(b)其他广泛的权力和调查手段;

也能用于执行双边司法协助请求,并且在不违背本国法律框架的情况下,还可以用于境外司法或执法部门对本国对口部门的直接请求。

如果被告面临多国起诉,为避免管辖权冲突,各国应考虑建立并使用相关机制,在不影响司法公正的情况下决定最佳起诉地点。

各国在发起双边司法协助请求时,应尽最大可能提供完整的事实性和法律信息,包括是否属于紧急需求,并通过快速方式发起请求,便于被请求国及时有效地处理请求。在发起请求前,各国应尽最大可能确认被请求国的法律要求和法定程序。

各国应为负责双边司法协助的主管部门(如中央机关)提供充足的财力、人力和技术支持,且应具备相关程序,确保主管部门工作人员维持高职业水准(包括保密方面),并具有高诚信度和恰当的技术能力。

(二)国际公约或者有关国家和地区的规定

与打击洗钱有关的各项联合国公约,包括1988年《维也纳公约》、2000年《巴勒莫公约》、2003年《联合国反腐败公约》等,都含有针对司法协助专门的规定。地区性公约包括2001年《欧洲委员会打击网络犯罪公约》、2002年《泛美反恐公约》、2005年《欧洲委员会关于打击洗钱,调查、扣押和没收犯罪收益及打击恐怖融资公约》等。

第四十九条 国家有关机关在依法调查洗钱和恐怖主义融资活动过程中,按照对等原则或者经与有关国家协商一致,可以要求在境内开立代理行账户或者与我国存在其他密切金融联系的境外金融机构予以配合。

【释义】 本条是关于境外金融机构配合国家有关机关开展反洗钱调查的规定。

本条是2024年修订反洗钱法增加的规定。

在经济全球化背景下,各国间经济联系日益紧密,许多市场主体跨国开展经营活动。与此同时,犯罪活动也呈现出国际化的特点,与相关犯罪活动伴生的跨国洗钱、恐怖主义融资活动也滋生蔓延。改革开放以来,我国坚持对外开放的基本国策,稳步扩大包括金融领域在内的制度型开放。境外银行、保险公司等金融机构以多种形式跨越国境进入中国金融市场。有的境外金融机构在我国设立分支机构开展经营活动;有的境外金融机构通过在我国国内金融机构开立代理行账户的方式,与我国金融机构合作开展金融业务;有的境外金融机构虽然没有在我国境内开设代理行账户,但其境外经营活动与我国有较密切的金融联系。这些境外金融机构的跨国经营活动,对我国扩大对外开放、吸引和利用外资,密切和世界经济的联系,起到积极的作用。同时,其也可能被跨国洗钱、恐怖主义融资等违法犯罪活动所利用,危害我国国家安全和利益,所以对我国公民和组织的财产权利需要依法加强监管和防范。我国有关国家机关在调查洗钱、恐怖主义融资活动,特别是跨境洗钱和恐怖融资活动的过程中,有可能涉及在我国境内开展业务或者与我国存在密切金融联系的境外金融机构。

在本法第四章规定的反洗钱调查措施的基础上,适度扩展我国反洗钱法域外适用的效力,有利于在有序扩大金融领域对外开放的同时,更好地预防、发现和惩治跨国境洗钱和恐怖主义融资违法犯罪活动,维护国际经济金融秩序以及我国国家主权、安全和利益。本条在国际通行的对等原则或协商一致的前提下,适当扩展我国反洗钱法律制度的域外效力,对境外金融机构配合国家有关机关开展反洗钱调查作了规定。

本条规定包含以下几个方面的内容:

第一,本条规定的要求境外金融机构配合的执法主体是国家有关机关,包括本法规定的反洗钱行政主管部门,以及侦查、调查洗钱犯罪和相关犯罪的公安机关、检察机关、监察机关等国家机关。本条规定的"调查",既可以是本法规定的反洗钱行政调查,也可以是对洗钱、恐怖主义融资等犯罪活动,依照刑事诉讼法开展的刑事侦查,或者依照监察法开展的监察调查。

第二,本条规定的要求境外金融机构配合的工作原则是"按照对等原则或者经与有关国家协商一致"。具体包含两种情形:一是与外国对我国采取的措施对等,即外国有关机关要求我国的金融机构配合其调查,我国对等采取相应措施。二是与外国协商一致。这一规定体现了维护我国国家主权和利益,同时尊重国际法原则的精神。

第三,本条规定的可以要求境外金融机构配合调查的对象分为两类:一是在我国境内开立代理行账户的境外金融机构。开立代理行账户,是境外金融机构与我国境内金融机构订立协议,由境内金融机构代理境外金融机构开展有关业务。在我国境内开立代理行账户的境外金融机构,实质参与了我国境内的金融业务。二是与我国存在其他密切金融联系的境外金融机构。这里规定的"密切金融联系",是指其业务活动与我国组织或者个人有密切联系,对我国金融市场有重大影响等情形。

根据本条规定,有关境外金融机构有义务对我国有关机关的反洗钱和反恐怖主义融资调查活动予以配合。具体配合的形式和内容,应当根据我国有关法律和规定、实际情况和调查案件的需要确定。我国有关机关依照本条规定要求境外金融机构协助调查洗钱和恐怖主义融资活动,主要目的是调查跨境的洗钱和恐怖融资活动,维护国际经济金融安全和秩序,而非仅保护本国利益。适用本条应当注意法律的谦抑原则,维护市场化、法治化、国际化的营商环境。

在研究该条规定时,我们还了解到有关国家和地区关于反洗钱的一些规定,列举如下:

美国《爱国者法案》第317条专门规定了外国洗钱者境外管辖条款,即"地区法院只要是基于美国联邦民事诉讼规则或者所在国法律送达了诉讼或裁定文书,对符合以下条件之一的任何外国人以及任何根据外国法律成立的金融机构都具有管辖权:一是触犯第1956节(a)条犯罪(美国刑法规定的洗钱犯罪)的部分或全部金融交易发生在美国境内的;二是对美国法院通过颁布罚没令以获得所有权权益的财产,将其转为己有的;三是在美国的金融机构开设银行账户的外国金融机构"。第319条扩展了可以对"联行往来账户"内的资金予以没收,即如果相关资金存在外国银行,而该外国银行在美国的金融机构有往来账户的,则视为该笔资金存在了美国境内金融机构的往来账户上,可以对此资金查封、扣押、冻结以及签发对自然人的逮捕令。

第五十条 外国国家、组织违反对等、协商一致原则直接要求境内金融机构提交客户身份资料、交易信息,扣押、冻结、划转境内资金、资产,或者作出其他行动的,金融机构不得擅自执行,并应当及时向国务院有关金融管理部门报告。

除前款规定外,外国国家、组织基于合规监管的需要,要求境内金融机构提供概要性合规信息、经营信息等信息的,境内金融机构向国务院有关金融管理部门和国家有关机关报告后可以提供或者予以配合。

前两款规定的资料、信息涉及重要数据和个人信息的,还应当符合国家数据安全管理、个人信息保护有关规定。

【释义】 本条是关于境内金融机构对境外执法要求处理的规定。

本条是 2024 年修订反洗钱法增加的规定。

改革开放以来，随着我国经济社会发展水平的提高，社会主义市场经济体制建立，对外开放不断深化，我国的许多金融机构也走出国门，到海外发展业务，取得快速成长的业绩。比如，截至 2023 年 6 月底，共有 13 家中资银行在 50 个共建"一带一路"国家设了 145 家一级机构，131 个共建"一带一路"国家的 1770 万家商户开通了银联卡业务。我国金融机构在海外业务上取得显著成绩的同时，也不可避免地面临外国执法机关的监管。外国执法机关正当的监管，对我国"走出去"的金融机构提高合规经营水平、对接国际规则是有益的，这些金融机构应当予以配合。但有的外国执法机关将反洗钱作为打压遏制我国发展的武器，片面基于其国内法规定，对我国金融机构进行不当执法，要求我国金融机构提供我国境内的客户身份资料、交易信息等重要、敏感信息，基于其国内司法判决或者行政决定，直接扣押、冻结、划转我国境内的资金、资产。这些不当执法行为，不仅严重侵害了我国金融机构的合法权益，还对我国公民和组织的财产安全、信息安全，以及我国国家主权、安全和利益造成了危害，应当从法律制度上予以阻断和反制。

近年来全国人大常委会制定的一系列法律，都有阻断和反制外国不当法律域外适用的规定。如国际刑事司法协助法第四条第三款规定，非经中华人民共和国主管机关同意，外国机构、组织和个人不得在中华人民共和国境内进行本法规定的刑事诉讼活动，中华人民共和国境内的机构、组织和个人不得向外国提供证据材料和本法规定的协助。反外国制裁法第十二条第一款规定，任何组织和个人均不得执行或者协助执行外国国家对我国公民、组织采取的歧视性限制措施。数据安全法第三十一条规定，关键信息基础设施的运营者在中华人民共和国境内运营中收集和产生的重要数据的出境安全管理，适用网络安全法的规定；其他数据处理者在中华人民共和国境内运营中收集和产生的重要数据的出境安全管理办法，由国家网信部门会同国务院有关部门制定。第三十六条规定，中华人民共和国主管机关根据有关法律和中华人民共和国缔结或者参加的国际条约、协定，或者按照平等互惠原则，处理外国司法或者执法机构关于提供数据的请求。非经中华人民共和国主管机关批准，境内的组织、个人不得向外国司法或者执法机构提供存储于中华人民共和国境内的数据。个人信息保护法第四十一条规定，中华人民共和国主管机关根据有关法律和中华人民共和国缔结或者参加的国际条约、协定，或者按照平等互惠原则，处理外国司法或者执法机构关于提供存储于境内个人信息的请求。非经中华人民共和国主管机关批准，个人信息处理者不得向外国司法或者执法机构提供存储于中华人民共和国境内的个人信息。

本条出于维护我国国家主权、安全和利益，维护我国金融机构合法权益的需要，与现行有关法律规定衔接，对境外不当执法要求规定阻却措施，阻却他国不当适用域外法律，要求我国金融机构或相关人员提供信息、冻结或扣押财产等行为，同时对境外合理的执法要求，规定经报告予以配合的制度。

本条共分三款。第一款是关于境内金融机构对外国不当执法行为的阻却义务，具体包括不得擅自执行和向有关部门报告两方面。

本款规定的情形是外国国家、组织违反对等、协商一致原则直接要求境内金融机构提交客户身份资料、交易信息，扣押、冻结、划转境内资金、资产，或者作出其他行动。涉及的境外执法主体包括外国国家、组织及其执法、司法机关。"违反对等、协商一致原则"是指既未与我国作出对等安排，又未征得我国同意。涉及的不当执法要求包括提交信息，扣押、冻结、划转财产，作出其他行动三种。"作出其他行动"包括配合外国执法、司法机关采取的任何损害我国合法权益的行动。在这种情况下，本款规定了境内金融机构的相应义务：一是不得未经批准擅自执行外国的要求，以避免损害后果的发生。二是应当及时向国务院有关金融管理部门报告，以便有关部门采取对应反制措施。"国务院有关金融管理部门"包括国务院反洗钱行政主管部门、国务院金融监督管理机构、国务院证券监督管理机构和国务院外汇管理部门。

第二款是关于金融机构对外国合理的提供信息要求，经向有关部门报告后可以予以配合的规定。

本款规定的情形是除本条第一款规定的外国不当执法情形以外，外国国家、组织基于合规监管的需要，要求境内金融机构提供概要性合规信息、经营信息等信息。这里规定的"概要性合规信息、经营信息"，是指反映金融机构整体经营、合规工作情况的概述性信息，一般涉及金融机构的基本信息（如名称、注册资本、营业场所、经营范围及公司结构等）、整体经营情况（如整体业务规模、主营业务和产品等）、整体风险管理状况（如合规工作开展情况、风险管理组织体系概况、风险管理总体策略及执行情况等）。实践中，金融机构也在按照有关规定披露有关经营、合规信息，与上述信息较为类似。上述信息属于总体性、概要性信息,并不包括金融机构掌握的具体客户或交易的信息,也不包括金融机构在履行反洗钱义务时产生的可疑交易报告、客户洗钱风险状况等具体信息。在这种情况下,本款规定境内金融机构向国务院有关金融管理部门和国家有关机关报告后可以提供或者予以配合。"国家有关机关"是指国务院有关金融管理部门以外的、对有关信息对外提供负有监管职责的机关,应根据有关具体或配套规定确定,如网络信息管理部门等。本条前两款规定,体现了既维护我国国家安全和利益,又统筹发展和安全,坚持和扩大金融领域对外开放、促进国际合作、推动我国金融机构海外发展的精神。

我国金融机构在面临境外不当执法要求的时候,要综合运用我国法律、外国法律的武器,原则性与策略性相结合,维护好我国国家、企业和公民的利益。有关国家机关应当积极履行职责,为我国金融机构提供支持。

第三款是关于重要数据和个人信息对外提供的衔接性规定。

对重要数据的对外提供,数据安全法第三十一条、第三十六条等作了规定。对个人信息的对外提供,个人信息保护法第四十一条等作了规定。本款是与这些法律规定相衔接的规定。本条前两款规定的资料、信息涉及重要数据和个人信息的,除遵守本法规定外,还应当符合国家数据安全管理、个人信息保护方面的有关法律等规定。

在研究该条规定时,我们还了解到有关国家和地区关于反洗钱的一些规定,列举如下:

美国《爱国者法案》第317条专门规定了外国洗钱者境外管辖条款,即"地区法院只要是基于美国联邦民事诉讼规则或者所在国法律送达了诉讼或裁定文书,对符合以下条件之一的任何外国人以及任何根据外国法律成立的金融机构都具有管辖权:一是触犯第1956节(a)条犯罪(美国刑法规定的洗钱犯罪)的部分或全部金融交易发生在美国境内的;二是对美国法院通过颁布罚没令以获得所有权权益的财产,将其转为己有的;三是在美国的金融机构开设银行账户的外国金融机构"。第319条扩展了可以对"联行往来账户"内的资金予以没收,即如果相关资金存在外国银行,而该外国银行在美国的金融机构有往来账户的,则视为该笔资金存在了美国境内金融机构的往来账户上,可以对此资金查封、扣押、冻结以及签发对自然人的逮捕令。

第六章 法律责任

> 第五十一条 反洗钱行政主管部门和其他依法负有反洗钱监督管理职责的部门从事反洗钱工作的人员有下列行为之一的,依法给予处分:
> (一)违反规定进行检查、调查或者采取临时冻结措施;
> (二)泄露因反洗钱知悉的国家秘密、商业秘密或者个人隐私、个人信息;
> (三)违反规定对有关机构和人员实施行政处罚;
> (四)其他不依法履行职责的行为。
> 其他国家机关工作人员有前款第二项行为的,依法给予处分。

【释义】 本条是关于反洗钱行政主管部门和其他依法负有反洗钱监督管理职责的部门从事反洗钱工作的人员及其他国家机关工作人员违反反洗钱工作相关要求、承担相应法律责任的规定。

2006年反洗钱法第三十条规定:"反洗钱行政主管部门和其他依法负有反洗钱监督管理职责的部门、机构从事反洗钱工作的人员有下列行为之一的,依法给予行政处分:(一)违反规定进行检查、调查或者采取临时冻结措施的;(二)泄露因反洗钱知悉的国家秘密、商业秘密或者个人隐私的;(三)违反规定对有关机构和人员实施行政处罚的;(四)其他不依法履行职责的行为。"

2024年修订反洗钱法对该条作了以下修改:一是第一款将"依法给予行政处分"修改为"依法给予处分"。这样规定与公务员法、公职人员政务处分法等相衔接。二是第一款第二项中增加了"个人信息"。2021年通过的个人信息保护法对个人信息作了界定并加强保护。根据加强保护个人信息的需要,与其他有关法律衔接,明确增加规定"个人信息"的保密要求。三是增加一款"其他国家机关工作人员有前款第二项行为的,依法给予处分"的规定。

增加其他国家机关工作人员保守因反洗钱知悉的国家秘密、商业秘密或者个人隐私、个人信息的规定，有利于落实保守反洗钱相关秘密、有关信息的义务，防止对有关企业和个人造成不利影响。

本条共分两款。第一款是关于反洗钱行政主管部门和其他依法负有反洗钱监督管理职责的部门的工作人员从事反洗钱工作时有违规检查或者采取临时冻结措施，泄露国家秘密、商业秘密或者个人隐私、个人信息，违规实施行政处罚等行为的法律责任的规定。本款旨在规范行政机关监督管理行为，防止其滥用行政权力，同时保护相对人的合法权益，促使反洗钱监督管理工作健康有序地开展。

本款包含以下几个方面的内容：

第一，本款规范的对象是"反洗钱行政主管部门和其他依法负有反洗钱监督管理职责的部门从事反洗钱工作的人员"。根据本法规定，上述人员包括：中国人民银行及其派出机构工作人员；国务院有关特定非金融机构主管部门及其履行监督管理职责的部门工作人员；在职责范围内履行反洗钱监督管理职责的国务院有关部门及其所属下级机关工作人员。以上人员应当依照反洗钱法和相关法律、法规的规定严格履行反洗钱监督管理职责，对其履行职责过程中符合本条规定情形的违法、违规行为，依法追究行为人法律责任。

第二，本条规定的违法行为有以下四种。

一是违反规定进行检查、调查或者采取临时冻结措施的行为。监督、检查金融机构、特定非金融机构履行反洗钱义务的情况，按照规定进行反洗钱行政调查是反洗钱行政主管部门的职责，对敦促金融机构、特定非金融机构做好反洗钱工作，预防、发现洗钱活动有重要意义。据此，反洗钱法第十三条、第十五条、第四章，中国人民银行法第三十二条对此均作出了明确规定。但是，违规检查将给金融机构和其他单位的正常业务活动带来不必要的干扰。临时冻结措施的采取可以有效防止资金流失，是开展反洗钱调查、取证的一项重要手段。由于这种权力的行使会极大限制当事人的正常经营活动和其他权益的享有，立法机关在制定反洗钱法时对临时冻结措施的采取，从主体、条件、审批程序、冻结时间等方面作了严格限制。对违反规定进行检查、调查或者采取临时冻结措施的行为人可以依据本条追究其法律责任。

二是泄露因反洗钱知悉的国家秘密、商业秘密或者个人隐私、个人信息的行为。由于金融工作的特殊性质，在反洗钱监督管理过程中，相关工作人员不可避免地会知悉部分国家秘密、商业秘密、个人隐私、个人信息，对这些信息的保密处理关系着国家机关工作的正常开展，以及企业、个人生产、生活的正常进行。中国人民银行法、个人信息保护法等法律、法规、规章中都有关于保密的规定，反洗钱法对此再次予以重申。

三是违反规定对有关机构和人员实施行政处罚的行为。对金融机构及其他有反洗钱义务的单位或者组织的违法行为给予行政处罚是反洗钱监督管理部门履行监督管理职责的保障。反洗钱法、中国人民银行法、2021年中国人民银行《金融机构反洗钱和反恐怖融资监督管理办法》、2018年中国人民银行《金融机构大额交易和可疑交易报告管理办法》等法律、法规、规章对行政处罚的对象、范围、程度都有所规定，对违反规定实施行政处罚的行为将依据本条规定追究法律责任。

四是其他不依法履行职责的行为。该项为兜底性规定，反洗钱行政主管部门和其他依法负有反洗钱监督管理职责的部门工作人员在反洗钱工作中有上述三项规定以外的其他性质、危害性相当的行为的，可以依据本条予以处罚。此外，本条中"违反规定"一般指违反相应的法律、法规的规定。

第三，本条规定的责任形式为依法给予处分。根据本条规定，反洗钱行政主管部门和其他依法负有反洗钱监督管理职责的部门从事反洗钱工作的人员有上述行为的，依法给予处分。这里的处分既包括政务处分，也包括纪律处分。根据公务员法、公职人员政务处分法的规定，公务员有违法违纪行为，应当承担纪律责任的，依法给予处分。处分分为警告、记过、记大过、降级、撤职、开除六种形式。受处分的期间为警告6个月，记过12个月，记大过18个月，降级、撤职24个月。公务员在受处分期间不得晋升职务、职级和级别，其中受记过、记大过、降级、撤职处分的，不得晋升工资档次。受到撤职处分的，按照规定降低级别。如果行为人不是国家机关工作人员，对其处分包括单位内部规定的处分和党内纪律处分。根据《中国共产党纪律处分条例》的规定，由党组织给予党员党内纪律处分，包括警告、严重警告、撤销党内职务、留党察看、开除党籍五种。在具体适用上，由主管机关根据行为人违法行为情节轻重、危害性深浅程度依法作出判定。这里的法律依据包括中国人民银行法、银行业监督管理法、行政处罚法等法律法规。监管部门及其工作人员的违规责任可能存在多种叠加的情况，对此可根据公职人员政务处分法的规定分情况进行处理。对行为人主观恶性较大、社会危害性较严重的行为，根据反洗钱法第六十二条的规定，该行为构成犯罪的，可依法追究刑事责任。

本条第二款是关于反洗钱工作中其他国家机关工作人员泄露因反洗钱知悉的国家秘密、商业秘密或者个人隐私、个人信息的行为的法律责任的规定。

根据本法第七条第一款的规定，对依法履行反洗钱职责或者义务获得的客户身份资料和交易信息、反洗钱调查信息等反洗钱信息，应当予以保密；非依法律规定，不得向任何单位和个人提供。本法第十七条规定了反洗钱工作信息定期通报制度，不仅国务院反洗钱行政主管部门为履行反洗钱职责可以从国家有关机关获取所必需的信息，履行与反洗钱相关的监督管理、行政调查、监察调查、刑事诉讼等职责的国家有关机关，也可以获取履职所必需的反洗钱信息。国务院反洗钱行政主管部门应当向国家有关机关定期通报反洗钱工作情况。因此，履行与反洗钱相关的监督管理、行政调查、监察调查、刑事诉讼等职责的国家有关机关的工作人员，也应当履行保守因反洗钱知悉的国家秘密、商业秘密或者个人隐私、个人信息的义务。上述国家有关机关工作人员如果违反该义务要求，将面临相应的政务处分和党纪处分，情节严重的还可能被追究刑事责任。

第五十二条 金融机构有下列情形之一的，由国务院反洗钱行政主管部门或者其设区的市级以上派出机构责令限期改正；情节较重的，给予警告或者处二十万元以下罚款；情节严重或者逾期未改正的，处二十万元以上二百万元以下罚款，可以根据情形在职责范围内或者建议有关金融管理部门限制或者禁止其开展相关业务：

（一）未按照规定制定、完善反洗钱内部控制制度规范；

（二）未按照规定设立专门机构或者指定内设机构牵头负责反洗钱工作；

（三）未按照规定根据经营规模和洗钱风险状况配备相应人员；

（四）未按照规定开展洗钱风险评估或者健全相应的风险管理制度；

（五）未按照规定制定、完善可疑交易监测标准；

（六）未按照规定开展反洗钱内部审计或者社会审计；

（七）未按照规定开展反洗钱培训；

（八）应当建立反洗钱相关信息系统而未建立，或者未按照规定完善反洗钱相关信息系统；

（九）金融机构的负责人未能有效履行反洗钱职责。

【释义】 本条是关于金融机构未落实内部控制制度的处罚规定。

2006年反洗钱法第三十一条规定："金融机构有下列行为之一的，由国务院反洗钱行政主管部门或者其授权的设区的市一级以上派出机构责令限期改正；情节严重的，建议有关金融监督管理机构依法责令金融机构对直接负责的董事、高级管理人员和其他直接责任人员给予纪律处分：（一）未按照规定建立反洗钱内部控制制度的；（二）未按照规定设立反洗钱专门机构或者指定内设机构负责反洗钱工作的；（三）未按照规定对职工进行反洗钱培训。"金融机构是洗钱活动最重要的渠道，也是反洗钱工作的主阵地，有效地开展反洗钱工作，既是一件必不可少的业务工作，也是一项必须履行的法定义务。

2024年修订反洗钱法对该条作了以下修改：一是完善金融机构违反内部控制制度的处罚种类。在原有的责令限期改正的基础上，对情节较重的，给予警告或者处20万元以下罚款；对情节严重或者逾期未改正的，处20万元以上200万元以下罚款，根据情形在职责范围内或者建议有关金融管理部门限制或者禁止其开展相关业务。本条增设的警告和经济处罚等处罚措施，增加了处罚类型，有助于督促金融机构加强反洗钱内部控制制度建设，防范洗钱风险。二是进一步补充完善处罚情形。在第三项增加"未按照规定根据经营规模和洗钱风险状况配备相应人员"，第四项增加"未按照规定开展洗钱风险评估或者健全相应的风险管理制度"，第五项增加"未按照规定制定、完善可疑交易监测标准"，第六项增加"未按照规定开展反洗钱内部审计或者社会审计"，第七项增加"未按照规定开展反洗钱培训"，第九项增加"金融机构的负责人未能有效履行反洗钱职责"等情形。这主要是考虑到内控制度包括对机构和人员、风险评估和风险管理制度、交易监测标准、反洗钱信息系统、内部审计、负责人履职等方面的管理，违反规定的，有必要明确相应法律责任。

本条包含以下两个方面的内容：

第一，本条的处罚对象、处罚方式、责任形式。

一是关于处罚对象。本条规定的责任主体为金融机构,根据本法第六十三条的规定,在境内设立的下列机构,履行本法规定的金融机构反洗钱义务：银行业、证券基金期货业、保险业、信托业金融机构；非银行支付机构；国务院反洗钱行政主管部门确定并公布的其他从事金融业务的机构。金融领域是洗钱活动的高发区域,金融机构是反洗钱的主要义务主体,反洗钱法针对金融机构的工作特点设置了相应的义务,金融机构对这些义务的认真履行是反洗钱工作切实有效进行的重要保障。本法第二十七条规定了金融机构建立健全反洗钱内部控制制度的相关内容,故本条在法律责任部分对金融机构不履行义务的情形做了相应的衔接性规定。

二是关于处罚方式。根据本条的规定,金融机构有本条所列行为之一的,由国务院反洗钱行政主管部门或者其设区的市级以上派出机构责令限期改正；情节较重的,给予警告或者处20万元以下罚款；情节严重或者逾期未改正的,处20万元以上200万元以下罚款,可以根据情形在职责范围内或者建议有关金融管理部门限制或者禁止其开展相关业务。这里作出处罚决定的机关为国务院反洗钱行政主管部门或者其设区的市级以上派出机构,具体包含了三级机关,即中国人民银行,中国人民银行省一级派出机构、中国人民银行设区的市级以上派出机构。之所以这样规定,是考虑到反洗钱工作的实际情况,如果所有的处罚决定都由中国人民银行总行作出,缺乏可行性,因此反洗钱法规定由国务院反洗钱行政主管部门或者其设区的市级以上派出机构行使处罚权。这里的"有关金融管理部门"包括国家金融监督管理总局、中国证监会及其地方派出机构。有关金融管理部门负责对金融机构业务活动进行监督管理,有着相对完善的监督管理措施,可依法对金融机构的违法行为作出处理决定。根据本条的规定,有关金融管理部门接到反洗钱行政主管部门的建议后,可限制或者禁止金融机构开展相关业务。

三是关于责任形式。本条规定金融机构的责任是在接到反洗钱行政主管部门的限期改正通知后,在规定的期间内纠正错误做法,对违法行为后果给予积极有效的弥补。具体而言就是要在规定期间内,制定、完善反洗钱内部控制制度规范,设立专门机构或者指定内设机构牵头负责反洗钱工作,根据经营规模和洗钱风险状况配备相应人员,开展洗钱风险评估或者健全相应的风险管理制度,制定、完善可疑交易监测标准,开展反洗钱内部审计或者社会审计,开展反洗钱培训,建立或者完善反洗钱相关信息系统,金融机构的负责人有效履行反洗钱职责等。对情节较重的金融机构,反洗钱行政主管部门有权对其作出警告或者处 20 万元以下罚款的处罚决定;对情节严重或者在期限内未改正的金融机构,反洗钱行政主管部门有权对其作出 20 万元以上 200 万元以下罚款的决定,具体的罚款金额根据违法情节的严重程度来确定。这里的"情节严重或者逾期未改正"主要是指情节严重的反洗钱内部控制制度违规行为或者逾期未按照监管要求改正等情形,需要结合金融机构反洗钱内部控制制度的质量、有效性来判断,包括不按照规定建立多项内部控制制度、面临较高洗钱风险未及时完善风险管理措施、可疑交易监测标准存在较大缺陷、未在规定期限改正、拒不改正、因不履行义务造成反洗钱工作严重障碍等情形。规定 20 万元以上 200 万元以下的罚款幅度主要是考虑到金融机构的规模差异较大,面临的风险状况不同,其承担的义务大小也有不同,内部控制问题造成后果的差距亦很大,因此执行中可以根据过罚相当的原则确定具体金额。

第二,本条规定处罚的情形。考虑到内部控制制度包含机构和人员、风险评估和风险管理制度、交易监测标准、反洗钱信息系统、内部审计、员工培训、负责人履职等方面,本法第三章第二十七条规定了金融机构的内部控制制度,对违反相应内部控制制度规定的,本条明确了相应的法律责任。

一是未按照规定制定、完善反洗钱内部控制制度规范。反洗钱内部控制制度是保障反洗钱工作得以展开的前提和顺利进行的长效机制,是从规范金融机构的日常业务着手,加强对洗钱活动的预防和监控。反洗钱法将建立内部控制制度作为金融机构反洗钱的首项义务予以规定,足以说明完善的内部控制制度对于金融机构在反洗钱工作中起到举足轻重的作用。制定、完善反洗钱内部控制制度是建立并不断完善包括但不限于客户尽职调查制度、大额交易和可疑交易报告制度、客户身份资料和交易记录保存制度、保密制度、宣传培训制度等。违反规定的,应当予以处罚。

二是未按照规定设立专门机构或者指定内设机构牵头负责反洗钱工作。反洗钱工作机构是金融机构开展反洗钱工作的重要机构。根据本法第二十七条的规定,金融机构负责反洗钱的工作机构包括专门机构和内设机构,其对反洗钱专业知识和工作经验有一定的要求,这些专门机构或者内设机构是金融机构履行反洗钱义务的职能部门,对于金融机构履行反洗钱义务的能力、水平等具有决定性作用。对于未按照规定设立专门机构或者指定内设机构牵头负责反洗钱工作的,以及设立的机构不具备反洗钱职能条件的,应依法予以处罚。

三是未按照规定根据经营规模和洗钱风险状况配备相应人员。反洗钱工作人员是反洗钱工作的重要保障。根据反洗钱法的规定,金融机构应当建立客户尽职调查制度、客户身份资料和交易记录保存制度、大额交易报告制度和可疑交易报告制度等反洗钱基本制度并有效实施,还应当开展风险评估、内部检查、培训等,这些工作的完成需要金融机构投入相当的人力和物力,否则,各项工作将无法开展。金融机构需要根据自身的经营规模和洗钱风险的状况配备相应的人员,以保障顺利地开展反洗钱工作。

四是未按照规定开展洗钱风险评估或者健全相应的风险管理制度。洗钱风险评估是对金融机构面临的洗钱风险进行的评估,其目的是及时发现和预防洗钱行为。评估应客观、准确,并提出改进建议,给金融机构调整和优化反洗钱工作提供依据。通过有效评估和健全风险管理制度,才能确保反洗钱工作取得良好效果,维护金融体系的稳定和安全。

五是未按照规定制定、完善可疑交易监测标准。可疑交易监测是反洗钱工作中的一项重要环节,是可疑交易报告制度的基础。金融机构应参照监管部门制定的相关标准,结合自身经营规模,制定明确、有效的可疑交易监测标准和符合自身特点的可疑交易甄别流程,建立符合自身情况的可疑交易报告实施细则,明确反洗钱工作人员的职责分工,完善对可疑交易报告的分析机制。同时,根据反洗钱工作的新形势、新要求、新变化,与时俱进地完善可疑交易监测标准。

六是未按照规定开展反洗钱内部审计或者社会审计。反洗钱的审计是一种独立、客观的活动,主要通过运用系统、规范的方法,审查和评价金融机构内部的反洗钱工作,目的在于确保反洗钱内部控制制度的有效实施,从制度上促进金融机构对可能存在的洗钱活动予以识别,对有关交易予以处置,从制度上有效预防、遏制洗钱活动。金融机构开展反洗钱内部审计或者社会审计的内容涵盖了金融机构反洗钱内部控制制度的各个方面,根据审计检查结果,指出内部控制制度存在的问题及改进建议,旨在确保金融机构能够有效预防和打击洗钱活动,维护金融市场的稳定。

七是未按照规定开展反洗钱培训。反洗钱培训是反洗钱各项工作的重要保障。反洗钱工作具有极强的专业性,对从事各项具体工作的金融机构工作人员也提出了更高的要求。除了对金融机构的业务活动进行加强和改进外,金融机构工作人员还必须了解与反洗钱有关的各项法律和政策,以保障反洗钱工作开展的深度和力度。根据本法第二十七条的规定,金融机构要按照要求开展反洗钱培训和宣传。对未按照规定开展反洗钱培训的,应依法予以处罚。

八是应当建立反洗钱相关信息系统而未建立,或者未按照规定完善反洗钱相关信息系统。反洗钱信息系统是反洗钱工作的重要数据库。反洗钱信息系统覆盖了反洗钱业务活动中的大量交易信息,涵盖了大量的客户数据信息,有助于帮助金融机构甄别可疑交易,对反洗钱工作起到积极作用。因此,本条规定金融机构要完善反洗钱相关信息系统。未按照规定完善反洗钱相关信息系统的,将会带来一定的洗钱风险,不利于金融稳定;对于应当建立反洗钱相关信息系统而未建立,或者未按照规定完善反洗钱相关信息系统的,应当依法予以处罚。

九是金融机构的负责人未能有效履行反洗钱职责。不仅金融机构应当建立健全完善内部控制制度,金融机构的负责人也应当对反洗钱内部控制制度的有效实施等负责。为了确保金融机构负责人有效履行反洗钱职责,除了对金融机构设置法律责任外,本条也对金融机构负责人明确了相应的法律责任。强化金融机构负责人的反洗钱主体责任,督促金融机构负责人有效履行反洗钱职责,对于未能有效履行反洗钱职责的金融机构负责人,应当依法予以处罚。

在研究该条规定时,我们还了解到FATF建议关于反洗钱的一些规定,列举如下:

27. 监管部门的权力

监管部门应当拥有足够的权力监管或监测金融机构,包括实施检查的权力,确保金融机构遵守反洗钱与反恐怖融资要求。监管部门应当有权强制金融机构提交任何与合规监管有关的信息,并根据建议35,对不遵守该要求的情形实施处罚。监管部门应当有实施一系列纪律惩戒和经济处罚的权力,包括在适当情形下吊销、限制或中止金融机构执照的权力。

35. 处罚

各国应当确保对建议6、建议8至建议23中涵盖的、未能遵守反洗钱与反恐怖融资要求的自然人和法人,有一系列有效、适当和劝诫性的处罚,包括刑事、民事或行政处罚。处罚应当不仅适用于金融机构以及特定非金融行业和职业,也适用于其负责人和高级管理人员。

第五十三条 金融机构有下列行为之一的,由国务院反洗钱行政主管部门或者其设区的市级以上派出机构责令限期改正,可以给予警告或者处二十万元以下罚款;情节严重或者逾期未改正的,处二十万元以上二百万元以下罚款:

(一)未按照规定开展客户尽职调查;
(二)未按照规定保存客户身份资料和交易记录;
(三)未按照规定报告大额交易;
(四)未按照规定报告可疑交易。

【释义】 本条是关于金融机构违反客户尽职调查规定等的处罚的规定。

2006年反洗钱法第三十二条第一款规定:"金融机构有下列行为之一的,由国务院反洗钱行政主管部门或者其授权的设区的市一级以上派出机构责令限期改正;情节严重的,处二十万元以上五十万元以下罚款,并对直接负责的董事、高级管理人员和其他直接责任人员,处一万元以上五万元以下罚款:(一)未按照规定履行客户身份识别义务的;(二)未按照规定保存客户身份资料和交易记录的;(三)未按照规定报送大额交易报告或者可疑交易报告的……"

2024年修订反洗钱法对该条作了以下修改:一是对第一档责令限期改正的,增加规定"可以给予警告或者处二十万元以下罚款",这主要是考虑到此前的"责令限期改正"惩戒性不足,有的金融机构开展客户尽职调查不负责任,报告可疑交易不精准,严重影响反洗钱工作的有效开展。对于金融机构有情节较重的违法行为,限期改正不足以惩戒的,可以给予必要的处罚。二是增加第二档处罚的适用条件"逾期未改正的",并将处罚上限由"五十万元"提高到"二百万元",加大了对违法行为的处罚力度,督促金融机构有效履行相应的反洗钱义务。三是将对董事、高级管理人员和其他直接责任人员的处罚移至第五十六条统一规定。四是将第一项"未按照规定履行客户身份识别义务的"修改为"未按照规定开展客户尽职调查"。2006年反洗钱法使用的"客户身份识别"无法涵盖反洗钱范畴中的"客户尽职调查"的全部含义，实践中容易误导义务机构对客户身份识别的理解停留在"实名制""核对证件"等表面化"身份识别"层面。"客户尽职调查"是"客户身份识别"的一种强化措施，而"客户身份识别"是"客户尽职调查"的组成部分。综合而言，"客户尽职调查"更能反映当前国际反洗钱监管发展的新趋势，更能满足日趋严格的国际反洗钱标准的新要求。五是将第三项"未按照规定报送大额交易报告或者可疑交易报告的"拆分为第三项"未按照规定报告大额交易"和第四项"未按照规定报告可疑交易"，衔接本法第三十五条规定的大额交易和可疑交易报告制度。

本条包含以下几个方面的内容。

第一，本条规定的责任主体为金融机构，根据本法第六十三条的规定，金融机构是指在境内设立的银行业、证券基金期货业、保险业、信托业金融机构，非银行支付机构，国务院反洗钱行政主管部门确定并公布的其他从事金融业务的机构。金融领域是洗钱活动的高发区域，金融机构是反洗钱的主要义务主体，反洗钱法针对金融机构的工作特点为其设置了相应的义务，金融机构对这些义务的认真履行是反洗钱工作切实有效进行的重要保障。因此，反洗钱法在法律责任部分对金融机构不履行义务的行为作了相应的处罚规定。

第二，本条规定处罚的违法行为主要是一般违法行为，这些违法行为属于金融机构日常履职操作中发生频率较高的违法行为，是金融机构合规履职的基础，但不必然与洗钱风险相关，不一定直接导致洗钱行为发生，属于应予处罚的"低危害"违法行为。这些违法行为虽然不必然与洗钱等违法犯罪活动相关，但较大数量的违法行为的发生说明金融机构反洗钱内控机制存在缺陷，会降低金融机构整体洗钱风险防控能力，具体包括以下四类行为：（1）未按照规定开展客户尽职调查的。本法第二十八条第一款规定了金融机构应当按照规定建立客户尽职调查制度，第二十九条第一款列举了金融机构应当开展客户尽职调查的情况，并于第二款规定客户尽职调查包括识别并采取合理措施核实客户及其受益所有人身份，了解客户建立业务关系和交易的目的，涉及较高洗钱风险的，还应当了解相关资金来源和用途。（2）未按照规定保存客户身份资料和交易记录的。本法第三十四条第一款规定了金融机构应当按照规定建立客户身份资料和交易记录保存制度。第三款规定了客户身份资料在业务关系结束后、客户交易信息在交易结束后，应当至少保存

10 年。(3)未按照规定报告大额交易的。本法第三十五条第一款规定金融机构应当按照规定执行大额交易报告制度,客户单笔交易或者在一定期限内的累计交易超过规定金额的,应当及时向反洗钱监测分析机构报告。(4)未按照规定报告可疑交易的。根据本法第三十五条第二款的规定,金融机构应当按照规定执行可疑交易报告制度,制定并不断优化监测标准,有效识别、分析可疑交易活动,及时向反洗钱监测分析机构提交可疑交易报告。实践中应视金融机构违法的实际严重程度实施处罚。本条是对金融机构未落实反洗钱核心制度的处罚,在执行中需要结合本法第三章关于金融机构反洗钱义务的相关具体条文进行理解。实践中,金融机构应深入研究和理解反洗钱法律法规中对于客户尽职调查、客户身份资料和交易记录保存、大额交易和可疑交易报告等各项规定的具体要求,确保自身行为符合相关法律法规要求,同时金融机构需要随着反洗钱形势的变化和法律法规的修订,及时更新内部的反洗钱制度和操作流程,以保证反洗钱工作的持续有效性和合规性。

第三,金融机构有上述不履行反洗钱义务的行为的,由国务院反洗钱行政主管部门或者其设区的市级以上派出机构责令限期改正,可以给予警告或者处 20 万元以下罚款;情节严重或者逾期未改正的,处 20 万元以上 200 万元以下罚款。本条根据金融机构违反反洗钱义务的情节不同,规定了两档处罚。反洗钱行政主管部门在对金融机构进行处罚时,应当综合考虑金融机构的违法行为,在适用第一档处罚时,对于情节较轻,危害不大的,可以责令限期改正,不予以行政处罚。责令限期改正,是指要求金融机构立即停止违法行为,并在一定期限内按照规定要求履行其义务。

在研究该条规定时,我们还了解到 FATF 建议、国际公约、有关国家和地区关于反洗钱的一些规定,列举如下:

(一)FATF 建议相关内容

35. 处罚

各国应当确保对建议 6、建议 8 至建议 23 中涵盖的、未能遵守反洗钱与反恐怖融资要求的自然人和法人,有一系列有效、适当和劝诫性的处罚,包括刑事、民事或行政处罚。处罚应当不仅适用于金融机构以及特定非金融行业和职业,也适用于其负责人和高级管理人员。

27. 监管部门的权力

监管部门应当拥有足够的权力监管或监测金融机构,包括实施检查的权力,确保金融机构遵守反洗钱与反恐怖融资要求。监管部门应当有权强制金融机构提交任何与合规监管有关的信息,并根据建议35,对不遵守该要求的情形实施处罚。监管部门应当有实施一系列纪律惩戒和经济处罚的权力,包括在适当情形下吊销、限制或中止金融机构执照的权力。

(二)有关国家和地区的规定

1.《联合国打击跨国有组织犯罪公约》第七条打击洗钱活动的措施规定:"一、各缔约国均应:(一)在其力所能及的范围内,建立对银行和非银行金融机构及在适当情况下对其他特别易被用于洗钱的机构的综合性国内管理和监督制度,以便制止并查明各种形式的洗钱。这种制度应强调验证客户身份、保持记录和报告可疑的交易等项规定……"

2.《联合国反腐败公约》第十四条预防洗钱的措施规定:"一、各缔约国均应当:(一)在其权限范围内,对银行和非银行金融机构,包括对办理资金或者价值转移正规或非正规业务的自然人或者法人,并在适当情况下对特别易于涉及洗钱的其他机构,建立全面的国内管理和监督制度,以便遏制并监测各种形式的洗钱,这种制度应当着重就验证客户身份和视情况验证实际受益人身份、保持记录和报告可疑交易作出规定……"

3.澳大利亚《反洗钱和反恐怖融资法》适用于金融机构和指定的非金融机构及个人。关于客户身份调查,根据法律规定,相关报告实体必须执行客户身份调查程序(包括受益所有人、客户代理人),否则承担法律责任。报告实体须先做客户身份调查,后提供服务,并跟踪记录客户交易情况。报告实体可通过书面协议委托第三方机构对客户身份进行调查,但报告实体承担最终责任。如有可疑情况,须报告澳大利亚交易和报告分析中心(AUSTRAC)。报告实体不履行法律义务的,将受到民事或刑事处罚,法律对各项违法行为规定了具体的惩罚措施。报告实体未按规定进行客户身份调查、执行风险管理方案、报告有关事项的,受到民事处罚。向AUSTRAC等监管执法部门提供虚假或误导信息的,或在客户身份调查中弄虚作假的,处以10年监禁,或者并处罚款1万个单位(当前1个单位=210澳元)。报告实体使用假名或匿名办理业务的,处以2年监禁,或者并处罚款120个单位。规避报告门槛要求的,处以5年监禁,或者并处罚款300个单位。监管或执法人员违规泄露秘密的,处以2年监禁,或者并处罚款120个单位。

第五十四条　金融机构有下列行为之一的,由国务院反洗钱行政主管部门或者其设区的市级以上派出机构责令限期改正,处五十万元以下罚款;情节严重的,处五十万元以上五百万元以下罚款,可以根据情形在职责范围内或者建议有关金融管理部门限制或者禁止其开展相关业务:

（一）为身份不明的客户提供服务、与其进行交易,为客户开立匿名账户、假名账户,或者为冒用他人身份的客户开立账户;

（二）未按照规定对洗钱高风险情形采取相应洗钱风险管理措施;

（三）未按照规定采取反洗钱特别预防措施;

（四）违反保密规定,查询、泄露有关信息;

（五）拒绝、阻碍反洗钱监督管理、调查,或者故意提供虚假材料;

（六）篡改、伪造或者无正当理由删除客户身份资料、交易记录;

（七）自行或者协助客户以拆分交易等方式故意逃避履行反洗钱义务。

【释义】　本条是关于金融机构严重违反反洗钱义务的处罚的规定。

2006年反洗钱法第三十二条第一款规定:"金融机构有下列行为之一的,由国务院反洗钱行政主管部门或者其授权的设区的市一级以上派出机构责令限期改正;情节严重的,处二十万元以上五十万元以下罚款,并对直接负责的董事、高级管理人员和其他直接责任人员,处一万元以上五万元以下罚款:……（四）与身份不明的客户进行交易或者为客户开立匿名账户、假名账户的;（五）违反保密规定,泄露有关信息的;（六）拒绝、阻碍反洗钱检查、调查的;（七）拒绝提供调查材料或者故意提供虚假材料的。"第二款规定:"金融机构有前款行为,致使洗钱后果发生的,处五十万元以上五百万元以下罚款,并对直接负责的董事、高级管理人员和其他直接责任人员处五万元以上五十万元以下罚款;情节特别严重的,反洗钱行政主管部门可以建议有关金融监督管理机构责令停业整顿或者吊销其经营许可证。"

2024年修订反洗钱法对上述两款作了以下修改:一是对金融机构严重违反反洗钱义务的行为,加大处罚力度,除责令限期改正外,增加处50万元以下罚款,并将罚款的上限从"五十万元"提高到"五百万元",同时增加规定"可以根据情形在职责范围内或者建议有关金融管理部门限制或者禁止其开展相关业务"。实践中,有的金融机构严重违反反洗钱义务,可能使本机构处于洗钱和恐怖主义融资风险之中,2006年反洗钱法规定的"责令限期改正"惩戒性严重不足,且罚款幅度金额过低、幅度偏窄,违法后果与处罚金额不成比例,间接导致义务机构不认真履行反洗钱义务,也影响了反洗钱义务机构的有效整改。提高对金融机构违法行为的处罚力度,并规定可以根据情形限制或者禁止其开展相关业务,有利于金融机构强化认识,督促其按照法律法规的规定认真履行反洗钱义务。二是增加金融机构严重违反反洗钱义务的处罚行为,包括"为冒用他人身份的客户开立账户","未按照规定对洗钱高风险情形采取相应洗钱风险管理措施","未按照规定采取反洗钱特别预防措施",违反保密规定"查询"有关信息,"篡改、伪造或者无正当理由删除客户身份资料、交易记录","自行或者协助客户以拆分交易等方式故意逃避履行反洗钱义务"。2024年修订反洗钱法根据实践需要增加了许多"低频高危害"违规行为,主要是针对金融机构严重违反反洗钱义务的行为,这类违规行为发生频率低但更容易导致洗钱和恐怖主义融资后果的发生,有必要规定更高的处罚金额。

本条包含以下几个方面的内容。

第一,本条规定的责任主体为金融机构,根据本法第六十三条的规定,金融机构是指在境内设立的银行业、证券基金期货业、保险业、信托业金融机构,非银行支付机构,国务院反洗钱行政主管部门确定并公布的其他从事金融业务的机构。金融领域是洗钱活动的高发区域,金融机构是反洗钱的主要义务主体,反洗钱法针对金融机构的工作特点为其设置了相应的义务,金融机构对这些义务的认真履行是反洗钱工作切实有效进行的重要保障。因此,反洗钱法在法律责任部分对金融机构不履行义务的行为作了相应的处罚规定。

第二,本条规定处罚的违法行为主要是金融机构履职中发生频率较低但危害较高的行为,是针对高风险领域或重大事项而言的,这些违法行为发生频率虽然较低,但一旦出现很有可能造成严重的危害后果,具体包括以下七类行为:(1)为身份不明的客户提供服务、与其进行交易,为客户开立匿名账户、假名账户,或者为冒用他人身份的客户开立账户。本法第二十八条第二款规定,金融机构不得为身份不明的客户提供服务或者与其进行交易,不得为客户开立匿名账户或者假名账户,不得为冒用他人身份的客户开立账户。这里所说的"为身份不明的客户提供服务、与其进行交易",主要是指对于应当依法核实客户身份的情形,在无法提供有效身份证明或其身份信息无法被金融机构验证时,金融机构仍然为其提供服务、与其进行交易的行为;"为客户开立匿名账户",主要是指客户在开立账户时未提供真实姓名、身份证明或者其他必要信息,而金融机构却为其开立账户的行为;"为客户开立假名账户",主要是指客户在开立账户时提供虚构的姓名或身份,或者隐瞒真实身份,而金融机构仍然为其开立账户的行为;"为冒用他人身份的客户开立账户",主要是指金融机构明知或者应当知道客户使用他人的身份证明为自己开立账户,仍然为其开立账户的行为。按照本法确保反洗钱措施与洗钱风险相适应的规定,以及相关法律法规的要求,对于采取简化措施的低风险情形,应当结合具体情况认定。(2)未按照规定对洗钱高风险情形采取相应洗钱风险管理措施。根据本法第三十条第一款的规定,金融机构对存在洗钱高风险情形的,必要时可以采取限制交易方式、金额或者频次,限制业务类型,拒绝办理业务,终止业务关系等洗钱风险管理措施。这里所说的"未按照规定对洗钱高风险情形采取相应洗钱风险管理措施",主要是指金融机构按照本法第三十条第一款的规定应当对存在洗钱高风险客户采取洗钱风险管理措施而不采取相应洗钱风险管理措施的行为。(3)未按照规定采取反洗钱特别预防措施。本法第四十条规定了任何单位和个人应当按照国家有关机关要求对有关名单所列对象采取反洗钱特别预防措施。反洗钱特别预防措施包括立即停止向名单所列对象及其代理人、受其指使的组织和人员、其直接或者间接控制的组织提供金融等服务或者资金、资产,立即限制相关资金、资产转移等。这里所说的"未按照规定采取反洗钱特别预防措施",主要是指金融机构按照本法第四十条规定应当对恐怖活动组织和人员、定向金融制裁的组织和人员及具有重大洗钱风险的组织和人员名单所列对象采取反洗钱特别预防措施而不采取反洗钱特别预防措施的行为,以及按照本法第四十一条规定应当识别、评估相关风险并制定相应的制度,及时获取规定的名单,对客户及其交易对象进行核查,采取相应措施,并向反洗钱行政主管部门报告而未履行的行为。(4)违反保密规定,查询、泄露有关信息。本法第七条第一款规定,对依法履行反洗钱职责或者义务获得的客户身份资料和交易信息、反洗钱调查信息等反洗钱信息,应当予以保密;非依法律规定,不得向任何单位和个人提供。第四款规定,国家有关机关使用反洗钱信息应当依法保护国家秘密、商业秘密和个人隐私、个人信息。这里所说的"违反保密规定,查询有关信息",主要是指金融机构在履行反洗钱义务时,违反本法和有关保密法律法规的规定,没有权限查询而查询有关信息,或者在查询时超越范围查询有关信息的行为;"违反保密规定,泄露有关信息",主要是指金融机构违反本法和保密法律法规的规定,泄露在履行反洗钱义务时获得的客户身份资料和交易信息,以及客户尽职调查信息、可疑交易报告等相关信息。(5)拒绝、阻碍反洗钱监督管理、调查,或者故意提供虚假材料。本法第二章规定了反洗钱监督管理、第四章规定了反洗钱调查,金融机构应当配合反洗钱监督管理、调查,如实提供有关文件、资料。这里所说的"拒绝、阻碍反洗钱监督管理、调查",主要是指金融机构无正当理由拒绝接受,或者阻挠、妨碍反洗钱行政主管部门依照本法和有关规定开展的监督管理和调查工作,如在调查可疑交易时,金融机构拒绝反洗钱行政主管部门查阅、复制被调查对象的账户信息、交易记录,或者有关人员拒不说明情况等;"故意提供虚假材料",主要是指金融机构在反洗钱行政主管部门监督管理、调查时故意提供虚假的客户身份资料和交易信息以及虚假的反洗钱内控制度、可疑交易监测标准、培训资料等材料。(6)篡改、伪造或者无正当理由删除客户身份资料、交易记录。实践中,无论是专业洗钱团伙还是单独掩饰隐瞒犯罪收益,许多都是通过金融机构进行洗钱。金融机构如果帮助客户篡改、伪造或者无正当理由删除客户身份资料、交易记录,更便利客户进行隐匿,达到洗钱的目的。该行为具有很大危害性,且严重违反金融机构合规管理要求。(7)自行或者协助客户以拆分交易等方式故意逃避履行反洗钱义务。实践中,有的客户出于规避大额交易报告制度的动机,将单笔交易进行拆分,这也是洗钱者惯用的手法之一。明确对金融机构自行或者协助客户以拆分交易等方式故意逃避履行反洗钱义务的处罚,实现对大额交易和可疑交易的全过程跟踪与监测,遏制利用金融机构实施洗钱活动和相关违法犯罪活动。这里所说的"自行或者协助客户以拆分交易等方式故意逃避履行反洗钱义务",主要是指金融机构违反本法和有关规定,自行对客户的交易进行拆分,或者协助客户拆分交易,故意逃避大额交易和可疑交易报告义务。

第三,金融机构有上述违法行为的,由国务院反洗钱行政主管部门或者其设区的市级以上派出机构责令限期改正,处50万元以下罚款;情节严重的,处50万元以上500万元以下罚款,可以根据情形在职责范围内或者建议有关金融管理部门限制或者禁止其开展相关业务。主要有两档处罚:第一档处罚是责令限期改正,处50万元以下罚款。这里要求在给予金融机构罚款处罚的同时,责令其限期改正。关于责令限期改正,是指要求违法行为人立即停止违法行为,并在一定期限内消除其违法行为造成的违法状态,如拒绝、阻碍反洗钱监督管理、调查的,消除其阻碍反洗钱调查的违法状态,积极配合反洗钱监督。第二档处罚是情节严重的,处 50 万元以上 500 万元以下罚款,同时还可以根据情形在职责范围内或者建议有关金融管理部门限制或者禁止违法行为人开展相关业务。关于限制或者禁止其开展相关业务,是指反洗钱行政主管部门或者有关金融管理部门可以对金融机构开展的相关金融业务予以限制或者禁止的一种行政处罚。本条规定的是金融机构有未按照规定对洗钱高风险情形采取相应洗钱风险管理措施等不履行反洗钱义务的行为,处罚力度较大,要结合金融机构客户、交易的洗钱风险状况进行考虑。对于基本未发生交易、交易额低、不具有风险的客户和交易,应在处罚裁量上予以充分考虑。

在研究该条规定时,我们还了解到 FATF 建议、有关国家和地区关于反洗钱的一些规定,列举如下:

(一)FATF 建议相关内容

27. 监管部门的权力

监管部门应当拥有足够的权力监管或监测金融机构,包括实施检查的权力,确保金融机构遵守反洗钱与反恐怖融资要求。监管部门应当有权强制金融机构提交任何与合规监管有关的信息,并根据建议 35,对不遵守该要求的情形实施处罚。监管部门应当有实施一系列纪律惩戒和经济处罚的权力,包括在适当情形下吊销、限制或中止金融机构执照的权力。

35. 处罚

各国应当确保对建议 6、建议 8 至建议 23 中涵盖的、未能遵守反洗钱与反恐怖融资要求的自然人和法人,有一系列有效、适当和劝诫性的处罚,包括刑事、民事或行政处罚。处罚应当不仅适用于金融机构以及特定非金融行业和职业,也适用于其负责人和高级管理人员。

(二)有关国家和地区的规定

德国反洗钱法要求对于通过多笔低额现金交易进行的分段交易进行监控和报告,这是为了防止通过分拆交易来规避报告要求。

第五十五条　金融机构有本法第五十三条、第五十四条规定的行为，致使犯罪所得及其收益通过本机构得以掩饰、隐瞒的，或者致使恐怖主义融资后果发生的，由国务院反洗钱行政主管部门或者其设区的市级以上派出机构责令限期改正，涉及金额不足一千万元的，处五十万元以上一千万元以下罚款；涉及金额一千万元以上的，处涉及金额百分之二十以上二倍以下罚款；情节严重的，可以根据情形在职责范围内实施或者建议有关金融管理部门实施限制、禁止其开展相关业务，或者责令停业整顿、吊销经营许可证等处罚。

【释义】 本条是关于对金融机构发生洗钱或恐怖主义融资后果的处罚的规定。

2006年反洗钱法第三十二条第二款规定："金融机构有前款行为，致使洗钱后果发生的，处五十万元以上五百万元以下罚款，并对直接负责的董事、高级管理人员和其他直接责任人员处五万元以上五十万元以下罚款；情节特别严重的，反洗钱行政主管部门可以建议有关金融监督管理机构责令停业整顿或者吊销其经营许可证。"洗钱活动有许多是通过金融机构进行的，如果金融机构未能有效履行反洗钱义务，可能导致洗钱后果发生，这样不仅损害金融机构的声誉，影响正常金融服务，还可能引发金融风险，扰乱金融秩序，因此，2006年反洗钱法中将对此类行为的处罚作为罚则的重要组成部分，设定相对较高的处罚金额以及较为严重的处罚措施，以对金融机构依法履行反洗钱义务、防范遏制洗钱活动给予更强的法律约束。

2024年修订反洗钱法对该款作了以下修改：一是单独设立对金融机构发生洗钱或恐怖主义融资后果的处罚的规定，进一步明确处罚主体，规定由"国务院反洗钱行政主管部门或者其设区的市级以上派出机构"予以处罚，有利于开展反洗钱相关工作。二是增加对金融机构违反规定，致使恐怖主义融资后果发生的处罚，将"有前款行为，致使洗钱后果发生的"修改为"有本法第五十三条、第五十四条规定的行为，致使犯罪所得及其收益通过本机构得以掩饰、隐瞒的，或者致使恐怖主义融资后果发生的"。考虑到恐怖主义融资后果发生与洗钱后果发生一样很严重，有必要加大对这一行为的处罚力度。三是加大罚款处罚力度，增加行政处罚种类，将"处五万元以上五十万元以下罚款"修改为"责令限期改正，涉及金额不足一千万元的，处五十万以上一千万元以下罚款;涉及金额一千万元以上的,处涉及金额百分之二十以上二倍以下罚款",并将"责令停业整顿或者吊销其经营许可证"修改为"限制、禁止其开展相关业务,或者责令停业整顿、吊销经营许可证等处罚"。考虑到致使发生洗钱或恐怖主义融资后果的,将会给金融机构带来严重的风险,影响国家的金融秩序,2024年修订反洗钱法提高了罚金数额,同时调整了罚款方式,在罚款设定上,采用数额和倍比相结合的方式,以适应不同情况的需要。四是将对董事、高级管理人员和其他直接责任人员的处罚移至第五十六条统一规定。

本条包含以下几个方面的内容:

第一,金融机构有本法第五十三条、第五十四条规定的行为。本法第五十三条规定的行为包括:未按照规定开展客户尽职调查;未按照规定保存客户身份资料和交易记录;未按照规定报告大额交易;未按照规定报告可疑交易。本法第五十四条规定的行为包括:为身份不明的客户提供服务、与其进行交易,为客户开立匿名账户、假名账户,或者为冒用他人身份的客户开立账户;未按照规定对洗钱高风险情形采取相应洗钱风险管理措施;未按照规定采取反洗钱特别预防措施;违反保密规定,查询、泄露有关信息;拒绝、阻碍反洗钱监督管理、调查,或者故意提供虚假材料;篡改、伪造或者无正当理由删除客户身份资料、交易记录;自行或者协助客户以拆分交易等方式故意逃避履行反洗钱义务。

第二,致使犯罪所得及其收益通过本机构得以掩饰、隐瞒的,或者致使恐怖主义融资后果发生的。这里规定了两种后果:一是"致使犯罪所得及其收益通过本机构得以掩饰、隐瞒的"后果,主要是指金融机构违反反洗钱义务,导致违法行为人通过金融机构实现其犯罪所得及其收益得以掩饰、隐瞒的后果。二是"致使恐怖主义融资后果发生的"后果,主要是指金融机构违反反洗钱义务,导致违法行为人通过金融机构将资金提供给恐怖活动组织和个人。本条规定的是金融机构有未按照规定履行反洗钱义务的行为,造成洗钱或恐怖主义融资后果的发生时,所应承担的法律责任。这就要求金融机构有本法第五十三条、第五十四条规定的行为与洗钱或恐怖主义融资后果的发生之间具有因果关系。这种因果关系的判断需要结合金融机构反洗钱义务的针对性、洗钱活动的具体方式等进行综合分析。

第三,对于致使犯罪所得及其收益通过本机构得以掩饰、隐瞒或恐怖主义融资后果发生的,由国务院反洗钱行政主管部门或者其设区的市级以上派出机构予以处罚。本条具体规定了两档处罚种类:第一档处罚是责令限期改正,涉及金额不足 1000 万元的,处 50 万元以上 1000 万元以下罚款,这就要求不仅对金融机构予以罚款处罚,还要责令其限期改正,消除违反反洗钱义务的行为。第二档处罚是涉及金额 1000 万元以上的,处涉及金额 20% 以上 2 倍以下罚款。这种罚款方式,采用的是数额和倍比相结合的方式,从而加大对金融机构的处罚力度。此外,对于情节严重的,本条还规定反洗钱行政主管部门可以根据情形在职责范围内实施或者建议有关金融管理部门实施限制、禁止其开展相关业务,或者责令停业整顿、吊销经营许可证等处罚。这里所说的"情节严重",主要是指多次或者长期拒不履行反洗钱义务,或者因不履行反洗钱义务造成恶劣影响、后果等。吊销经营许可证是行政处罚中最为严厉的处罚措施之一。本条规定的"限制、禁止其开展相关业务"与"责令停业整顿、吊销经营许可证"这两类处罚措施不仅涉及金融机构提供的金融服务,还涉及单位和个人的资金、交易活动,影响较大,因此反洗钱行政主管部门或者有关金融管理部门在适用时应当慎重考虑。对于情节严重必须适用的,一般宜先适用"限制、禁止其开展相关业务",这样对金融机构的影响较小,也有利于金融机构及时采取措施,降低洗钱风险。

在研究该条规定时,我们还了解到 FATF 建议关于反洗钱的一些规定,列举如下:

27. 监管部门的权力

监管部门应当拥有足够的权力监管或监测金融机构,包括实施检查的权力,确保金融机构遵守反洗钱与反恐怖融资要求。监管部门应当有权强制金融机构提交任何与合规监管有关的信息,并根据建议 35,对不遵守该要求的情形实施处罚。监管部门应当有实施一系列纪律惩戒和经济处罚的权力,包括在适当情形下吊销、限制或中止金融机构执照的权力。

35. 处罚

各国应当确保对建议 6、建议 8 至建议 23 中涵盖的、未能遵守反洗钱与反恐怖融资要求的自然人和法人,有一系列有效、适当和劝诫性的处罚,包括刑事、民事或行政处罚。处罚应当不仅适用于金融机构以及特定非金融行业和职业,也适用于其负责人和高级管理人员。

第五十六条　国务院反洗钱行政主管部门或者其设区的市级以上派出机构依照本法第五十二条至第五十四条规定对金融机构进行处罚的，还可以根据情形对负有责任的董事、监事、高级管理人员或者其他直接责任人员，给予警告或者处二十万元以下罚款；情节严重的，可以根据情形在职责范围内实施或者建议有关金融管理部门实施取消其任职资格、禁止其从事有关金融行业工作等处罚。

国务院反洗钱行政主管部门或者其设区的市级以上派出机构依照本法第五十五条规定对金融机构进行处罚的，还可以根据情形对负有责任的董事、监事、高级管理人员或者其他直接责任人员，处二十万元以上一百万元以下罚款；情节严重的，可以根据情形在职责范围内实施或者建议有关金融管理部门实施取消其任职资格、禁止其从事有关金融行业工作等处罚。

前两款规定的金融机构董事、监事、高级管理人员或者其他直接责任人员能够证明自己已经勤勉尽责采取反洗钱措施的，可以不予处罚。

【释义】　本条是关于对相关责任人员处罚的规定。

2006年反洗钱法第三十一条规定："金融机构有下列行为之一的，由国务院反洗钱行政主管部门或者其授权的设区的市一级以上派出机构责令限期改正；情节严重的，建议有关金融监督管理机构依法责令金融机构对直接负责的董事、高级管理人员和其他直接责任人员给予纪律处分……"第三十二条规定："金融机构有下列行为之一的，由国务院反洗钱行政主管部门或者其授权的设区的市一级以上派出机构责令限期改正；情节严重的，处二十万元以上五十万元以下罚款，并对直接负责的董事、高级管理人员和其他直接责任人员，处一万元以上五万元以下罚款……""金融机构有前款行为，致使洗钱后果发生的，处五十万元以上五百万元以下罚款，并对直接负责的董事、高级管理人员和其他直接责任人员处五万元以上五十万元以下罚款；情节特别严重的，反洗钱行政主管部门可以建议有关金融监督管理机构责令停业整顿或者吊销其经营许可证。""对有前两款规定情形的金融机构直接负责的董事、高级管理人员和其他直接责任人员，反洗钱行政主管部门可以建议有关金融监督管理机构依法责令金融机构给予纪律处分，或者建议依法取消其任职资格、禁止其从事有关金融行业工作。"

2024年修订反洗钱法对上述两条作了以下修改：一是将2006年反洗钱

法第三十一条、第三十二条对相关责任人员的处罚统一在一条中规定，并进一步明确处罚主体，将"金融机构直接负责的董事、高级管理人员和其他直接责任人员"修改为"负有责任的董事、监事、高级管理人员或者其他直接责任人员"。将"直接负责"的表述修改为"负有责任"，主要是考虑到实践中，董事、监事和高级管理人员负有责任，但有时并非"直接责任"，可能需要负领导责任；而对其他人员必须是"负有直接责任"才予以处罚；增加"监事"，主要是考虑到有些机构，"监事"也属于分管反洗钱的高级管理人员。二是加大处罚力度，第一款将金融机构违反内部控制制度，对相关责任人员"给予纪律处分"，与金融机构违反反洗钱义务，对相关责任人员"处一万元以上五万元以下罚款"合并修改为"给予警告或者处二十万元以下罚款"。第二款对发生洗钱或恐怖主义融资后果的，对相关责任人员"处五万元以上五十万元以下罚款"修改为"处二十万元以上一百万元以下罚款"，提高了罚款的下限和上限，加大了处罚力度。三是增加了一款作为本条的第三款："前两款规定的金融机构董事、监事、高级管理人员或者其他直接责任人员能够证明自己已经勤勉尽责采取反洗钱措施的，可以不予处罚。"这主要是考虑到，明确对勤勉尽责的责任人员不予处罚，可以激励从事反洗钱工作的人员按照本法和有关规定的要求，认真履行反洗钱义务，积极作为。

本条共分三款。

第一款是关于金融机构违反本法第五十二条至第五十四条规定被处罚的，有关部门对负有责任的董事、监事、高级管理人员或者其他直接责任人员予以处罚的规定。本款包含以下两层意思。第一，董事、监事、高级管理人员或者其他直接责任人员被处罚的条件有两个：一是必须是金融机构因违反本法第五十二条至第五十四条规定被处罚。金融机构违反本法第五十二条内部控制制度，有本法第五十三条和第五十四条的违规行为，国务院反洗钱行政主管部门或者其设区的市级以上派出机构给予其警告或者罚款；情节严重的，可以根据情形在职责范围内实施或者建议有关金融管理部门实施取消其任职资格、禁止其从事有关金融行业工作等处罚。二是董事、监事、高级管理人员或者其他直接责任人员对金融机构被处罚负有责任。如果上述人员对金融机构被处罚没有责任，也不应当予以处罚。董事、监事、高级管理人员的具体范围，根据公司法等有关法律法规的规定确定。第二，对董事、监事、高级管理人员或者其他直接责任人员的处罚，由国务院反洗钱行政主管部门或者其设区的市级以上派出机构给予警告或者处 20 万元以下罚款;情节严重的,可以根据情形在职责范围内实施或者建议有关金融管理部门实施取消其任职资格、禁止其从事有关金融行业工作等处罚。关于取消任职资格,包括相关人员不得再担任金融机构的董事、行长、经理等高级管理职位,可以取消其一定期限直至终身的任职资格。关于禁止从事金融行业工作,即不得再从事金融行业工作,可以禁止其一定期限直至终身从事金融行业工作。

第二款是关于金融机构违反本法第五十五条规定被处罚的,有关部门对负有责任的董事、监事、高级管理人员或者其他直接责任人员予以处罚的规定。本款包含以下两层意思。第一,董事、监事、高级管理人员或者其他直接责任人员被处罚的条件有两个:一是必须是金融机构因违反本法第五十五条规定被处罚,即金融机构因发生洗钱或恐怖主义融资后果被予以处罚。二是董事、监事、高级管理人员或者其他直接责任人员对金融机构被处罚负有责任。第二,对董事、监事、高级管理人员或者其他直接责任人员的处罚,由国务院反洗钱行政主管部门或者其设区的市级以上派出机构处 20 万元以上 100 万元以下罚款;情节严重的,可以根据情形在职责范围内实施或者建议有关金融管理部门实施取消其任职资格、禁止其从事有关金融行业工作等处罚。董事、监事、高级管理人员的具体范围,以及关于取消任职资格和禁止从事金融行业工作的处罚内容如上所述。

第三款是关于董事、监事、高级管理人员或者其他直接责任人员勤勉尽责的免责规定。本款规定包含两层意思:第一,董事、监事、高级管理人员或者其他直接责任人员能够证明自己已经勤勉尽责采取反洗钱措施。董事、监事、高级管理人员或者其他直接责任人员已经认真履行本法第三章规定的金融机构反洗钱义务,如认真执行反洗钱内部控制制度要求,按照规定开展客户尽职调查,按照规定保存客户身份资料和交易记录,按照规定报告大额交易和可疑交易,按照规定对洗钱高风险情形采取洗钱风险管理措施,按照规定采取反洗钱特别预防措施,配合反洗钱行政主管部门监督检查和调查等。第二,明确规定"可以不予处罚"。对于董事、监事、高级管理人员或者其他直接责任人员已经勤勉尽责的,一般情况下应当不予处罚,但是对于造成特别严重后果等情形的,也可以予以处罚。根据本条规定,金融机构违反本法第五十二条至第五十五条规定被处罚的,并不一定要对负有责任的董事、监事、高级管理人员或者其他直接责任人员予以处罚,应当结合反洗钱行政处罚实践,金融机构规模大小,金融机构董事、监事、高级管理人员或者其他直接责任人员的勤勉尽责程度,以及违规行为严重程度和危害等,综合考虑决定是否对其予以处罚。

在研究该条规定时,我们还了解到FATF建议、有关国家和地区关于反洗钱的一些规定,列举如下:

(一)FATF建议相关内容

27.监管部门的权力

监管部门应当拥有足够的权力监管或监测金融机构,包括实施检查的权力,确保金融机构遵守反洗钱与反恐怖融资要求。监管部门应当有权强制金融机构提交任何与合规监管有关的信息,并根据建议35,对不遵守该要求的情形实施处罚。监管部门应当有实施一系列纪律惩戒和经济处罚的权力,包括在适当情形下吊销、限制或中止金融机构执照的权力。

35.处罚

各国应当确保对建议6、建议8至建议23中涵盖的、未能遵守反洗钱与反恐怖融资要求的自然人和法人,有一系列有效、适当和劝诫性的处罚,包括刑事、民事或行政处罚。处罚应当不仅适用于金融机构以及特定非金融行业和职业,也适用于其负责人和高级管理人员。

(二)有关国家和地区的规定

德国反洗钱法规定了高级管理层的参与,包括:高级管理人员审核,高风险客户和交易必须由公司的高级管理人员进行审核和批准;定期审查和更新,定期审查和更新高风险客户的尽职调查信息,确保信息最新和准确。

第五十七条 金融机构违反本法第五十条规定擅自采取行动的,由国务院有关金融管理部门处五十万元以下罚款;情节严重的,处五十万元以上五百万元以下罚款;造成损失的,并处所造成直接经济损失一倍以上五倍以下罚款。对负有责任的董事、监事、高级管理人员或者其他直接责任人员,可以由国务院有关金融管理部门给予警告或者处五十万元以下罚款。

境外金融机构违反本法第四十九条规定,对国家有关机关的调查不予配合的,由国务院反洗钱行政主管部门依照本法第五十四条、第五十六条规定进行处罚,并可以根据情形将其列入本法第四十条第一款第三项规定的名单。

【释义】 本条是关于境内金融机构违反对外国不当执法的阻却措施的处罚规定和境外金融机构违反配合调查要求的处罚规定。

本条是 2024 年修订反洗钱法增加的规定。增加本条规定，主要是对违反本法第五十条和第四十九条规定的境内外金融机构的相关法定义务规定相应的法律责任。一是本法第五十条规定了我国境内金融机构应当遵守对外国不当执法实施阻却措施的义务，包括对外国国家、组织不合理的执法要求不得擅自执行，并应当及时向国务院有关金融管理部门报告；对合理的执法要求经报告后予以配合等。境内金融机构违反这一规定，可能对我国国家安全和利益、我国境内有关组织和个人的合法权益造成危害。本条规定了对金融机构及其相关责任人员的相应处罚措施。二是本法第四十九条规定，国家有关机关在依法调查洗钱和恐怖主义融资活动过程中，按照对等原则或者经与有关国家协商一致，可以要求在境内开立代理行账户或者与我国存在其他密切金融联系的境外金融机构予以配合。境外金融机构不配合我国有关机关的调查措施，将对我国执法造成阻碍。本条对此也规定了相应的处罚措施，确保我国有关机关的调查措施得以有效实施。

本条共分两款。

第一款是关于境内金融机构违反对外国不当执法的阻却措施义务的处罚规定。本款规定的违法主体是我国境内金融机构，违法行为是"违反本法第五十条规定擅自采取行动"，具体包括违反本法第五十条第一款的规定，对外国国家、组织不合理的执法要求擅自执行，不及时向国务院有关金融管理部门报告；以及违反本法第五十条第二款的规定，对外国国家、组织的执法要求未向国务院有关金融管理部门和国家有关机关报告就配合。本款针对上述违法行为，对金融机构按照违法情节和是否造成损失分别规定了处罚：有本款规定的违法行为的，由国务院有关金融管理部门处 50 万元以下罚款；情节严重的，处 50 万元以上 500 万元以下罚款；造成损失的，并处所造成直接经济损失 1 倍以上 5 倍以下罚款。本款同时规定，对本款规定的违法行为负有责任的董事、监事、高级管理人员或者其他直接责任人员，可以由国务院有关金融管理部门给予警告或者处 50 万元以下罚款。这里规定的是"可以"给予警告或者罚款，赋予了国务院有关金融管理部门处罚裁量权。

第二款是关于境外金融机构不配合国家有关机关的调查措施的处罚规定。本款规定的违法主体是境外金融机构，违法行为是违反本法第四十九条规定，对国家有关机关的调查不予配合，具体违法情形可由国家有关机关根据实际情况和执法需要认定。本款对上述违法行为规定了两类处罚措施。一是由国务院反洗钱行政主管部门依照本法第五十四条、第五十六条规定进行处罚，即由国务院反洗钱行政主管部门或者其设区的市级以上派出机构责令限期改正，处 50 万元以下罚款；情节严重的，处 50 万元以上 500 万元以下罚款，可以根据情形在职责范围内或者建议有关金融管理部门限制或者禁止其开展相关业务。还可以根据情形对负有责任的董事、监事、高级管理人员或者其他直接责任人员，给予警告或者处 20 万元以下罚款；情节严重的，可以根据情形在职责范围内实施或者建议有关金融管理部门实施取消其任职资格、禁止其从事有关金融行业工作等处罚。二是可以根据情形将其列入本法第四十条第一款第三项规定的名单，即采取反洗钱特别预防措施的对象名单，针对其采取本法第四十条规定的反洗钱特别预防措施。

有关主管部门行使本条规定的行政处罚权，要结合各种因素综合考虑，既要注意维护国际经济金融秩序，又要注重依法平等保护境内外金融机构的合法权益，维护市场化、法治化、国际化的营商环境。

在研究该条规定时，我们还了解到有关国家和地区关于反洗钱的一些规定，列举如下：

美国《爱国者法案》第 317 条专门规定了外国洗钱者境外管辖条款，即"地区法院只要是基于美国联邦民事诉讼规则或者所在国法律送达了诉讼或裁定文书，对符合以下条件之一的任何外国人以及任何根据外国法律成立的金融机构都具有管辖权：一是触犯第 1956 节（a）条罪行（美国刑法规定的洗钱犯罪）的部分或全部金融交易发生在美国境内的；二是将美国法院通过颁布罚没令以获得所有权权益的财产转为己有的；三是在美国的金融机构开设银行账户的外国金融机构"。该法案第 319 条扩展了可以对"联行往来账户"内的资金予以没收的规定，即如果相关资金存在外国银行，而该外国银行在美国的金融机构有往来账户，则视为该笔资金存在美国境内金融机构的往来账户上，可以对此资金查扣冻以及签发对自然人的逮捕令。

第五十八条　特定非金融机构违反本法规定的，由有关特定非金融机构主管部门责令限期改正；情节较重的，给予警告或者处五万元以下罚款；情节严重或者逾期未改正的，处五万元以上五十万元以下罚款；对有关负责人，可以给予警告或者处五万元以下罚款。

【释义】 本条是关于特定非金融机构违反本法规定的法律责任的规定。

本条是2024年修订反洗钱法增加的规定。2024年修订中草案一审稿对于特定非金融机构法律责任仍采用原则规定方式,在全国人大常委会审议以及征求意见过程中,有关方面提出,修订草案有关特定非金融机构的规定对比反洗钱国际标准和其他主要国家特定非金融机构反洗钱立法,在特定非金融机构反洗钱义务规定及对特定非金融机构及其从业人员违反反洗钱法律时的法律责任规定等方面,仍然较为原则。为了便于立法的实践落地,给予特定非金融机构反洗钱法律责任追究以明确指引,有必要参考其他国家特定非金融机构立法体例,在修订草案中进一步明确特定非金融机构法律责任。同时,考虑到特定非金融机构与金融机构的洗钱风险差异和履行反洗钱义务的特点,本条按照过罚相当原则,区别情况,明确了特定非金融机构违反本法规定的反洗钱义务的法律责任,以方便实践执行。法律责任分为三个层次:对于违法情节较轻的,由有关特定非金融机构主管部门责令限期改正;对于违法情节较重的,由有关特定非金融机构主管部门给予警告或者处5万元以下罚款;对于违法情节严重或者逾期未改正的,由有关特定非金融机构主管部门处5万元以上50万元以下罚款。考虑到特定非金融机构有关负责人对违法行为也负有一定责任,本条规定对有关负责人,可以由有关特定非金融机构主管部门给予警告或者处5万元以下罚款。

根据本法规定,特定非金融机构在从事规定的特定业务时,参照本法第三章关于金融机构履行反洗钱义务的相关规定,根据行业特点、经营规模、洗钱风险状况履行反洗钱义务。具体来说,特定非金融机构应当依法采取预防、监控措施,建立健全反洗钱内部控制制度,履行客户尽职调查、客户身份资料和交易记录保存、大额交易和可疑交易报告、反洗钱特别预防措施等反洗钱义务,履行义务的具体办法由国务院有关特定非金融机构主管部门制定或者国务院反洗钱行政主管部门会同其制定。特定非金融机构不履行或者不按照规定履行反洗钱义务时,应当根据本条规定承担相应的法律责任。本条包含以下两个方面的内容:

第一,追究特定非金融机构及其有关负责人法律责任的主体是有关特定非金融机构主管部门。根据本法第六十四条关于特定非金融机构的范围,结合相关特定非金融机构的行业主管部门情况,在我国现阶段,特定非金融机构主管部门主要有住房城乡建设部门(负责提供房屋销售、房屋买卖经纪服务的房地产开发企业、房地产中介机构)，财政部门(负责会计师事务所)，司法行政部门(负责公证机构、律师事务所)等。同时，根据本法第十五条第二款的规定，特定非金融机构主管部门监督检查特定非金融机构履行反洗钱义务的情况。因此，规定由行业主管部门对违反反洗钱义务的特定非金融机构及其有关负责人进行处罚，也与我国对于特定非金融机构采取多部门分散监管模式，由有关特定非金融机构主管部门对特定非金融机构履行反洗钱义务的情况进行监督检查的内容相一致。

第二，法律责任的内容包括责令限期改正、警告、罚款。特定非金融机构违反本法规定的，首先，由有关特定非金融机构主管部门责令其限期改正，即责令有关的特定非金融机构在规定的期限内改正错误，依法履行反洗钱义务。依照行政处罚法的规定，责令改正或者限期改正不属于行政处罚，而是行政机关在实施行政处罚时必须采取的行政措施。行政处罚法第二十八条第一款规定，行政机关实施行政处罚时，应当责令当事人改正或者限期改正违法行为。对于行政管理相对人实施的违法行为，行政机关不能简单地一罚了事，而应当要求当事人改正其违法行为，不允许其违法状态继续存在下去。责令当事人改正其违法行为，包括由行政执法机关要求违法行为人立即停止违法行为，并立即或者在规定的期限内采取改正措施，消除其违法行为造成的后果，恢复合法状态。本条规定的是"责令限期改正"，违法的特定非金融机构应当在主管部门规定的期限内改正其违法行为。其次，对于违法情节较重的特定非金融机构给予警告或者处5万元以下罚款，对于违法情节严重或者责令限期改正而逾期未改正的特定非金融机构处5万元以上50万元以下罚款。警告属于行政处罚中的申诫罚，是指行政主体对违法者实施的一种谴责和告诫，它既具有教育性质又具有制裁性质，目的是向违法者发出警戒，声明行为人的行为已经违法，避免其再犯。罚款属于行政处罚中的财产罚，即由行政处罚机关依法强制违反行政管理秩序的公民、法人或者其他组织缴纳一定数量的货币的一种行政处罚。实际案件当中具体给予特定非金融机构处罚的种类和罚款的数额，应当根据特定非金融机构违法行为的事实、性质、情节以及社会危害程度等确定，做到过罚相当。此外，除处罚单位外，对于特定非金融机构的有关负责人，可以给予警告或者处5万元以下罚款。本条规定的对有关负责人的处罚是一种供选择的行政处罚方式，有关特定非金融机构主管部门应当根据违法行为的情节等情况决定是否给予有关负责人处罚以及处罚的种类、罚款的数额。

本条虽然对特定非金融机构的法律责任,包括处罚的种类、罚款的幅度等作出了规定,但总体来看规定得还是比较原则,对于何为"情节较重""情节严重"没有作出具体界定,什么情况下给予有关负责人什么处罚也没有更进一步的规定。特定非金融机构的业务类型不同于金融机构,其业务范围广泛,涉及行业众多,规模大小和业务发展状况不一,面临的洗钱风险和反洗钱履职条件也存在一定差异。因此,其履行反洗钱义务的具体要求、处罚规定也应充分考虑风险状况以及行业特征、业务特点。一方面,国务院有关部门应当按照本法第十五条第一款的授权,适时制定对特定非金融机构实施处罚的具体办法,以方便实践执行;另一方面,实际执法中,对于违法的特定非金融机构,应当根据本法第六十一条规定的精神,综合考虑特定非金融机构的经营规模、内部控制制度执行情况、勤勉尽责程度、违法行为持续时间、危害程度以及整改情况等因素,在本条规定的处罚幅度内进行处罚,做到过罚相当。

在研究该条规定时,我们还了解到FATF建议、有关国家和地区关于反洗钱的一些规定,列举如下:

(一)FATF建议相关内容

28. 对特定非金融行业和职业的监管

各国应当对特定非金融行业和职业采取下列监管措施:

(a)各国应当对赌场实施全面监管,确保其有效实施必要的反洗钱与反恐怖融资措施。至少应做到:

·赌场应当经过审批许可;

·主管部门应当采取必要的法律或监管措施,防止犯罪分子或其同伙持有赌场重要或控制股权,或成为重要或控制股权的受益所有人,或在赌场担任管理职务或成为其经营者;

·主管部门应当确保赌场受到有效的反洗钱与反恐怖融资监管。

(b)各国应当对其他类型的特定非金融行业和职业实施有效监测,确保其符合反洗钱与反恐怖融资要求。监测应在风险敏感的基础上进行。监测可由下列部门实施:(i)监管部门;(ii)如能确保其成员履行反洗钱与反恐怖融资义务,也可由行业自律组织开展。

监管部门或行业自律组织还应当:(i)采取必要措施,例如采用资格审查,防止犯罪分子或其同伙获得专业认证,或持有重要或控制股权,或成为重要或控制股权的受益所有人,或担任管理职务;(ii)如未遵守反洗钱与反恐怖融资要求,应当按照建议35要求,实施有效、适当和劝诫性处罚。

35. 处罚

各国应当确保对建议6、建议8至建议23中涵盖的、未能遵守反洗钱与反恐怖融资要求的自然人和法人,有一系列有效、适当和劝诫性的处罚,包括刑事、民事或行政处罚。处罚应当不仅适用于金融机构以及特定非金融行业和职业,也适用于其负责人和高级管理人员。

建议28的释义(对特定非金融行业和职业的监管)

4. 监管部门或行业自律组织应当拥有充分的权力行使其职能(包括监测和处罚的权力),以及充分的财力、人力和技术资源。各国应当具有程序确保监管部门或行业自律组织的职员维持高职业水准(包括保密方面),并具有高诚信度和恰当的技术能力。

(二)有关国家和地区的规定

1. 负责追究法律责任的部门

一是部分国家和地区反洗钱主管部门、行业主管部门、行业自律组织多部门有权追究特定非金融机构违反反洗钱法有关规定的法律责任。例如,英国金融行为监管局(Financial Conduct Authority,FCA)是金融机构、信托及公司服务提供商反洗钱监管部门;英国税务海关总署(Her Majesty's Revenue and Customs,HMRC)负责房地产经纪、高价值交易商(含贵金属交易商)、会计师行业反洗钱监管,并与FCA一起承担信托及公司服务提供商反洗钱监管职责;英国会计师、律师等还受相关行业自律组织反洗钱管理。监管部门均有权进行反洗钱法律责任追究。二是部分国家和地区特定非金融机构法律责任追究还区分联邦和州不同层级。例如,德国特定非金融机构的反洗钱监管相对分散,会计师行业是特定非金融机构中相对例外的,由联邦会计师公会统一监管,其余行业均分散到地方州层面予以监管,如房地产经纪、贵金属和宝石交易商等均由州一级监管部门监管,公证人由地方州法院监管。监管部门均有权进行反洗钱法律责任追究。

2. 法律责任覆盖类型

一是从法律责任覆盖的制裁领域来看:多数国家和地区在特定非金融机

构违反反洗钱相关法律责任的设置方面,已形成覆盖民事、刑事、行政多领域的制裁体系。例如,美国《银行保密法》规定,义务主体及相关人员在违反本法相关反洗钱规定时,应予以民事罚款。另外,部分国家和地区直接在反洗钱法律规定中明确了特定非金融机构等义务主体及相关人员的刑事责任。例如,英国《制裁和反洗钱法》(2018 年)及我国香港特别行政区《打击洗钱及恐怖分子资金筹集条例》中均规定若违反本法构成犯罪的可判处监禁;日本在防止转移犯罪所得法中规定:"若违反本法相关条款,可判处有期徒刑。"二是从法律责任的具体类型设置来看:包括监禁等人身类,罚款等财产类及其他如责令整改,公开谴责,暂停、中止、注销、吊销执照及职业资格等行政及纪律性法律责任。以英国为例,《制裁和反洗钱法》(2018 年)规定的人身类制裁措施为"任何违反反洗钱有关规定构成刑事犯罪的人,如经公诉程序定罪,处以最高不超过 2 年监禁刑;如经简易程序定罪,处以最高不超过 3 个月的监禁刑"。财产类制裁主要为"罚款"。其他相关行政、纪律性处分制裁措施包括发表谴责声明,暂停、限制或撤销义务机构相关许可和授权,暂停、取消或限制义务机构相关人员的注册资格或管理职责等。

3. 人身类和财产类法律责任具体标准

一是人身类法律责任方面。多数国家和地区监禁或有期徒刑的最高期限普遍设为 2 年。部分国家或地区,如英国和我国香港特别行政区分经公诉程序和简易程序,对经简易程序定罪的人员设置的监禁期限在 3 个月至 1 年。我国香港特别行政区在认定反洗钱违法犯罪行为时,对存在欺诈类主观意图的人员从严设定法律责任,对经公诉程序定罪的,最高可处 7 年监禁。二是财产类法律责任方面。财产类法律责任主要有三种模式。模式一:法律不具体规定罚款金额。例如,英国在《制裁和反洗钱法》(2018 年)中明确规定 FCA 和 HMRC 可以对违反本法的行为予以罚款,但未具体明确罚款标准。监管部门可在实施监管时,根据违规行为的严重性、持续时间、潜在后果及违规情况灵活判定。模式二:区分金融机构和特定非金融机构罚款标准。例如,德国特定非金融机构最高可罚 100 万欧元或违法行为所得经济利益的 2 倍;金融机构罚款最高可罚 500 万欧元或作出处罚决定前单位财政年度记录的总营业额的 10%(就高原则)。模式三:金融机构与特定非金融机构罚款标准相同。日本个人最高可判处 300 万日元罚款,单位最高可判处 3 亿日元罚款;我国香港特别行政区最高可判处个人 100 万港元罚款;我国澳门特别行政区最高可判处个人50万澳门币或因违法行为获得经济利益的2倍（就高原则）罚款，单位最高可判处500万澳门币或因违法行为获得经济利益的2倍（就高原则）罚款。

4. 法律责任立法模式

从立法模式上看：一是各国和地区基本统一在反洗钱基本法律或规章中同步规定金融机构和特定非金融机构的反洗钱义务和法律责任。二是部分国家和地区在统一立法外，还单独制定了特定非金融机构反洗钱相关法律规范。例如，我国香港特别行政区在《专业会计师条例》《法律执业者条例》《地产代理条例》等规范中分别对特定非金融机构反洗钱义务及相关法律责任进行了明确。我国澳门特别行政区也单独制定了有关会计师、律师、房地产经纪等领域反洗钱指引。三是各国和地区对金融机构和特定非金融机构法律责任的标准设定除德国外，基本采用统一标准，基本均区分个人和法人，对其分别设定法律责任标准。

第五十九条 金融机构、特定非金融机构以外的单位和个人未依照本法第四十条规定履行反洗钱特别预防措施义务的，由国务院反洗钱行政主管部门或者其设区的市级以上派出机构责令限期改正；情节严重的，对单位给予警告或者处二十万元以下罚款，对个人给予警告或者处五万元以下罚款。

【释义】 本条是关于金融机构、特定非金融机构以外的单位和个人未依法履行反洗钱特别预防措施义务的法律责任的规定。

本条是2024年修订反洗钱法增加的规定。增加本条规定，主要是为了落实相关责任主体履行反洗钱特别预防措施的规定，并与本法其他法律责任条款相衔接。本法第四十条第一款规定，任何单位和个人应当按照国家有关机关要求对下列名单所列对象采取反洗钱特别预防措施：（1）国家反恐怖主义工作领导机构认定并由其办事机构公告的恐怖活动组织和人员名单；（2）外交部发布的执行联合国安理会决议通知中涉及定向金融制裁的组织和人员名单；（3）国务院反洗钱行政主管部门认定或者会同国家有关机关认定的，具有重大洗钱风险、不采取措施可能造成严重后果的组织和人员名单。为保证单位和个人依法履行义务，本法第五十四条对金融机构未按照规定采取反洗钱特别预防措施规定了相应的法律责任,第五十八条对特定非金融机构违反本法规定的行为规定了相应的法律责任。本条对金融机构、特定非金融机构以外的单位和个人未按照规定履行反洗钱特别预防措施义务规定了相应的法律责任。

本条主要包含以下几个方面的内容:

第一,本条法律责任的主体对象为金融机构、特定非金融机构以外的单位和个人。反洗钱法对单位和个人未依法采取反洗钱特别预防措施规定了相应的法律责任,将反洗钱特别预防义务通过具体的法律责任进行落实。本法对金融机构、特定非金融机构及其以外的单位和个人根据主体对象的不同分别规定了相应的法律责任条款。如根据本法第五十四条的规定,金融机构未按照规定采取反洗钱特别预防措施,由国务院反洗钱行政主管部门或者其设区的市级以上派出机构责令限期改正,处 50 万元以下罚款;情节严重的,处 50 万元以上 500 万元以下罚款,可以根据情形在职责范围内或者建议有关金融管理部门限制或者禁止其开展相关业务。本法第五十八条规定,特定非金融机构违反本法规定的,由有关特定非金融机构主管部门责令限期改正;情节较重的,给予警告或者处 5 万元以下罚款;情节严重或者逾期未改正的,处 5 万元以上 50 万元以下罚款;对有关负责人,可以给予警告或者处 5 万元以下罚款。本条是关于金融机构、特定非金融机构以外的单位和个人相应法律责任的条款。金融机构、特定非金融机构及其他单位和个人在反洗钱工作中所起的作用不同,承担着不同的职责分工,因而法律责任的设置也不同。这体现出职权与责任相称的理念。

第二,产生法律责任的原因是未依照本法第四十条规定履行反洗钱特别预防措施义务。违法行为主体违反了本法第四十条的规定,未按照国家有关机关要求对国家反恐怖主义工作领导机构认定并由其办事机构公告的恐怖活动组织和人员名单,外交部发布的执行联合国安理会决议通知中涉及定向金融制裁的组织和人员名单及国务院反洗钱行政主管部门认定或者会同国家有关机关认定的,具有重大洗钱风险、不采取措施可能造成严重后果的组织和人员名单所列对象采取反洗钱特别预防措施。反洗钱特别预防措施是任何单位和个人必须履行的义务,是否尽到相应的义务,需要根据本法第四十条的规定及相关细则进行评价。

第三,执行法律责任的机构为国务院反洗钱行政主管部门或者其设区的市级以上派出机构。国务院反洗钱行政主管部门是中国人民银行,负责组织、协调全国的反洗钱工作。其中,监督、检查金融机构、职责范围内的特定非金融机构以及其他单位和个人履行反洗钱义务,对违法行为主体进行处罚等,是中国人民银行的重要行政职权。由国务院反洗钱行政主管部门授权其设区的市级以上派出机构代为执法,更有利于查处反洗钱相关违法行为,有效监督相关单位和个人依法履职。

第四,对违法行为主体要求责令限期改正;情节严重的,对单位给予警告或者处20万元以下罚款,对个人给予警告或者处5万元以下罚款。纠正行为主体违法行为是实施本条处罚的重要目的。本条在设置法律责任条款时,首先给予违法行为主体改正错误的机会,在对其实施处罚前责令其限期改正违法行为,包括停止违法行为、恢复原状等具体形式。关于责令限期改正,通常认为,责令违法行为主体限期改正违法行为不具有惩戒性,不属于行政处罚。对情节严重的单位违法行为,给予警告或者处20万元以下罚款,对情节严重的个人违法行为,给予警告或者处5万元以下罚款。这里的情节严重,具体包括造成危害较大、逾期不改正或整改效果不符合要求、改正后再违法等。因此,本条中未按规定履行反洗钱特别预防措施义务属于情节类的违法行为,只有违法行为达到情节严重的程度,才对违法行为主体施以实质上的惩戒处罚,包括警告和罚款。

在研究该条规定时,我们还了解到FATF建议关于反洗钱的一些规定,列举如下:

27.监管部门的权力

监管部门应当拥有足够的权力监管或监测金融机构,包括实施检查的权力,确保金融机构遵守反洗钱与反恐怖融资要求。监管部门应当有权强制金融机构提交任何与合规监管有关的信息,并根据建议35,对不遵守该要求的情形实施处罚。监管部门应当有实施一系列纪律惩戒和经济处罚的权力,包括在适当情形下吊销、限制或中止金融机构执照的权力。

28.对特定非金融行业和职业的监管

……监管部门或行业自律组织还应当……如未遵守反洗钱与反恐怖融资要求,应当按照建议35要求,实施有效、适当和劝诫性处罚。

> **第六十条** 法人、非法人组织未按照规定向登记机关提交受益所有人信息的，由登记机关责令限期改正；拒不改正的，处五万元以下罚款。向登记机关提交虚假或者不实的受益所有人信息，或者未按照规定及时更新受益所有人信息的，由国务院反洗钱行政主管部门或者其设区的市级以上派出机构责令限期改正；拒不改正的，处五万元以下罚款。

【释义】 本条是关于法人、非法人组织未按照规定向登记机关提交受益所有人信息及向登记机关提交虚假或者不实的受益所有人信息，或者未按照规定及时更新受益所有人信息的法律责任的规定。

本条是2024年修订反洗钱法增加的规定。增加本条规定，主要是考虑到随着客户尽职调查制度的广泛实施，利用自然人身份洗钱较容易被发现和查处，违法犯罪分子转而利用法人和法律安排掩饰或隐瞒真实身份从事洗钱活动。这种做法可以掩藏最终受益自然人或最终控制自然人，对客户身份识别提出了挑战。金融机构识别受益人的身份，有利于加强对客户关系的了解，佐证其对客户身份识别的结果，调整其对客户信用的评级和分类，及时发现可能涉及违法犯罪资金的交易，防止违法犯罪分子利用"法人面纱"掩饰、隐瞒资金的非法来源和性质。因此，法人、非法人组织依法如实登记受益所有人信息并及时更新受益所有人信息是其应有的法定义务，也是落实FATF建议的重要内容。

本条主要包含以下几个方面的内容：

第一，法人、非法人组织未按照规定向登记机关提交受益所有人信息的，由登记机关责令限期改正；拒不改正的，处5万元以下罚款。

本条针对法人、非法人组织未向登记机关提交受益所有人信息规定了相应的法律责任。有效识别受益所有人信息，是法人、非法人组织受益所有人信息管理制度建立的前提。本法第十九条第四款对法人、非法人组织的受益所有人的定义作了规定，是指最终拥有或者实际控制法人、非法人组织，或者享有法人、非法人组织最终收益的自然人。具体认定标准由国务院反洗钱行政主管部门会同国务院有关部门制定。2024年，中国人民银行、国家市场监督管理总局联合发布了《受益所有人信息管理办法》，其中第六条对法人、非法人组织的受益所有人的条件进行了界定，将符合相应条件的自然人认定为备案主体的受益所有人：(1)通过直接方式或者间接方式最终拥有备案主体

25%以上股权、股份或者合伙权益;(2)虽未满足第一项标准,但最终享有备案主体 25%以上收益权、表决权;(3)虽未满足第一项标准,但单独或者联合对备案主体进行实际控制。上述第三项所称实际控制包括但不限于通过协议约定、关系密切的人等方式实施控制,例如决定法定代表人、董事、监事、高级管理人员或者执行事务合伙人的任免,决定重大经营、管理决策的制定或者执行,决定财务收支,长期实际支配使用重要资产或者主要资金等。不存在上述规定的三种情形的,应当将备案主体中负责日常经营管理的人员视为受益所有人进行备案。根据本法第十九条的规定,法人、非法人组织应当按照规定向登记机关提交受益所有人信息。

这里规定的处罚主体是登记机关。关于受益所有人信息的登记机关,根据 2021 年国务院发布的《市场主体登记管理条例》的有关规定,市场主体应当依照该条例办理登记。未经登记,不得以市场主体名义从事经营活动。法律、行政法规规定无须办理登记的除外。国务院市场监督管理部门主管全国市场主体登记管理工作。县级以上地方人民政府市场监督管理部门主管本辖区市场主体登记管理工作,加强统筹指导和监督管理。其中规定,公司、合伙企业等市场主体受益所有人相关信息应当向登记机关办理备案。

对于未按照规定向登记机关提交受益所有人信息的,本条规定了两种处理方式:一是由登记机关责令限期改正。市场监督管理部门发现法人、非法人组织未按照规定提交受益所有人信息的,应当责令违法的主体限期改正。这里的责令限期改正还不具惩罚性,具体要求违反规定的法人、非法人组织在一定期限内补充提供受益所有人相关信息。此时的违法违规行为相对轻微,如果及时改正补充,危害后果不大,可以不予行政处罚。这体现了对违法行为人的宽容和引导,同时也有利于违法行为的纠正和改进。二是对于拒不改正的,由登记机关即市场监督管理部门依照本法给予违法行为人更为严厉的行政处罚,即对法人、非法人组织处 5 万元以下罚款。

第二,向登记机关提交虚假或者不实的受益所有人信息,或者未按照规定及时更新受益所有人信息的,由国务院反洗钱行政主管部门或者其设区的市级以上派出机构责令限期改正;拒不改正的,处 5 万元以下罚款。

本条针对法人、非法人组织向登记机关提交虚假、不实受益所有人信息等规定了相应的法律责任。反洗钱行政主管部门、国务院市场监督管理部门等是依法管理受益所有人信息的重要机关。反洗钱行政主管部门、国家有关机关为履行职责需要，可以依法使用受益所有人信息。根据本法第十九条第二款的规定，法人、非法人组织应当保存并及时更新受益所有人信息，按照规定向登记机关如实提交并及时更新受益所有人信息。这里对法人、非法人组织违反上述义务规定了三种情形：一是向登记机关提交虚假的受益所有人信息，一般是指法人、非法人组织故意向登记机关提交伪造的、不真实的受益所有人信息。受益所有人登记信息的真实性十分重要，有利于防范行为人利用空壳公司、虚假注册和嵌套持股等方式从事洗钱或恐怖主义融资活动。二是向登记机关提交不实的受益所有人信息，一般是指法人、非法人组织向登记机关提交的受益所有人信息存在错误、不完整等情形。三是未按照规定及时更新受益所有人信息，一般是指法人、非法人组织发生重组或合并、股权转让、继承等情形，其实际控制人、最终收益人等受益所有人发生变更，而未按照规定及时向登记机关更新受益所有人信息。

这也体现出法人、非法人组织依法提交受益所有人信息的义务。国务院反洗钱行政主管部门查处法人、非法人组织提交虚假或者不实的受益所有人信息，或者未按照规定及时更新受益所有人信息的行为。例如，通过金融机构和特定非金融机构日常业务中的查询核对，发现受益所有人信息错误、不一致或者不完整的，向国务院反洗钱行政主管部门反馈。国务院反洗钱行政主管部门或者其设区的市级以上派出机构应当对法人、非法人组织提交的受益所有人信息进行管理，发现法人、非法人组织有上述行为的，可以责令违法行为主体限期改正，按规定提供准确真实或及时更新受益所有人信息，对拒不改正的违法行为主体，处5万元以下罚款。

在研究该条规定时，我们还了解到FATF建议、有关国家和地区关于反洗钱的一些规定，列举如下：

（一）FATF建议相关内容

24. 法人的透明度和受益所有权

各国应当评估法人被洗钱和恐怖融资活动滥用的风险，并采取措施予以防范。各国应当确保主管部门能够通过受益所有权登记或其他替代机制，快速高效地掌握或获取充分、准确和最新的法人受益所有权和控制权信息。各国应当禁止法人发行新的无记名股票或无记名股票认股权证，并采取措施防止存量无记名股票或无记名股票认股权证被滥用。各国应当采取有效措施确保名义持有股东和名义持有董事不被洗钱和恐怖融资活动滥用。各国应当考虑为金融机构、特定非金融行业和职业(DNFBP)获取受益所有权及控制权信息提供便利,以便执行建议10和建议22的要求。

25.法律安排的透明度和受益所有权

各国应当评估法律安排被洗钱和恐怖融资活动滥用的风险,并采取措施防止其滥用。特别是,各国应当确保主管部门高效、及时地获取或查阅明定信托和其他类似法律安排的充分、准确和最新的信息,包括委托人、受托人和受益人的信息。各国应当考虑为金融机构、特定非金融行业和职业(DNFBP)获取受益所有权和控制权信息提供便利,以执行建议10和建议22的要求。

(二)有关国家和地区的规定

美国《企业透明法》中有关受益所有人及违反申报义务惩罚的规定。根据《企业透明法》的规定,针对某一实体,受益所有人指直接或间接通过任何合同、安排、关系或者其他方式实质性控制该实体的个人或持有该实体25%及以上所有者权益的个人。在美成立的实体以及在美登记经营的外国实体须向FinCEN申报的受益所有人信息包括法定全名、出生日期、现居住地和办公地址、身份证明文件的识别码等。申报实体的受益所有人信息不向公众公开,将被保存于FinCEN非公开数据库中。但在特定情况下,FinCEN可向相关机构提供受益所有人信息,如负责国家安全调查、情报收集和执法的联邦机构,以及法庭授权进行刑事或民事调查的州或地方执法机构。同时,美国《企业透明法》也规定了违反申报义务的惩罚。对故意违反申报义务的行为进行处罚,包括提供错误或虚假信息、不提供完整信息、不更新信息等。

第六十一条 国务院反洗钱行政主管部门应当综合考虑金融机构的经营规模、内部控制制度执行情况、勤勉尽责程度、违法行为持续时间、危害程度以及整改情况等因素,制定本法相关行政处罚裁量基准。

【释义】 本条是关于国务院反洗钱行政主管部门综合考量制定本法相关行政处罚裁量基准的规定。

本条是2024年修订反洗钱法增加的规定。增加本条规定,主要是为了落实细化行政处罚法关于制定行政处罚裁量基准的有关规定。行政处罚法第三十四条规定,行政机关可以依法制定行政处罚裁量基准,规范行使行政处罚裁量权。行政处罚裁量基准应当向社会公布。国务院反洗钱行政主管部门制定本法相关行政处罚裁量基准，是对行政处罚法的衔接和落实。金融机构的经营规模差别较大、违规行为严重程度不同、勤勉尽责程度和违规行为危害等因素，直接影响了行政处罚的基准和幅度。因此，该条明确了结合上述因素制定裁量基准的要求，这也符合对行政执法细化裁量基准的有关要求。

本条包含以下几个方面的内容：

第一，国务院反洗钱行政主管部门制定反洗钱法相关行政处罚裁量基准的意义。

2021 年行政处罚法修改增加了行政裁量权基准制度。行政裁量权基准制度是通过完善行政处罚适用规则对行政裁量权进行科学合理的细化和量化的制度。行政裁量权基准制度作为规范行政裁量权行使的重要手段，在各个行政管理领域广泛应用，对于规范行政裁量权行使，推进行政机关依法行政、合理行政、公正执法具有重要意义。一是有利于压缩权力寻租空间，促进公正执法，遏制执法腐败。二是有利于减少执法随意性，提高执法公信力，减少行政争议。三是有利于增强上位法可操作性，为执法人员提供参考和指引，提高执法精细化水平和行政效率。四是有利于增强行政执法透明度和可预测性，有利于司法机关和行政相对人监督行政裁量权行使。根据行政处罚法第三十四条的规定，行政机关可以依法制定行政处罚裁量基准，规范行使行政处罚裁量权。建立反洗钱法相关行政裁量权基准制度的主要目的是，根据金融机构实际发展情况，科学合理细化、量化行政裁量权，合理确定裁量范围、种类和幅度，完善适用规则，严格规范裁量权行使，避免执法的随意性。因此，国务院反洗钱行政主管部门根据行政处罚法的规定及国务院司法行政部门对行政执法细化裁量基准的有关要求，结合反洗钱行政处罚实践，制定反洗钱相关行政处罚裁量基准，对于开展反洗钱执法及相关处罚具有重要意义。

第二，制定反洗钱法相关行政处罚裁量基准应当综合考虑的因素。

金融机构作为从事金融活动、承担相关反洗钱义务的市场主体，在经济社会中扮演着重要角色。反洗钱行政处罚实践表明，金融机构本身的特殊性和违法行为的差异性等因素，直接影响着反洗钱法相关行政处罚的裁量基准。这些因素主要包括：金融机构的经营规模、内部控制制度执行情况、勤勉尽责程度、违法行为持续时间、危害程度以及整改情况等。

金融机构的经营规模直接影响违法行为大小、程度、后果等,是反洗钱法相关行政处罚裁量基准的重要考虑因素。关于金融机构的"经营规模",根据《金融业企业划型标准规定》,依据指标标准值,将各类金融业企业划分为大、中、小、微四个规模类型,中型企业标准上限及以上的为大型企业。一是银行业存款类金融机构。资产总额40,000亿元以下的为中小微型企业。其中,资产总额5000亿元及以上的为中型企业,资产总额50亿元及以上的为小型企业,资产总额50亿元以下的为微型企业。二是银行业非存款类金融机构。资产总额1000亿元以下的为中小微型企业。其中,资产总额200亿元及以上的为中型企业,资产总额50亿元及以上的为小型企业,资产总额50亿元以下的为微型企业。三是贷款公司、小额贷款公司及典当行。资产总额1000亿元以下的为中小微型企业。其中,资产总额200亿元及以上的为中型企业,资产总额50亿元及以上的为小型企业,资产总额50亿元以下的为微型企业。四是证券业金融机构。资产总额1000亿元以下的为中小微型企业。其中,资产总额100亿元及以上的为中型企业,资产总额10亿元及以上的为小型企业,资产总额10亿元以下的为微型企业。五是保险业金融机构。资产总额5000亿元以下的为中小微型企业。其中,资产总额400亿元及以上的为中型企业,资产总额20亿元及以上的为小型企业,资产总额20亿元以下的为微型企业。六是信托公司。信托资产1000亿元以下的为中小微型企业。其中,信托资产400亿元及以上的为中型企业,信托资产20亿元及以上的为小型企业,信托资产20亿元以下的为微型企业。七是金融控股公司。资产总额40,000亿元以下的为中小微型企业。其中,资产总额5000亿元及以上的为中型企业,资产总额50亿元及以上的为小型企业,资产总额50亿元以下的为微型企业。八是除贷款公司、小额贷款公司、典当行以外的其他金融机构。资产总额1000亿元以下的为中小微型企业。其中,资产总额200亿元及以上的为中型企业,资产总额50亿元及以上的为小型企业,资产总额50亿元以下的为微型企业。

金融机构内部控制制度,指依据金融行业的性质和特点,强化机构内部管理和监督制约,通过健全和完善相关制度规范,有效防范和化解金融风险,提高机构内部经营管理水平,促进金融业务的良性循环,确保金融业改革与发展顺利进行。金融机构反洗钱内部控制制度执行情况,是指金融机构执行反洗钱内部控制制度的有效性。本法第二十七条对金融机构建立健全反洗钱内部控制制度作了规定。包括设立专门机构或者指定内设机构牵头负责反洗钱工作，根据经营规模和洗钱风险状况配备相应的人员，按照要求开展反洗钱培训和宣传。金融机构应当定期评估洗钱风险状况并制定相应的风险管理制度和流程，根据需要建立相关信息系统。金融机构应当通过内部审计或者社会审计等方式，监督反洗钱内部控制制度的有效实施。金融机构的负责人对反洗钱内部控制制度的有效实施负责。

勤勉尽责是经营者、管理者基本的义务。公司法中规定了公司管理者的勤勉义务，指的是公司董事、监事、高级管理人员执行职务应当为公司的最大利益尽到管理者通常应有的合理注意。金融机构反洗钱工作的勤勉尽责程度，指金融机构及其管理人员在反洗钱相关工作中履行法律和有关规定中要求的反洗钱相关义务的程度。具体而言，金融机构的管理者通常应当具备反洗钱工作必要的专业知识、技能和经验，能够恰当地履行反洗钱工作的职责，充分了解金融行业反洗钱政策和相应的履职事项及其防范措施等情况。在发现本机构洗钱风险或相关问题时，金融机构管理者应及时报告并采取相应措施，以最有效的方式，在最短的时间内，尽最大限度防范洗钱风险的发生或危害结果的扩大。同时，判断金融机构是否勤勉尽责，还需要反洗钱主管部门根据金融机构管理人员在相同情况下所能达到的程度，在个案中具体判断。

违法行为持续时间、危害程度以及整改情况，是评价违法行为严重程度及对其处罚的重要裁量标准。对金融机构违反相关反洗钱义务规定的违法行为进行处罚，需综合判断违法行为严重程度。违法行为持续时间的长短直接决定了社会危害后果的大小。通常情况下，金融机构违法行为持续时间越长危害后果越大。金融机构违法行为危害程度指其行为对金融监管秩序及反洗钱工作所造成的社会危害性大小。金融机构违法行为的整改，是金融机构违法后的事后补救措施，旨在恢复原来反洗钱工作的要求和标准，对发现的问题和漏洞及时进行解决处理，防范类似违法行为再次发生，以保持金融机构在法定的秩序或者状态下运行。金融机构整改的有效性、及时性等情况，直接影响金融机构违法行为所造成的危害性大小，也体现出其进行违法行为后的主观态度和责任意识，对于金融机构主动纠正违法行为和积极改进反洗钱工作具有重要意义。因此，金融机构违法行为的整改情况也是设置行政处罚裁量基准的重要参考因素。

第三,国务院反洗钱行政主管部门综合考量上述因素制定本法相关行政处罚裁量基准,充分体现了行政处罚中的"过罚相当"原则。

行政处罚法第五条第二款体现了行政处罚的过罚相当原则,要求"设定和实施行政处罚必须以事实为依据,与违法行为的事实、性质、情节以及社会危害程度相当"。对金融机构违反相关反洗钱义务规定的违法行为进行处罚,本质上是特定情形的行政处罚。在作出行政处罚时应体现过罚相当原则,对违反反洗钱义务规定的金融机构,处以种类、幅度等与其违法行为相适应的行政处罚。同时要求国务院反洗钱行政主管部门在设定和实施相关行政处罚时,必须以事实为依据,与违法行为的事实、性质、情节以及社会危害程度相当,不能畸轻畸重。其中,社会危害程度需要考虑的因素主要包括:违法行为持续时间、危害程度及整改情况等。行政处罚中的过罚相当原则,不仅体现在实施行政处罚的具体过程和环节之中,还体现在对行政处罚裁量基准的设定上,以保障行政处罚过罚相当原则全面得到遵循和落实。此外,行政处罚裁量基准依法应当按照规定向社会公布,这有利于提升执法透明度和规范化水平,也便于社会监督。

在研究该条规定时,我们还了解到FATF建议关于反洗钱的一些规定,列举如下:

35.处罚

各国应当确保对建议6、建议8至建议23中涵盖的、未能遵守反洗钱与反恐怖融资要求的自然人和法人,有一系列有效、适当和劝诫性的处罚,包括刑事、民事或行政处罚。处罚应当不仅适用于金融机构以及特定非金融行业和职业,也适用于其负责人和高级管理人员。

> **第六十二条** 违反本法规定,构成犯罪的,依法追究刑事责任。
> 利用金融机构、特定非金融机构实施或者通过非法渠道实施洗钱犯罪的,依法追究刑事责任。

【释义】 本条是关于违反本法规定构成犯罪的以及利用合法或非法渠道实施洗钱犯罪的,依法追究刑事责任的规定。

2006年反洗钱法第三十三条规定:"违反本法规定,构成犯罪的,依法追究刑事责任。"2006年反洗钱法规定了反洗钱监督管理部门的职责和金融机构、特定非金融机构的反洗钱义务，并在第六章法律责任中规定反洗钱行政主管部门和其他依法负有反洗钱监督管理职责的部门、机构从事反洗钱工作的人员和金融机构违反本法有关规定的，给予行政处分或者纪律处分。同时，为进一步做好反洗钱工作，对于违反本法规定，构成犯罪的法律责任，2006年反洗钱法作了衔接性规定。

2024年修订后反洗钱法增加了第二款规定，除规定违反本法规定构成犯罪的依法追究刑事责任外，还对实施洗钱犯罪依法追究刑事责任作了衔接性规定。我国1997年刑法即规定了洗钱罪，根据该法第一百九十一条的规定，明知是毒品犯罪、黑社会性质的组织犯罪、走私犯罪的违法所得及其产生的收益，以各种方法掩饰、隐瞒犯罪的违法所得及其收益的性质和来源的，依法追究相应刑事责任。刑法修正案（三）、刑法修正案（六）、刑法修正案（七）先后对洗钱犯罪进行了修改完善。2020年12月26日，十三届全国人大常委会第二十四次会议通过刑法修正案（十一），明确"自洗钱"可单独定罪。近年来，随着反洗钱工作不断加强，洗钱活动越发隐蔽，呈现出由银行转账、第三方支付等传统金融方式向虚拟货币、网络充值币、地下钱庄等领域转移的特点。作为反洗钱领域专门法律，本法有必要对利用各种渠道进行洗钱犯罪的刑事责任承担作出衔接性规定。

本条共分两款。第一款是关于违反本法规定，构成犯罪的，依法追究刑事责任的规定。这是基于我国刑法的基本原则，即对于犯罪行为，应当根据其性质、情节和社会危害程度，依法予以惩处。"依法追究刑事责任"是指根据法律规定，对犯罪行为进行调查、起诉和审判，并最终确定犯罪人应承担的刑事处罚。"刑事责任"是指违反刑事法律规定的个人或者单位所应当承担的法律责任。刑罚的种类包括管制、拘役、有期徒刑、无期徒刑和死刑这五种主刑，还包括剥夺政治权利、罚金和没收财产三种附加刑。附加刑可以单独适用，也可以与主刑合并适用。包括刑事责任在内的法律责任具有法律上的强制性，需要在法律上作出明确具体的规定，以保证法律授权的机关依法对违法行为人追究法律责任，实施法律制裁，以达到维护正常的社会、经济秩序的目的，同时保障个人和单位不违背法律规定的行为不受追究。

我国刑事法律关于刑事责任的规定有三种表现形式：一是刑法典，是指国家以刑法名称颁布的，系统规定犯罪及其刑事责任的法律。如我国1979年颁布的刑法以及1997年经过修订后颁布的刑法。二是单行刑法，是指国家以决定、规定、补充规定、条例等名称颁布的,规定某一类犯罪及其刑事责任或者刑法的某一事项的法律。1997年刑法实施后,1998年12月颁布的全国人民代表大会常务委员会关于惩治骗购外汇、逃汇和非法买卖外汇犯罪的决定,是现行有效的单行刑法。三是附属刑法,即附带规定于民法、行政法等非刑事法中的刑事责任规定。通常认为,1997年全面修订刑法后,我国已没有典型的附属刑法规范。根据我国的立法实践和立法技术规范,关于犯罪与刑事责任、刑罚的规定,统一规定在刑法中,其他法律一般只对违反该法规定行为的刑事责任作衔接性规定。在具体的衔接方式上,有的法律表述为:违反本法规定,构成犯罪的,依法追究刑事责任。只涉及个别条文的,也可以在该条文中作衔接性规定。

违反本法规定,可能构成犯罪应依法追究刑事责任的,主要包括三种情形:

一是反洗钱行政主管部门和其他依法负有反洗钱监督管理职责的部门从事反洗钱工作的人员违反本法规定,构成犯罪的,依法追究刑事责任。例如,根据本法规定,在反洗钱工作中应当符合有关信息保护的法律规定,故意或者过失泄露在反洗钱工作中知悉的国家秘密、商业秘密、个人信息和个人隐私,构成犯罪的,可以依照刑法关于侵犯商业秘密罪、故意泄露国家秘密罪、过失泄露国家秘密罪等的规定追究刑事责任。又如,反洗钱监督管理部门的工作人员包庇、纵容甚至帮助洗钱活动,向洗钱犯罪分子通风报信,不履行相关反洗钱义务,以及有其他滥用职权、玩忽职守、徇私舞弊等行为,构成犯罪的,也要依法追究其刑事责任。

二是金融机构以及特定非金融机构违反本法规定,未履行或者不当履行反洗钱义务构成犯罪的,依法追究刑事责任。比如,金融机构或者特定非金融机构以暴力、威胁等方式拒绝、阻碍反洗钱监督管理、调查,或者故意提供虚假材料,构成犯罪的,可以依照刑法关于妨害公务罪等的规定追究刑事责任。金融机构或者特定非金融机构协助他人从事洗钱活动,构成犯罪的,可以依照刑法关于洗钱罪或掩饰、隐瞒犯罪所得、犯罪所得收益罪等的规定追究刑事责任。

三是其他单位和个人违反本法规定,构成犯罪的,依法追究刑事责任。比如,个人对国家反恐怖主义工作领导机构认定并公告的恐怖活动组织和人员提供资金支持或者帮助资产转移,构成犯罪的,可以依照刑法关于帮助恐怖活动罪等的规定追究刑事责任。

第二款是关于利用金融机构、特定非金融机构实施或者通过非法渠道实施洗钱犯罪的，依法追究刑事责任的规定。本法通过要求金融机构、特定非金融机构履行本法规定的反洗钱义务，有关部门对其履行反洗钱义务的行为进行监管，从而形成防范犯罪资金转移的预防体系，防范洗钱活动的发生。对已经发生的洗钱活动，构成犯罪的，应当以洗钱犯罪依法追究刑事责任。我国刑法已经对洗钱犯罪作了较为全面的规定。刑法第一百九十一条洗钱罪，第三百一十二条掩饰、隐瞒犯罪所得、犯罪所得收益罪，第三百四十九条窝藏、转移、隐瞒毒品、毒赃罪的规定共同构成了对我国洗钱犯罪进行刑事打击的法律基础，将洗钱犯罪的上游犯罪扩大到所有刑事犯罪；2020年刑法修正案（十一）还明确"自洗钱"可单独定罪；刑法第二百二十五条非法经营罪、第二百八十七条之二帮助信息网络犯罪活动罪中也有洗钱犯罪的规定。

关于利用金融机构、特定非金融机构实施或者通过非法渠道实施洗钱犯罪。第一，利用金融机构实施洗钱犯罪，主要是指通过银行、保险、证券基金期货等各类金融机构将犯罪所得及其收益转化为看似合法的钱财。比如，不法分子冒用他人身份证在银行开设多个账户，用于转移和藏匿非法所得及其收益；在保险市场购买高额保险，通过大额现金趸缴保费或在短期内完成趸缴，使保单现金价值快速增加，然后再使保费以退费、退保等合法形式回到不法分子手中，以掩盖犯罪收入的真实来源。第二，利用特定非金融机构实施洗钱犯罪，主要是指利用房地产交易、贵金属及宝石现货交易、其他交易等方式掩饰、隐瞒犯罪所得及其受益的来源和性质。比如，购买具有高附加值的古董珠宝或收藏品，或者从个人手中收购黄金，然后通过正规渠道转手出售，将非法资金混入正常交易资金流中，使其合法化。近年来，通过高额直播打赏、购买高额网络充值币等方式进行洗钱的现象时有发生，经认定构成洗钱犯罪的，也要依法追究刑事责任。第三，通过非法渠道实施洗钱犯罪，主要是指利用"地下钱庄"等非法活动进行洗钱。"地下钱庄"通过转账、汇兑、委托收款等方式进行资金结算，协助资金转移的，对其可以依法按照洗钱犯罪相关规定进行惩处。若"地下钱庄"仅提供支付工具协助资金转移，根据刑法修正案（十一）对刑法第一百九十一条所作的修改，对其也可以依法按照洗钱犯罪相关规定进行惩处。

本条增加第二款衔接性规定，既是对利用本法规定的反洗钱义务机构进行洗钱活动所作出的一种法律性否定，也是对通过非法金融机构或者非法金融业务活动实施洗钱犯罪的一种警示与震慑。

实践中需要注意的是，本条第一款是关于违反本法规定构成犯罪追究刑事责任的规定，第二款是关于追究洗钱犯罪刑事责任的规定，实践中是否构成犯罪、如何追究刑事责任，应当以刑法有关规定为依据，把握好行政违法与刑事犯罪之间的合理界限。比如，刑法第二百七十七条规定的妨害公务罪中关于以暴力、威胁方法阻碍国家机关工作人员依法执行职务的规定，这里的"暴力"主要是指直接的肢体冲突，"威胁"主要是指以杀害、伤害、毁坏财产、损坏名誉等相威胁。构成妨害公务罪，行为人必须是采取暴力、威胁的方法，如果行为人没有实施暴力、威胁的阻碍行为，只是吵闹、谩骂、不服管理、提供虚假材料、不配合工作等，不构成犯罪，可以依法予以治安处罚。实践中，司法机关可以依照法律规定和案件有关情况进行具体认定。

在研究该条规定时，我们还了解到 FATF 建议关于反洗钱的一些规定，列举如下：

35. 处罚

各国应当确保对建议 6、建议 8 至建议 23 中涵盖的、未能遵守反洗钱与反恐怖融资要求的自然人和法人，有一系列有效、适当和劝诫性的处罚，包括刑事、民事或行政处罚。处罚应当不仅适用于金融机构以及特定非金融行业和职业，也适用于其负责人和高级管理人员。

第七章 附 则

> 第六十三条 在境内设立的下列机构,履行本法规定的金融机构反洗钱义务:
> (一)银行业、证券基金期货业、保险业、信托业金融机构;
> (二)非银行支付机构;
> (三)国务院反洗钱行政主管部门确定并公布的其他从事金融业务的机构。

【释义】 本条是关于履行本法规定的金融机构反洗钱义务的主体范围的规定。

2006年反洗钱法第三条规定了两类应当履行反洗钱义务的机构,其中一类是在中华人民共和国境内设立的金融机构。2006年反洗钱法第三十四条规定:"本法所称金融机构,是指依法设立的从事金融业务的政策性银行、商业银行、信用合作社、邮政储汇机构、信托投资公司、证券公司、期货经纪公司、保险公司以及国务院反洗钱行政主管部门确定并公布的从事金融业务的其他机构。"2006年反洗钱法第三十四条对第三条规定的金融机构的范围进行了具体界定。从列举的机构看,主要分为四类:政策性银行、商业银行、信用合作社、邮政储汇机构等银行业金融机构;证券公司、期货经纪公司等证券期货业金融机构;保险公司;信托投资公司。从应当履行反洗钱义务的金融机构的总量来看,上述列举的四类金融机构占据了当时金融市场主体的绝大部分。从反洗钱工作的需要来看,抓住了上述金融机构就抓住了反洗钱工作的主要领域。

另外,除了明确列举上述金融机构外,2006年反洗钱法第三十四条还作了兜底性规定,即应履行反洗钱义务的金融机构还包括国务院反洗钱行政主管部门确定并公布的从事金融业务的其他机构。这样规定主要出于以下两方面的考虑：一是，从理论上讲，所有机构都有可能被洗钱分子利用，但并不是所有机构都应当被纳入反洗钱义务主体范围。从国际反洗钱立法经验和国内反洗钱工作实践来看，上述四类金融机构履行反洗钱义务是没有争议的，应当在法律中明确规定；而国务院金融监管部门已经批准成立的其他机构，如金融资产管理公司、金融租赁公司、基金管理公司、保险代理公司、保险经纪公司等，在金融业务方面与商业银行、证券公司、保险公司等金融机构相比存在较大差异。从当时的市场情形看，这些机构被利用实施洗钱的风险相对较小，而且开展反洗钱工作的成本较高，因而 2006 年反洗钱法第三十四条没有对这些机构予以明确列举。二是，随着市场经济改革的不断深入和金融创新的不断发展，会出现越来越多新类型的金融机构，这些金融机构应当如何履行反洗钱义务需要根据实际业务范围进行判断。因此，考虑到法律的可操作性和稳定性，2006 年反洗钱法在对金融机构的界定上采取了"列举+兜底"的方式。只有洗钱风险最集中且执法成本相对可控的机构才有必要列入本法的规制中。

2024 年修订后反洗钱法对上述条文作出如下修改。一是，不再界定金融机构的范围而是界定履行本法规定的金融机构反洗钱义务的机构的范围。从各国立法实践及相关要求看，金融机构是洗钱的主要渠道，是世界各国反洗钱的重要领域。但各国规定的金融机构的范围可能有所不同，在我国不同的法律中，金融机构的范围也可能有所不同。尤其是，金融机构的界定还涉及相关主管部门的职权范围，对此各方面有不同的意见。因此，本条不再明确界定金融机构的范围，而是从反洗钱义务主体的角度进行了明确。二是，在列举项中增加一项"非银行支付机构"。这是考虑到，随着我国市场经济改革的不断深入和金融创新性发展，支付宝、微信支付等各种第三方支付机构涌现并获取了国内大量个人与商户消费用户，成为个人和商户日常消费场景所使用的主要支付渠道，同时带来了可能被利用成为洗钱、电信诈骗、非法集资等违法犯罪活动的非法通道的风险，故应当被纳入反洗钱义务主体范围。2023 年 11 月 24 日，国务院常务会议通过《非银行支付机构监督管理条例》，为规范非银行支付机构行为提供了具体可操作的制度框架。将"非银行支付机构"纳入本法规定的应当履行金融机构反洗钱义务的机构范围符合反洗钱工作实际需求，有利于非银行支付行业的健康发展。至于近年来在金融创新性领域发展出的其他各类机构，出于业态形式还在不断发展变化、规模影响不够大、洗钱风险不高等原因,将其纳入反洗钱义务主体范围的条件尚不成熟,所以仍然通过本条第三项兜底性规定予以动态调整,即"国务院反洗钱行政主管部门确定并公布的其他从事金融业务的机构"。

在立法过程中,有意见提出,对于实践中长期存在的"地方7+4"类金融机构,如何对其进行监管,是否需要将其纳入反洗钱义务主体范围,建议予以慎重考虑。其中,7类地方金融公司包括:小额贷款公司、融资担保公司、区域性股权市场、典当行、融资租赁公司、商业保理公司、地方资产管理公司;4类地方金融组织包括:地方各类交易场所、开展信用互助的农民专业合作社、投资公司、社会众筹机构。这些机构属于以地方性、专业性公司为主的非主流金融机构,由地方金融监管部门实施监督,中央金融管理部门制定规则,国务院反洗钱行政主管部门对其通常没有监管权。考虑到实践中地方金融机构种类复杂多样,有的是中央管理,有的是央地共管,有的是地方管理,管理模式与经营模式各不相同,可以根据实践需要,在本条第三项下予以规制,由国务院反洗钱行政主管部门与国务院有关金融管理部门沟通是否纳入。

本条将履行本法规定的金融机构反洗钱义务的主体分为了三类。

一是传统金融机构,即银行业、证券基金期货业、保险业、信托业金融机构。分业经营是我国金融业经营管理的基本原则之一。我国商业银行法第四十三条、证券法第六条、保险法第八条均有相关规定,即银行业、证券业、保险业、信托业实行分业经营、分业管理,银行与证券公司、保险业务机构、信托公司分别设立(国家另有规定的除外)。本条据此作了区分。

(1)银行业金融机构。2006年10月31日修改后的银行业监督管理法第二条第二款和第三款分别规定:"本法所称银行业金融机构,是指在中华人民共和国境内设立的商业银行、城市信用合作社、农村信用合作社等吸收公众存款的金融机构以及政策性银行。""对在中华人民共和国境内设立的金融资产管理公司、信托投资公司、财务公司、金融租赁公司以及经国务院银行业监督管理机构批准设立的其他金融机构的监督管理,适用本法对银行业金融机构监督管理的规定。"综上,包括国家开发银行、国有银行、股份制银行、城市及农村商业银行、村镇银行、农村信用合作社以及在中国境内设立的外资银行在内,均属于本法规定的应当履行反洗钱义务的银行业金融机构。

由于政策性银行、商业银行、信用合作社等银行业金融机构能快捷、大量、安全地放置和转移资金,最容易被洗钱等犯罪分子利用。因此,银行业金融机构历来是反洗钱预防和监控体系的重要组成部分,我国的反洗钱工作便始于银行业领域。

(2)证券基金期货业金融机构。证券基金期货业并不主要以现金为交易媒介,因此证券基金期货业并不像银行业那样适合用来初步存放犯罪活动所得款项。但由于证券基金期货市场的国际化、产品的多样化和高度流动性,其资金的隐蔽性相对较强。另外,证券基金期货市场上有多种投资媒介可供选择,且各种投资媒介之间可以相互转换,这就使洗钱分子可以很容易地将合法和不法款项的投资组合变现,隐瞒不法款项的来源,从而将犯罪所得融入正常经济体系。因此,国际非法资金常常把证券基金期货市场作为除银行外的第二大洗钱途径。

根据域外反洗钱立法,承担反洗钱义务的证券基金期货机构的范围比较宽泛,凡是接受监管的从事自营业务和(或)经纪业务的证券公司、证券投资基金管理公司、从事商品期货和(或)金融期货交易的期货经纪公司都应承担相应反洗钱义务。日本2001年关于可疑交易的内阁法令规定下列机构应当履行可疑交易报告义务:证券公司、外国证券公司、证券财务公司、证券投资信托管理公司、商品期货代理商、金融期货交易企业。我国台湾地区2003年出台的"洗钱防制法"规定,证券商、证券投资信托事业、证券金融事业、证券投资顾问事业、证券集中保管事业、期货商应当作为金融机构履行反洗钱义务。本法结合我国反洗钱实际和金融业务情况,对证券基金期货业金融机构作为反洗钱义务主体进行了明确。

(3)保险业金融机构。保险类金融产品,不仅是一种社会风险防范的工具,也是一种投资手段。作为投资手段来讲,保险类金融产品具有品种多样、时限灵活、可操作性强、市场监管较宽松等特点,从而为洗钱分子隐瞒犯罪所得的来源创造了条件。另外,保险产品销售的某些特性也加大了反洗钱工作的难度,如通常由代理商、经纪商销售,对客户情况了解有赖于保险中介,对受益人信息缺乏了解等。

FATF建议术语表中规定"人寿保险及其他投资连结保险的承销和分保"[同时适用于保险经营者和保险中间人(代理人和中介)]应当作为金融机构履行相应的反洗钱义务。国际保险监管协会(International Association of Insurance Supervisors,IAIS)2002年制定的《保险企业和监管机构反洗钱指引》认为所有寿险和非寿险保险机构以及保险中介均存在洗钱风险,应当履行反洗钱义务,但监管者应充分考虑到保险机构的规模和性质而制定不同的反洗钱措施。

2015年修正后的保险法第六条规定,保险业务由依照本法设立的保险公司以及法律、行政法规规定的其他保险组织经营,其他单位和个人不得经营保险业务。根据保险法第九十五条第一款的规定,保险公司的业务范围包括人身保险业务、财产保险业务和国务院保险监督管理机构批准的与保险有关的其他业务(再保险业务)。由于经营的业务和面临的洗钱风险状况存在差异,人寿保险公司、财产保险公司和再保险公司的反洗钱义务应当有所不同。比如,再保险公司的客户主要是保险公司,被洗钱分子直接利用的风险较小,其应当履行的客户尽职调查义务、大额交易和可疑交易报告义务应当与人寿保险公司和财产保险公司有所区别。

关于利用寿险和财险合同的洗钱风险。实践中,违法犯罪分子可能利用保险合同中的退保或者解除条款,将赃钱、黑钱以现金、现金支票或其他形式,作为保险费交付保险公司,然后再以扣除手续费为代价,从保险公司取回保险费,或者交足2年以上保险费,从保险公司取回保险单的现金价值,从而改变资金的直接来源,达到洗钱的目的。财险和寿险在经营过程中均具有洗钱的风险,但财险的洗钱成本更高,原因是:第一,寿险的投保手续比财险简单。寿险的保险标的是人的身体、健康或寿命,而财险的保险标的是有形或无形的财产。在进行核保、办理投保手续时,洗钱分子在寿险上花费的时间、精力、成本要低于财险。第二,在退保时间不能确定的情况下,寿险退保的成本一般要低于财险。保险责任开始后,利用寿险进行洗钱的成本为保险人扣除的手续费,或已缴纳的保险费与合同解除时保单现金价值之差,而利用财险进行洗钱的成本为保险责任开始之日起至合同解除之日止期间的保险费。如果洗钱分子不能在短时间内退保,在寿险投资账户没有明显亏损的情况下,其财险的退保成本会高于寿险。在资本市场比较发达、投资险种比较成熟的国家,寿险这一特点就更为突出。

(4)信托业金融机构。2001年通过实施的信托法第四条和2007年公布实施的《信托公司管理办法》(中国银行业监督管理委员会令2007年第2号)第二条规定:"本办法所称信托公司,是指依照《中华人民共和国公司法》和本办法设立的主要经营信托业务的金融机构。本办法所称信托业务,是指信托公司以营业和收取报酬为目的,以受托人身份承诺信托和处理信托事务的经营行为。"

我国信托业发展四十多年来，业务规模与模式得到了较大的发展，同时由于其业务特性，其被洗钱分子利用放置和转移资金的风险也较高。首先，信托业务主要是客户和信托公司之间进行委托、赎回、放款、还款等交易，无法与上游犯罪非法所得的特征关联上，缺少异常交易判断的指标。其次，因大量依靠代销渠道发展客户，信息不足，不利于结合客户尽职调查信息来开展交易监测。最后，部分信托公司反洗钱系统建设较早，交易监测设计较为薄弱，缺少有效的异常交易判断场景，在反洗钱科技方面有改进提高的空间。从国际经验来看，主要国家的反洗钱立法均对信托公司的反洗钱义务进行了明确规定。因此，本法将信托业金融机构纳入反洗钱义务主体的范围。

二是非银行支付机构。非银支付已经成为我国小额和便民支付的主力军。中国人民银行公布的《2023年支付体系运行总体情况》显示，2023年，180余家非银行支付机构处理网络支付业务1.23万亿笔，金额340多万亿元，按可比口径同比分别增长17.02%和11.46%，分别占同期支付系统处理业务总量的98%和业务总金额的2.82%。与此同时，非银行支付机构因"未按规定履行客户身份识别义务""与身份不明客户交易""未按规定报送可疑交易报告""匿名账户""假名账户"等问题被频繁开出天价罚单。本法将其明确纳入反洗钱义务主体范围，具有现实意义。

2023年11月24日，国务院第19次常务会议通过《非银行支付机构监督管理条例》，自2024年5月1日起施行。该条例第二条对非银行支付机构作了定义：在中华人民共和国境内依法设立，除银行业金融机构外，取得支付业务许可，从事根据收款人或者付款人提交的电子支付指令转移货币资金等支付业务的有限责任公司或者股份有限公司。中华人民共和国境外的非银行机构拟为境内用户提供跨境支付服务的，应当依照本条例规定在境内设立非银行支付机构，国家另有规定的除外。该条例第五条规定，非银行支付机构应当遵守反洗钱和反恐怖主义融资、反电信网络诈骗、防范和处置非法集资、打击赌博等规定，采取必要措施防范违法犯罪活动。2024年7月中国人民银行通过《非银行支付机构监督管理条例实施细则》，对非银行支付机构的设立、变更与终止、支付业务规则、监督管理和法律责任等方面作了更详细的要求。本法将其明确纳入反洗钱义务主体范围，具备法律基础。

三是国务院反洗钱行政主管部门确定并公布的其他从事金融业务的机

构,即前两项规定之外的其他需要履行反洗钱义务的机构。从金融业务的性质来看,所有国务院金融监督管理机构批准设立的从事金融业务的机构都存在被洗钱犯罪分子利用的风险,只是在程度上有所差异。根据本项的授权,国务院反洗钱行政主管部门可以按照反洗钱工作的需要,确定和公布新的反洗钱义务主体。根据2021年中国人民银行《金融机构反洗钱和反恐怖融资监督管理办法》,除银行业、证券基金期货业、保险业、信托业金融机构和非银行支付机构外,从事金融业务并且履行反洗钱义务的机构还包括金融资产管理公司、企业集团财务公司、金融租赁公司、汽车金融公司、消费金融公司、货币经纪公司、贷款公司、银行理财子公司,以及银行卡清算机构、资金清算中心、网络小额贷款公司以及从事汇兑业务、基金销售业务、保险专业代理和保险经纪业务的机构。

这些从事金融业务的机构都存在被洗钱犯罪分子利用的风险,以保险中介为例。一般而言,保险中介包括保险代理人和保险经纪人。根据2021年施行的《保险代理人监管规定》,专业及兼业保险代理机构应当开立独立的代收保险费账户结算代收的保险费。根据2018年施行的《保险经纪人监管规定》,保险经纪人应当开立独立的客户资金专用账户存放投保人支付给保险公司的保险费,为投保人、被保险人和受益人代领的退保金、保险金。从保险代理人和保险经纪人的业务范围来看,其对客户尽职调查的手段与主动性、有效性不足,在代收保费环节存在将非法资金作为保险费存入的风险,以及被洗钱犯罪分子通过退保使保险费在保险中介机构代收账户"转一圈"的方式洗钱的风险。

实践中需要注意的是,在加强反洗钱工作的同时,也要注重遵循客观规律,使反洗钱工作符合金融机构的运营规律和承受能力。第一,金融作为现代经济的核心,有其自身的发展和运营规律,反洗钱工作必须尊重和反映这些规律。实践中,相对于金融机构日常处理的大量资金转移、转换活动,洗钱发生的概率是极小的。因此,不能因为反洗钱而妨碍正常资金流动的及时性、便捷性,更不能对正常流动中的资金轻易采取限制措施;对行政机关依法临时冻结的可疑资金应当尽快确定其性质,对不必继续冻结的应当立即解除冻结。第二,不同类型的金融机构或者履行金融机构反洗钱义务的机构,应当遵循"风险为本"的方法理念,开展洗钱和恐怖主义融资风险自评估,并根据自身风险状况和经营规模建立起合法、有效、有针对性的内部控制制度和相应的风险管理政策。金融机构可以根据需要对不同的交易及可能的风险进行具体把握,要考虑到成本与效率,既不能一味"高标准",也不能"一刀切"。

在研究该条规定时,我们还了解到 FATF 建议关于反洗钱的一些规定,列举如下:

术语表

金融机构指为客户或代表客户从事以下一种或多种活动或业务的自然人或法人:

(i) 接受公共存款和其他可偿付资金。

(ii) 贷款。

(iii) 融资租赁。

(iv) 资金或价值转移服务。

(v) 发行和管理支付工具(如信用卡和借记卡、支票、旅行支票、现金汇票和银行本票、电子货币)。

(vi) 财务担保和承诺。

(vii) 从事以下交易:

・货币市场工具(支票、汇票、存单、衍生品等)。

・外汇。

・汇率、利率和指数工具。

・可转让证券。

・商品期货交易。

(viii) 参与证券发行和提供与发行有关的金融服务。

(ix) 个人或集体的投资组合管理。

(x) 代表他人保管和管理现金或流动证券。

(xi) 除投资外,代表他人管理资金或现金。

(xii) 人寿保险及其他投资连结保险的承销和分保。

(xiii) 现金和货币兑换。

第六十四条 在境内设立的下列机构,履行本法规定的特定非金融机构反洗钱义务:

(一)提供房屋销售、房屋买卖经纪服务的房地产开发企业或者房地产中介机构;

(二)接受委托为客户办理买卖不动产、代管资金、证券或者其他资产,代管银行账户、证券账户,为成立、运营企业筹措资金以及代理买卖经营性实体业务的会计师事务所、律师事务所、公证机构;

(三)从事规定金额以上贵金属、宝石现货交易的交易商;

(四)国务院反洗钱行政主管部门会同国务院有关部门根据洗钱风险状况确定的其他需要履行反洗钱义务的机构。

【释义】 本条是关于履行特定非金融机构反洗钱义务的主体范围的规定。

2006年反洗钱法第三十五条规定:"应当履行反洗钱义务的特定非金融机构的范围、其履行反洗钱义务和对其监督管理的具体办法,由国务院反洗钱行政主管部门会同国务院有关部门制定。"

2024年修订反洗钱法对上述条文中涉及的特定非金融机构的范围作了修改,进一步明确了履行特定非金融机构反洗钱义务的主体范围,将应当履行反洗钱义务的特定非金融机构明确规定为四类。2006年反洗钱法实施以来,随着反洗钱形势发展变化,在金融行业反洗钱规定和风险防控措施不断健全的情况下,不少非法资金转而通过特定非金融机构等进行"洗白"。评估发现,贵金属、房地产等特定非金融行业的商品本身具有高价值,贵金属又具有易流通特征,因而其中的洗钱风险相对较高,容易被违法犯罪活动利用。2017年以来,中国人民银行或者其他有关特定非金融机构主管部门探索出台贵金属和宝石、房地产、注册会计师等行业的反洗钱管理规定,不断明确有关特定非金融机构范围。本条根据行业的洗钱风险状况、履行反洗钱义务的能力等实际情况和需要,在2017年以来发布的文件的基础上,列举了三类在特定业务领域需要履行反洗钱义务的特定非金融机构的范围,并以兜底条款的形式规定"国务院反洗钱行政主管部门会同国务院有关部门根据洗钱风险状况确定的其他需要履行反洗钱义务的机构",为未来国务院反洗钱行政主管部门会同国务院有关部门根据实际情况和需要增加其他特定非金融机构提供法律依据。

随着近年来金融行业压实反洗钱"严监管",金融机构洗钱风险防控措施逐步完善,相关风险逐步向特定非金融行业转移,风险隐患逐步暴露。为切实防范洗钱风险向特定非金融行业进一步蔓延,有必要加强对一些洗钱风险高的行业的反洗钱监管。根据本条的规定，履行特定非金融机构反洗钱义务的主体包括以下机构：

一是，提供房屋销售、房屋买卖经纪服务的房地产开发企业或者房地产中介机构。房产具有价值高、价格波动大、交易金额大、资金流转环节多、流程长、涉及面广、操作复杂等特点，容易被不法分子用作洗钱渠道。洗钱者有的借用法人机构名义，通过操纵不动产价值的评估、抵押等方式掩饰不法所得；有的利用"返还式贷款交易"直接购买不动产或通过购买房地产投资基金份额间接购买不动产；有的以设立房地产公司、经营房地产业务为幌子进行洗钱；还有的通过他人代持房地产，掩饰巨额的违法犯罪所得。

二是，接受委托为客户办理买卖不动产，代管资金、证券或者其他资产，代管银行账户、证券账户，为成立、运营企业筹措资金以及代理买卖经营性实体业务的会计师事务所、律师事务所、公证机构。会计师事务所是依法设立并承办注册会计师业务的机构；律师事务所是律师的执业机构；公证机构是依法设立，不以营利为目的，依法独立行使公证职能、承担民事责任的证明机构。会计师事务所、律师事务所、公证机构属于专业服务机构，为客户提供本专业领域内的服务，其中可能涉及少数与客户资金交易、公司设立及运营管理、经营性实体买卖相关的特定业务。不法分子往往会利用这些服务表象掩盖洗钱活动，如利用会计师事务所开展的企业登记事务代理业务设立空壳公司，利用空壳公司掩饰非法资金转移；利用律师事务所在法人设立、融资过程中提供的法律咨询或出具的法律意见书掩盖洗钱活动，实现非法财产合法化的目的。

三是，从事规定金额以上贵金属、宝石现货交易的交易商。贵金属、宝石交易存在价值较高、交易金额大、现金交易比例高等特点，国际社会普遍将其视为洗钱高风险领域。近年来，通过买卖贵金属、宝石洗钱的现象不断增多，这些商品的流动性较强，容易变现，同时交易价格波动较大，利于掩饰资金快速增长。根据交易惯例，洗钱者往往直接使用现金购买贵金属、宝石，再择机通过市场渠道售出完成洗钱；也有的通过伪造交易的方式，将赃款转化为合法收入。这里"规定金额"的具体数额，由有关部门综合考虑贵金属、宝石现货交易行业现状、洗钱风险状况等因素确定。

四是，国务院反洗钱行政主管部门会同国务院有关部门根据洗钱风险状况确定的其他需要履行反洗钱义务的机构。洗钱的渠道很多，任何资金交易都有可能成为洗钱渠道，而且各个渠道之间存在挤压和溢出效应。因此，为使本法的规定具有前瞻性，同时适应一定时期内的洗钱风险防控需要，本条在列举三类特定非金融机构的基础上，以兜底条款的形式授权国务院反洗钱行政主管部门会同国务院有关部门根据洗钱风险状况确定其他需要履行反洗钱义务的机构，为未来有关部门根据洗钱活动趋势、行业洗钱风险、行业监管状况等，在前三项以外增加其他依法负有反洗钱义务的特定非金融机构提供法律依据。

提供房屋销售、房屋买卖经纪服务的房地产开发企业或者房地产中介机构、会计师事务所、律师事务所、公证机构只有在从事本条规定的特定业务时，交易商只有在从事规定金额以上贵金属、宝石现货交易时，才需要履行反洗钱义务。实践中，上述机构开展的业务种类和内容众多，其在从事上述特定业务以外的其他业务时，比如房地产开发企业进行纯粹的房地产开发业务、房地产中介机构提供房屋租赁经纪服务、律师事务所提供刑事辩护服务、公证机构提供遗嘱公证服务，或者交易商从事规定金额以下贵金属、宝石现货交易时，都不需要履行反洗钱义务。主管部门在监督管理中，首先应当查清有关机构是否在从事本条规定的业务，对于没有从事本条规定业务的，不得要求其履行反洗钱义务。

在研究该条规定时，我们还了解到 FATF 建议、有关国家和地区关于反洗钱的一些规定，列举如下：

（一）FATF 建议相关内容

22. 特定非金融行业和职业：客户尽职调查

建议 10、建议 11、建议 12、建议 15 和建议 17 中规定的客户尽职调查和记录保存要求在下列情形下适用于特定非金融行业和职业：

（a）赌场——当客户从事规定限额及以上的金融交易时。

（b）房地产中介——为其客户参与房地产买卖交易时。

（c）贵金属和宝石交易商——当其与客户从事规定限额及以上的现金交易时。

（d）律师、公证人、其他独立的法律专业人士及会计师——在为客户准备或实施与下列活动相关的交易时：

· 买卖房地产；管理客户资金、证券或其他财产；

· 管理银行账户、储蓄账户或证券账户；

- 从事公司设立、运营或管理的相关筹资活动;
- 法人或法律安排的设立、运营或管理,以及经营性实体买卖。

(e)信托和公司服务提供商——在为客户准备或实施与下列活动相关的交易时:

- 担任法人的设立代理人;
- 担任(或安排其他人担任)公司董事、秘书、合伙人或其他法人单位中类似级别的职务;
- 为公司、合伙企业或其他法人或法律安排提供注册地址、公司地址或办公场所、通信或办公地址;
- 担任(或安排他人担任)书面信托的受托人或在其他法律安排中承担同样职能;
- 担任(或安排他人担任)他人的名义持股人。

23. 特定非金融行业和职业:其他措施

在满足下列情形的前提下,建议18至建议21规定的要求适用于所有特定非金融行业和职业:

(a)各国应当要求律师、公证人、其他独立的法律专业人士和会计师在代表客户(或为客户)进行建议22(d)所列活动相关的金融交易时,报告可疑交易。强烈鼓励各国将报告要求扩展到包括审计在内的会计师的其他专业活动。

(b)各国应当要求贵金属和宝石交易商在和客户从事规定限额及以上的现金交易时报告可疑交易。

(c)各国应当要求信托和公司服务提供商在代表客户(或为客户)进行建议22(e)项所列活动相关的金融交易时报告可疑交易。

建议22和建议23释义(特定非金融行业和职业)

1. 规定交易限额指:

- 赌场(建议22)——3000美元或欧元。
- 贵金属和宝石交易商涉及的现金交易(建议22和建议23)——15000美元或欧元。

规定限额以上的金融交易既包括单次交易,也包括多次操作且明显关联的交易。

(二)有关国家和地区的规定

一些国家和地区结合本地实际,立法明确纳入反洗钱监管的特定非金融机构范围。其中,英国、德国、日本及我国澳门特别行政区特定非金融机构义务主体范围相对较为全面,部分还拓展了 FATF 规定外的其他类特定非金融机构。美国的特定非金融机构反洗钱义务主体范围包括赌场、贵金属和宝石交易商、货币服务业;英国的包括赌场、高价值交易商(含贵金属交易商)、房地产经纪、律师、公证人、其他独立法律服务人员、会计师、信托和公司服务提供商;德国的包括赌场、房地产经纪、货物交易商(含贵金属和宝石交易商)、律师、公证人、法律顾问(或法律专业人员)、会计师、信托和公司服务提供商;日本的包括贵金属和宝石交易商、房地产经纪、律师、法律专业公司、会计师、税务师、邮政及电话服务商;我国香港特别行政区的包括会计专业人士、地产代理商、法律专业人士、信托和公司服务提供商、贵金属和宝石交易商;我国澳门特别行政区的包括赌场、房地产经纪、贵金属和宝石交易商、高价值服务提供商、公司服务提供商、审计师、会计师、税务师、公证人、律师、典当、车行;我国台湾地区的包括银楼业(贵金属和宝石交易商)、地政士(土地登记专业代理人)、房地产经纪、会计师、公证人、律师、记账士、记账及报税代理人。

第六十五条　本法自 2025 年 1 月 1 日起施行。

【释义】　本条是关于本法的施行日期的规定。

2006 年反洗钱法第三十七条规定:"本法自 2007 年 1 月 1 日起施行。"2024 年修订反洗钱法按照立法技术规范重新规定了本法的施行日期,将 2024 年修订后反洗钱法的施行日期确定为 2025 年 1 月 1 日。从修订通过到实施留了近 2 个月的准备期,主要是考虑到:一是,2024 年修订反洗钱法对 2006 年反洗钱法作了较大幅度修改,既有新增加的制度规定,也有对原有制度规定的进一步完善,涉及社会层面的内容较多,人民群众需要有一段时间知悉和了解,需要做好宣传、解读工作。二是,2024 年修订反洗钱法增加了许多新规定,有的规定较为原则,有关方面需要修改或制定与本法配套的反洗钱规章制度,细化本法的有关规定,将本法切实落到实处。三是,针对法律的新规定,无论是中国人民银行等反洗钱监督管理部门,还是金融机构、特定非金融机构等履行反洗钱义务的机构,其内部培训都需要一定的时间。

法律的施行日期,即法律的生效时间,是法律效力的起点,是指法律何时开始生效,以及法律对于其生效前的事件或者行为是否具有溯及力的问题,是任何一部法律都要涉及的问题,是一部法律的重要组成部分。

一、法律的施行时间

目前,我国法律生效的时间一般都单独写一条,放在附则里作为最后一条。没有附则的法律,施行时间放在法律的最后一条中规定。法律施行的时间是根据某法律的具体性质和实际情况及需要决定的,实践中通常有以下几种做法:一是,法律公布后并不立即生效施行,经过一定时间后才开始施行,法律中明确规定生效施行的日期。我国的大多数法律采取该种方式,2024年修订反洗钱法也是采取这种方式。二是,法律明确规定从其公布之日起生效施行。这种表示方法也有很多,如全国人民代表大会议事规则第六十六条规定"本规则自公布之日起施行"。但法律何时公布,根据我国宪法和立法法关于法律由国家主席公布的规定,则由国家主席签署主席令予以公布。目前,国家主席一般都是于全国人大或者全国人大常委会通过法律的当天签署主席令公布法律。三是,法律的施行时间以另一法律的施行为条件。例如,1986年12月2日六届全国人大常委会第十八次会议通过的企业破产法(试行)(已失效),该法第四十三条规定:"本法自全民所有制工业企业法实施满三个月之日起试行……"这样的法律施行日期,在党的十一届三中全会以后我国法治建设刚刚恢复的时期多一些,在中国特色社会主义法律体系已经形成的今天,这样的情况就不多了。四是,比照其他法律确定本法的生效时间。例如,1982年2月21日公布的《外国企业所得税法施行细则》(已失效)第五十条规定:"本细则以《中华人民共和国外国企业所得税法》的公布施行日期为施行日期。"外国企业所得税法(已失效)第十九条规定:"本法自一九八二年一月一日起施行。"也就是说,《外国企业所得税法施行细则》于1982年2月21日公布,但却于1982年1月1日开始施行。五是,法律公布后先予以试行或者暂行,而后由立法部门加以补充修改,再通过为正式法律,公布施行,在试行期间也具有约束力。例如,1982年五届全国人大常委会第二十五次会议通过的食品卫生法(试行)(已失效)第四十五条第一款规定:"本法自一九八三年七月一日起试行。"经过12年的试行,在1995年八届全国人大常委会第十六次会议上通过了正式的食品卫生法(已失效)。此外,国外有的法律曾规定自法律文件到达之日起生效,一般是在通信、交通极其不便的情况下采取此种方式。法律文件到达之日并非指法律文件的实际到达日,而是法律所确定的一定日期。例如,1804年《法国民法典》规定,在首都,自公布的次日生效;外地则按距发布地的距离计算,每一百公里增加一天。这种方式在现代社会已经很少见了。

有意见认为前两种施行时间是确定的实施时间,立法应明确确定施行时间。为此,立法法第六十一条规定:"法律应当明确规定施行日期。"只有明确了施行时间,才能做好准备,使法律进入实施状态,使其得到执行、适用和遵守。如果没有明确施行时间,法律就难以进入实施状态,难以发挥其应有的调整、规范社会关系的作用。

修改后法律的生效时间由修改法律的形式决定。目前,我国立法实践中修改法律的形式主要有以下两种:一是以修订的方式对法律条文进行全面修改,重新公布法律文本以替代原法律文本;二是以修正的方式对法律的部分条文予以修改。采用修订形式修改的法律,由于修改的内容较多,涉及法律原则、制度的修改,一般是重新规定法律施行日期;以修正形式修改的法律,由于只涉及部分条文的修改,一般不改变法律的施行日期,只规定修改决定的施行日期,该施行日期仅对修改的部分适用,未修改的部分仍然适用原法规定的生效日期。

2024年对反洗钱法进行修改采取的是修订的方式,因此重新规定了法律的施行日期。2024年修订后反洗钱法于2024年11月8日通过,并于同日经中华人民共和国主席令予以公布,距离2025年1月1日生效有近2个月的时间。在这段准备期内,有关部门、地方和单位应当做好施行前的准备工作:一是本法规定的一些制度措施,需要进一步作出具体配套规定的,有关部门应当抓紧制定有关的配套规章制度,细化本法的有关规定,将本法切实落到实处;二是应做好本法的宣传解读工作,使社会公众增加对本法的了解;三是从事或者参与反洗钱工作的部门、单位、人员应充分了解、学习、掌握法律的各项规定和精神,建立健全有关制度和工作机制,加深对条文的理解,提高业务能力,在工作中贯彻落实好法律规定的相关制度。

二、法律的溯及力

法的溯及力是关于法是否有溯及既往的效力的问题,即法对它生效前所发生的事件和行为是否适用的问题,适用即有溯及力,不适用即没有溯及力。

法的溯及力是法的效力的一个重要方面。法作为社会的行为规范,通过对违反者的惩戒来促使人们遵守执行。人们之所以对自己的违法行为承担不利后果,接受惩戒,就是因为事先已经知道或者应当知道哪些行为是法律允许的,哪些行为是法律不允许的,可见法律对人们的行为起指导和警示作用。不能要求人们遵守还没有制定出来的法律,法只对其生效后的人们的行为起规范作用。如果允许法律具有溯及力,人们就无法知道自己的哪些行为将要受到惩罚,就会没有安全感,也没有行为的自由。因此,"法不溯及既往"是一项基本的法治原则,也是世界上大多数国家通行的原则。在我国,"法无溯及力"适用于民事、刑事、行政等方面的立法,包括本法。无论是法律、行政法规、地方性法规、自治条例和单行条例还是规章,不论其效力等级是高还是低,都没有溯及既往的效力。

但是,法不溯及既往原则存在例外。对于法不溯及既往原则来说,主要是从轻例外,即当新的法律规定减轻行为人的责任或增加公民的权利时,作为法律不溯及既往原则的一种例外,新法可以溯及既往。我国立法法第一百零四条规定:"法律、行政法规、地方性法规、自治条例和单行条例、规章不溯及既往,但为了更好地保护公民、法人和其他组织的权利和利益而作的特别规定除外。"这里规定的"公民、法人和其他组织"是指法律、法规、规章等在具体事件中所直接指向的个别公民、法人和其他组织,是法律、法规、规章等特定的调整对象,不是泛指,不是说为了保护多数人的利益而使法律、法规、规章等具有溯及力。

从轻例外通常适用于公法领域,如在刑法的溯及力问题上,各国普遍采取从轻原则。我国刑法第十二条第一款规定了"从旧兼从轻"的原则:"中华人民共和国成立以后本法施行以前的行为,如果当时的法律不认为是犯罪的,适用当时的法律;如果当时的法律认为是犯罪的,依照本法总则第四章第八节的规定应当追诉的,按照当时的法律追究刑事责任,但是如果本法不认为是犯罪或者处刑较轻的,适用本法。"也就是对犯罪行为原则上应当适用行为时的法律规定,但如果适用新的法律规定对犯罪人更为有利、处罚更轻,则应适用新的法律规定。这一原则体现了法律的公平性,也符合罪刑法定原则的基本要求。

第二部分 附 录

中华人民共和国反洗钱法

(2006年10月31日第十届全国人民代表大会常务委员会第二十四次会议通过 2024年11月8日第十四届全国人民代表大会常务委员会第十二次会议修订)

目 录

第一章 总 则
第二章 反洗钱监督管理
第三章 反洗钱义务
第四章 反洗钱调查
第五章 反洗钱国际合作
第六章 法律责任
第七章 附 则

第一章 总 则

第一条 为了预防洗钱活动,遏制洗钱以及相关犯罪,加强和规范反洗钱工作,维护金融秩序、社会公共利益和国家安全,根据宪法,制定本法。

第二条 本法所称反洗钱,是指为了预防通过各种方式掩饰、隐瞒毒品犯罪、黑社会性质的组织犯罪、恐怖活动犯罪、走私犯罪、贪污贿赂犯罪、破坏金融管理秩序犯罪、金融诈骗犯罪和其他犯罪所得及其收益的来源、性质的洗钱活动,依照本法规定采取相关措施的行为。

预防恐怖主义融资活动适用本法;其他法律另有规定的,适用其规定。

第三条 反洗钱工作应当贯彻落实党和国家路线方针政策、决策部署,坚持总体国家安全观,完善监督管理体制机制,健全风险防控体系。

第四条 反洗钱工作应当依法进行,确保反洗钱措施与洗钱风险相适应,保障正常金融服务和资金流转顺利进行,维护单位和个人的合法权益。

第五条　国务院反洗钱行政主管部门负责全国的反洗钱监督管理工作。国务院有关部门在各自的职责范围内履行反洗钱监督管理职责。

国务院反洗钱行政主管部门、国务院有关部门、监察机关和司法机关在反洗钱工作中应当相互配合。

第六条　在中华人民共和国境内(以下简称境内)设立的金融机构和依照本法规定应当履行反洗钱义务的特定非金融机构,应当依法采取预防、监控措施,建立健全反洗钱内部控制制度,履行客户尽职调查、客户身份资料和交易记录保存、大额交易和可疑交易报告、反洗钱特别预防措施等反洗钱义务。

第七条　对依法履行反洗钱职责或者义务获得的客户身份资料和交易信息、反洗钱调查信息等反洗钱信息,应当予以保密;非依法律规定,不得向任何单位和个人提供。

反洗钱行政主管部门和其他依法负有反洗钱监督管理职责的部门履行反洗钱职责获得的客户身份资料和交易信息,只能用于反洗钱监督管理和行政调查工作。

司法机关依照本法获得的客户身份资料和交易信息,只能用于反洗钱相关刑事诉讼。

国家有关机关使用反洗钱信息应当依法保护国家秘密、商业秘密和个人隐私、个人信息。

第八条　履行反洗钱义务的机构及其工作人员依法开展提交大额交易和可疑交易报告等工作,受法律保护。

第九条　反洗钱行政主管部门会同国家有关机关通过多种形式开展反洗钱宣传教育活动,向社会公众宣传洗钱活动的违法性、危害性及其表现形式等,增强社会公众对洗钱活动的防范意识和识别能力。

第十条　任何单位和个人不得从事洗钱活动或者为洗钱活动提供便利,并应当配合金融机构和特定非金融机构依法开展的客户尽职调查。

第十一条　任何单位和个人发现洗钱活动,有权向反洗钱行政主管部门、公安机关或者其他有关国家机关举报。接受举报的机关应当对举报人和举报内容保密。

对在反洗钱工作中做出突出贡献的单位和个人,按照国家有关规定给予表彰和奖励。

第十二条 在中华人民共和国境外（以下简称境外）的洗钱和恐怖主义融资活动，危害中华人民共和国主权和安全，侵犯中华人民共和国公民、法人和其他组织合法权益，或者扰乱境内金融秩序的，依照本法以及相关法律规定处理并追究法律责任。

第二章　反洗钱监督管理

第十三条 国务院反洗钱行政主管部门组织、协调全国的反洗钱工作，负责反洗钱的资金监测，制定或者会同国务院有关金融管理部门制定金融机构反洗钱管理规定，监督检查金融机构履行反洗钱义务的情况，在职责范围内调查可疑交易活动，履行法律和国务院规定的有关反洗钱的其他职责。

国务院反洗钱行政主管部门的派出机构在国务院反洗钱行政主管部门的授权范围内，对金融机构履行反洗钱义务的情况进行监督检查。

第十四条 国务院有关金融管理部门参与制定所监督管理的金融机构反洗钱管理规定，履行法律和国务院规定的有关反洗钱的其他职责。

有关金融管理部门应当在金融机构市场准入中落实反洗钱审查要求，在监督管理工作中发现金融机构违反反洗钱规定的，应当将线索移送反洗钱行政主管部门，并配合其进行处理。

第十五条 国务院有关特定非金融机构主管部门制定或者国务院反洗钱行政主管部门会同其制定特定非金融机构反洗钱管理规定。

有关特定非金融机构主管部门监督检查特定非金融机构履行反洗钱义务的情况，处理反洗钱行政主管部门提出的反洗钱监督管理建议，履行法律和国务院规定的有关反洗钱的其他职责。有关特定非金融机构主管部门根据需要，可以请求反洗钱行政主管部门协助其监督检查。

第十六条 国务院反洗钱行政主管部门设立反洗钱监测分析机构。反洗钱监测分析机构开展反洗钱资金监测，负责接收、分析大额交易和可疑交易报告，移送分析结果，并按照规定向国务院反洗钱行政主管部门报告工作情况，履行国务院反洗钱行政主管部门规定的其他职责。

反洗钱监测分析机构根据依法履行职责的需要，可以要求履行反洗钱义务的机构提供与大额交易和可疑交易相关的补充信息。

反洗钱监测分析机构应当健全监测分析体系，根据洗钱风险状况有针对性地开展监测分析工作，按照规定向履行反洗钱义务的机构反馈可疑交易报告使用情况，不断提高监测分析水平。

第十七条　国务院反洗钱行政主管部门为履行反洗钱职责，可以从国家有关机关获取所必需的信息，国家有关机关应当依法提供。

国务院反洗钱行政主管部门应当向国家有关机关定期通报反洗钱工作情况，依法向履行与反洗钱相关的监督管理、行政调查、监察调查、刑事诉讼等职责的国家有关机关提供所必需的反洗钱信息。

第十八条　出入境人员携带的现金、无记名支付凭证等超过规定金额的，应当按照规定向海关申报。海关发现个人出入境携带的现金、无记名支付凭证等超过规定金额的，应当及时向反洗钱行政主管部门通报。

前款规定的申报范围、金额标准以及通报机制等，由国务院反洗钱行政主管部门、国务院外汇管理部门按照职责分工会同海关总署规定。

第十九条　国务院反洗钱行政主管部门会同国务院有关部门建立法人、非法人组织受益所有人信息管理制度。

法人、非法人组织应当保存并及时更新受益所有人信息，按照规定向登记机关如实提交并及时更新受益所有人信息。反洗钱行政主管部门、登记机关按照规定管理受益所有人信息。

反洗钱行政主管部门、国家有关机关为履行职责需要，可以依法使用受益所有人信息。金融机构和特定非金融机构在履行反洗钱义务时依法查询核对受益所有人信息；发现受益所有人信息错误、不一致或者不完整的，应当按照规定进行反馈。使用受益所有人信息应当依法保护信息安全。

本法所称法人、非法人组织的受益所有人，是指最终拥有或者实际控制法人、非法人组织，或者享有法人、非法人组织最终收益的自然人。具体认定标准由国务院反洗钱行政主管部门会同国务院有关部门制定。

第二十条　反洗钱行政主管部门和其他依法负有反洗钱监督管理职责的部门发现涉嫌洗钱以及相关违法犯罪的交易活动，应当将线索和相关证据材料移送有管辖权的机关处理。接受移送的机关应当按照有关规定反馈处理结果。

第二十一条　反洗钱行政主管部门为依法履行监督管理职责，可以要求金融机构报送履行反洗钱义务情况，对金融机构实施风险监测、评估，并就金融机构执行本法以及相关管理规定的情况进行评价。必要时可以按照规定约谈金融机构的董事、监事、高级管理人员以及反洗钱工作直接负责人，要求其就有关事项说明情况;对金融机构履行反洗钱义务存在的问题进行提示。

第二十二条 反洗钱行政主管部门进行监督检查时,可以采取下列措施:

(一)进入金融机构进行检查;

(二)询问金融机构的工作人员,要求其对有关被检查事项作出说明;

(三)查阅、复制金融机构与被检查事项有关的文件、资料,对可能被转移、隐匿或者毁损的文件、资料予以封存;

(四)检查金融机构的计算机网络与信息系统,调取、保存金融机构的计算机网络与信息系统中的有关数据、信息。

进行前款规定的监督检查,应当经国务院反洗钱行政主管部门或者其设区的市级以上派出机构负责人批准。检查人员不得少于二人,并应当出示执法证件和检查通知书;检查人员少于二人或者未出示执法证件和检查通知书的,金融机构有权拒绝接受检查。

第二十三条 国务院反洗钱行政主管部门会同国家有关机关评估国家、行业面临的洗钱风险,发布洗钱风险指引,加强对履行反洗钱义务的机构指导,支持和鼓励反洗钱领域技术创新,及时监测与新领域、新业态相关的新型洗钱风险,根据洗钱风险状况优化资源配置,完善监督管理措施。

第二十四条 对存在严重洗钱风险的国家或者地区,国务院反洗钱行政主管部门可以在征求国家有关机关意见的基础上,经国务院批准,将其列为洗钱高风险国家或者地区,并采取相应措施。

第二十五条 履行反洗钱义务的机构可以依法成立反洗钱自律组织。反洗钱自律组织与相关行业自律组织协同开展反洗钱领域的自律管理。

反洗钱自律组织接受国务院反洗钱行政主管部门的指导。

第二十六条 提供反洗钱咨询、技术、专业能力评价等服务的机构及其工作人员,应当勤勉尽责、恪尽职守地提供服务;对于因提供服务获得的数据、信息,应当依法妥善处理,确保数据、信息安全。

国务院反洗钱行政主管部门应当加强对上述机构开展反洗钱有关服务工作的指导。

第三章 反洗钱义务

第二十七条 金融机构应当依照本法规定建立健全反洗钱内部控制制

度,设立专门机构或者指定内设机构牵头负责反洗钱工作,根据经营规模和洗钱风险状况配备相应的人员,按照要求开展反洗钱培训和宣传。

金融机构应当定期评估洗钱风险状况并制定相应的风险管理制度和流程,根据需要建立相关信息系统。

金融机构应当通过内部审计或者社会审计等方式,监督反洗钱内部控制制度的有效实施。

金融机构的负责人对反洗钱内部控制制度的有效实施负责。

第二十八条 金融机构应当按照规定建立客户尽职调查制度。

金融机构不得为身份不明的客户提供服务或者与其进行交易,不得为客户开立匿名账户或者假名账户,不得为冒用他人身份的客户开立账户。

第二十九条 有下列情形之一的,金融机构应当开展客户尽职调查:

(一)与客户建立业务关系或者为客户提供规定金额以上的一次性金融服务;

(二)有合理理由怀疑客户及其交易涉嫌洗钱活动;

(三)对先前获得的客户身份资料的真实性、有效性、完整性存在疑问。

客户尽职调查包括识别并采取合理措施核实客户及其受益所有人身份,了解客户建立业务关系和交易的目的,涉及较高洗钱风险的,还应当了解相关资金来源和用途。

金融机构开展客户尽职调查,应当根据客户特征和交易活动的性质、风险状况进行,对于涉及较低洗钱风险的,金融机构应当根据情况简化客户尽职调查。

第三十条 在业务关系存续期间,金融机构应当持续关注并评估客户整体状况及交易情况,了解客户的洗钱风险。发现客户进行的交易与金融机构所掌握的客户身份、风险状况等不符的,应当进一步核实客户及其交易有关情况;对存在洗钱高风险情形的,必要时可以采取限制交易方式、金额或者频次,限制业务类型,拒绝办理业务,终止业务关系等洗钱风险管理措施。

金融机构采取洗钱风险管理措施,应当在其业务权限范围内按照有关管理规定的要求和程序进行,平衡好管理洗钱风险与优化金融服务的关系,不得采取与洗钱风险状况明显不相匹配的措施,保障与客户依法享有的医疗、社会保障、公用事业服务等相关的基本的、必需的金融服务。

第三十一条 客户由他人代理办理业务的,金融机构应当按照规定核实代理关系，识别并核实代理人的身份。

金融机构与客户订立人身保险、信托等合同，合同的受益人不是客户本人的，金融机构应当识别并核实受益人的身份。

第三十二条 金融机构依托第三方开展客户尽职调查的，应当评估第三方的风险状况及其履行反洗钱义务的能力。第三方具有较高风险情形或者不具备履行反洗钱义务能力的，金融机构不得依托其开展客户尽职调查。

金融机构应当确保第三方已经采取符合本法要求的客户尽职调查措施。第三方未采取符合本法要求的客户尽职调查措施的，由该金融机构承担未履行客户尽职调查义务的法律责任。

第三方应当向金融机构提供必要的客户尽职调查信息，并配合金融机构持续开展客户尽职调查。

第三十三条 金融机构进行客户尽职调查，可以通过反洗钱行政主管部门以及公安、市场监督管理、民政、税务、移民管理、电信管理等部门依法核实客户身份等有关信息，相关部门应当依法予以支持。

国务院反洗钱行政主管部门应当协调推动相关部门为金融机构开展客户尽职调查提供必要的便利。

第三十四条 金融机构应当按照规定建立客户身份资料和交易记录保存制度。

在业务关系存续期间，客户身份信息发生变更的，应当及时更新。

客户身份资料在业务关系结束后、客户交易信息在交易结束后，应当至少保存十年。

金融机构解散、被撤销或者被宣告破产时，应当将客户身份资料和客户交易信息移交国务院有关部门指定的机构。

第三十五条 金融机构应当按照规定执行大额交易报告制度，客户单笔交易或者在一定期限内的累计交易超过规定金额的，应当及时向反洗钱监测分析机构报告。

金融机构应当按照规定执行可疑交易报告制度，制定并不断优化监测标准，有效识别、分析可疑交易活动，及时向反洗钱监测分析机构提交可疑交易报告；提交可疑交易报告的情况应当保密。

第三十六条 金融机构应当在反洗钱行政主管部门的指导下，关注、评估运用新技术、新产品、新业务等带来的洗钱风险，根据情形采取相应措施，降低洗钱风险。

第三十七条 在境内外设有分支机构或者控股其他金融机构的金融机构，以及金融控股公司，应当在总部或者集团层面统筹安排反洗钱工作。为履行反洗钱义务在公司内部、集团成员之间共享必要的反洗钱信息的，应当明确信息共享机制和程序。共享反洗钱信息，应当符合有关信息保护的法律规定，并确保相关信息不被用于反洗钱和反恐怖主义融资以外的用途。

第三十八条 与金融机构存在业务关系的单位和个人应当配合金融机构的客户尽职调查，提供真实有效的身份证件或者其他身份证明文件，准确、完整填报身份信息，如实提供与交易和资金相关的资料。

单位和个人拒不配合金融机构依照本法采取的合理的客户尽职调查措施的，金融机构按照规定的程序，可以采取限制或者拒绝办理业务、终止业务关系等洗钱风险管理措施，并根据情况提交可疑交易报告。

第三十九条 单位和个人对金融机构采取洗钱风险管理措施有异议的，可以向金融机构提出。金融机构应当在十五日内进行处理，并将结果答复当事人；涉及客户基本的、必需的金融服务的，应当及时处理并答复当事人。相关单位和个人逾期未收到答复，或者对处理结果不满意的，可以向反洗钱行政主管部门投诉。

前款规定的单位和个人对金融机构采取洗钱风险管理措施有异议的，也可以依法直接向人民法院提起诉讼。

第四十条 任何单位和个人应当按照国家有关机关要求对下列名单所列对象采取反洗钱特别预防措施：

（一）国家反恐怖主义工作领导机构认定并由其办事机构公告的恐怖活动组织和人员名单；

（二）外交部发布的执行联合国安理会决议通知中涉及定向金融制裁的组织和人员名单；

（三）国务院反洗钱行政主管部门认定或者会同国家有关机关认定的，具有重大洗钱风险、不采取措施可能造成严重后果的组织和人员名单。

对前款第一项规定的名单有异议的，当事人可以依照《中华人民共和国反恐怖主义法》的规定申请复核。对前款第二项规定的名单有异议的，当事人可以按照有关程序提出从名单中除去的申请。对前款第三项规定的名单有异议的，当事人可以向作出认定的部门申请行政复议；对行政复议决定不服的,可以依法提起行政诉讼。

反洗钱特别预防措施包括立即停止向名单所列对象及其代理人、受其指使的组织和人员、其直接或者间接控制的组织提供金融等服务或者资金、资产,立即限制相关资金、资产转移等。

第一款规定的名单所列对象可以按照规定向国家有关机关申请使用被限制的资金、资产用于单位和个人的基本开支及其他必需支付的费用。采取反洗钱特别预防措施应当保护善意第三人合法权益,善意第三人可以依法进行权利救济。

第四十一条　金融机构应当识别、评估相关风险并制定相应的制度,及时获取本法第四十条第一款规定的名单,对客户及其交易对象进行核查,采取相应措施,并向反洗钱行政主管部门报告。

第四十二条　特定非金融机构在从事规定的特定业务时,参照本章关于金融机构履行反洗钱义务的相关规定,根据行业特点、经营规模、洗钱风险状况履行反洗钱义务。

第四章　反洗钱调查

第四十三条　国务院反洗钱行政主管部门或者其设区的市级以上派出机构发现涉嫌洗钱的可疑交易活动或者违反本法规定的其他行为,需要调查核实的,经国务院反洗钱行政主管部门或者其设区的市级以上派出机构负责人批准,可以向金融机构、特定非金融机构发出调查通知书,开展反洗钱调查。

反洗钱行政主管部门开展反洗钱调查,涉及特定非金融机构的,必要时可以请求有关特定非金融机构主管部门予以协助。

金融机构、特定非金融机构应当配合反洗钱调查,在规定时限内如实提供有关文件、资料。

开展反洗钱调查,调查人员不得少于二人,并应当出示执法证件和调查通知书;调查人员少于二人或者未出示执法证件和调查通知书的,金融机构、特定非金融机构有权拒绝接受调查。

第四十四条　国务院反洗钱行政主管部门或者其设区的市级以上派出机构开展反洗钱调查,可以采取下列措施:

(一)询问金融机构、特定非金融机构有关人员,要求其说明情况;

（二）查阅、复制被调查对象的账户信息、交易记录和其他有关资料；

（三）对可能被转移、隐匿、篡改或者毁损的文件、资料予以封存。

询问应当制作询问笔录。询问笔录应当交被询问人核对。记载有遗漏或者差错的，被询问人可以要求补充或者更正。被询问人确认笔录无误后，应当签名或者盖章；调查人员也应当在笔录上签名。

调查人员封存文件、资料，应当会同金融机构、特定非金融机构的工作人员查点清楚，当场开列清单一式二份，由调查人员和金融机构、特定非金融机构的工作人员签名或者盖章，一份交金融机构或者特定非金融机构，一份附卷备查。

第四十五条 经调查仍不能排除洗钱嫌疑或者发现其他违法犯罪线索的，应当及时向有管辖权的机关移送。接受移送的机关应当按照有关规定反馈处理结果。

客户转移调查所涉及的账户资金的，国务院反洗钱行政主管部门认为必要时，经其负责人批准，可以采取临时冻结措施。

接受移送的机关接到线索后，对已依照前款规定临时冻结的资金，应当及时决定是否继续冻结。接受移送的机关认为需要继续冻结的，依照相关法律规定采取冻结措施；认为不需要继续冻结的，应当立即通知国务院反洗钱行政主管部门，国务院反洗钱行政主管部门应当立即通知金融机构解除冻结。

临时冻结不得超过四十八小时。金融机构在按照国务院反洗钱行政主管部门的要求采取临时冻结措施后四十八小时内，未接到国家有关机关继续冻结通知的，应当立即解除冻结。

第五章 反洗钱国际合作

第四十六条 中华人民共和国根据缔结或者参加的国际条约，或者按照平等互惠原则，开展反洗钱国际合作。

第四十七条 国务院反洗钱行政主管部门根据国务院授权，负责组织、协调反洗钱国际合作，代表中国政府参与有关国际组织活动，依法与境外相关机构开展反洗钱合作，交换反洗钱信息。

国家有关机关依法在职责范围内开展反洗钱国际合作。

第四十八条 涉及追究洗钱犯罪的司法协助，依照《中华人民共和国国际刑事司法协助法》以及有关法律的规定办理。

第四十九条 国家有关机关在依法调查洗钱和恐怖主义融资活动过程中,按照对等原则或者经与有关国家协商一致,可以要求在境内开立代理行账户或者与我国存在其他密切金融联系的境外金融机构予以配合。

第五十条 外国国家、组织违反对等、协商一致原则直接要求境内金融机构提交客户身份资料、交易信息,扣押、冻结、划转境内资金、资产,或者作出其他行动的,金融机构不得擅自执行,并应当及时向国务院有关金融管理部门报告。

除前款规定外,外国国家、组织基于合规监管的需要,要求境内金融机构提供概要性合规信息、经营信息等信息的,境内金融机构向国务院有关金融管理部门和国家有关机关报告后可以提供或者予以配合。

前两款规定的资料、信息涉及重要数据和个人信息的,还应当符合国家数据安全管理、个人信息保护有关规定。

第六章 法 律 责 任

第五十一条 反洗钱行政主管部门和其他依法负有反洗钱监督管理职责的部门从事反洗钱工作的人员有下列行为之一的,依法给予处分:

(一)违反规定进行检查、调查或者采取临时冻结措施;

(二)泄露因反洗钱知悉的国家秘密、商业秘密或者个人隐私、个人信息;

(三)违反规定对有关机构和人员实施行政处罚;

(四)其他不依法履行职责的行为。

其他国家机关工作人员有前款第二项行为的,依法给予处分。

第五十二条 金融机构有下列情形之一的,由国务院反洗钱行政主管部门或者其设区的市级以上派出机构责令限期改正;情节较重的,给予警告或者处二十万元以下罚款;情节严重或者逾期未改正的,处二十万元以上二百万元以下罚款,可以根据情形在职责范围内或者建议有关金融管理部门限制或者禁止其开展相关业务:

(一)未按照规定制定、完善反洗钱内部控制制度规范;

(二)未按照规定设立专门机构或者指定内设机构牵头负责反洗钱工作;

(三)未按照规定根据经营规模和洗钱风险状况配备相应人员;

(四)未按照规定开展洗钱风险评估或者健全相应的风险管理制度;

（五）未按照规定制定、完善可疑交易监测标准；

（六）未按照规定开展反洗钱内部审计或者社会审计；

（七）未按照规定开展反洗钱培训；

（八）应当建立反洗钱相关信息系统而未建立，或者未按照规定完善反洗钱相关信息系统；

（九）金融机构的负责人未能有效履行反洗钱职责。

第五十三条　金融机构有下列行为之一的，由国务院反洗钱行政主管部门或者其设区的市级以上派出机构责令限期改正，可以给予警告或者处二十万元以下罚款；情节严重或者逾期未改正的，处二十万元以上二百万元以下罚款：

（一）未按照规定开展客户尽职调查；

（二）未按照规定保存客户身份资料和交易记录；

（三）未按照规定报告大额交易；

（四）未按照规定报告可疑交易。

第五十四条　金融机构有下列行为之一的，由国务院反洗钱行政主管部门或者其设区的市级以上派出机构责令限期改正，处五十万元以下罚款；情节严重的，处五十万元以上五百万元以下罚款，可以根据情形在职责范围内或者建议有关金融管理部门限制或者禁止其开展相关业务：

（一）为身份不明的客户提供服务、与其进行交易，为客户开立匿名账户、假名账户，或者为冒用他人身份的客户开立账户；

（二）未按照规定对洗钱高风险情形采取相应洗钱风险管理措施；

（三）未按照规定采取反洗钱特别预防措施；

（四）违反保密规定，查询、泄露有关信息；

（五）拒绝、阻碍反洗钱监督管理、调查，或者故意提供虚假材料；

（六）篡改、伪造或者无正当理由删除客户身份资料、交易记录；

（七）自行或者协助客户以拆分交易等方式故意逃避履行反洗钱义务。

第五十五条　金融机构有本法第五十三条、第五十四条规定的行为，致使犯罪所得及其收益通过本机构得以掩饰、隐瞒的，或者致使恐怖主义融资后果发生的，由国务院反洗钱行政主管部门或者其设区的市级以上派出机构责令限期改正，涉及金额不足一千万元的，处五十万元以上一千万元以下罚款；涉及金额一千万元以上的，处涉及金额百分之二十以上二倍以下罚款；情节严重的，可以根据情形在职责范围内实施或者建议有关金融管理部门实施限制、禁止其开展相关业务，或者责令停业整顿、吊销经营许可证等处罚。

第五十六条 国务院反洗钱行政主管部门或者其设区的市级以上派出机构依照本法第五十二条至第五十四条规定对金融机构进行处罚的，还可以根据情形对负有责任的董事、监事、高级管理人员或者其他直接责任人员，给予警告或者处二十万元以下罚款；情节严重的，可以根据情形在职责范围内实施或者建议有关金融管理部门实施取消其任职资格、禁止其从事有关金融行业工作等处罚。

国务院反洗钱行政主管部门或者其设区的市级以上派出机构依照本法第五十五条规定对金融机构进行处罚的，还可以根据情形对负有责任的董事、监事、高级管理人员或者其他直接责任人员，处二十万元以上一百万元以下罚款；情节严重的，可以根据情形在职责范围内实施或者建议有关金融管理部门实施取消其任职资格、禁止其从事有关金融行业工作等处罚。

前两款规定的金融机构董事、监事、高级管理人员或者其他直接责任人员能够证明自己已经勤勉尽责采取反洗钱措施的，可以不予处罚。

第五十七条 金融机构违反本法第五十条规定擅自采取行动的，由国务院有关金融管理部门处五十万元以下罚款；情节严重的，处五十万元以上五百万元以下罚款；造成损失的，并处所造成直接经济损失一倍以上五倍以下罚款。对负有责任的董事、监事、高级管理人员或者其他直接责任人员，可以由国务院有关金融管理部门给予警告或者处五十万元以下罚款。

境外金融机构违反本法第四十九条规定，对国家有关机关的调查不予配合的，由国务院反洗钱行政主管部门依照本法第五十四条、第五十六条规定进行处罚，并可以根据情形将其列入本法第四十条第一款第三项规定的名单。

第五十八条 特定非金融机构违反本法规定的，由有关特定非金融机构主管部门责令限期改正；情节较重的，给予警告或者处五万元以下罚款；情节严重或者逾期未改正的，处五万元以上五十万元以下罚款；对有关负责人，可以给予警告或者处五万元以下罚款。

第五十九条 金融机构、特定非金融机构以外的单位和个人未依照本法第四十条规定履行反洗钱特别预防措施义务的，由国务院反洗钱行政主管部门或者其设区的市级以上派出机构责令限期改正；情节严重的，对单位给予警告或者处二十万元以下罚款,对个人给予警告或者处五万元以下罚款。

第六十条 法人、非法人组织未按照规定向登记机关提交受益所有人信息的,由登记机关责令限期改正;拒不改正的,处五万元以下罚款。向登记机关提交虚假或者不实的受益所有人信息,或者未按照规定及时更新受益所有人信息的,由国务院反洗钱行政主管部门或者其设区的市级以上派出机构责令限期改正;拒不改正的,处五万元以下罚款。

第六十一条 国务院反洗钱行政主管部门应当综合考虑金融机构的经营规模、内部控制制度执行情况、勤勉尽责程度、违法行为持续时间、危害程度以及整改情况等因素,制定本法相关行政处罚裁量基准。

第六十二条 违反本法规定,构成犯罪的,依法追究刑事责任。

利用金融机构、特定非金融机构实施或者通过非法渠道实施洗钱犯罪的,依法追究刑事责任。

第七章 附 则

第六十三条 在境内设立的下列机构,履行本法规定的金融机构反洗钱义务:

(一)银行业、证券基金期货业、保险业、信托业金融机构;

(二)非银行支付机构;

(三)国务院反洗钱行政主管部门确定并公布的其他从事金融业务的机构。

第六十四条 在境内设立的下列机构,履行本法规定的特定非金融机构反洗钱义务:

(一)提供房屋销售、房屋买卖经纪服务的房地产开发企业或者房地产中介机构;

(二)接受委托为客户办理买卖不动产、代管资金、证券或者其他资产,代管银行账户、证券账户,为成立、运营企业筹措资金以及代理买卖经营性实体业务的会计师事务所、律师事务所、公证机构;

(三)从事规定金额以上贵金属、宝石现货交易的交易商;

(四)国务院反洗钱行政主管部门会同国务院有关部门根据洗钱风险状况确定的其他需要履行反洗钱义务的机构。

第六十五条 本法自2025年1月1日起施行。

关于《中华人民共和国反洗钱法（修订草案）》的说明

——2024年4月23日在第十四届全国人民代表大会
常务委员会第九次会议上

中国人民银行行长 潘功胜

委员长、各位副委员长、秘书长、各位委员：

我受国务院委托，现对《中华人民共和国反洗钱法（修订草案）》（以下简称修订草案）作说明。

一、背景情况

党中央高度重视反洗钱和金融法治建设工作。党的二十大报告指出，要加强和完善现代金融监管，守住不发生系统性风险底线，强化经济、金融等安全保障体系建设。习近平总书记强调，要及时推进金融重点领域和新兴领域立法，抓紧修订反洗钱法等法律，使所有资金流动都置于金融监管机构的监督视野之内。李强总理要求积极推进金融法律法规立改废释，对此作出具体部署。

健全反洗钱监管制度是完善现代金融监管体系的重要内容，是推动金融高质量发展的重要方面。现行反洗钱法自2007年1月1日起施行，在增强反洗钱监管效能、打击洗钱及其上游犯罪、深化反洗钱国际治理与合作等方面发挥了重要作用。但是，近年来反洗钱工作也暴露出一些问题，有必要立足我国实际，结合新形势新要求，抓紧修改完善反洗钱法。修订反洗钱法已列入全国人大常委会和国务院立法工作计划。

中国人民银行在广泛调研、听取有关各方面意见并向社会公开征求意见的基础上，向国务院报送了送审稿。司法部征求了中央有关单位、各省级人民政府、履行反洗钱义务的机构和有关行业协会等方面意见，开展实地调研，就有关问题深入研究论证、多次沟通协调，会同中国人民银行反复研究修改，形成了修订草案。修订草案已经国务院常务会议讨论通过。

二、总体思路和主要内容

修订草案遵循以下总体思路：一是坚持正确政治方向，规定反洗钱工作应当贯彻落实党和国家路线方针政策、决策部署，完善监督管理体制机制，健全风险预防体系。二是坚持问题导向，加强反洗钱监督管理，按照"风险为本"原则合理确定相关各方义务，同时避免过多增加社会成本。三是坚持总体国家安全观，统筹发展和安全，完善反洗钱有关制度，维护国家利益以及我国公民、法人的合法权益。

修订草案共7章62条，主要规定了以下内容：

（一）明确本法适用范围。明确反洗钱是指为了预防和遏制通过各种方式掩饰、隐瞒犯罪所得及其收益的来源和性质的洗钱活动，以及相关犯罪活动，依照本法规定采取相关措施的行为。预防和遏制恐怖主义融资活动适用本法。

（二）加强反洗钱监督管理。一是明确职责分工。国务院反洗钱行政主管部门（中国人民银行）负责全国的反洗钱监督管理工作，与国务院有关部门、国家监察机关和司法机关相互配合；国务院有关部门在各自的职责范围内履行反洗钱监督管理职责。二是完善金融机构反洗钱监管。规定国务院反洗钱行政主管部门制定或者会同国务院有关金融管理部门制定金融机构反洗钱管理规定；反洗钱行政主管部门监督检查金融机构履行反洗钱义务的情况，有关金融管理部门在金融机构市场准入中落实反洗钱审查要求，将在监督管理工作中发现的违反反洗钱规定的线索移送反洗钱行政主管部门，并配合处理。三是明确特定非金融机构的范围及反洗钱监管。有关主管部门监督检查特定非金融机构履行反洗钱义务的情况，根据需要提请反洗钱行政主管部门协助。四是加强风险防控与监督管理。规定反洗钱资金监测，国家、行业洗钱风险评估制度；明确反洗钱行政主管部门可以采取监督检查措施，开展反洗钱调查。五是完善国务院反洗钱行政主管部门与国家有关机关的反洗钱信息共享机制，建立受益所有人信息管理、使用制度。

（三）完善反洗钱义务规定。一是规定金融机构反洗钱义务，主要包括：建立健全反洗钱内控制度并有效实施；开展客户尽职调查，了解客户身份、交易背景和风险状况;保存客户身份资料和交易记录;有效执行大额交易报告制度和可疑交易报告制度。二是规定特定非金融机构反洗钱义务,要求其在从事本法规定的特定业务时,应当参照金融机构履行反洗钱义务。三是规定单位和个人不得从事洗钱活动或者为洗钱活动提供便利,应当配合金融机构和特定非金融机构依法开展的客户尽职调查等。

此外,修订草案还规定了本法的域外适用效力,完善了法律责任规定,加大了对违法行为的处罚力度。

修订草案及以上说明是否妥当,请审议。

全国人民代表大会宪法和法律委员会关于《中华人民共和国反洗钱法（修订草案）》修改情况的汇报

——2024年9月10日在第十四届全国人民代表大会常务委员会第十一次会议上

全国人大宪法和法律委员会副主任委员　黄　明

全国人民代表大会常务委员会：

　　常委会第九次会议对反洗钱法修订草案进行了初次审议。会后，法制工作委员会将修订草案印发部分省（区、市）人大常委会、中央有关部门和部分高等院校、研究机构、基层立法联系点、金融机构等征求意见；在中国人大网全文公布修订草案，征求社会公众意见。宪法和法律委员会、财政经济委员会、法制工作委员会联合召开座谈会，听取有关部门、专家学者、人大代表对修订草案的意见。宪法和法律委员会、法制工作委员会到浙江、福建、江苏、上海、北京、四川等地调研，听取意见；并就一些重要问题会同有关方面共同研究。宪法和法律委员会于8月16日召开会议，根据常委会组成人员的审议意见和各方面的意见，对修订草案进行了逐条审议。财政经济委员会、司法部、中国人民银行有关负责同志列席了会议。8月27日，宪法和法律委员会召开会议，再次进行了审议。现将反洗钱法修订草案主要问题修改情况汇报如下：

　　一、有的常委委员、地方、部门、社会公众和基层立法联系点提出，预防洗钱活动和遏制洗钱以及相关犯罪，采取反洗钱措施，与宪法关于维护社会经济秩序的有关规定有密切联系，建议明确宪法是本法的立法依据，并对加强、规范和依法开展反洗钱工作提出要求。宪法和法律委员会经研究，建议采纳这一意见，并作以下修改：一是在立法目的中增加规定"加强和规范反洗钱工作"、"根据宪法"。二是增加一条，规定反洗钱工作应当依法进行，确保反洗钱措施与洗钱风险相适应，保障资金流转和金融服务正常进行，维护单位和个人的合法权益。

二、修订草案第二条规定了反洗钱的定义。有的常委会组成人员、地方、部门、专家学者和社会公众提出，适应反洗钱新形势新要求，有必要扩大洗钱的上游犯罪范围，同时又要突出反洗钱工作的重点，做好与刑法相关规定的衔接。宪法和法律委员会经研究，建议采纳这一意见，在现行法规定基础上，将第二条第一款修改为"本法所称反洗钱，是指为了预防通过各种方式掩饰、隐瞒毒品犯罪、黑社会性质的组织犯罪、恐怖活动犯罪、走私犯罪、贪污贿赂犯罪、破坏金融管理秩序犯罪、金融诈骗犯罪和其他犯罪所得及其收益的来源、性质的洗钱活动，依照本法规定采取相关措施的行为。"

三、有的常委委员、地方、部门、社会公众和基层立法联系点提出，反洗钱工作涉及大量的客户身份资料和金融交易信息，应当严格保护信息安全。宪法和法律委员会经研究，建议作以下修改：一是恢复现行反洗钱法关于严格规范反洗钱信息使用的规定，同时增加对个人隐私的保护。二是进一步明确提供反洗钱服务的机构及其工作人员对于因提供服务获得的数据、信息，应当依法妥善处理，确保数据、信息安全。三是在有关反洗钱行政主管部门工作人员违反规定泄露反洗钱信息的法律责任条款中，增加其他国家机关工作人员相应行为的责任。

四、有的常委委员、地方、部门、社会公众和基层立法联系点建议，加大对各类新型洗钱风险的监测。宪法和法律委员会经研究，建议作以下修改：一是增加规定国务院反洗钱行政主管部门会同国家有关机关发布洗钱风险指引，及时监测与新领域、新业态相关的新型洗钱风险。二是增加规定反洗钱监测分析机构健全监测分析体系，提升反洗钱监测水平。三是增加规定金融机构应当关注、评估新业务等带来的洗钱风险，根据情形采取相应措施，降低洗钱风险。

五、修订草案对金融机构开展客户尽职调查、采取洗钱风险管理措施等作了规定。有的常委委员、地方、部门和社会公众提出，相关措施涉及单位和个人的权益，建议对金融机构如何处理好管理洗钱风险与优化金融服务的关系作出规定和要求。宪法和法律委员会经研究，建议作以下修改：一是增加规定金融机构开展客户尽职调查,应当根据客户特征和交易活动的性质、风险状况进行;对于涉及较低洗钱风险的,应当根据情况简化客户尽职调查。二是明确金融机构采取洗钱风险管理措施的条件,对涉及可疑交易的,可以根据客户洗钱风险状况和降低洗钱风险的需要采取措施;采取措施应当按照相关规定和程序,不得采取与洗钱风险状况明显不相匹配的措施,并保障客户基本的、必需的金融服务;简化救济程序,规定单位和个人对洗钱风险管理措施有异议的,可以依法直接向人民法院提起诉讼。

六、修订草案第六十条第二款规定,特定非金融机构参照本法第三章关于金融机构的相关规定履行反洗钱义务。有的常委委员、地方、部门和社会公众提出,特定非金融机构情况复杂,涉及行业、经营规模等各不相同,法律中可对其履行反洗钱义务只作原则规定,具体要求可由有关部门制定配套规定。宪法和法律委员会经研究,建议采纳这一意见,将该款规定移至第三章最后,并增加规定特定非金融机构根据行业特点、经营规模、洗钱风险状况履行反洗钱义务;增加有关部门可以制定特定非金融机构履行反洗钱义务的具体办法的规定。

七、修订草案第六章对违反本法的法律责任作了规定。有的常委委员、地方、部门和社会公众提出,反洗钱义务主体涉及行业多,经营规模差异大,建议本着"过罚相当"原则,合理设定行政处罚。宪法和法律委员会经研究,建议在法律责任一章相关条款中根据情况分别增加一档处罚;适当调整相关条款中行政处罚的下限。

八、有的常委委员、部门和社会公众建议,对通过地下钱庄从事洗钱活动的刑事责任作出规定。宪法和法律委员会经研究,考虑到我国刑法对洗钱犯罪行为,不论是通过金融机构还是通过非法渠道实施,都有追究刑事责任的规定,为此,建议增加衔接性条款,规定利用金融机构、特定非金融机构实施或者通过非法渠道实施洗钱犯罪的,依法追究刑事责任。

此外,还对修订草案作了一些文字修改。

修订草案二次审议稿已按上述意见作了修改,宪法和法律委员会建议提请本次常委会会议继续审议。

修订草案二次审议稿和以上汇报是否妥当,请审议。

全国人民代表大会宪法和法律委员会关于《中华人民共和国反洗钱法(修订草案)》审议结果的报告

——2024年11月4日在第十四届全国人民代表大会常务委员会第十二次会议上

全国人大宪法和法律委员会副主任委员　黄　明

全国人民代表大会常务委员会：

　　常委会第十一次会议对反洗钱法修订草案进行了二次审议。会后,法制工作委员会将修订草案二次审议稿印发中央有关部门和部分基层立法联系点、金融机构等征求意见;在中国人大网全文公布修订草案二次审议稿,征求社会公众意见。宪法和法律委员会、法制工作委员会到北京、广东等地调研,听取意见;并就一些重要问题会同有关方面共同研究。宪法和法律委员会于10月9日召开会议,根据常委会组成人员的审议意见和各方面的意见,对修订草案进行了逐条审议。财政经济委员会、司法部、中国人民银行有关负责同志列席了会议。10月25日,宪法和法律委员会召开会议,再次进行了审议。宪法和法律委员会认为,修订草案经过两次审议修改,已经比较成熟。同时,提出以下主要修改意见：

　　一、修订草案二次审议稿第三十条对金融机构采取洗钱风险管理措施作了规定。有的常委委员、部门、社会公众建议进一步明确其条件,以避免对客户正常的金融活动造成影响。宪法和法律委员会经研究,建议细化规定金融机构发现客户交易与客户身份、风险状况等不符的,采取进一步核实有关情况的措施;存在洗钱高风险情形且有必要时,可以采取限制交易方式等措施。

　　二、修订草案二次审议稿第三十七条对金融机构在公司内部、集团成员之间共享反洗钱信息作了规定。有的常委会组成人员、部门、社会公众提出，机构内部反洗钱信息共享，也应当依法进行并保障信息安全。宪法和法律委员会经研究，建议增加规定共享反洗钱信息应当符合有关信息保护的法律规定。

三、修订草案二次审议稿第三十九条中规定，单位和个人对金融机构采取洗钱风险管理措施有异议的，金融机构应当在十五日内处理并答复。有的常委委员、地方、社会公众提出，有的金融服务，如社会保障、医疗费用的支取等，涉及客户基本生活必需，应当有快速通道及时处理。宪法和法律委员会经研究，建议增加规定洗钱风险管理措施涉及客户基本的、必需的金融服务的，金融机构应当及时处理。

四、修订草案二次审议稿第五十八条对有关单位和个人未依照本法第四十条规定履行反洗钱特别预防措施义务的法律责任作了规定。有的常委委员、社会公众建议对单位和个人分别规定处罚标准，以便于做到过罚相当。宪法和法律委员会经研究，建议采纳这一意见。

五、修订草案二次审议稿第六十一条对特定非金融机构及相关从业人员违反本法的，规定参照金融机构进行处罚。有的常委委员、地方、部门、社会公众提出，参照处罚不便于操作，建议对其单独规定处罚标准。宪法和法律委员会经研究，建议采纳这一意见。

还有一个问题需要报告。在修订草案二次审议稿征求意见过程中，有较多意见提出应当明确金融机构采取洗钱风险管理措施的，不得侵犯存款人取款权利。宪法和法律委员会、法制工作委员会就此问题与有关方面共同研究认为，商业银行法规定商业银行办理个人储蓄存款业务，应当遵循"存款自愿、取款自由"；商业银行应当保证存款本金和利息的支付，不得拖延、拒绝支付存款本金和利息。商业银行法的上述规定是明确的，商业银行与客户之间是平等主体间的民事关系，洗钱风险管理措施不是行政管制，金融机构采取洗钱风险管理措施应当在其业务权限范围内进行，不得擅自冻结或者变相冻结客户资金，侵犯其取款权利。

此外，还对修订草案二次审议稿作了一些文字修改。

10月22日，法制工作委员会召开会议，邀请部分全国人大代表、有关部门、基层反洗钱义务机构和相关专家学者等就修订草案主要制度规范的可行性、出台时机、实施的社会效果和可能出现的问题等进行评估。普遍认为，修订草案贯彻落实中央加强金融法治建设要求,坚持问题导向,系统完善反洗钱制度措施,平衡反洗钱工作与保障个人和组织合法权益的关系,结构合理,可操作性强,有利于提高反洗钱工作的法治化水平。修订草案充分吸收了各方面意见,已经比较成熟,建议审议通过。与会人员还对修订草案提出了一些具体修改意见,有的意见已经采纳。

修订草案三次审议稿已按上述意见作了修改,宪法和法律委员会建议提请本次常委会会议审议通过。

修订草案三次审议稿和以上报告是否妥当,请审议。